マ ス タ ー

英 文 解 釈

≪新 訂 増 補≫

中 原 道 喜 著

金 子 書 房

▨ は し が き ▨

　外国語を学ぶときにいちばん大切なのは'着実な努力'であるが，これを前提とすれば，解釈力を効果的に身につける方法は明らかである。すなわち，しっかりした文法力を土台として，活用度の高い語句・構文と思考パターンを含む密度の濃い文章を，易から難へ適当な順を踏んで，幅広く系統的に読むことである。

　一方，長い年月にわたる入試問題の検討と分析は，一部の内容面での時事性を別とすれば，入試の英語は'変化'よりも'繰返し'を特徴としていることを示している。抽出され，体系化されうる，英語学習者必修のいわば'エッセンス'は，将来も，時の推移によって変化することはないであろう。

　本書は，このような外国語学習の原則と英語教育の実状が必然的に要求するところを，著者の経験に基いて，丹念に具体化したものである。その特長のいくつかは次のページに記すとおりであるが，基礎から受験まで，どのレベルの学習者も利用でき，文法力と語彙(ⁱ)力と思考力と表現力の融合物としての解釈力を，正確な理解と知識と運用によって，効果的に，確実に，かつオールラウンドに養うことができるように編まれている。例文や練習問題として収めた英文は，その一つ一つが'高滋養'の語句・内容を含み，また全体としては，入試に要求される適正範囲内の重要事項をすべて網羅するように，綿密に吟味して選んである。

　語学はだれでもかならずマスターできる。ただしその進歩は安易な近道とは両立しない。かといって，刻苦も，方法を誤れば，成果に乏しい。貴重な努力がそれにふさわしい豊かな実りによって報いられるように，正道を，着実に，歩んでほしい。初期の困難を克服すれば，あとは順調な上り坂である。

　本書は，1978年の初版刊行以来十数年にわたり，幸い，各層の幅広い好評を得てきたが，このたび改訂の機会に恵まれ，最近の好問を収め，新たに増補編を加えることができた。

著　　者

▌▌▌本書の特長（と利用法）▌▌▌

◆目的と構成　高校英語を完修し，入試に必要・十分な解釈力を，体系的・総合的に養成することを目的とし，基礎から受験まで，レベルに応じて「何を，どれだけ，どのように」学べばよいかがわかり，通読学習書としても解釈事典としても利用できるように構成されている。

◆第1章　英文の基本構造　何を学ぶ場合も同じであるが，特に英文解釈においては基礎が大切である。まず本章によって，英文の成立ち，すなわち，全ての文の基となる文型を中心に，文の主要素とこれを修飾する従要素について正しく理解し，堅固な土台を築いてほしい。

◆第2章　英文解釈の体系　解釈力は覚えた単語の数にそのまま比例するわけではない。必要なルールを系統的に学び，運用することによってはじめて，応用自在のいわゆる ‘実力’ が養われる。本章では，文法との融合の上に，そのような解釈力養成の学習法を体系づけてある。

◆第3章　解釈の重要語句・構文　最も頻出度が高く，十分に理解しておくべき事項を，語句・構文別にまとめてある。

▌▌第2章・第3章を通じて▌▌　各項の『**例文**』は解釈上特に重要な語句・内容を含む典型文を選んである。『EXERCISE』は易から難へ [A] [B] [C] に分けてあるので，学習段階に応じて，該当レベルの問題を一通り終え，また最初にもどってつぎのレベルを通して学ばれるのもよい。

◆増補編　英文解釈の『重要語』を効果的にマスターするための注意すべき点や方法を系統的にまとめ，また，英文の意味を成り立たせるうえで基本的な役割を果たす『句読点』の用法を表と共に具体例をあげ詳説した。

◆解　答　標準的な訳文とともに，構文・内容などの理解を完全ならしめるために，必要に応じ『**注**』を施してある。問題によっては二通りの訳し方を示し，また英文と訳文との対応関係をはっきりさせるために随時『直訳』も与えてあり，〈訳文〉だけでなく〈訳し方〉の要領も学べる。

◆重要語句集・索引　英文解釈に重要な語句を精選し，《基礎必修》《入試重要》《要注意》などを標示し，語義のほか，注意すべき「発音」や「派生語」，「同・反意語」なども示したので，検索だけでなく，重要語彙の確認・整理・拡充にも役立ち，本文学習の際の「辞典」としても利用できる。

目　　次

第3章　解釈の重要語句・構文・・・・・・・・・・・・・・・・・・ 221

第1章

英文の基本構造

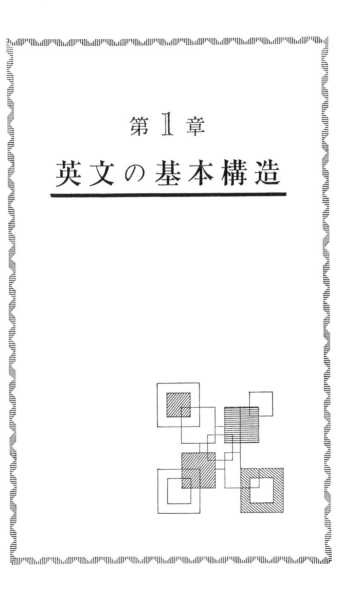

第1節　基本文型と文の要素

（1）Everything changes.　　　　　　　　〔SV〕
（2）Time is money.　　　　　　　　　　〔SVC〕
（3）Walls have ears.　　　　　　　　　〔SVO〕
（4）Experience gives men wisdom.　　　〔SVOO〕
（5）Adversity makes men wise.　　　　　〔SVOC〕

《訳》（1）　あらゆるものは変化する。　　　〔動詞は完全自動詞〕
　　　（2）　時は金なり。　　　　　　　　　〔 〃 　不完全自動詞〕
　　　（3）　壁に耳あり。　　　　　　　　　〔 〃 　完全他動詞〕
　　　（4）　経験は人に英知を与える。　　　〔 〃 　授与動詞〕
　　　（5）　逆境は人を賢明にする。　　　　〔 〃 　不完全他動詞〕

解　説　　英語の文は，どんなに長く，複雑なものでも，文の基本的な構造は上の五つの文型のいずれかに属する。したがって，英文を解釈する場合には，まず，文の骨組みであるこれらの主要素〔S＝主語 (Subject)，V＝動詞 (Verb)，C＝補語 (Complement)，O＝目的語 (Object)〕を確認し，それ以外の要素である従要素の修飾関係を正しく把握することを，第一歩としなければならない。

◆　動　詞

　それぞれの文型に用いられる動詞の名称は上に示したとおりであるが，動詞は，目的語をとらなければ「自動詞」，とれば「他動詞」であり，補語を必要としなければ「完全動詞」，必要であれば「不完全動詞」と呼ばれる。他動詞のうち第四文型で用いられる，二重目的語をとるものは「授与動詞」と呼ばれる。

◆　目　的　語

　主語の動作の対象を表わす語で，一般に日本語の「〜を」で表わされることが多いが，それ以外の場合もあるので注意する。

　　（a）He saw the girl.　　　　　　（彼は少女を見た）　　〔SVO〕
　　（b）He looked *at* the girl.　　（ 〃 ）　　　　　　　〔SV〕
　　（a）He entered the room.　　　（彼はへやに入った）　〔SVO〕
　　（b）He went *into* the room.　（ 〃 ）　　　　　　　〔SV〕

それぞれ (a) では動詞に直接続く名詞 girl, room は動詞の目的語であるが，(b) では girl, room は，前置詞 at, into に支配される「前置詞の目的語」であって，look と went は自動詞，at the girl, into the room という前置詞句は動詞を修飾する副詞句†である。

$\left\{\begin{array}{l}\text{(a) He gave her a book.}\\ \text{(b) He gave a book to her.}\end{array}\right.$　（彼は彼女に本を与えた）〔ＳＶＯＯ〕
　　　　　　　　　　　　　　　（　　〃　　）〔ＳＶＯ〕

(a) では give は「～に (her)」という間接目的語と「～を (book)」という直接目的語をとっていて，第四文型であるが，(b) では to her は副詞句であって間接目的語ではなく，文型は第三文型である。

◆　補　語

第二文型の補語は「主格補語」と呼ばれて基本的には「Ｓ＝Ｃ」の関係が，第五文型の補語は「目的[格]補語」と呼ばれて「Ｏ＝Ｃ」の関係が成り立つ。したがってこの関係が成り立つためには，補語になる語の品詞は[代]名詞または形容詞でなければならない。

$\left\{\begin{array}{l}\text{(a) He is a genius.}\\ \text{(b) I think him a genius.}\end{array}\right.$　（彼は天才だ）　　　　〔ＳＶＣ〕
　　　　　　　　　　　　　　（彼は天才だと思う）〔ＳＶＯＣ〕

(b) の文は，I think that he is a genius. と表わすこともでき，目的語と目的補語は，主語と主格補語の関係と同じであることがわかる。

$\left\{\begin{array}{l}\text{(a) He went blind.}\\ \text{(b) He went abroad.}\end{array}\right.$　（目が見えなくなった）〔ＳＶＣ〕
　　　　　　　　　　　　　　（彼は外国へ行った）　〔ＳＶ〕

(a) では go は become, get, grow などと同じく「～（補語）になる」の意を表わす不完全自動詞で blind はその補語であって形容詞でなければならない。もし He went blindly. （彼は盲目的に進んだ）であれば go は完全自動詞で，副詞 blindly に修飾され，文型はＳＶである。

(b) の go は「行く」の意の完全自動詞，abroad は場所を表わす副詞で，動詞を修飾している。

---

†　look at ～, go into ～ のように「自動詞＋前置詞＋名詞」の形をとるもののなかには，「動詞＋前置詞」の融合度が強く，動詞句として一つの他動詞のような意味を表わすものがある。

$\left\{\begin{array}{l}\text{(a) He came }\|\text{ across the street.}\\ \text{(b) He came across }\|\text{ his friend.}\end{array}\right.$　（彼は通りを渡って来た）
　　　　　　　　　　　　　　　　　　（彼は友人に出あった）

(a) では come と across the street という動詞と副詞句を加え合わせただけの意味を表わすが，(b) では come と across が，両者を合わせただけの意味ではなく，慣用的に融合して一つの他動詞 meet と同じような意味を表わしている。

(a) では常に文型は「Ｓ＋Ｖ[＋副詞句]」であるが，(b) では「Ｓ＋Ｖ（動詞句）＋Ｏ」のように考えられることもある。

§1.　文の主要素と従要素

　2ページに五文型の例として掲げた文は，いずれもが S, V, O, C だけから成っている。この四つは文の骨組を構成する要素で，文の「主要素」と呼ばれる。ふつう，文は，この主要素からのみ成ることはまれであって，これを修飾する「従要素」である修飾語† (Modifier) を伴う。

$$
文
\begin{cases}
主要素
\begin{cases}
主語（S）〔主語になる品詞は名詞・代名詞〕\\
動詞（V）\\
目的語（O）〔目的語になる品詞は名詞・代名詞〕\\
補語（C）〔補語になる品詞は名詞・代名詞・形容詞〕
\end{cases}\\
従要素＝修飾語（M）
\begin{cases}
形容詞的修飾語〔名詞を修飾する〕\\
副詞的修飾語〔動詞・形容詞・副詞を修飾〕
\end{cases}
\end{cases}
$$

> The formation of character depends much upon a wise
> selection of books we read.

《訳》　人格の形成は，われわれが読む本の賢明な選択に多く依存する。
　　　この例文の主要素と従要素を図解すれば次のようになる。

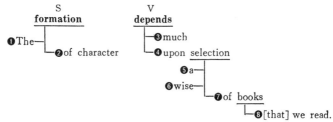

　すなわち，主要素は主語 formation と動詞 depends だけで，あとはすべて従要素である：①冠詞(形容詞の一種)　②形容詞句　③副詞　④副詞句　⑤冠詞　⑥形容詞　⑦形容詞句　⑧関係代名詞が省略された形容詞節。

---

†　「修飾語」は，「語」だけではなく，「句」〔→p. 14〕，「節」〔→p. 18〕も含む。
　(1)　「形容詞的修飾語」（名詞を修飾する）
　　　(a)　Healthy boys can work hard.　　　　　　　（健康な少年）〔形容詞〕
　　　(b)　Boys in good health can work hard.　　　（　〃　）〔形容詞句〕
　　　(c)　Boys who are in good health can work hard.（　〃　）〔形容詞節〕
　(2)　「副詞的修飾語」（動詞および形容詞・副詞を修飾する）
　　　(a)　He talks carefully.　　　　　　　　　　　（慎重に話す）〔副詞〕
　　　(b)　He talks in a careful way.　　　　　　　（　〃　）〔副詞句〕
　　　(c)　He talks as an expert does.　　　　　　　（専門家のように話す）〔副詞節〕

> Many on becoming rich have found in wealth not an
> escape from evil, but a new and worse form of it.

《訳》 多くの人々は，金持ちになると，富の中に，悪からの逃げ道ではな
く，新たなもっと悪い形の悪を見いだしたのであった。

この文の主要素と従要素を図示すれば次のようになる。

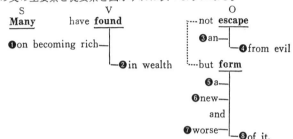

①動名詞〔→p. 96〕を用いた副詞句　②動詞を修飾する副詞句　③冠詞　④
形容詞句　⑤冠詞　⑥⑦形容詞　⑧形容詞句

§2. 動詞の用法の区別

> (1) I **found** the book you had lent me on the desk.
> (2) I **found** the book you had lent me interesting.

《訳》 (1) 私はあなたが貸してくれた本を机の上に見つけた。

(2) あなたが貸してくれた本はおもしろかった。

動詞のなかには，意味により異なった文型を構成するものが多い。上の文で
は find という同じ動詞が (1) では完全他動詞としてSVOの文をつくり，(2)
では「～ (O) が… (C) であることがわかる」という意味の不完全他動詞とし
て用いられている。図示すれば：

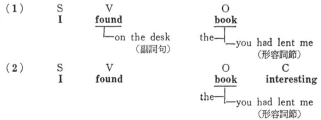

§3.　補語と目的語の区別

（1）　The girl **became** his *wife*.　　　　　〔SVC〕
（2）　The dress **became** his *wife*.　　　　　〔SVO〕

《訳》　（1）　その少女は彼の奥さんになった。
　　　　（2）　そのドレスは彼の奥さんに似合った。

◆　主格補語と目的語

　動詞のあとに一つの名詞がきた場合，それが目的語であるか補語であるかが正しく区別できなければならない。目的語は，ふつう，日本語の「～を」で表わされるものが多く，この場合はわかりやすいが，「～に」や「～と」と訳される場合に区別や語法を誤りやすい。補語と目的語の区別は，**目的語**は（再帰目的語 [*cf.* He killed *himself*.] の場合を除いて）主語とは別の物・人を表わす [代] 名詞で「S≠O」の関係にあるが，**補語**の場合は「…（S）は～（C）である」「…（S）が～（C）になる」などの意味を表わす [代] 名詞・形容詞で「S＝C」の関係が成り立つ，という点から考えてみるのがわかりやすい。

　上の例文で (1) では「少女＝彼の奥さん」であるから wife は補語であり，(2) では「ドレス≠彼の奥さん」であるから目的語であることがわかる。

　　　｛（a）　He **resembled** our *teacher*.　（彼は私たちの先生に似ていた）
　　　　（b）　He **remained** a *teacher*.　　（彼はずっと先生のままでいた）

　（a）「彼≠私たちの先生」であり，teacher は目的語でSVOの文。

　（b）では「彼＝先生」であるから，teacher は補語でSVCの文。

　　　｛（a）　The man **married** his *daughter*.　（その男は彼の娘と結婚した）
　　　　（b）　The girl **proved** his *daughter*.　（その少女は彼の娘だった）†

　（a）では「その男≠彼の娘」であり，daughter は目的語で，文型はSVO。

　（b）は「その少女＝彼の娘」であり，daughter は補語で，文型はSVC。

　　　｛（a）　He **returned** the library *book*.　（彼は図書館の本を返した）
　　　　（b）　He **returned** a *millionaire*.　（彼は百万長者になって帰ってきた）

　（a）はSVOの文，（b）は「彼＝百万長者」で，文型はSVC。

---

†　**prove** が（a）他動詞として「～（O）を証明する」の意味を表わす場合と，（b）この例のように自動詞として「～（C）であることがわかる（判明する）」の意で用いられる場合を区別しなければならない。

　　　｛（**a**）　The experiment *proved* his theory.　（実験は彼の説を証明した）
　　　　（**b**）　The experiment *proved* a success.　（実験は成功した）
　　　　（**b**）′　The experiment *proved* successful.　（　　〃　　）

　（**a**）はSVO，（**b**）では名詞が（**b**）′では形容詞が補語の場合で，ともにSVC。

> （1）　He **made** the girl a fine *dress*.　　　〔SVOO〕
> （2）　He **made** the girl a fine *lady*.　　　〔SVOC〕

《訳》　（1）　彼はその少女にすてきなドレスを作ってやった。
　　　　（2）　彼はその少女をりっぱな淑女にした。

◆　**目的格補語と直接目的語**

　他動詞のあとに二つの名詞がくる場合は，それが「O＋O」であるか，「O＋C」であるかを区別しなければならない。「O＋O」すなわち二重目的語（＝間接目的語＋直接目的語）であれば，その二つの名詞は別の物または人であるが「O＋C」であるならば，主語と主格補語の場合と同様に，二つの名詞は同じ物または人を表わし，「目的語＝[目的格]補語」の関係が成り立つ。

　(1)では「少女≠ドレス」であるから dress は[直接]目的語，make は授与動詞であるのに対し，(2)では「少女＝淑女」で lady は[目的格]補語，make は不完全他動詞であることがわかる。

● ただし次のような文では，二通りの文型に解釈できる。

　　He **made** her a model.
　　{（a）彼は彼女にモデルを作ってやった。　〔SVOO〕
　　{（b）彼は彼女をモデルにした。　　　　　〔SVOC〕

{（a）　I **found** him a good *job*.　　（彼にいい仕事を見つけてあげた）
{（b）　I **found** him a good *man*.　　（彼はいい人だった）

　（a）では「彼≠仕事」であってSVOO，　(b)では「彼＝いい人」の関係が成り立ち，man は目的格補語で，文型はSVOCである。†

{（a）　He **called** me a *taxi*.　　（彼は私にタクシーを呼んでくれた）
{（b）　He **called** me a *fool*.　　（彼は私をばかと呼んだ）

　（a）では call は二重目的語をとりSVOO，(b)では「私＝fool」で，文型はSVOCである。

● 次のような文では三通りの文型が成り立つ。

　　They **called** Susan a *waitress*.
　　{（a）　彼らはスーザンにウェートレスを呼んだ。　〔SVOO〕
　　{（b）　彼らはスーザンをウェートレス呼ばわりした。〔SVOC〕
　　{（c）　彼らはウェートレスのスーザンを呼んだ。〔SVO〕〔同格 →p.204〕

---

†　目的格語をとる **find** のこの用法は，主格補語を伴う **prove** の用法に対応する。いずれも，直接的な意味関係は「（やってみたら；結果的に）～であることがわかる」であるが，逐語的に和文を対応させると不自然な日本語になる場合が多いので，文脈に応じて適当に訳さなければならない。
　　{（a）　The book **proved** *interesting*.　　〔SVC〕　（S＝C）
　　{（b）　I **found** the book *interesting*.　〔SVOC〕　（O＝C）
　（a）(b)ともに「（読んでみたら）その本はおもしろかった」といった程度の訳でよい。

§4.　補語と副詞の区別

（ 1 ）　The girl *looked* **happily** at the present.　〔ＳＶ〕
（ 2 ）　The girl *looked* **happy** at the news.　〔ＳＶＣ〕
（ 3 ）　I *found* the book **easily**.　〔ＳＶＯ〕
（ 4 ）　I *found* the book **easy**.　〔ＳＶＯＣ〕

　《訳》　（ 1 ）　少女は贈り物をうれしそうに見た。
　　　　（ 2 ）　少女は知らせを聞いてうれしそうに見えた。
　　　　（ 3 ）　その本はすぐに見つかった。
　　　　（ 4 ）　その本はやさしかった。

　名詞が補語になる場合は前項において見たとおりであるが，補語になるもう一つの品詞は**形容詞**であって，主語または目的語の状態を表わし「Ｓ＝Ｃ」「Ｏ＝Ｃ」の関係を示す　文が成り立つための不可欠の主要素であり，動詞を修飾する　従要素である副詞と区別しなければならない。

　(1) の look は「見る」の意の完全自動詞，happily は動詞を修飾する副詞で，かりにこの副詞がなくとも「少女は贈り物を見た」という基本的な文意は成り立つ。

　(2) の look は「～に見える」の意の不完全自動詞で，happy という補語の形容詞がなければ文意が成り立たない。

　(3) の find は「見つける」の意の完全他動詞で，これを修飾する副詞 easily がなくても「本を見つけた」という文意は成り立つ。

　(4) の find は「～であることがわかる」の意であるから形容詞 easy という補語がなければ，文意が成り立たない。

◆　次の例において (a) は「完全自動詞＋副詞[句]」〔ＳＶ〕，(b) は「不完全自動詞＋補語（＝形容詞[句]）」〔ＳＶＣ〕である。

{ (a)　He **is** here.　　　　（彼はここにいる）　〔be＝「存在する；ある；いる」〕
{ (b)　He **is** honest.　　（彼は正直だ）　　　〔be＝「～です；～である」〕
{ (a)　The boy **came** late.　（少年は遅刻した）　〔come＝「来る」〕
{ (b)　His dream **came** true.　（彼の夢は実現した）〔come＝「～になる」〕
{ (a)　He has done **well**.　（彼はよくやった）　〔well (副)＝「よく」〕
{ (b)　He has been **well**.　（彼は元気だった）　〔well (形)＝「元気な」〕
{ (a)　He is **in the kitchen**.（彼は台所にいる）〔in～＝副詞句〕〔→p.14〕
{ (b)　He is **in a hurry**.　（彼は急いでいる）〔in～＝形容詞句〕

§5.　動詞句と文型

> （1）　You must **answer** this letter at once.　　〔SVO〕
> （2）　You must **answer for** his behavior.　　〔SV〕
> （3）　The boy **put on** his coat.　　〔SVO〕
> （4）　The boy **got on** the train.　　〔SV〕

《訳》（1）　あなたはこの手紙にすぐに返事を出さなければいけない。
　　　（2）　あなたは彼の行為に責任を持たなければならない。
　　　（3）　少年は上着を着た。
　　　（4）　少年は列車に乗った。

　(1)においては answer はふつうの他動詞であるが，(2)では answer のあとに前置詞がきているので，answer は自動詞になり，for his behavior が副詞句になる。

　(3) 動詞 put のあとの on は，his coat を支配して on his coat と結びつく前置詞ではなく，動詞 put を修飾する副詞である。この文は The boy put his coat **on**. という語順をとることからも，on は前置詞でないことがわかる。

　(4) 動詞 got のあとに on が続いているが，(3)とは異なり，この on は got を修飾する副詞ではなく，名詞 train を支配する**前置詞**で，on the train という副詞句をつくっている。したがって，(3)のように The boy *got* the train *on*. などと on を後にもってくることはできない。

　すなわち (3) は「**他動詞＋副詞＋動詞の目的語**」であるが，(4) は「**自動詞＋前置詞＋前置詞の目的語**」であることを区別しなければならない。

◆　次のような場合，動詞句はそれぞれ同じ意味を表わす1語の動詞におきかえられるが (a) (c) と (e) の違いを区別すること。

$\left\{\begin{array}{l}\text{(a)}\\\text{(b)}\end{array}\right.$　(a)　He **arrived at** the station.　　（彼は駅に着いた）　〔SV〕
　　　(b)　He **reached** the station.　　（　〃　）　〔SVO〕
$\left\{\begin{array}{l}\text{(c)}\\\text{(d)}\end{array}\right.$　(c)　He **looked into** the matter.　　（その問題を調査した）〔SV〕
　　　(d)　He **investigated** the matter.　　（　〃　）　〔SVO〕
$\left\{\begin{array}{l}\text{(e)}\\\text{(f)}\end{array}\right.$　(e)　He **found out** the truth.　　（真相を発見した）　〔SVO〕
　　　(f)　He **discovered** the truth.　　（　〃　）　〔SVO〕

　(a) (c) (e) の動詞のうち，(a) (c) は自動詞で前置詞があとにきているが，(e) だけが他動詞で out は副詞，したがって目的語が代名詞の場合は He found it *out*. の語順になる。

§6. 文の要素の倒置

> In books, within reach of everyone, **is** all the **wisdom**
> of the world.　Here **is** a **fountain** flowing with the good
> and great thoughts of all ages and peoples.

《訳》　だれでも手の届く，書物の中に，この世のあらゆる英知が収められ
　　　ている。ここに，あらゆる時代と民族のすぐれた偉大な思想にあふれ
　　　る泉がある。

　ふつうの文では，主語が文頭に置かれるが，主語以外の要素が前に出ること
もあり，そのような場合に文の主要素や文型の把握を間違えないようにしなけ
ればならない。

　上の例における二つの文は，いずれも「Ｓ＋Ｖ」の第一文型に属するが，副
詞的な要素が前に出て，主語 (wisdom, fountain) と動詞 (is) が倒置されてい
る。〔→p. 208〕

◆　倒置にはいろいろな形式があるが，次のようなものが，文の要素の区別に
　関して，わきまえておくべき主な例である。

(1)　There still <u>remains</u> <u>something</u> for us to do.　〔There が形式的に文頭に出
　　　　　　　　　　V　　　**S**　　　　　　　　　　　　る場合〕
　　　（私たちがなすべきことがまだ残っている）

(2)　<u>Fortunate</u> indeed <u>am</u> <u>I</u>, and <u>fortunate</u> <u>I</u> shall <u>remain</u>.
　　　　C　　　　　　**V**　**S**　　　**C**　　**S**　　　**V**
　　　（私は本当に幸せだし，これからもずっと幸せだろう）

(3)　<u>What has become of him</u> no <u>one</u> can <u>tell</u>.
　　　　　　　O　　　　　　　**S**　　**V**
　　　（彼がどうなったかはだれにもわからない）

(4)　I knew he was careless, but <u>dishonest</u> <u>I</u> never <u>thought</u> <u>him</u>.
　　　　　　　　　　　　　　　　C　　**S**　　　**V**　　**O**
　　　（彼が不注意であることは知っていたが，不正直だと思ったことはなかった）

(5)　<u>Toil</u> <u>he</u> must who goes mountaineering, but out of toil <u>comes</u> <u>strength</u>.
　　　V　**S**　　　　　　　　　　　　　　　　　　　　　**V**　　**S**
　　　（山登りをするものは苦労しなければならないが，苦労から力が生れる）

■■ MASTERY SENTENCES ■■

―――M. S. ❶―――
(1) They found the dead man.
(2) They found the man dead.

　(1)　彼らはその死人を発見した。
　(2)　その男は死んでいた。
　(1)の文型は「ＳＶＯ」，(2)は「ＳＶＯＣ」。(1)の find は「(目的語を)発見する；見つける」，(2)の find は「(目的語が〜であると)わかる；知る；思う」であって，直訳的には「彼らはその男が死んでいることを知った」であるが，「〜してみれば…だった」といった感じ，たとえばこの文では「(行ってみると)その男は死んでいた」といった感じで訳しておけばよい。〔→p. 7の脚注〕

―――M. S. ❷―――
(3) I will find you an interesting book.
(4) You will find him a pleasant companion.

　(3)　君におもしろい本を見つけてあげよう。
　(4)　彼はつき合ってみればたのしい人ですよ。
　(3)は「ＳＶＯＯ」，(4)は「ＳＶＯＣ」で，直訳は「君は彼が感じのいい仲間であることがわかるだろう」である。

―――M. S. ❸―――
(5) He made the girl a nice present.
(6) He made the girl his secretary.

　(5)　彼は少女にすてきな贈り物をした。
　(6)　彼はその少女を自分の秘書にした。
　(5)の文型は「ＳＶＯＯ」であり，(6)は「ＳＶＯＣ」である。

―――M. S. ❹―――
(7) She will make a good wife.
(8) She will make him a good wife.

　(7)　彼女はいい奥さんになるだろう。
　(8)　彼女は彼のいい奥さんになるだろう。
　(7)では make は become や turn out に置きかえられ，SVC に分類されることもあるが，やはり他動詞（よい妻を作る）で「ＳＶＯ」と解してよい。(8)も「ＳＶＯＯ」（彼のためによい妻を作る）と考えられる。ただし，訳は「作る」とすれば誤訳で，「〜になる」とする。

---M. S. ❺---

（9）The gentleman who <u>appeared</u> last <u>appeared</u> [to be] ill.
　　　　　　　　　　　(a)　　　　　(b)

（10）The woman who <u>remained</u> in the room <u>remained</u> silent.
　　　　　　　　　　(a)　　　　　　　　　　(b)

（9）最後に<u>現われた</u>紳士は病気である<u>ようにみえた</u>。
　　　　　(a)　　　　　　　　　　　　(b)

（10）部屋に<u>残った</u>婦人は<u>あいかわらず黙っていた</u>。

(9) appear は (a)「SV」の完全自動詞で「現われる」(=turn up), (b)「SVC」の不完全自動詞で「〜のようにみえる」(=seem)。

(10) remain は (a)「SV」で「残る」, (b)「SVC」で「〜のままでいる」。

---M. S. ❻---

（11）I'm glad you found the books we sent you useful for your English exam.

（11）お送りした本があなたの英語の試験に役にたったそうで嬉しく思います。

従属節は「S (you)・V (found)・O (books)・C (useful)」の文型であり, 目的補語が離れているので注意する。次のような直訳は避けること。

「あなたが, われわれがあなたにお送りした本があなたの英語の試験にとって有用であることを発見されたことを私は嬉しく思います」

---M. S. ❼---

（12）A true friend sometimes finds it harder to bear the trouble of his friend than his own misfortune.

（12）真の友人にとっては自分の不幸よりも友だちの苦労に耐えるほうがむずかしいことがある。

文型は「SVOC」であるが, Oが形式目的語 it〔→p.48〕でありその内容は不定詞 to bear ... であることに注意する。再び find であるが,「友人は耐えることをいっそう困難であると知る」といった訳ではなく,「友人にとっては … だ」といった日本語の表現が当たる。

---M. S. ❽---

（13）The lack of water, the intense heat of the sun, sandstorms, and other hardships have always made journeys across big deserts the worst kind of travel in the world.

（13）水の不足や, 強烈な陽射しや, 砂嵐やその他の苛酷な条件が, 大きな砂漠の横断を, 常にこの世で最も苦しい旅にしてきた。

「SVOC」の文であるが，S・O・Cという三つの名詞要素が，並列や修飾語のために長くなっているので注意する。make の訳し方は「～<u>が</u>砂漠横断を最悪の旅にする」としないで，「～<u>のために</u>，砂漠横断は最悪の旅になっている」のように工夫してもよい。

M. S. ⑨

(14) Science rightly used will bring to all, independent of wealth and rank, the pleasure and knowledge which not so long ago were confined to the few.

---

(14) 科学は正しく用いられれば，貧富や階級にかかわりなくすべての人に，つい最近までは少数者のみに限られていた楽しみや知識をもたらすであろう。

動詞 bring の目的語である the pleasure and knowledge が後に置かれている。もしこの目的語が代名詞や短い名詞であれば bring *them* to all の語順をとるが，この場合は目的語自体が長くそれに修飾節 (which ... few) がついているので後置されている。〔independent of ～「～と関係なく」　be confined to ～「～に限られる」〕

M. S. ⑩

(15) Fundamental to the existence of science is a body of established facts which come either from observation of nature in the raw, so to speak, or from experiment.

---

(15) 科学の存在にとって基本的なものは，いわば生(なま)の自然の観察か，または実験から得られる確証された一連の事実である。

fundaméntal は「基本的な」という意味の形容詞であるから，文頭に置かれていても主語ではない。これは補語である形容詞が強調的に前に出たもので，主語は a body of established facts である。したがって普通の語順に従えば「事実の集成が科学の基礎をなしている」という訳になる。

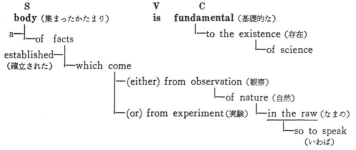

第2節　句　の　働　き

（1）<u>To make those around us happy</u> does not require any
　　 great sacrifice.
（2）The most important thing in life is <u>doing one's best
　　 in anything</u>.
（3）Things <u>acquired with little effort</u> are easily lost.
（4）A man <u>of learning</u> is not always a man <u>of wisdom</u>.
（5）He was able to accomplish the task <u>with ease</u>.

《訳》（1）自分のまわりの人々を幸せにすることは，なにも大きな犠牲を
　　　　　必要とはしない。
　　　（2）人生で最も大切なことは，何をするにも最善を尽くすことだ。
　　　（3）努力しないで得られるものはすぐに失われてしまう。
　　　（4）学者かならずしも賢者にあらず。
　　　（5）彼はその仕事を容易に成しとげることができた。

<u>解　説</u>　　　句 (Phrase) とは，いくつかの語が集まって，ある品詞の働き
　　　　　　　 をするものであるが，(1) では下線部の「不定詞句」† が**名詞句**
として文の主語になっている。

　(2) では「動名詞句」が**名詞句**として文の補語になっている。

　(3) の「分詞句」は，名詞 Things を修飾しているので**形容詞句**である。こ
の句は Things *which are* acquired with little effort are easily lost. とす
れば下線部は節の形式になり，形容詞節ということになる。

　(4) では「前置詞句」が名詞を修飾し，**形容詞句**の働きをしている。この文
は A *learned* man is not always a *wise* man. と表わすことができるが，そ
うすれば, of learning, of wisdom という形容詞句が，それぞれ learned, wise
という1語の形容詞と同じ働きをしていることがわかる。

　(5) では，やはり with ease という「前置詞句」が動詞 accomplish を修飾
しており，easily という1語の副詞と同じ働きをする**副詞句**である。

---

　†　「不定詞句」「動名詞句」「分詞句」「前置詞句」という場合の「句」の意味は，
　　 「名詞句」「形容詞句」「副詞句」という場合の「句」の意味とは異なる。前者は「不
　　 定詞<u>を用いた</u>句」であり，後者では「名詞<u>の働きをする</u>句」の意である。

§1.　前置詞句の働き

> No problem is <u>of greater urgency</u> today than the human-
> ization <u>of the conditions</u> <u>of life</u> <u>for the masses</u> <u>of the people</u>.

《訳》　国民大衆の生活条件を人間的なものにすることほど，今日，緊急の
問題はない。

　前置詞句は文中において，名詞を修飾する形容詞句である場合と，動詞を修
飾する副詞句である場合がある。上の文には五つの前置詞句が含まれている
が，いずれもが形容詞句で，修飾関係を図解すれば次のようになる。

```
        S   V      C
No problem is of greater urgency (より緊急な) today
      than the humanization
              └─of the conditions (条件の)
                   ├─of life (生活の)
                   └─for the masses (大衆にとっての)
                          └─of the people. (国民の)
```

◆　of＋抽象名詞＝形容詞

　この形の形容詞句が名詞を修飾する例 (a man *of wisdom*＝a *wise* man)は
すでに見た通りであるが，この文では補語の働きをする形容詞句になってい
る。すなわち *of* great *urgency*＝very *urgent* (きわめて緊急の) から

　　of greater urgency＝more urgent (いっそう緊急の)

の関係が成り立つ。その他の例を示す。

　　of importance＝important (重要な)　　　of no use＝useless (無用の)
　　of interest＝interesting (興味深い)　　　of value＝valuable (貴重な)

> （1）　Learning **without experience** is of little use.
> （2）　Learning is of little use **without experience**.

《訳》　（1）　経験を伴わない学問はほとんど役に立たない。
　　　　（2）　経験を伴わなければ学問はほとんど役に立たない。

　同じ前置詞句でも文脈により異なった働きをする場合も多いので，修飾関係
を正しく区別しなければならない。この例で without experience は (1) では
名詞を修飾する形容詞句，(2) では条件を表わす副詞句である。

- (a) They stayed **at home**. （彼らは家にいた）　〔副詞句〕
- (b) Make yourself **at home**. （楽にしてください）　〔形容詞句〕

(a) では at home という前置詞句は動詞を修飾する副詞句で，文型はＳＶ。(b) では目的補語の働きをする形容詞句で，第五文型(Ｓ)ＶＯＣ。これは Make yourself *comfortable*. のように，形容詞1語に置きかえても同じである。

- (a) His efforts were **in vain**. （彼の努力は空しかった）
- (b) He tried to escape **in vain**. （逃げようとしたが無駄だった）

(a) では in vain は主格補語の働きをする形容詞句で useless という形容詞1語に置きかえられる。(b) では動詞 tried を修飾する副詞句である。

- (a) I need a good lawyer **like you**. （君のようなよい弁護士が必要だ）
- (b) **Like you**, I need a good lawyer. （君と同様によい弁護士が必要だ）

(a) では like you は lawyer を修飾する形容詞句であり，(b) では動詞を修飾する副詞句である。

● 場合によっては，同じ句について二通りの解釈が成り立つこともある。

Did you really paint the picture **in the attic**?

- (1) 君はほんとうに屋根裏部屋の絵をかいたのか。　〔形容詞句〕
- (2) 君はほんとうにその絵を屋根裏部屋でかいたのか。　〔副詞句〕

Discoveries in science, however remote from the interests
①　　　　　　　　　　　　　　　　　　②
of everyday life they may at first appear, give in the end
③　　　　　　　　　　　④　　　　　　　　　　⑤
innumerable benefits to mankind.
⑥

《訳》　科学の発見は，たとえ初めは日常生活の利益からどんなにかけ離れているようにみえようとも，結局は人類に数え切れないほどの利益を与える。

この文には六つの前置詞句が含まれているが，①③は名詞を修飾する形容詞句，他は副詞句であるが，そのうち④⑤⑥は動詞を，②は形容詞を修飾する副詞句である。これらの前置詞句の修飾関係を図解すれば：

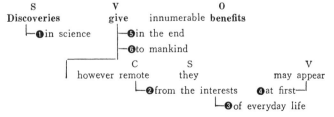

■■ MASTERY SENTENCES ■■

---M. S. ⓫---

(1) She is usually <u>at home</u> at night.

(2) She is quite <u>at home</u> in English.

---

(1) 彼女は夜はふつう<u>家に</u>いる。　　　　　　　　〔S V〕

(2) 彼女はとても英語が<u>達者</u>です。　　　　　　　〔S V C〕

(1) では at home はふつうの意味で，場所を表わす副詞句，(2) では「精通して；堪能な (=profícient)」の意を表わし，補語になる形容詞句。

---M. S. ⓬---

(3) He found the machine <u>out of order</u>.

(4) He asked the question <u>out of curiosity</u>.

---

(3) その機械は<u>故障していた</u>。　　　　　　　　〔S V O C〕

(4) 彼は好奇心からその質問をした。　　　　　　　〔S V O〕

(3) の前置詞句 out of order は目的補語になる形容詞句であり，(4) は動詞 asked を修飾する副詞句である。(curiosity [kjuəriɔ́siti]「好奇心」)

---M. S. ⓭---

(5) It is a pity that a man <u>of your ability</u> should remain unknown <u>to the world</u>.

---

(5) 君ほどの才能の持主が世に埋もれているのは残念だ。

of your ability は名詞 man を修飾する形容詞句，to the world は形容詞を修飾する副詞句（世間に知られないでいる）。次を区別する。

a man *of ability*「才能ある人；手腕家」(=an *able* man)
a man *of* **your** *ability*「君ほどの才能を持った人」

---M. S. ⓮---

(6) Education is interested <u>in the development</u> of human beings through the development of their minds.

---

(6) 教育は精神を開発することによって人間を育成することに関心を持っている。

```
Education is interested
            └─in the development（育成に）〔副詞句〕
                      ─of human beings（人間の）〔形容詞句〕
                      └─through the development（開発による）〔形容詞句〕
                             └─of their minds.
                                 （彼らの精神の）〔形容詞句〕
```

第3節 節 の 働 き

（1） What chiefly worries me is that he is in poor health.
（2） They didn't believe what he said.
（3） My mother has made me what I am.
（4） He didn't explain the reason why he was absent.
（5） A stranger came to see her while she was away.

《訳》（1） 私が主に心配しているのは彼の健康がすぐれないことです。
（2） 彼らは彼が言ったことを信じなかった。
（3） 母が私を今日のような人間にしてくれたのです。
（4） 彼は欠席した理由を説明しなかった。
（5） 彼女が出かけているあいだに見知らぬ人が彼女に会いに来た。

解 説 いくつかの語が集まって，文中で，ある品詞の働きをする単位には，前項の「句」と本項の「節」（Clause）があるが，節はその中に主語と動詞を含むものであって，文中で名詞・形容詞・副詞などの働きをし，これをそれぞれ「名詞節」「形容詞節」「副詞節」と呼ぶ。

(1) では，関係代名詞 what に導かれた**名詞節**が「主語」になり，接続詞 that に導かれた名詞節が「補語」になっている。

(2) では，関係代名詞 what に導かれた**名詞節**が「目的語」になっている。

(3) はＳＶＯＣ型の文であるが，what I am（私が現在あるところのもの；今の私）という関係代名詞 what が導く**名詞節**が「目的補語」になっている。

(4) 関係副詞 why の導く節が，名詞 reason を修飾する**形容詞節**の働きをしている。

(5) 接続詞 while の導く節が，**副詞節**として文の動詞 came を修飾する。

● 上のそれぞれの文に対して，これと類似の意味を表わす次のような，節のかわりに語や句を用いた文をくらべてみれば，文中の節の働きがよくわかる。

(1)′ My chief worry is his poor health. 〔名詞〕
(2)′ They didn't believe his words. 〔名詞〕
(3)′ My mother has made me a scholar. 〔名詞〕
(4)′ He didn't explain the reason for his absence. 〔形容詞句〕
(5)′ A stranger came to see her in her absence. 〔副詞句〕

(1)′ 私の主な心配の種は彼の不健康だ。(2)′ 彼らは彼の言葉を信じなかった。
(3)′ 母が私を学者にした。(4)′ 彼は欠席の理由を説明しなかった。(5)′ 彼女の留守中に見知らぬ人が会いにやって来た。

§1. 文 と 節

「S＋V」の関係が一つしかない文，いいかえれば節を含まない文は「単文」
(Simple Sentence)，並列された対等の節から成る文は「重文」〔次頁参照〕，一方
の節が他方の節に従属する二つの節から成る文は「複文」(Complex Sentence)
と呼ばれる。複文で，主となる節とこれに従属する節はそれぞれ「主節」(Prin-
cipal Clause)，「従節」(Subordinate Clause) と呼ばれる。† 従節はそれ自体の文
型を持つが，文全体の文型は主節の文型によってきまる。左のページの例文に
より，従節が名詞節・形容詞節・副詞節の場合をそれぞれ〔(3)は省略〕図示す
れば：

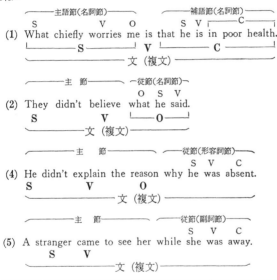

† 文の中で，形容詞や副詞は修飾語であって「従要素」であるように，節の場合も，
　形容詞節や副詞節が従要素であることは明らかである。これに対して名詞節の場合は
　それ自体が主語・補語・目的語として文の「主要素」になっているので，主節との関
　係は形容詞節・副詞節の場合と異なる。すなわち，例文 (4) (5) においては従節とし
　ての形容詞節・副詞節を取り除いても文として成り立つが，(1) (2) (3) では名詞節を
　除くと文は成り立たず，「主節」と「従節」を切り離すことはできない。したがって，
　(1) のような文での名詞節にはふつう主節・従節の名称を用いないが，(2) のような
　文では主節と従節に区切り，たとえば「文の述語動詞は believe で，目的語の名詞
　節の動詞は said である」という説明とともに，「主節の動詞は believe で，従節の
　動詞は said である」というように述べることができる。

◆　**単文・重文・複文**

　and, but, or などの等位接続詞によって節が並列的に結びつけられた文は
「重文」（Compound Sentence）と呼ばれる。たとえば「彼は貧しいが幸せだ」
の意味を，単文・重文・複文で表わせば次のようになる。

(a)　In spite of his poverty, he is happy.　　　　〔単文〕
　　　────副詞句────　　S　V　C

(b)　He is poor, but he is happy.　　　　〔重文〕
　　　─等位節─　　　　─────等位節─────
　　　S　V　C　｜　S　V　C
　　　　　　　（等位接続詞）

(c)　Though he is poor, he is happy.　　　　〔複文〕
　　　──従節（副詞節）──　──主節──
　　　｜　　S　V　C　　　S　V　C
　　（従位接続詞）

§2.　節の働きの区別

　節は，接続詞・関係詞・疑問詞などによって導かれるが，節を導く語のなか
には，幾通りにも用いられるものがあるので，その用法を区別し，文の要素と
しての節の働きを正しく理解しなければならない。

（1）　**What** he says nobody believes.　　〔目的語の名詞節〕
（2）　**What** he says has nothing to do with me.
　　　　　　　　　　　　　　　　　　　〔主語の名詞節〕

　《訳》（1）　彼の言うことは誰も信じない。
　　　　（2）　彼の言うことは僕にはなんの関係もない。

　下線部は両方とも関係代名詞 what に導かれる名詞節であるが，(1) では
believe の目的語になる節が強意的に前に出たもので，(2) では主語節。

（1）　I'll study **if** it rains tomorrow.　　〔副詞節〕
（2）　I'll study **if** it will rain tomorrow.　　〔名詞節〕

　《訳》（1）　もし明日雨が降れば僕は勉強しよう。
　　　　（2）　明日雨が降るかどうか調べてみよう。

　接続詞の if が (1) では条件を表わす副詞節を導き，(2) では study の目的
語になる節を導いている。したがって，(1) の文型は「S＋V」であるが，(2)

は「S＋V＋O」である。時や条件を表わす副詞節の中では未来のことを述べるときでも現在時制を用いる，というのは大切な文法事項であるが，この時制の違いによって両文の意味が区別される。次の例も同類である。

> （1）　Tell me **when** she comes back.　　〔副詞節〕
> （2）　Tell me **when** she will come back.　　〔名詞節〕

《訳》（1）　彼女が帰ってきたら教えてください。
　　　（2）　彼女がいつ帰ってくるか教えてください。

　(1) は接続詞 when が導く副詞節で，文全体は「(S＋) V＋O」であるが，(2) は疑問詞の when が導く名詞節で，tell の間接目的語になり，「(S＋) V＋O＋O」である。〔命令文であるために S (＝you) は省略されている〕

> （1）　The news **that** he brought is not true.　　〔形容詞節〕
> （2）　The news **that** he died is not true.　　〔名詞節〕

《訳》（1）　彼がもたらした知らせは本当ではない。
　　　（2）　彼が死んだという知らせは本当ではない。

　(1) の that は目的格の関係代名詞で，形容詞節を導き，(2) の that は接続詞で news という名詞の内容を述べる「同格」の名詞節を導いている。†

> （1）　**That** he did it is known to everyone.　　〔名詞節〕
> （2）　**What** he did is known to everyone.　　〔名詞節〕

《訳》（1）　彼がそれをしたということは皆に知られている。
　　　（2）　彼がしたことは皆に知られている。

　(1) は that という接続詞が導く名詞節であり，(2) は関係代名詞 what 〔→p.112〕が導く名詞節である。

> （1）　**Whether** he agrees or not doesn't matter.　　〔名詞節〕
> （2）　**Whether** he agrees or not, I will do it.　　〔副詞節〕

《訳》（1）　彼が同意するかどうかは問題でない。
　　　（2）　彼が同意しようとしまいと，私はそれをする。

---

†　節を結びつけるだけの「接続詞」と，節を結びつけると同時に代名詞の働きもする「関係代名詞」の用法を that について正しく区別しておくこと。
　(1)　the news that he brought ＞ the news ＋ he brought it
　(2)　the news that he died　＞ the news ＋ he died

§3. 二つ以上の節を含む文

　一つの文が，二つ以上の節を含む場合も多いが，おのおのの節の働きや修飾関係を正しく理解しなければならない。

> The first thing that men learned, as soon as they began
> to study nature carefully, was that the same causes always
> give rise to the same effects.

　《訳》　人間が自然を注意深く研究しはじめるようになるとすぐに，彼らが
　　　　学んだ最初のことは，同じ原因は同じ結果を生み出すということであ
　　　　った。

　上の文に含まれた節をかっこでくくってみれば次のようになる。ただし，[ ]は名詞節，( )は形容詞節，〔 〕は副詞節であることを示す。
　The first thing ①(that men learned), ②〔as soon as they began to study nature carefully〕, was ③[that the same causes always give rise to the same effects].
　①は名詞 thing を修飾。②は動詞 learned を修飾。③は補語節。

> As I feel that when I have anything to do, there is less
> time for it than when I was young, I use my time more
> economically than ever before.

　《訳》　私は，なにかしなければならないとき，若いころより時間がわずか
　　　　しかないと感じるので，今までよりも私の時間を経済的に使う。

　①〔As I feel ②[that ③〔when I have anything to do,〕 there is less time for it than ④〔when I was young]],〕 I use my time more economically than ever before.

　①主節の動詞 use を修飾する副詞節。この副詞節の中にさらに三つの節が含まれる。②は他動詞 feel の目的語になる名詞節。この名詞節の中では there is less time for it の部分が主節になり，③はその動詞 is を修飾する副詞節。than 以下は省略された要素を補えば than *there was* [*time*] when I was young （私が若いころ時間があったよりも）となり，④when I was young はこの省略部分の動詞 was を修飾する副詞節なのである。

■■ MASTERY SENTENCES ■■

M. S. ⓖ
(1) Her elder sister, who, although she is pretty, thinks herself
ugly, is determined to devote her life to welfare work.

---

(1) 彼女のお姉さんは，きれいなのに，自分では器量がわるいと考えて，
福祉事業に一生を捧げる決心でいる。

関係代名詞が導く形容詞節 (who ～ ugly) の中に譲歩の副詞節 (although
～ pretty) が含まれている。

M. S. ⓖ
(2) What I am trying to get home to you is that you must plan
your future before it is too late.

---

(2) 私があなた方にはっきり悟らせようとしているのは，手遅れになら
ないうちに将来の計画を立てなければならないということです。

主語が名詞節 (What ～ to you) で，補語の名詞節 (that ～ too late) の中
に副詞節 (before ～ too late) が含まれている。全体の文型は「SVC」。

M. S. ⓖ
(3) One of our great mistakes which we make while we are young,
is that we do not attend strictly to what we are about just then.

---

(3) われわれが若いころに犯す大きな誤ちの一つは，ちょうどその時し
ていることをしっかり身を入れてやらないということだ。

which we make は mistakes を修飾する形容詞節，while we are young は
make を修飾する副詞節，that 以下は補語の名詞節でその中に名詞節 (what ～
then) が含まれ，これは前置詞 to の目的語になっている。

M. S. ⓖ
(4) Although we sometimes feel we know so much, we actually
remain ignorant of many things.

---

(4) われわれは自分では非常に多くのことを知っているように感じるこ
とがあるが，実際には多くのことを知らないでいる。

従節である副詞節 (Although ～ much) の中に名詞節が含まれているが，
この名詞節を導く接続詞 (*that* we know so much) が省略されている。

M. S. ⑲

(5) Science is a method of studying the rules which govern the way in which things that we can observe and measure occur.

---

(5)　科学とは，われわれが観察し測定することができる物事が生起する仕方を支配する規則を研究する方法である。

形容詞節が三つ含まれているが，その部分を図示すれば次のようになる。

the rules （規則）

└─**which** govern the way（仕方を支配する）

　　　　└─**in which** things occur（物事が起こる）

　　　　　　└─**that** we can observe and measure
　　　　　　（われわれが観察し測定できる）

M. S. ⑳

(6) Some critics argue that it is their moral duty to expose the badness of an author because, unless this is done, he may corrupt other writers.

---

(6)　批評家のなかには，もしそうしなければ他の作家たちを堕落させてしまうので，ある作家の劣悪さをあばき示すのが自分たちの道徳的義務であると論じるものがいる。

動詞の目的語になる名詞節 (that ～ other writers) の中に，理由を表わす副詞節 (because ～ other writers) が含まれ，その中にまた条件を表わす副詞節 (unless ～ done) が含まれている。

M. S. ㉑

(7) It is very necessary if we want to keep healthy that we should have sufficient sleep, and, indeed, if we should be kept awake by noises and other disturbances, and unable to sleep at all, we should soon get ill.

---

(7)　健康を保ちたいと思うならば，十分な睡眠をとることがきわめて必要であり，実際，もし騒音や他のものに邪魔されてずっと目をさまされて全く眠ることができなかったならば，すぐに病気になってしまうだろう。

等位接続詞 and によって二つの複文が結びつけられており，いわゆる混文 (Mixed Sentence) の一種である。*that*-Clause は形式主語の内容を表わす名詞節であり，*if*-Clause はそれぞれ条件を表わす副詞節である。

第2章

英文解釈の体系

§1. 文　型（第一文型）

---

(1)　Even *Homer* sometimes **nods**.

(2)　*Joy* **springs** from creative activity.

(3)　There **occurred** a strange *event* last night.

(4)　*It* doesn't **matter** whether he'll agree with us or not.

(5)　Only on one's own effort does one's *success* **depend**.

(6)　*What* we acquire and learn to love when we are young **stands** by us through life.

■　(1)　ホーマーでさえときどき居眠りする。（弘法にも筆の誤り）

■　(2)　喜びは創造的な活動から生まれる。

■　(3)　昨夜奇妙な事件が起こった。

■　(4)　彼がわれわれに同意しようとしまいと問題ではない。

■　(5)　成功は本人の努力のみにかかっている。

■　(6)　若いときに身につけ愛するようになったことは生涯身から離れない。

解　説　この文型（S＋V）に用いられる動詞は「完全自動詞」，すなわち目的語も補語も伴わない動詞であるが，動詞には副詞的修飾語句を伴う場合が多い。(1)では「時」を表わす副詞 sometimes が，(2)では「場所」を表わす副詞句 from creative activity が，動詞を修飾している。

(3)のように形式的に There を文頭に置く形では，主語は動詞の後にくる。

(4)は主語が形式主語 It〔→p.40〕である場合で，真主語の whether ...（…かどうかということ）という名詞節が動詞の後に置かれている。

(5)では Only on one's own effort（自己の努力にのみ）という副詞句が文頭に出たために倒置形式〔→p.208〕をとり，動詞 depends が does depend に分解されて助動詞 does が主語の前に出ている。

(6)は名詞節（What ... young）が主語になっている場合である。

■**注意**■　同じ動詞が違った文型で用いられる次のような場合を区別する。

$\begin{cases}\text{(a)　He \textbf{appeared} quietly.} & \text{（彼は静かに\underline{現われた}）}\\ \text{(b)　He \textbf{appeared} quiet.} & \text{（彼はおとなし\underline{そうに見えた}）}\end{cases}$

$\begin{cases}\text{(a)　He \textbf{remained} at home.} & \text{（彼は\underline{家に残った}）}\\ \text{(b)　He \textbf{remained} silent.} & \text{（彼は\underline{黙ったままでいた}）}\end{cases}$

それぞれ (a) は S＋V＋副詞［句］，(b) は S＋V＋C（＝形容詞）である。

IIIIIIIIII **EXERCISE** IIIIIIIIIIIIIIIIIIIIIIIIIIIIIIIIIIIIIIIIIIIIIIIIIIIIIIIIIIIIIIIIIII 解答 349 ページ

🎀 A 🎀

1. Happiness *consists* in contentment.
2. Here and there over the grass *stood* beautiful flowers like stars.
3. Worldly success *depends* in many cases on reputation.
4. There still *exist* many unreasonable things in the world.
5. At the base of our troubles *lies* a sense of insecurity.

🎀 B 🎀

6. We *survive* by controlling our environment, and control is made possible by information.　　　　　　　　　　　（センター）
7. Happiness *depends*, not so much on circumstances, as on one's way of looking at one's lot.
8. Advice is like snow in winter: the softer it *falls*, the longer it *stays* upon, and the deeper it *sinks* into, the mind.
9. When things are seen from a distance, their defects *disappear* and only their charm *remains*.　　　　　　　　（昭和女大）

🎀 C 🎀

10. Among the things which impressed themselves most strongly upon me as I grew older *was* my brother's great gift for teaching; not only had he the power of making clear the most intricate subjects, but he had also, I see vividly in looking back, infinite patience in explaining difficulties.　　（大阪女大）

───
■語句■　**1. consíst in**「〜にある」*cf.* consist *of*（〜から成る）**conténtment**「満足」　**2. here and there**「そこここに」　**3. worldly**「この世の；世俗的な」**depénd on**「〜に依存する；〜に左右される」**case**「場合」**reputátion**「評判；名声」　**4. exist** [igzíst]「存在する」**unreasonable**「不合理な」　**5. base**「基礎」**trouble**「悩み；もめごと」**sense**「感覚；意識」**insecurity**「不安定」　**6. survíve**「生き残る，存続する」**control** [kəntróul] 名詞・動詞ともアクセントが後に置かれる二音節語の代表。**environment** [inváiərən-]「環境」**information**「情報，知識」　**7. not so much 〜 as ...**「〜よりもむしろ…」〔→p. 226〕**círcumstances**「事情；環境」**lot**「境遇；運命」　**8. advíce**「忠告；助言」**the more 〜, the more ...**「〜すればするほど…」〔→p. 228〕**sink**「沈む」　**9. defect**「欠点」**disappear**「消える」　**10. impréss oneself on**「〜に強い印象を与える」**as**「〜するにつれ」**gift**「天賦の才」**íntricate**「複雑な」**súbject**「主題；学科」**vívidly**「鮮かに」**ínfinite**「無限の」

§2. 文　型（第二文型）

---

(1)　Necessity **is** the mother of invention.

(2)　A man **becomes** learned by asking questions.

(3)　His explanation **sounds** unreasonable to me.

(4)　The matter **seemed** to be of small importance.

(5)　He **went** an enemy, but **returned** a friend.

(6)　Happy **are** those who know the pleasure of reading.

- **(1)**　必要は発明の母。
- **(2)**　人は質問をすることによってものを知るようになる。
- **(3)**　彼の説明は私にはつじつまが合わないように思われる。
- **(4)**　その件はあまり重要でないように思われた。
- **(5)**　彼は敵として出かけ，味方としてもどってきた。
- **(6)**　読書の喜びを知る人は幸せである。

解　説　　(1) 第二文型を作る代表的な動詞は「～である」の意を表わす be 動詞であるが，その他「状態」を表わす remain（～のままでいる），keep, lie, stand, stay などが重要である。

(2)「～になる」という「状態の変化」を表わす動詞の場合で，become のほか，get, grow, fall, turn, go, prove, run など。

$$
\begin{cases}
\text{(a) He } \textbf{fell} \text{ ill.（病気になった）} \\
\text{(b) He } \textbf{fell} \text{ down.（倒れた）}
\end{cases}
\begin{cases}
\text{(a) The well } \textbf{ran} \text{ dry.（井戸が涸れた）} \\
\text{(b) The boy } \textbf{ran} \text{ fast.（速く走った）}
\end{cases}
$$

それぞれ (a) は「S＋V＋C」，(b) は「S＋V（＋副詞）」の文型である。

(3)(4)「～のように見える（思える，聞える，感じる）」など「感覚」に訴える意味を表わす動詞の場合で，その他 look, appear, feel, taste, smell など。

(5)「彼は出かけるときは敵であったが，帰ってきたときは味方であった」の意味関係を表わし，enemy, friend は主語の状態を述べる補語である。

(6) 強調的に補語が前に出て，「C＋V＋S」の倒置形式をとっている。

■**注意**■　次のような動詞句の場合も，補語と目的語を区別する。

$$
\begin{cases}
\text{(a)　His attempt } \textbf{turned out} \text{ a failure.（彼の試みは結局失敗した）} \\
\text{(b)　His attempt } \textbf{turned out} \text{ no result.（彼の試みは成果を生まなかった）}
\end{cases}
$$

　(a) では turn out～ ＝ prove～（～であることがわかる；〔結果的に〕～になる）（→ p.6）の自動詞句で，「S＋V＋C」の文型，(b) では turn out～ ＝ produce～（～を生む）の意の他動詞句で，文型は「S＋V＋O」である。

################ **EXERCISE** ## 解答 350 ページ

🟨 A 🟨

11. A good medicine *tastes* bitter.

12. His dream *came* true when the experiment *proved* a success.

13. The rumor of his death *turned* out false.

14. He nearly *went* mad when his daughter *fell* seriously ill.

15. She *remained* ignorant of the fact, but her husband *appeared* to be vaguely aware of it.

🟨 B 🟨

16. I believe that freedom to express one's views is a right which should not be denied to anyone. No matter how dangerous or absurd an idea *sounds* today, perhaps in a few years it will have proved itself to be correct.　　　　　　　　　　（成城大）

🟨 C 🟨

17. A truly scientific social science will seek to understand the processes of social and individual interaction——the nature and dynamics of social relations——so it can reach a more valid prediction and control of social phenomena and, at the same time, conserve the dignity and integrity of individual personality. Inherent in this basic goal *is* the assumption that social stability is meaningless——if not impossible——independent of the stability and dignity of human beings.　　　（横浜市大）

■語句■　**11. médicine**「薬」**bitter**「苦い」　**12. come true**「実現する」 **expéri-ment**「実験」*cf.* experience（経験）　**13. rumor** [rúːmə]「うわさ」 **false** [fɔːls]「偽りの；本当でない」↔true（真実の）　**14. nearly**「ほとんど〜」　 **go mad**「気がくるう」**fall ill**「病気になる」 **sériously**「まじめに：重大に」　15. **remain**「（完全自動詞として）残る；（不完全自動詞として）〜のままでいる」 **ignorant of**「〜を知らない」**appear**「（完全自動詞として）現われる；（不完全自動詞として）〜のようにみえる（＝seem）」 **vaguely** [véigli]「ばくぜんと」 **aware of**「〜に気がついて」 **16. express**「表現する」 **view**「見解；考え」**deny** [dinái]「否定する」 **absúrd**「ばかげた」 **17. seek to**「〜しようと努める」 **prócess**「過程」 **interáction**「相互作用」 **nature**「性質」**dynámics**「力学」 **prediction**「予言」 **phenómena**「現象」 **consérve**「保存する」 **dígnity**「威厳」 **inhérent**「内在する」 **assúmption**「前提〔的な考え〕」」

§3. 文　型（第三文型）

(1) The early bird catches the worm.

(2) I don't remember having said such a thing to her.

(3) He tried to persuade her to agree to the plan.

(4) To none but the wise can wealth bring happiness.

(5) What I am today I owe to my uncle.

(6) Don't put off till tomorrow what you can do today.

▨ (1)　早起きの鳥は虫を捕える。（早起きは三文の得）

▨ (2)　私は彼女にそんなことを言ったことを覚えていない。

▨ (3)　彼はその計画に賛成するように彼女を説得しようとした。

▨ (4)　富は賢明な人にしか幸せをもたらすことはできない。

▨ (5)　私が今日あるのはおじのおかげです。

▨ (6)　今日できることを明日に延ばすな。

解　説　　第三文型は「S＋V＋O」の形をとるが，(1) は目的語がふつうの名詞である場合であり，(2) では動名詞句が，(3) では不定詞句が目的語になっている。〔persuade [pəswéid] 説得する〕(4) では副詞句が強調的に文頭に出ているが，ふつうの語順になおせば Wealth can bring happiness to none but the wise. である。〔none but～（～以外はだれも…ない；～だけ）＝only. the wise＝wise people〕(5) 目的語が節で，文頭に出た形式。ふつうの場合は目的語は次の位置をとる：

I owe **my success** to good luck.

　　　〔成功を幸運に負う→〕成功したのは運がよかったからです）

(6) は目的語が節で長いために文尾に置かれた形式。次と語順を比較：

　Don't put *off* **your departure** till tomorrow.　（出発を明日に延ばすな）
　Don't put **it** *off* till tomorrow.　（それを明日に延ばすな）

■**注意**■　次のような場合に自動詞・他動詞の意味を区別する。

　(a) He **succeeded** in his youth.　（彼は若いころ成功した）〔S＋V〕
　(b) He **succeeded** his father.　（彼は父のあとを継いだ）〔S＋V＋O〕
　(a) She will **make** a good plan.　（彼女はよい計画を立てるだろう）〔S＋V＋O〕
　(b) She will **make** a good wife.　（彼女はよい奥さんになるだろう）

　下の場合は She＝a good wife の関係が成り立ち become と似た意味を表わすので「S＋V＋C」に分類されることもあるが，「よい妻を作る → よい妻になる」という make の他動詞としての意味を認め「S＋V＋O」と考えてよい。

▨▨▨▨▨ **EXERCISE** ▨▨▨▨▨▨▨▨▨▨▨▨▨▨▨▨▨▨▨▨▨▨ 解答　350・351 ページ

▨ A ▨

18. The empty vessel *makes* the greatest sound.

19. Ordinary men commonly *condemn* what is beyond them.

20. Only through effort does anyone *find* the joy of creation.

21. Learning a language *requires* infinite patience and effort on the part of the learner.

▨ B ▨

22. Men who have *done* great things *made* stepping stones of their failures. The disgrace is not in falling but in not rising every time you fall.

23. In these days we *accept* as a matter of course the fact that we live in the midst of a mechanical complex.

24. Through books does humanity *retain* contact with its past; through them does humanity *touch* hands with its fellows in distant lands.　　　　　　　　　　　　　　　（同志社大）

▨ C ▨

25. Physicians tell us that in hospitals some patients die simply because they give up to their disease: while others get well, simply because they keep a strong will, and do not surrender. Such power *has* the mind over the body.　　　　（金沢医大）

▨語句▨　**18. empty**「空(から)の」 **vessel**「容器」　　**19. ordinary**「普通の；平凡な」 **commonly**「普通」 **condemn** [kəndém]「非難する；けなす」 **beyond**「～を越えた；理解の及ばない」　　**20. effort**「努力」 **creation**「創造」　　**21. infinite**「無限の」 **patience**「忍耐」 **on the part of**「～の側の」　**22. make ～ of ...**「…を～にする」 **stepping stone**「踏み石」 **disgrace**「恥」　　**23. as a matter of course**「当然のこ とと」 **mechanical complex**「機械の複合体；複雑な機械の集り」　**24. humanity**「人類」 **retain**「保つ」 **contact**「接触」　**25. physician**「医者」**some...others～**「ある ものは…またあるものは～；…であるものもいれば　～であるものもいる」〔→p. 266〕 **patient**「患者」 **simply because...**「ただ…であるために」 **will**「意志」 **give up to**「～に屈する」**disease** [dizíːz]「病気」**surrender**「屈服する」

§4. 文　型（第四文型）

(1) They **gave** him all the necessary information.

(2) He **taught** his students that honesty is the best policy.

(3) His behavior **caused** his parents a great deal of grief.

(4) Too much exercise will sometimes **do** you more harm than good.

(5) The machine **saves** us much labor and time.

(6) The widow **denied** herself all pleasures to send her son to college.

▨ (1)　彼らは彼に必要なすべての情報を与えた。

▨ (2)　彼は生徒に正直は最善の策であるということを教えた。

▨ (3)　彼の振舞いは両親に大きな悲しみを与えた。

▨ (4)　過度の運動は益よりも害が大きいことがある。

▨ (5)　機械のおかげでわれわれは多くの労働や時間が省ける。

▨ (6)　未亡人は息子を大学にやるためにすべての楽しみごとを絶った。

解　説　　第四文型の動詞は二つの目的語をとり，ふつう授与動詞と呼ばれる。give を代表とし，典型的には (1)(2)(3) のように「…(間接目的語)に〜(直接目的語)を」の形式で訳されるが，動詞によっては (4)(5)(6) のように，この形式にこだわらず，日本語として自然な訳がほどこされる場合が多い。熟知しておかなければならないこの種の動詞の例を示す：

It **took** me two hours to finish it.　（それを終えるのに2時間かかった）

Will you **do** me a favor?　（お願いしたいことがあるのですが）

Please **pass** me the salt.　　（塩をとっていただけますか）

She will **make** him a good wife.　（彼女は彼のよい奥さんになるだろう）

I **envy** you your good luck.　（君の幸運がうらやましい）

This picture does not **do** him justice.　（彼のこの写真はよくとれていない）

He **owes** her his success.　（彼が成功したのは彼女のおかげです）

■**注意**■　動詞のあとに二つの[代]名詞がくる場合の文型の区別を間違えないように。

{ (a) The father **left** him a fortune.　（父親は彼に財産を残した）〔SVOO〕

{ (b) The accident **left** him a cripple.　（事故のため彼は不具者になった）〔SVOC〕

　　He **found** the old woman a help. →次の二通りの解釈が成り立つ。

　　　{ ① 「彼はそのおばあさんにお手伝いさんを見つけてあげた」〔SVOO〕

　　　{ ② 「彼はそのおばあさんが役に立つことがわかった」〔SVOC〕

◫◫◫◫◫ **EXERCISE** ◫◫◫◫◫◫◫◫◫◫◫◫◫◫◫◫◫◫◫◫◫◫◫◫◫◫◫◫◫◫◫◫◫◫◫◫ 解答 351 ページ

▨ A ▨

26. He *offers* me his help whenever I am in trouble.

27. Every child *asks* his parents many questions which they find impossible to answer.

28. One who wants to *make* himself somebody must *set* himself a high aim.

29. Idleness will in time *show* you how much to pay for it.

▨ B ▨

30. The state which *denies* education to its citizens *denies* them the means of realizing their personality.

31. People need to express themselves; they cannot do so unless society allows them liberty to do so, and <u>the society which</u> <u>*allows* them most liberty is a democracy</u>.

32. The advance of medical science has prolonged life greatly. But the scientists have not *told* us what to do to relieve the burdens of old age.

▨ C ▨

33. I would not be thought for one moment to set little store by the educational value of women's colleges today. <u>Large</u> <u>masses of girls from widely different homes can do a world of</u> <u>good to each other, and it *does* a girl no harm to be exposed</u> <u>to excellence for three years.</u> Nor would I dare to deny the usefulness of examinations.　　　　　　　　　　　(東　大)

▐**語句**▨ **26.** óffer「申し出る」**whenever**「〜のときはいつでも」　**27. parent**「親」
28. somebody「ひとかどの人物」**aim**「狙い；目標」　**29. idleness**「怠惰」**pay for**
「〜の代金(代償)を払う」　**30. state**「国家」**deny** [dinái]「否定する」**educátion**「教
育」**means**「手段」**realize**「実現する」**personality**「個性」　**31. express**「表現
する」**unless**「〜でなければ」**allow** [əláu]「許す；認める」**liberty**「自由」
a democracy「民主国家」　**32. advance**「進歩」**medical science**「医学」**prolong**
「長くする」**relieve**「除く」**burden**「重荷」　**33. set store by**「〜を重んじる」
válue「価値」**masses**「多数；多量」**a world of**「多大の」(=a lot of) **do good**「利
益を与える」**do harm**「害を与える」**expose**「さらす」

§5. 文　型（第五文型—I）

(1) All work and no play makes Jack a dull boy.
(2) We found the math problems very difficult.
(3) They considered the matter of great importance.
(4) She made her husband what she wanted him to be.
(5) I thought it strange for him to insist on going there.
(6) We call immoral those who do not accept our own morality.

▨ (1)　よく学びよく遊べ。（勉強ばかりして遊ばないことは少年を愚鈍にする）
▨ (2)　数学の問題はとてもむずかしかった。
▨ (3)　彼らはその問題がとても重要であると考えた。
▨ (4)　彼女は夫を自分の思いどおりの人間にしてしまった。
▨ (5)　私は彼がそこへ行くといってきかないのを不思議に思った。
▨ (6)　われわれは自分の道徳を受入れない人々を不道徳な人間と呼ぶ。

<u>解　説</u>　　(1) 第五文型をつくる動詞のうち，一つのグループは「…（目的語）を〜（目的補語）にする」に類した意味を表わすものである：

He **left** the door open. （彼は戸を開けっぱなしにしておいた）
The boy **set** the bird free. （少年は鳥を放してやった）
They **elected** him chairman. （彼らは彼を議長に選んだ）

(2)(3)　もう一つのグループは「…を〜と思う」に類した意味を表わす動詞で，この場合は「目的語＝目的補語」の関係を節で表わしても意味は同じ。

(3)′　They considered that the matter was of great importance.

(4) は補語が節の場合であり，(5) は形式目的語〔→p. 48〕を含む例である。

(6) では目的語が長い修飾語を伴うので，補語が前にでた倒置形式をとっているが，もし目的語が短い語句であれば次のように補語はその後に置く。

We call these people immoral. （これらの人々を不道徳と呼ぶ）

■**注意**■　次のような同じ動詞の意味・文型を区別する。

His sister **kept** him warm. （彼を暖かくしておいた）　　　　　〔SVOC〕
His sister **kept** him a seat. （彼に席を取っておいた）　　　　　〔SVOO〕
He **made** himself a nuisance. （自分を厄介者にした→邪魔者になった）〔SVOC〕
He **made** himself a cup of tea. （自分のためにお茶を入れた）　　　〔SVOO〕

|||||||||| **EXERCISE** |||||||||||||||||||||||||||||||||||||||||||||||||| 解答　351・352 ページ

░ A ░

34. They *named* the boy Richard after his grandfather.

35. He *felt* himself responsible for the accident.

36. Never *call* anything a misfortune until you have seen the end of it.

37. They *consider* the number of their books much more important than their quality.

░ B ░

38. The laws of heredity and evolution have *made* the world of life what it now is, and determine what may yet be.

39. It might be beneficial not to take up another book, perhaps not to pass to another page, till we have by reflection securely *made* that our own which we have just been reading.

░ C ░

40. There is no doubt that a common language used through the world would do much to bring countries closer to each other. Though it is becoming increasingly easy to move from place to place, <u>our inability to communicate with one another, gives rise to numerous misunderstandings and *makes* real contact between people of differing nationalities impossible.</u>　（東海大）

░語句░　**34. name**「名づける」　**after**「～にちなんで」　　**35. responsible for**「～に対して責任がある」　　**36. misfortune**「不幸」　**end**「終り；結末」　　**37. consider**「考える」　**quality**「質」　*cf.* quantity（量）　　**38. law**「法則」　**heredity**「遺伝」　**evolution**「進化」　**determine**「決定する」　　**39. beneficial**「有益な」　**reflection**「反射；反映；反省，考察」　**securely**「安全に；しっかりと」　**that which ...** ＝what（…ところのもの）　　**40. no doubt**「確かに」　**common language**「共通語」　**(to) each other**「お互い（に）」　**increasingly**「ますます」　**move**「動く」　**inability**「不能；できないこと」　**communicate**「伝達する」　**(with) one another**「お互い（に）」原則的には，上の each other は二者について，one another は三者以上について用いるとされるが，ここでは特に区別されていない。each other と one another は共に代名詞。**give rise to**「～を生む」　**numerous**「数多くの」　**contact**「接触」　**nationality**「国籍」

§6.　文　型（第五文型—II）

---

  (1)　They made **their daughter marry** him against her will.

  (2)　We have never heard **him speak** ill of others.

  (3)　He proved **himself to be** a man of ability.

  (4)　The doctor advised **the patient to give** up smoking.

  (5)　I had **all my money stolen** last night.

  (6)　He kept **me waiting** for nearly an hour.

▨ (1)　彼らは娘がいやがるのに娘を彼と結婚させた。

▨ (2)　私たちは彼が人の悪口を言うのを聞いたことがない。

▨ (3)　彼は自分が有能な人間であることを証明した。

▨ (4)　医者は患者にたばこをやめるように忠告した。

▨ (5)　僕は昨夜お金を全部盗まれた。

▨ (6)　彼は私を1時間近くも待たせた。

解　説　　SVOCの文型では，前項のように目的補語が名詞・形容詞である場合と，本項におけるように目的補語が動詞（不定詞・過去分詞・現在分詞）である場合とに大別できる。OとCのあいだには，いわゆるNexus 関係〔＝「主語＋述語」の関係〕，すなわち，**不定詞**なら「Oが～する」〔(1) 娘が結婚するようにさせる〕，**過去分詞**なら「Oが～される」〔(5) 金が盗まれるという経験をする〕，**現在分詞**なら「Oが～している」〔(6) 私が待っているという状態にしておく〕という意味関係が成り立つ。〔→p. 62, 64〕

不定詞に to がつかないのは (1) のような「～させる」の意の使役動詞 (make, let, have, *etc.*) と，(2) のような知覚動詞 (see, hear, feel, *etc.*) の場合。

■**注意**■　①動詞によっては不定詞構文を *that*-Clause で表わせるものもある。

  { I **wish** you to stay.　　　　　　　　{ I **want** you to stay.

  { ＝I **wish** that you would stay.　　{ ×I **want** that you will stay.　〔不可〕

②次のような場合は，両方の形式をとるが，異なった意味を表わす。

  { I **saw** him leave.　　　　　（彼が立ち去るのを見た）

  { I **saw** that he had left.　　（彼が立ち去ったことがわかった）

③次のような文における不定詞の意味関係を区別すること。

  { I **expected** him to come.　　（私は彼が来ることを期待した）〔SVOC〕

  { I **promised** him to come.　　（私は彼に来ることを約束した）〔SVOO〕

上では不定詞の意味上の主語は目的語の him, 下では主語の I である。

▥▥▥ **EXERCISE** ▥▥▥▥▥▥▥▥▥▥▥▥▥▥▥▥▥▥▥▥ 解答　352・353 ページ

▨ A ▨

41. She *helped* her mother *to prepare* breakfast.

42. How old do you *suppose* her *to be*?

43. Suddenly they *felt* the earth under their feet *shake* violently.

44. These glasses will *enable* you *to see* the letters on the blackboard.

45. The newspaper *keeps* us *informed* of the events taking place in the world.

46. Don't *encourage* young people either *to smoke* or *to drink*.

▨ B ▨

47. The facility of obtaining books is *causing* them *to be* less valued than once they were.

48. Climbing is probably the only sport which *leaves* those who do not enjoy it completely *bewildered* as to the motives and state of mind of those who do.　　　　　　　　　(明治大)

▨ C ▨

49. Japanese is a difficult language, even for the Japanese themselves.　What chance, then, has a poor foreigner of ever hoping to gain a working knowledge of it?　But for those who persevere, the results are rewarding.　<u>Reasonable proficiency often *makes* the Japanese person to whom you are speaking *imagine* you know far more than you do.</u>　　　　(奈良教育大)

▥語句▥　**41.** prepare「準備する」　　**43.** violently「激しく」　**44.** glasses「めがね」enable「〜できるようにする」　**45.** inform「知らせる」event「出来事」take place「起こる」**46.** encourage「勇気づける；奨励する」**47.** facility「便宜；容易さ」obtain「手に入れる」cause「〜させる」value「評価する；重んじる」**48.** bewilder「当惑させる」as to「〜について」motive「動機」state「状態」do=enjoy it（代動詞）　**49.** chance「見込み；可能性」working「実際に役立つ」persevere [pə̀ːsivíə]「根気強く努力する」rewarding「報いのある」reasonable「合理的な；まあまあといった程度の」proficiency「熟達；堪能」

§7. 主　　語

---

(1) The most courageous is he who feels fear but masters it.

(2) To climb steep hills requires slow pace at first.

(3) Driving faster than the set speed limit can lead to an accident.

(4) One who never made a mistake never made anything.

(5) What we don't know about doesn't worry us.

(6) There is a great distance between saying and doing.

■ (1) 最も勇気のある人とは恐怖を感じるがこれを克服する人である。

■ (2) けわしい山を登るには，はじめはゆっくり登らねばならない。

■ (3) 制限速度以上で運転すると，事故を起こしかねない。

■ (4) 誤ちを犯さない人が，なにかを成しえたためしはない。

■ (5) 自分の知らないことは気にならない。(知らぬが仏)

■ (6) 言うことと行なうこととのあいだには大きな距離がある。

解　説　　主語になるのは名詞または名詞の働きをする語・句・節である。

(1) では courageous [kəréidʒəs] (勇気のある)は形容詞であるが，The most courageous = The most courageous *man* の意で名詞的に用いられている。(2) では不定詞，(3) では動名詞が主語になっている場合である。

主語の名詞には修飾語句がつくことが多いが，(4) は関係代名詞によって導かれる形容詞節が主語を修飾する例である。

主語はまた節の形式をとることも多い。(5) は関係代名詞 what が導く名詞節が主語になっている場合であるが，この文の意味を表わすことわざに Ignorance is bliss. (無知は幸福 → 知らぬが仏) がある。

ふつう主語は文頭にくるが，文中に置かれる場合もある。その定形的なものに (6) のような There で始まる文がある。〔倒置主語については→p. 208〕

■注意■　「不定詞」や「～ing 形」「節」などは，いろいろな働きをするので，文頭に置かれた場合も，その用法を区別しなければならない。上の (2)(5) を次と比較:

(2)′ **To climb steep hills** you must start at a slow pace.

(5)′ **What we don't know about** we don't worry about.

上の (2) の不定詞が名詞用法であるのに対して (2)′ は副詞用法，(5) の名詞節は主語であるのに対して (5)′ のほうは目的語が前に出たもの (＝We don't worry about *what we don't know about.*) である。

ⅢⅢⅢ EXERCISE ⅢⅢⅢⅢⅢⅢⅢ 解答 353 ページ

▨ A ▨

50. One who does not know a foreign language, does not know one's own.

51. Trying to see the other person's point of view is a good rule in friendship.

52. The books we read in youth have a strong influence on our attitude toward life.

▨ B ▨

53. It goes without saying that no one but a man who can support himself by his own effort and is dependent upon no one can hope to be an independent man.

54. Out of the depth of my feeling of happiness there grew up gradually within me *an understanding* of the saying of Jesus that we must not treat our lives as being for ourselves alone.

▨ C ▨

55. A lively and friendly curiosity about people around us who lead lives that are quite different from our own can add spice and enrichment to our own. Even if there is no particular desire to develop personal friendships, still an understanding of their way of life and their aspirations can make life for us all a great deal easier in our overcrowded nation of strangers that is developing. (名 大)

▨語句▨ **50. foreign**「外国の」 **51. point of view**「観点；考え方」 **52. influence**「影響」 **attitude**「態度」 **53. It goes without saying**「〜は言うまでもない」 **but**「〜以外の」(＝except) **support**「支える；養う」 **effort**「努力」 **dependent upon**「〜に頼る」 **independent**「自立した」 **54. depth**「深み」 **gradually**「徐々に」 **saying**「言葉；ことわざ」 **treat**「扱う」 **55. lively** [láivli]「生き生きした」 **curiosity** [kjuəriósiti]「好奇心」 **add**「加える」 **spice**「薬味；味わい」 **enrichment**「豊かさ」 **particular**「特別な」 **way of life**「生き方；生活様式」 **aspiration**「大望；あこがれ」 **develop**「育つ；発達する」

§8. 主　語（形式主語）

> (1) **It** is easy to form a plan, but difficult to carry it out.
> (2) **It** is no use trying to persuade him to give up smoking.
> (3) **It** seemed that he had committed suicide.
> (4) **It** is strange that he should be opposed to the plan.
> (5) **It** makes no difference whether he consents or not.
> (6) **It** doesn't matter what others think of what I do.

▧ (1)　計画を立てるのはやさしいが，それを実行するのはむずかしい。
▧ (2)　彼にたばこをやめるように説得してもむだです。
▧ (3)　彼は自殺したらしかった。
▧ (4)　彼がその計画に反対するとはおかしなことだ。
▧ (5)　彼が同意しようとしまいと，僕には同じことです。
▧ (6)　他人が僕のすることをどう思おうと問題ではない。

解　説　　It を主語に立てて，後にくる不定詞・動名詞などを表わす場合，これをふつう形式主語と呼ぶ。

(1) は形式主語が不定詞を表わす場合であるが，不定詞の表わす行為をする人（＝意味上の主語）を示すときは for（または of →p. 80）を用いる。

$\Big\{$ It is difficult **for** me to explain this matter.　　〔it は形式主語〕
　 I find **it** difficult to explain this matter.　　〔it は形式目的語〕
　　　（私にはこの件を説明するのはむずかしい）

(2) は It が動名詞を表わす場合。(4)～(6) は It が節を代表する場合である。(3) は不定詞を用いて次のような単文形式に書き換えられる。

(3)′ He seemed to have committed suicide.

(4) のように It is strange (necessary, natural, *etc.*) that .... のような「判断」を述べる文における *that*-Clause の中の should は特に独立した意味はなく，その形容詞によって表わされる判断・感情を適当に訳せばよい。

■**注意**■　It is ～ that ... の形式が強意構文〔→p. 222〕として用いられる場合があるので，形式主語の用法と区別すること。

$\Big\{$ (**a**) **It is** constant practice **that** counts most in learning a language.
　 (**b**) **It is** obvious **that** constant practice counts most in learning a language.

(**a**)「言語の学習で最も大切なのは不断の練習だ」〔強意構文〕
(**b**)「不断の練習が言語の学習で最も大切であることは明らかだ」〔形式主語〕

░░░░░░ **EXERCISE** ░░░░░░░░░░░░░░░░░░░░░░░░░░░░░░ 解答 353・354 ページ

░ **A** ░

56. *It* never occurred to me that he was in love with her.

57. *It* is always difficult to stand up against the opinion of the majority.

58. *It* is no use arguing with him. He is not in his right mind.

59. *It* would be silly not to take advantage of this opportunity.

60. Because a man is good, *it* does not follow that he is wise.

░ **B** ░

61. *It* is worth while to consider what it is that makes people happy, what they can do to make themselves happy.

62. Rather than being too proud of the efforts that modern society has made, *it* would be wise to consider if we even equal the efforts of "precivilized" societies. （センター）

63. *It* is not a question for any student whether he is cleverer than others or duller, but whether he has done his best with the gift he has.

░ **C** ░

64. No young man can possibly see immediately the qualities of a great book. Remember that in many cases *it* has taken mankind hundreds of years to find out all that is in such a book. But *it* depends upon a man's knowledge and experience of life, whether the text will unfold new meanings to him.

（東京女大）

───────────────────────────

░語句░ **56. occur**「起こる；頭に浮かぶ」 **57. stand up against**「～に立ち向かう」 **majority**「多数[派]」 cf. minority（少数[派]） **58. argue**「議論する」 **in one's right mind**「正気で」 **59. take advantage of**「～を利用する」 **opportunity** [ɔ̀pətjúːniti]「機会」 **60. it does not follow that...**「（～だからといって）…ことにはならない」 **61. worth while**「価値がある」 **62. rather than ～, ...**「～よりもむしろ…」 **equal**「～に匹敵する、～と対等のことをする」 **precivilized**「文明化以前の」 **63. gift**「贈り物；才能」 **64. possibly**「とうてい（…でない）」否定を強める。 **immediately**「直ちに」 **quality**「質」 **unfold**「広げる；表わす；明らかにする」 **meaning**「意味」

§9. 無 生 物 主 語

(1) **Illness** prevented him from attending the meeting.

(2) **This medicine** will make you feel better.

(3) **No amount of persuasion** will make him change his mind.

(4) **A few minutes' walk** brought him to the station.

(5) **The mere idea of work** makes him shudder.

(6) **What** made her so angry?

- (1) 病気のため彼は会に出席することができなかった。
- (2) この薬を飲めば気分がよくなるでしょう。
- (3) どんなに説得しても彼は決心を変えないだろう。
- (4) 数分歩いて彼は駅に着いた。
- (5) 仕事のことを考えただけで彼は身ぶるいする。
- (6) なぜ彼女はそんなに腹を立てたのか。

解　説　　英語で「無生物」が主語になったとき，それをそのまま主語にして訳すと不自然な日本語になる場合が多い。そのような場合は上例に見られるように，英語の主語の部分を日本語では「理由」「条件」「譲歩」「時」などを表わす副詞句（節）のように訳し，人を主語に立てた形式にするのがよい。たとえば (1) (2) は，英語でも人を主語にして，それぞれ

(1)′ *He* couldn't attend the meeting on account of illness.

(2)′ If *you* take this medicine, *you* will feel better.

のように書き換えられるが，これに対応するような訳文にすれば日本語的な表現になる。ただし，(6) を「何が彼女をそんなに怒らせたのか」とも訳せるように，両方の形式の訳が可能な場合も多い。

His pride will not allow him to do such a mean thing.

> 彼の自尊心は彼にそんな卑劣なことをするのを許さないだろう。
> 彼は自尊心が強いので，そんな卑劣なことはしないだろう。

■**注意**■　直訳して不自然になるのは「無生物主語」そのものではなく，それが特定の動詞と結びついた場合だけである。

> (a) **Diligence** *is* the mother of success. （勤勉は成功のもと）
> (b) **Diligence** *enabled* him to succeed. （彼は勤勉だったので成功した）

同じ無生物主語でも，(a) 直訳可，(b) は「勤勉は彼に成功することを可能ならしめた」という直訳は不自然なので上のように訳すのがふつうである。

‖‖‖‖‖‖ EXERCISE ‖‖‖‖‖‖‖‖‖‖‖‖‖‖‖‖‖‖‖‖‖‖‖‖‖‖‖‖‖‖‖‖‖‖‖ 解答 354 ページ

▨ A ▨

65. This *picture* always reminds me of my happy school days.

66. *Shyness* prevented her from making acquaintances.

67. His *knowledge* of English enabled him to learn French with ease.

68. *Astonishment* almost deprived the girl of her speech.

69. This *picture* will give you a good idea of where I live.

70. Every *night* found her toiling at the task.

71. A more detailed *exploration* will take at least a month.

▨ B ▨

72. Favourable *circumstances* kept him long blind to the realities of the world.

73. His *inability* to speak English put him at a disadvantage when he attended international conferences.

74. A varied *experience* of men has led me to set the less value upon mere cleverness, to attach more and more importance to industry and to physical endurance.

▨ C ▨

75. When people today undertake to learn a foreign language, they are not interested only in speaking it. <u>Mastery of a language makes available to the learner a great deal of worthwhile literature and many current publications.</u>

（東海大）

▨語句▨ **65. remind ～ of ...**「～に…を思い出させる」 **66. shyness**「内気; はにかみ」 **acquaintance**「知人」 **67. enable ～ to ...**「～が…するのを可能ならしめる」（＝make it possible for ～ to ...) **68. astonishment**「驚き」 **deprive ～ of ...**「～から…を奪う」 **70. toil**「骨折って働く」 **71. detailed**「詳しい」 **exploration**「探検; 調査」 **72. favourable**「有利な」 **circumstances**「事情; 境遇」 **73. inability**「できないこと」 **disadvantage**「不利」 **74. varied**「多様な」 **attach**「付ける」 **industry**「産業; 勤勉」 **physical**「物理的な; 肉体の」 **75. available**「利用できる」 **literature**「文学; 文献」 **current**「現代の」 **publication**「刊行物」

§10. 主　語（節形式の主語）

(1)　That he is innocent is quite certain.

(2)　What is learned in the cradle is carried to the grave.

(3)　Whether mankind will survive a nuclear war is doubtful.

(4)　How and when we are to begin it is the question.

(5)　Not what a man says but what he does shows the kind of man he really is.

- ▨　(1)　彼が無実であることはまったく確かです。
- ▨　(2)　揺りかごの中で覚えたことは墓場まで忘れられない。（三つ子の魂百まで）
- ▨　(3)　人類は核戦争が起これば生き残れるかどうか疑わしい。
- ▨　(4)　それをいかにいつ始めるべきかが問題だ。
- ▨　(5)　人が言うことではなく行なうことが，その人が本当にどんな人間であるかを示す。

解　説　　主語には名詞の働きをする各種の語句がなるが，節の形式をとる場合も多い。

(1) は接続詞 that に導かれた名詞節が主語になっているが，この文は形式主語を用いて It is quite certain *that he is innocent.* としても同じである。

(2) は関係代名詞 what が導く名詞節が主語になっている。これに類した意味を表わすことわざに The child is father of the man.（子供は大人の父〔三つ子の魂百まで〕）がある。

(3) この文も形式主語を用い It is doubtful *whether mankind will survive a nuclear war.* とすることもできる。〔survive「〜のあとまで生きる」〕

(4) では疑問詞が主語の節を導き，(5) は主語が二つの節を含む場合である。

■注意■　that や what の用法・意味について，次のような場合を間違えないように。

- **That** *man is great* who conquers himself. （自己を征服する者は偉大なり）
- **That** *man is mortal* cannot be denied. （人は皆死ぬということは否定できない）

上の that は指示代名詞，下の that は主語の名詞節を導く接続詞。

- **That** *he said so* is true. （彼がそう言ったということは本当です）
- **What** *he said* is true. （彼が言ったことは本当です）

上は It is true **that** he said so. の形でも同じ。what は関係代名詞。〔→p. 112〕

▓▓▓▓▓▓ **EXERCISE** ▓▓▓▓▓▓▓▓▓▓▓▓▓▓▓▓▓▓▓▓▓▓▓▓▓ 解答　354・355 ページ

▓ **A** ▓

76. *What* is done in a hurry is never done well.

77. *Why* he did it is beyond my comprehension.

78. *What* we despise is often more important than *what* seems to us great and important.

79. *That* the educated person is happier than the uneducated is by no means self-evident.

▓ **B** ▓

80. *Whether* a life is noble or mean depends, not on the profession which is adopted, but on the spirit in which it is done.

81. *That* the scientific progress has been wonderful cannot be denied, but *that* it of itself gives us the right to look upon ourselves as the most highly civilized people that the world has ever seen is open, at least, to question.　　　　　（東　大）

▓ **C** ▓

82. The best test of the quality of a civilization is the quality of its leisure. <u>Not *what* the citizens of a commonwealth do when they are obliged to do something by necessity, but *what* they do when they can do anything by choice, is the criterion of a people's life.</u>　　　　　（小樽商大）

───────────────────────────────

▓語句▓　**76. in a hurry**「急いで」　**77. comprehension**「理解」　**78. despise**「軽べつする」↔respect（尊敬する）　**79. educated**「教育を受けた」　**by no means**「決して～ない」　**self-evident**「自明の」　**80. noble**「高潔な；りっぱな」　**mean**「卑劣な；いやしい」　**profession**「職業」　**adopt**「採用する」cf. adapt（適合させる）　**81. progress**「進歩」　**deny** [dinái]「否定する」　**of itself**「ひとりでに」〔→p. 268〕　**look upon ～ as ...**「～を…と見なす」（=regard ～ as ...）　**open to**「～の余地がある」　**82. test**「尺度；試金石」　**quality**「質」　**leisure** [léʒə, líːʒə]「余暇」　**commonwealth**「共和国」　**be obliged to**「余儀なく～する」　**by necessity**「必要にせまられて」　**by choice**「好んで；自由に」　**criterion**「尺度；基準」

§11. 主 語（倒置主語）

(1) Not far from the shore was a **boat** with three men
in it.

(2) Heavy was the **burden** of responsibility which lay
upon him.

(3) So selfish was the **man** that everyone detested him.

(4) Our right must be made much of, but more important
in social life is the **sense** of duty and responsibility.

(5) Closely related to English reserve is English **modesty**.

▨ (1) 岸からあまり遠くないところに三人の男が乗っているボートが浮
かんでいた。

▨ (2) 彼が負わねばならなかった責任はまことに重いものであった。

▨ (3) 彼は非常に利己的な人間だったので皆に毛嫌いされた。

▨ (4) 権利は重んじられなければならないが，社会生活においてもっと
大切なのは義務と責任の観念である。

▨ (5) 英国人の謙虚さは，英国人の控え目な態度と密接な関係がある。

解 説　　主語は一般に文頭に置かれるが，文の他の要素が強調されたり
して前に出て，「S＋V」の語順が「V＋S」になることがある。

(1) は「S（＝boat）＋V（＝was）」の文であるが，副詞句が文頭に出て倒置形
になったものである。〔→p. 208〕

(2) も「S（＝burden）＋V（＝was）＋C（＝heavy）」が倒置されたもの。

(3) ふつうの語順は：*The man* was so selfish that everyone detested him.

(4) でも補語が主語の前に出，(5) では受動態の過去分詞が文頭に置かれた
形で，ふつうは：*English modesty* is closely related to English reserve.

その他，倒置を伴う定形的な表現に so, nor を用いる場合がある。

She is shy, and **so** is *his sister*.（彼女は内気だが，妹もそうだ）

The book is not interesting, **nor** is *it* instructive.

（その本はおもしろくもなければ，ためにもならない）

■**注意**■　so を用いた次のような倒置表現とそうでない場合を区別する。

"I am very sleepy." —— "**So am Ǐ.**"（＝I am sleepy, *too*.）

「僕は眠い」——「僕もだ」

"You look sleepy." —— "**So I ám.**"（＝I am *indeed* sleepy.）

「君は眠そうだね」——「そのとおり（眠いんだよ）」

|||||||||| **EXERCISE** |||||||||||||||||||||||||||||||||||||||||||||||||| 解答 355 ページ

░ **A** ░

83. In the life of today are the results of the labor and struggle of all the yesterdays.

84. So common are these phenomena that they are seldom noticed by people.

85. More than ever before is the demand for such men in excess of the supply.

░ **B** ░

86. Fortunate is the man who, at the right moment, meets the right friend; fortunate also the man who, at the right moment, meets the right enemy. (東芸大)

87. Misery does not necessarily bring about discontent, nor is the degree of discontent in exact proportion to that of misery.

(神戸大)

░ **C** ░

88. (1) <u>Among the aims of a university education must be included the acquisition of knowledge</u>, but (2) <u>of far greater importance are the development of intellectual curiosity and the realization that the acquisition of knowledge is pleasurable,</u> for the development of these qualities is a guarantee that the acquisition of knowledge will continue after the student has left the university. (武蔵大)

▰**語句**▰ **83. result**「結果」 **labor**「労働」 **struggle**「闘争」 **84. common**「普通の」 **phenómena**「現象」単数形は phenomenon。 **85. demand**「需要」 **in excess**「超過して」 **supply**「供給」 **86. fortunate**「幸運な」 **87. misery**「不幸」 **not nécessarily**「必ずしも〜でない」〔部分否定→p. 156〕 **bring about**「もたらす」 **discontent**「不満」 **degrée**「程度」 **exact**「正確な」 **in proportion to**「〜に比例する」 **88. aim**「狙い；目標」 **include**「含める」 **acquisítion**「獲得」 **devélopment**「発達；育てること」 **curiosity**「好奇心」 **realizatiɔn**「認識」 **guarantée**「保証」 **that** はその前の名詞（realization, guarantee）の内容を表わす「同格」〔→p. 204〕の名詞節を導く接続詞。

§12. 目 的 語（形式目的語）

(1)　He found **it** impossible <u>to solve the problem.</u>

(2)　I think **it** necessary <u>for you to cut down your expenses.</u>

(3)　We took **it** for granted <u>that he was fully aware of it.</u>

(4)　I'll see to **it** <u>that everything is ready for your departure.</u>

(5)　I'll call **it** a silly waste of money <u>buying these cheap</u>
<u>magazines.</u>

■ (1)　彼にはその問題を解くことが不可能だった。

■ (2)　あなたは出費を切りつめなければならないと思います。

■ (3)　私たちは彼が当然そのことを十分知っているものと思っていた。

■ (4)　ご出発の準備が万端整うようにしておきましょう。

■ (5)　僕に言わせればこんなくだらない雑誌を買うのはばかな無駄使い
　　　だ。

解　説　　それぞれの文において it は，あとに続く下線部の句や節（＝真目的語）を代表して前に置かれた形式目的語である。

　(1)(2) は真目的語が不定詞の場合であるが，(2) は意味上の主語が for ～ で示されている。次も重要な類例である。

　I make **it** a rule <u>not to sit up late at night.</u>〔＝**It** is a rule *with* me
　　not to sit up late at night.〕　（私は夜ふかししないことにしている）

　His wealth made **it** possible <u>for him to buy anything.</u>〔＝His wealth
　　enabled him to buy anything.〕　（彼は金持だったので何でも買えた）

　(3)(4) は真目的語が節の場合であるが，(4) では形式目的語 it が，動詞ではなく，to という前置詞の目的語になっている。次も同じである。

　You may depend on **it** <u>that he will help you in case of need.</u>

　　（きっと彼は君が困ったときには助けてくれますよ）

　(5) のように真目的語が動名詞句である場合はあまり多くない。

■**注意**■　形式目的語を含む重要表現 see to it that... （かならず…なるようにする）においては，to it が省略されることもある。次を区別する：

〔(**a**) You'll **see** that the work is too difficult for you. 〔see＝「知る；わかる」〕
〔(**b**) I'll **see** that the work is done by noon. 〔see〔to it〕that の省略形〕

　　(**a**)「その仕事は君にはむずかしすぎることがわかるだろう」
　　(**b**)「その仕事がかならず昼までに終わるようにしましょう」

cf.〔I'll **see** the picture.　（その映画を見よう）
　　〔I'll **see** to the matter.　（その件は僕が引き受けた）

‖‖‖‖‖ **EXERCISE** ‖‖‖‖‖‖‖‖‖‖‖‖‖‖‖‖‖‖‖‖‖‖‖‖‖‖‖‖‖‖‖‖‖‖‖‖‖‖‖ 解答 355 ページ

▨ A ▨

89. I think *it* best for you to resign your post.

90. I couldn't find *it* in my heart to break the news to her.

91. See [to *it*] that no harm comes to the baby.

92. Whenever I have an appointment, I make *it* a rule to arrive five minutes ahead of time.

93. He owed *it* entirely to his own exertions that he could tide over the difficulties.

▨ B ▨

94. Make *it* the first object to be able to fix and hold your attention upon your studies.

95. We almost take *it* for granted that mankind makes progress every year, every day, every hour. A glance at the history of modern science will make *it* easy to see that progress is one of the laws of human life.

▨ C ▨

96. A careful and honest writer does not need to worry about style. As he becomes proficient in the use of language, his style will emerge, because he himself will emerge, and when this happens he will find *it* increasingly easy to break through the barriers that separate him from other minds, other hearts ——which is, of course, the purpose of writing, as well as its principal reward.

（上智大）

▨語句　**89. resign** [rizáin]「辞職する」　　　**90. find it in one's heart to ～**「～する気になる」　**break**「打ち明ける；知らせる」　　　**91. harm**「危害」　　　**92. appointment**「(人と会う) 約束」　**ahead of**「～の前に」　**93. owe ～ to** ...「～を…に負う；～は…のおかげだ」　**exertion**「努力」　**tide over**「～を乗り切る」**94. object**「目的」　**fix**「固定する」　**attention**「注意」　**95. take ～ for granted**「～を当然のこととと考える」　**progress**「進歩」　**96. style**「文体」**proficient**「堪能な；習熟した」**emerge**「現われる」　**barrier** [bǽriə]「障害」　**separate**「分離する」　**principal**「主要な」　**reward** [riwɔ́:rd]「報酬」

§13. 目 的 語（再帰目的語）

- (1)　History repeats **itself**.
- (2)　He poured **himself** a glass of beer.
- (3)　Practically everyone believes **himself** to be honest.
- (4)　The judge laughed out in spite of **himself**.
- (5)　He hid [**himself**] behind the tree.

- ▨　(1)　歴史は繰り返す。
- ▨　(2)　彼は自分が飲むためにビールを一杯ついだ。
- ▨　(3)　たいていだれでも自分が正直だと思っている。
- ▨　(4)　裁判官はつい思わず吹き出してしまった。
- ▨　(5)　彼は木のうしろに身を隠した。

解　説　　　～self の形をした語が目的語になる場合，これは再帰目的語と呼ばれ，目的語が主語と同一人（物）である場合に用いられる。

$$\begin{cases} \text{The man killed \textbf{him}.} & \text{（その男は彼を殺した）} \\ \text{The man killed \textbf{himself}.} & \text{（その男は自殺した）} \end{cases}$$

(1)　再帰目的語は英語の他動詞が主語と同じものを目的語とする場合に必ず用いられるが，日本語の訳では直訳的に表わされることはまれで，この例のように自動詞的に訳される場合も多い。逐語的に訳す場合も「彼自身を；彼女自身を」などではなく「自分を」であり，日本語本位に訳す。

She *watched* **herself** in the mirror.

　　　　×「彼女自身を見つめた」　　○「自分の姿を見つめた」

(2)は第四文型の間接目的語に，(3)は第五文型において，(4)は前置詞の目的語として，再帰目的語が用いられた例である。(5) hide は自動詞・他動詞の両方に用いられるので，再帰目的語はなくともよい。次も同様の例：

He always shaves [himself] before breakfast.　（朝食前にひげをそる）

■**注意**■　～self には強意用法もあるので，再帰用法と区別しなければならない：

$$\begin{cases} \text{She made \textbf{herself} some tea.} & \text{（自分のためにお茶を入れた）〔SVOO〕} \\ \text{She made some tea \textbf{herself}.} & \text{（自分でお茶を入れた）　　　〔SVO〕} \end{cases}$$

$$\begin{cases} \text{He killed \textbf{himself} shortly after her death.（彼女の死後すぐ彼は自殺した）〔SVO〕} \\ \text{He died \textbf{himself} shortly after her death.（彼女の死後すぐ彼自身も死んだ）〔SV〕} \end{cases}$$

それぞれ上のほうが再帰用法で，下のほうが強意用法である。

▆▆▆▆ **EXERCISE** ▆▆▆▆▆▆▆▆▆▆▆▆▆▆▆▆▆▆▆▆▆▆▆▆▆▆ 解答 356 ページ

▨ A ▨

97. He presented *himself* at the party.

98. She prides *herself* on her good looks.

99. He addressed *himself* to the audience.

100. We should avail *ourselves* of this opportunity.

101. Left to itself, the baby cried *itself* to sleep.

102. It is important that children should feel *themselves* equally loved by both parents.

103. I cannot bring *myself* to argue with her about such a matter.

▨ B ▨

104. One must think of others and put *oneself* in their place, and consider what will please and what will wound them.

105. Man must more or less adapt *himself* to the circumstances in which he finds *himself*.

▨ C ▨

106. The scientist looks for order in the appearances of nature by exploring likenesses. For order does not display *itself* of itself; if it can be said to be there at all, it is not there for the mere looking. There is no way of pointing a finger or a camera at it; order must be discovered and, in a deep sense, it must be created. What we see as we see it, is mere disorder.　　　　　　　　　　　　　　　　　　　　　　（横浜市大）

▨語句▨　**97. present oneself**「出席する」　　**98. pride oneself on**「～を自慢する」
99. address oneself to「～に話しかける」　　**100. avail oneself of**「～を利用する」
101. leave ～ to oneself「～を独りにしておく」　　**102. equally**「平等に」　　**103.**
bring oneself to「～する気になる」　　**104. wound** [wuːnd]「傷つける」　　**105. more**
or less「多かれ少なかれ」　　**adapt**「適合させる」　　**circumstances**「環境」　　**106.**
look for「～を捜す」　　**order**「秩序」　　**appearance**「外観」　　**explore**「探究する」
likeness「類似[点]」　　**display**「示す」　　**of itself**「ひとりでに」　　**for the mere look-**
ing「ただ見ただけで」　　**in a deep sense**「深い意味において」　　**disorder**「無秩序」

§14. 目 的 語 (語順)

(1)　A person or thing that we do not see, we soon forget.
(2)　Which he really preferred he did not tell me.
(3)　Those books which have made a lasting contribution
　　 to man's quest for truth, we call great books.
(4)　The child cannot make known in words what he feels
　　 and needs.

■ (1)　私たちが目にしない人や物は，やがて忘れてしまう。
■ (2)　彼は本当にどちらのほうが欲しかったのかを私に言わなかった。
■ (3)　人間の真理探究に不滅の貢献をした本を，我々は偉大な本と呼ぶ。
■ (4)　子供は自分が感じたり必要とすることを言葉で人に知らせること
　　　 ができない。

解　説　　目的語はふつう動詞のすぐ後に置かれるが，強調のために文頭
に置かれたり，長さの関係で文尾に回されることがある。

(1) はSVOの文型における目的語が文頭に置かれた例である。この文の内
容は Out of sight, out of mind. (去る者日々にうとし) という諺と同じ。

(2) はSVOOの文の直接目的語である名詞節が前に出た例であるが，次の
ような文頭に置かれた節の働きを区別すること。

{ **What he said** I could hardly believe.　〔SVO. 名詞節は目的語〕
{ **What he said** was hardly believable.　〔SVC. 名詞節は主語〕
　　(彼の言ったことはほとんど信じられなかった)

(3) はSVOCの文における目的語が文頭に出た形式である。

(4) ではSVOCの文で，目的語が長いために補語の後に置かれたものであ
り，もし短い目的語であれば，当然，動詞の直後に置かれる。

　　The child cannot make **his needs** known in words.
　　　(子供は自分の必要を言葉で知らせることができない)

■**注意**■　次の文で (b) は，長い目的語が動詞から離れて後置された例である:
{(a) They didn't take **his ill health** into account.
{(b) They didn't take into account **the fact that he is ill in health**.
　　(彼は彼が病弱の身であることを考慮に入れなかった)
{(a) These circumstances made **this discovery** possible.
{(b) These circumstances made possible **this important scientific discovery**.
　　(このような事情がこの [重要な科学の] 発見を可能にした)

░░░░░░ **EXERCISE** ░░░░░░░░░░░░░░░░░░░░░░░░░░░░░░░░░░░░░ 解答 356 ページ

░ **A** ░

107. The past we can know, but the future one can only feel.

108. That which we acquire with most difficulty we retain the longest.

109. What the man meant I could not understand well. We put forth our proposal, and this he refused at once.

110. Those who have cars can regard as a neighbour any person living within twenty miles.

░ **B** ░

111. I was four years old when my mother died. <u>How deeply the loss made my growing years poor or affected my disposition, there is no means of telling.</u>

112. To keep from any woman who loves, knowledge of her lover's mood, is as hard as to keep music from moving the heart.

░ **C** ░

113. For some time after the war, there was a very serious shortage of paper. The size of newspapers and weekly magazines was restricted and publishers of books had to limit their output according to their quota. <u>Thus, so as not to lose money, they naturally preferred on the whole, to new books by young and unknown writers, reliable work by writers of established reputation or reprints of old favourites.</u> （東北大）

───

░語句░ **107. past**「過去」 **future**「未来」 **108. that which** ...「…ところのもの」（＝what） **acquire**「獲得する」 **retain**「保持する」 **109. meant** [ment]「意味した」 **put forth**「提示する」 **proposal**「提案」 **refuse**「拒否する」 **110. regard ～ as** ...「～を…と見なす」 **111. affect**「影響を与える」 **disposition**「性質」 **means**「手段」 **112. keep ... from ～**「～から…を隠しておく」 **knowledge**「知識；知ること」 **keep ... from ～ing**「…が～するのを妨げる」 **113. shortage**「不足」 **restrict**「制限する」 **output**「生産」 **quota**「割当て」 **prefer ～ to** ...「…より～を好む」 **on the whole**「概して」 **reliable**「信頼できる；確かな」 **established**「確立した」

§15. 補　語（主格補語）

(1) New things always appear **fine**.

(2) The important thing is **to know** oneself.

(3) Don't give him anything. It is **throwing** pearls to swine.

(4) The dictionary proved **of great help** to him.

(5) The trouble is **that we are short of funds**.

(6) **Such** was his anxiety that he could hardly sleep.

▧ (1)　新しいものは常によく見える。

▧ (2)　大切なことは己れを知ることである。

▧ (3)　彼には何もやるな。豚に真珠（猫に小判）だ。

▧ (4)　その辞書はとても彼の役に立った。

▧ (5)　困ったことに資金が足りない。

▧ (6)　彼は非常に心配だったので，ほとんど眠ることができなかった。

解　説　　　補語になるのは名詞・形容詞の働きをする語・句・節であるが，(1) では形容詞が，(2) では名詞用法の不定詞が，(3) では動名詞が主格補語になっている。(4) は prove が「～であることがわかる」という意味の不完全自動詞として〔→p.6〕形容詞句 (of great help＝very helpful) を補語としている場合。(5) は名詞節が補語になっている例。(6) は補語が文頭に出た形であるが，次のような形式で補語が前に出る場合も重要：

Poor as he is, he is contented. （彼は貧しいが，満足している）〔→p.180〕

The **easier** a passage appears, the more labor it has taken. （文章が平易にみえればみえるほど，それだけ多くの苦心を要したのである）

◆**補語の省略**　補語は，前出の補語と同じ語句である場合，多く省略される。

Man has always been **a creative artist**, and still is [*a creative artist*].

（人間は今まで常に創造的な芸術家であったし，今もそうである）

■**注意**■　(3) be 動詞のあとの ～ing は動名詞・現在分詞のいずれかを区別する。

⎧(**a**) Her trouble *was* **teaching** them how to behave. 〔teaching は補語の動名詞〕
⎩(**b**) The nurse *was* **teaching** them how to behave. 〔teaching は進行形の現在

　(**a**)「彼女の苦労は彼らに行儀を教えることだった」　　　　　　　　　　　分詞〕

　(**b**)「乳母は彼らに行儀を教えていた」

(6) この文のふつうの語順，および書換え文の形式は次のとおりである。

⎧**Such** was his anxiety that he... ＝ His anxiety was **such** that he...
⎩**So anxious** was he that he... ＝ He was **so anxious** that he...

ⅢⅢⅢ EXERCISE ⅢⅢⅢⅢⅢⅢⅢⅢⅢⅢⅢⅢⅢ 解答 357 ページ

▨ A ▨

114. I get sick of myself. I wish that I could go to sleep and wake up *a different person*, with a new memory.

115. They appear *to remain hostile* to each other.

116. He knew *how very unlike* human natures are to each other.

117. The mere knowing of the difference between right and wrong is *of little value* in itself.

▨ B ▨

118. The dearest hope of the parent for his child is *that he becomes all that he is capable of being*.

119. To try to make yourself appear great by telling others that you know famous men is after all *to show* that you yourself are only a worthless person.

▨ C ▨

120. A great many things which in times of lesser knowledge we imagined to be superstitious or useless, prove today on examination to have been of immense value to mankind. Probably no superstition ever existed which did not have some social value; and the most seemingly disgusting or cruel sometimes turn out to have been the most precious.

（和歌山大）

▨語句▨ **114. sick of**「〜に飽きる；〜がいやになる」 **go to sleep**「眠る」 *cf.* go to bed（就寝する） **115. appear**「〜のように見える」 **remain**「〜のままでいる」 **hostile**「敵意を抱いている」 **116. unlike**「似ていない」 **human nature**「人間性」 **117. mere**「単なる」 **in itself**「それ自体」 **118. dearest**「最も大切な」 **capable of ～ing**「〜することができる」 **119. worthless**「価値のない」 **120. lesser**「より少ない」 **superstitious**「迷信的な」 **prove to have been ～**「〜であったことがわかる」prove は to have been of immense value を補語とする不完全自動詞。**on examination**「調べてみると」 **of immense value**「非常に価値のある」（＝immensely valuable）**seemingly**「見たところでは」 **disgusting**「嫌悪すべき」 **turn out**「〜であることがわかる」（＝prove）to have been the most precious を補語とする。

§16. 目的格補語（名詞・形容詞）

(1) Thinking makes what we read **ours**.

(2) He felt himself **responsible** for the accident.

(3) He took out his pistol and shot the intruder **dead**.

(4) She always keeps her room **in order**.

(5) The automobile has made American society **what it is today**.

▨ (1) 読んだことはよく考えることによって自分の身につく。

▨ (2) 彼は自分がその事故に対して責任があると感じた。

▨ (3) 彼はピストルを取り出し，侵入者を撃ち殺した。

▨ (4) 彼女は自分の部屋をいつもきちんと整とんしておく。

▨ (5) 自動車がアメリカの社会を今日のようなものにした。

───────
解　説
───────
　目的格補語をとる動詞は (1) のように「(目的語) を〜にする」に類した意味関係を表わすもの (make, keep, set, leave, *etc.*) と，(2) のように「(目的語) が〜であると思う」に類した意味を表わすもの (think, consider, believe, find, prove; call; name, *etc.*) に大別できる。

Astonishment *made* (or *left*, *rendered*) him **speechless**.

　（驚きのため彼は口がきけなかった）

Nobody *believed* his story **true**.　（誰も彼の話が本当だと思わなかった）

He *appointed* him **secretary** of the state.　（彼を国務長官に任命した）

(1) の直訳は「思考が読んだことを自分のものにする」であるが，補語 ours は次のように表わされることもある。

Thinking *makes* what we read **our own** (or **a part of ourselves**).

(3) は補語が結果の状態を表わすが，その時の状態を表わすこともある。

He ate the fish **raw**.　（彼は魚を生のまま食べた）

(4) は形容詞句が，(5) は名詞節が目的補語になっている例である。

■注意■　次のような前置詞句〔→p.15〕の働きを区別する。

(a) We found him **in a good humor**.　（彼はきげんがよかった）〔SVOC〕
(b) We found him **in the library**.　（彼は図書館にいた）　〔SVO〕

　(a) の前置詞句は形容詞句で目的補語になっており，(b) の前置詞句は副詞句で動詞 found を修飾している。目的補語の形容詞句が形容詞一語で置き換えうる例：

He set the prisoners **at liberty** (=**free**).　（彼は捕虜を釈放した）
He left the girl **to herself** (=**alone**).　（彼は少女をひとりにしておいた）

▨▨▨▨▨ EXERCISE ▨▨▨▨▨▨▨▨▨▨▨▨▨▨▨▨▨▨▨▨▨▨▨▨▨ 解答 357・358 ページ

▨ A ▨

121. The presence of the girl in the room made the boy very *happy*.

122. Anxiety kept her *awake* all night.

123. I cannot afford to leave you *idle*.

124. The man I trusted proved himself *unworthy* of the trust.

125. Science has so far advanced as to make space travel *possible*.

▨ B ▨

126. In reading good books, never pass a word which you do not understand; and try to make every word you read *your own* so that you can use it when you need it.

127. The ever-shrinking world has made a practical knowledge of the most widely used language *a necessity* for businessmen, scholars and even tourists.

▨ C ▨

128. It is, no doubt, a very laudable effort, in modern teaching, to render as much as possible of what the young are required to learn, *easy and interesting* to them.　But when this principle is pushed to the length of not requiring them to learn anything but what has been made easy and interesting, one of the chief objects of education is sacrificed.　　　(早　大)

▨語句▨　**121. presence**「出席；存在；（その場に）いること」　**122. anxiety**「心配」 **awake**「目がさめて」 **123. afford**「～する余裕がある」 **leave**「（ある状態に）しておく」 **idle**「なまけている」　**124. trust**「信頼［する］」 **unworthy of**「～に値しない」　**125. advance**「進歩する」 **space travel**「宇宙旅行」　**127. ever-shrinking**「ますます縮んでいく」 **practical**「実用的な」　**128. no doubt**「確かに」 **laudable**「賞賛すべき」 **render**「～にする」（＝make）**principle**「原則；方針」 **length**「長さ；程度」 **anything but**「(a) 決して～でない；(b) ～以外のいかなるもの」〔→p. 280〕 **object**「目的；目標」 **sacrifice**「犠牲にする」

§17. 目的格補語（原形不定詞）

(1)　The failure made him **determine** to work all the harder.
(2)　The boy felt his knees **tremble**.
(3)　Will you help me [**to**] **carry** this baggage upstairs?
(4)　He has never been heard **to speak** in a loud voice.

- (1)　その失敗が彼にいっそう努力するように決心させた。
- (2)　少年はひざがふるえるのを感じた。
- (3)　私がこの荷物を二階に運ぶのを手伝ってくれませんか。
- (4)　彼が大きな声で話すのを聞いたためしがない。

解　説　to のつかない不定詞（原形不定詞）を目的格補語とする動詞は、いわゆる「使役動詞」と「知覚動詞」である。

(1) 使役動詞は「（目的語）に～させる」の意を表わすが、make は相手の意志にかかわらず強制的に「～させる」の意で、let は相手のすることを認めて、または相手のなすがままに「～させる」の意で用いられる。

〔　Poverty **made** him **give** up his studies.　（貧しさが勉学を断念させた）
〔 ＝Poverty **compelled** (*or* **obliged**, **forced**) him **to give** up his studies.

〔　He didn't **let** her **drive** the car.　（彼女に車を運転させなかった）
〔 ＝He didn't **allow** (*or* **permit**) her **to drive** the car.

(2) 知覚動詞が目的補語をとる場合は「（目的語）が～するのを見る（聞く、感じる、など）」の意であるが、次のような意味の区別も間違えないように。

〔 (a) I **hear** her **sing** every night.　（私は毎晩彼女が歌うのを聞く）
〔 (b) I **hear** she **sings** every night.　（彼女は毎晩歌うそうです）

(b) I *hear* (that...) は「…と（うわさに）聞いている；…だそうだ」の意。

(3) help のあとの不定詞は to がつくこともつかないこともある。

(4) 受動態では使役動詞・知覚動詞いずれのあとでも to がつく。

〔 They made him **give** up the plan.　（彼に計画を断念させた）
〔 →He was made **to give** up the plan by them.

■注意■　次のように原形不定詞・過去分詞の場合の意味関係を区別する。

〔 (a) He **heard** someone **call** his name.
〔 (b) He **heard** his name **called** [by someone].

(a) 彼はだれかが自分の名前を呼ぶのを聞いた。
(b) 彼は自分の名前が（だれかによって）呼ばれるのを聞いた。

IIIIIIIIIII **EXERCISE** IIIIIIIIIIIIIIIIIIIIIIIIIIIIIIIIIIIIIIIIIIIIIIIIIIIIIIIIIIIIIIIIIII 解答 358 ページ

▨ A ▨

129. (a) I have never *heard* Americans *use* this word.

(b) I have never *heard* that Americans *use* this word.

130. (a) What *makes* him *hate* her ?

(b) What *makes* him *hated*?

131. This medicine will *make* you *feel* better.

132. She *had* him *take* the medicine every four hours.

133. Don't *let* children *take* too much sweet food. It will *make* them *lose* their appetite for other necessary foods.

▨ B ▨

134. "Please" is a very little word, but it *makes* a good many requests *sound* pleasant that without it would sound harsh.

135. We are all apt, when we know not what may happen, to fear the worst. Therefore, we cannot be too careful not to *make* our troubles and difficulties *look* much greater than they really are.

▨ C ▨

136. You had better learn fairly early that you must not expect to *have* everyone *understand* what you say and what you do. Do not ask or expect to have anyone with you on everything. The important thing is to be sure that those who love you, whether family or friends, understand as nearly as you can *make* them *understand*.

(千葉商大)

▨語句▨　**129. use** [*n.* -s; *v.* -z]「使用; 用いる」　　**131. medicine** [médisn]「薬」　**132. have＋目的語＋原形**「〜に…させる（してもらう）」〔→p.272〕 **every four hours**「4時間ごとに」　**133. appetite** [ǽpitait]「食欲」　**134. a good many**「非常に多くの」　**request**「頼み」　**sound**「〜のように聞こえる」　**harsh**「粗い; 不快な」　**135. apt to do**「〜しがちな」　**the worst**「最悪」　**cannot 〜 too** …「いくら…してもしすぎることはない」〔→p.276〕　**trouble**「悩み; 苦労」　　**136. have 〜 with you**「〜を自分に賛成させる」　**be sure that** …「必ず…するようにする」　**whether 〜 or** …「〜であろうと…であろうと」　**as nearly as 〜**「（完全にでなくとも）できるだけ」

§18. 目的格補語 (**to** つき不定詞)

(1) Everyone in the neighbourhood believed him **to be** a genius.

(2) Her parents didn't like her **to remain** unmarried.

(3) She told him **not to find** fault with his friends.

(4) He expected the work **to be finished** within a week.

(5) He believed himself **to have been** unfairly **treated**.

■ (1)　近所の人はみな彼が天才であると信じていた。

■ (2)　彼女の両親は彼女が独身でいるのを好まなかった。

■ (3)　彼女は彼に友達のあら捜しをしないように言った。

■ (4)　彼はその仕事が1週間以内に終えられることを期待した。

■ (5)　彼は自分が不当な待遇を受けたと信じていた。

解　説　　不定詞が目的格補語である場合は，(1) のように「(目的語) が～であると思う(信じる，など)」および (2) のように「(目的語)が～するのを…する」の意味関係を表わす場合に大別される。不定詞は (3) のように否定詞で打消されたり，(4) のように受動形をとることもあり，また (5) のように完了不定詞である場合もある。

(1) は think, consider, believe, imagine, prove などの動詞を用いる場合であるが，これらのあとの不定詞 to be は省略されることも多く，regard などの場合は as が目的格補語に相当するものを示す。

　　We **think** him [*to be*] a great scholar. (彼はえらい学者だと思う)

　cf. { We **regard** (*or* **look on**) him *as* a great scholar. (～とみなす)
　　　 { We **take** him *for* a great scholar. (～と思う)

◆原形不定詞を用いる使役動詞 make などに対し，get などは to をつける。

　　We could not **get** her *to accept* it. (受入れさせることができなかった)

　　What **caused** him *to change* his mind? (何が彼の気持を変えさせたのか)

■**注意**■　目的語のあとの不定詞の用法を，次のようなものについて区別する。

　{ (**a**) He *left* them **to do** what they liked. (彼らにしたいようにさせておいた)
　{ (**b**) He *left* them **to catch** his plane. (飛行機に乗るために彼らと別れた)
　{ (**c**) His plan *left* nothing **to be desired**. (その計画は [望まれるべき点を少しも残していない→] 申し分なくできている)

　(**a**) はSVOCで不定詞は目的格補語，(**b**) はSVOで不定詞は目的を表わす副詞用法，(**c**) はSVOで不定詞は nothing を修飾する形容詞用法，である。

||||||||| **EXERCISE** |||||||||||||||||||||||||||||||||||||||||||||||||| 解答 359 ページ

▨ A ▨

137. I thought money *to be* the cause of his trouble.

138. I consider what he said *to be* of no importance.

139. Despair drove him *to commit* suicide.

140. His desire for money led him *to commit* the crime.

141. His recovery of health enabled him *to pursue* his study.

142. I should prefer you *not to associate* with such a villain.

▨ B ▨

143. The problem now with TV is not just what is seen but how it is seen. The way children watch it causes them *to be* passive, and some evidence suggests that such viewing might even affect the development of the brain in small children. （センター）

144. If we want to secure a lasting peace we must never again allow freedom of the press, this greatest instrument for mutual understanding, *to be suppressed* and *perverted* into a weapon for violence and aggression.

▨ C ▨

145. Real laughter is absolutely unaggressive; <u>we cannot wish people or things we find amusing *to be* other than they are;</u> we do not desire to change them, far less hurt or destroy them. An angry and dangerous mob is rendered harmless by the orator who can succeed in making it laugh. Real laughter is always, as we say, "disarming." （京　大）

▨語句▨ **137.** cause「原因」↔effect(結果) **138.** of no importance「重要でない」
139. commit「犯す」 suicide「自殺」 **141.** recovery「回復」 enable「可能ならしめる」 pursue [pəsjúː]「追求する」 **142.** prefer「望む」 associate with「～と交際する」 villain [vílən]「悪党」 **143.** cause「～させる」 passive「受動的な」 affect「影響を及ぼす」 **144.** secure「確保する」 the press「新聞」 instrument「道具」 mutual「相互の」 suppress「抑圧する」 pervert「ゆがめる」 weapon [wépən]「武器」 aggression「侵略」 **145.** unaggressive「非攻撃的な」 mob「群衆」

§19. 目的格補語（過去分詞）

(1) I could not make myself **understood** in English.

(2) You had better leave such a thing **unsaid** to others.

(3) He kept his eyes **fixed** upon the strange object.

(4) I had my hat **blown** off by the wind.

(5) We often hear it **said** that necessity is the mother of invention.

▨ **(1)** 私は英語で話を通じさせることができなかった。

▨ **(2)** そんなことは人に言わないでおいたほうがよい。

▨ **(3)** 彼はその見なれないものに目をじっと注いでいた。

▨ **(4)** 私は帽子を風に吹きとばされた。

▨ **(5)** 私たちは「必要は発明の母」と言われるのをよく耳にする。

解　説　　目的格補語が過去分詞の場合は「(目的語)が〜される」の意味関係を表わす。すなわち(1)「自分の言うことが(人に)理解されるようにする」(2)「そんなことが言われないままにしておく」(3)「目が〜に注がれた状態にしておく」(4)「帽子が吹きとばされる状態を持った」（「have＋O＋原形不定詞/過去分詞」については→p. 272）といった意味関係を，適当に自然な日本語に訳すことになる。(5)は次のようにも表わせる。

(5)′ We often hear *people* **say** that necessity is the mother....

同じような関係を次のような場合についても認めておく。

{ She wanted the fish **watched**.　　　（魚が監視されることを望んだ）
{ She wanted him to **watch** the fish.　（彼が魚を監視することを望んだ）

{ It made him **fear**.　（それは彼をこわがらせた）
{ It made him **feared**.　（そのために彼はこわがられた）

上は「彼が恐れる」，下は「彼が(人に)恐れられる」ようにした，の意。

■**注意**■　目的語のあとに置かれた過去分詞の二通りの用法を区別する。

{ **(a)** I'd like to see these *boys* **punished** at once.
{ **(b)** I'd like to see the *boys* **punished** yesterday.

　(a)「この少年たちをすぐに罰してもらいたいものです」

　(b)「きのう罰せられた少年たちに会いたいものです」

　(a)の過去分詞は目的格補語で，直訳的には「これらの少年が罰せられるのを見たい」の意味関係を表わし，**(b)**の過去分詞は目的語 boys を修飾し，the boys [*who were*] **punished** yesterday と同じである。

IIIIIIIIIII **EXERCISE** IIIIIIIIIIIIIIIIIIIIIIIIIIIIIIIIIIIIIIIIIIIIIIIIIII 解答　359・360 ページ

▨ A ▨

146. If you want a thing well *done*, you must do it yourself.

147. His honesty made him *trusted* by his master.

148. You must make yourself *respected* by others.

149. They left no stones *unturned* to find out the truth.

150. I called out for help but could not make myself *heard* above the noise of the traffic.

▨ B ▨

151. Though I have read so much, I am a bad reader. I read slowly and I am a poor skipper. I find it difficult to leave a book, however bad and however much it bores me, *unfinished*.

152. I should like to see children *taught* that they should not say they like things they don't like, merely because certain other people say they like them.

▨ C ▨

153. If democracy means either popular rule or social equality, it is clear that Britain is not democratic. It is, however, democratic in the secondary sense which has attached itself to that word since the rise of Hitler. To begin with, minorities have some power of making themselves *heard*. But more than this, public opinion cannot be disregarded when it chooses to express itself.

(法政大)

▥語句▥　**147. trust**「信用する」　**148. respect**「尊敬する」　**149. leave no stones unturned**「(いかなる石もひっくり返さない状態にしておかない→) あらゆる手段を尽す」　**151. a bad reader**「読書の下手な人」　**skipper**「とばして読む人」　**bore**「退屈させる」　**152. merely because**「ただ単に〜だからといって」　**153. popular rule**「人民による政治」　**equality**「平等」　**secondary**「二義的な」　**sense**「意味」　**attach**「付ける」　*cf.* detach (離す)　**To begin with**「まず第一に」　**minority**「少数派」　**more than this**「これにもまして [大切なことだが]」　**public opinion**「世論」　**disregard**「無視する」 (=ignore)　**choose to**「〜することを選ぶ; 〜しようとする」

§20. 目的格補語（現在分詞）

(1)　She heard a dog **barking** in the distance.

(2)　On waking I found myself **lying** on the floor.

(3)　His funny story set the whole company **laughing**.

(4)　I'll have you all **speaking** fluent English within a year.

(5)　The passengers could be seen **talking** to each other.

▨　(1)　彼女は遠方で犬がほえているのを聞いた。

▨　(2)　目がさめてみると私は床の上に横たわっていた。

▨　(3)　彼のおかしい話を聞いて一同はどっと笑った。

▨　(4)　一年以内に君たちが皆英語を流暢に話せるようにしてあげよう。

▨　(5)　乗客がお互いに話し合っているのが見られた。

解　説　　目的補語が現在分詞である場合は，(1)(2) のように「(目的語)が～<u>している</u>のを見る (聞く，など)」の意味を表わす場合と，(3)(4) のように「(目的語)が～<u>している</u>状態にする (しておく，など)」の意を表わす場合があるが，不定詞の場合との意味の違いを区別しておく。

　　⎰ (a) I saw him **cross** the street.　　　　(彼が道を<u>渡る</u>のを見た)
　　⎱ (b) I saw him **crossing** the street.　　(彼が道を<u>渡っている</u>のを見た)

　(a) では，道路の一方から他方に達する全過程としての「渡る」という行為をするのを，(b) ではその途中の「渡りつつある」ところを見たのである。

　　⎰ (a) I often hear him **say** so.　　(彼がそう言うのをよく耳にする)
　　⎱ (b) I won't have you **saying** such a thing about me.　(君にそんなことを言わせておくわけにはいかない)

　この (b) の場合は，「継続的に～している」のではなく「反復的に～している」状態を表わしている。

　(5) は We could see the passengers **talking** ... の受動態である。

■注意■　目的語のあとの現在分詞の用法を，次のようなものについて区別する。

(1) I watched him **eating** a pie.　(彼がパイを食べているのを見守った)

(2) I watched the boy **eating** a pie.　((a) その少年がパイを食べているのを見守った。(b) パイを食べている少年を見守った)

(3) I watched the boy, **eating** a pie. (パイを食べながら，私はその少年を見守った)

　(1) は SVOC で eating は目的格補語。(2) のように目的語が名詞である場合，(a) のように (1) と同じく SVOC と解される場合がふつうであるが，(b) のように SVO で分詞が O を修飾する意味関係が成り立つ場合もある。(3) は分詞構文。〔→p. 88〕

▥▥▥ **EXERCISE** ▥▥▥▥▥▥▥▥▥▥▥▥▥▥▥▥▥▥▥▥▥ 解答 360 ページ

▨ A ▨

154. He set the machine *going*.

155. He caught the boy *stealing* a jewel.

156. His last desire was to see his daughter *smiling* at him.

157. He found her not as usual *lying* on the sofa, but *standing* at the window.

▨ B ▨

158. As you get a bit older, you'll find passages of poetry you learnt at school, and thought you had forgotten, *thrusting* up out of your memory, *making* life happier and more interesting.

（青山学院大）

159. The present time is one in which the prevailing mood is a feeling of impotent perplexity. We see ourselves *drifting* towards a war that hardly anyone desires.

▨ C ▨

160. It is not hard to imagine one wheel in a watch *viewing* with ill-conceived contempt the running of the other wheel which from its perspective would appear to be misguidedly turning in the wrong direction. Neither wheel would be able to understand that without two wheels turning in the opposite directions there would be no watch. （上智大）

■語句■ **154. set ... ~ing**「…を~［しはじめ］させる」　　**155. catch ... ~ing**「…が~している現場を押える」　　**156. desire**「望み」　**157. as usual**「いつものように」　**158. passage**「一節」　**thrust**「突く」　**159. prevailing**「支配的な」　**impotent**「無力な」　**perplexity**「当惑」　**drift**「ただよう」　**hardly anyone**「ほとんどだれも~しない」　**160. wheel**「歯車」　**view**「見る；眺める」　**ill-conceived**「間違って抱いている」　**contempt**「軽べつ」　**perspective**「視野；観点」　**misguidedly**「誤って」　**opposite**「反対の」　**direction**「方向」

§21. 目的格補語（語順）

(1) We don't call being able to do anything we like **freedom**.

(2) He made **known** his determination to fight to the last.

(3) He told me how **anxious** her odd behavior used to make him.

(4) The car that he saw **rush** by was driven by a woman.

■ (1)　何でも自分のしたいことができる状態を自由とは呼ばない。

■ (2)　彼は最後まで戦い抜く決意を明らかにした。

■ (3)　彼は，彼女の奇行がどんなに彼を心配させたかを，私に話した。

■ (4)　疾走して通りすぎるのを彼が目撃した車は女性が運転していた。

解　説　　目的格補語は「ＳＶＯＣ」の文型の文で，目的語のすぐ後に置かれるのがふつうであるが，目的語と離れたり，目的語の前に置かれたりすることも多いので，そのような場合に文の要素を正しく把握する。

(1) では目的語が動名詞句 "being ... like" であることを間違えないようにする。(2) 目的語 determination を不定詞句が修飾していて長くなっているので目的補語 known が前に出たもの。目的語が *that*-Clause などである場合には形式目的語 it〔→p. 48〕を先行させるのがふつうである：

He made *it* **known** that he was determined to fight to the last.

(3) 感嘆文などで目的補語が文頭にでる例。次のような場合も注意：

The farther back we go, the less **familiar** we find ourselves with the speech of our ancestors.　（過去にさかのぼればさかのぼるほど，祖先の言葉はわれわれにますますなじみの薄いものになる）

これは ... we find ourselves the less **familiar** with ~ （われわれは~とのなじみが薄れることがわかる）という文の目的補語 familiar が前に出たもの。

(4) は ...he saw it (＝the car) **rush** by という文の目的語が関係代名詞として前に出て，動詞 saw と目的補語である原形不定詞 rush が隣接した形である。

■注意■　次のような場合の，目的語と目的補語の語順を比較せよ。

　　{ (a) He threw *it* **open**. / He threw *the door* **open**.　（戸をばたんと開けた）
　　{ (b) He threw **open** *the door* [*of his room*].　（　　同　上　　）

　目的語が代名詞であれば必ず補語が後に置かれるが，名詞のとき［特に修飾語がつくとき］は (b) のように短い補語が前に出ることが多い。

▮▮▮▮▮▮ **EXERCISE** ▮▮▮▮▮▮▮▮▮▮▮▮▮▮▮▮▮▮▮▮▮▮▮▮▮▮▮▮▮▮▮ 解答 360・361 ページ

▨ A ▨

161. He would fancy that he saw *moving* among the trees the figure of his lost wife.

162. He was the only person whom they heard *express* a frank opinion about it.

163. We do not call a man who is angry only when it is right to be angry, *a man* of bad temper.

▨ B ▨

164. We do those things which we ought not to do, and we leave undone *those things* which we ought to have done and then we wonder that there is no health in us.

▨ C ▨

165. It is a mistake to suppose that, because modern architects are particularly concerned to relate buildings more closely to the needs they have to serve, they are only interested in the practical side of architecture. They know that they are practicing an art, and are therefore concerned with the pursuit of beauty. They feel, however, that it is time we made clear *the difference* between beauty itself and the merely conventional forms that habit has made us associate with it.

（東工大）

▮語句▮ **161. fancy**「空想する；思う」 **figure**「姿」 **162. express**「表現する；述べる」 **163. temper**「気性；きげん」 **164. leave ～ undone**「～をしないでおく」 *cf.* leave ～ unsaid（～を言わないでおく） **ought to have done**「当然なすべきであった［が実際にはしなかった］」 **165. architect**「建築家」 **particularly**「特に；とりわけ」 **concerned**「関心を持っている」 **relate ～ to ...**「～を…と関係づける」 **closely** [-s-]「密接に」 **needs**「必要なもの」 **pursuit**「追求」 **it is time**「～すべき時だ」 次に続く節では仮定法過去を用いる。 **make ～ clear**「～を明らかにする」 **conventional**「因襲的な；伝統的な」 **form**「形式」 **associate ～ with ...**「～を…と結びつける」

§22. 不 定 詞（名詞用法1）

(1) **To read** without reflection is like eating without digesting.

(2) The business of a host is **to make** his guest as comfortable as possible.

(3) Everybody desires **to promote** the welfare of society.

(4) I haven't suspected him **to be** such a dishonest man.

(5) **It** is not too much **to say** that he is the highest authority on physics.

■ (1)　読んで考えないのは食べて消化しないのと同じである。
■ (2)　主人のつとめは客をできるだけ居心地よくしてあげることです。
■ (3)　だれでも社会の繁栄を助長することを望んでいる。
■ (4)　彼がこんなに不正直な人間だとは思っていなかった。
■ (5)　彼は物理学の最高権威であると言っても過言ではない。

解　説　　　不定詞は文中において，名詞・形容詞・副詞などの働きをする。名詞としては，上例のように (1) 主語　(2)[主格]補語　(3) 目的語　(4)[目的格]補語などになる。(5) では不定詞が形式主語の内容を表わしているが，次のように形式目的語を受けることもある。

His indistinct speech made **it** impossible **to understand** him.
　　　　（彼の不明瞭な話し方のため，彼の言うことが理解できなかった）

◆不定詞の前に疑問詞を置く形をとることもある。

The question is **how to put** the plan into practice.
　　　　（問題はいかに計画を実行に移すかということだ）

◆使役動詞や知覚動詞の目的格補語になる不定詞には to はつかない[→p.272] が，次のような主格補語になる名詞用法でも，to が省かれることがある。

All he did was [**to**] **nod** his head.　　（[彼がしたことのすべてはうなずくことだった→] 彼はただうなずいただけであった）

■注意■　次のような不定詞の用法を正しく区別すること。

　　(**a**) I wanted **to ask** him a question. （彼に質問をする<u>ことを</u>望んだ）
　　(**b**) I waited **to ask** him a question. （彼に質問をする<u>ために</u>待った）
　　(**a**) **To be** successful is not to be rich. （成功する<u>こと</u>は金持になることではない）
　　(**b**) **To be** successful you must never give up. （成功する<u>には</u>諦めてはならない）

それぞれ (**a**) は名詞用法であるが，(**b**) は副詞用法[→p.78]である。

▉▉▉▉▉ **EXERCISE** ▉▉▉▉▉▉▉▉▉▉▉▉▉▉▉▉▉▉▉▉▉▉▉▉▉▉▉▉▉▉▉▉▉▉▉ 解答 361 ページ

▨ A ▨

166. All you have to do is *to devote* yourself to your studies.

167. He may have good ideas but doesn't know *how to express* them.

168. It is next to impossible *to master* a foreign language in such a short time.

169. *To know* the origin of a word makes its present meaning clearer and more unforgettable.

170. *To fold* one's hands and let things take their own course is *to transform* one evil into worse.

▨ B ▨

171. You will not find it so easy a task as you may think *to decide* what sort of life you really do want *to make*. *To do* so requires a clear mind, independent thinking, and a knowledge of what the infinite variety of goods and values in life are.

▨ C ▨

172. *To study* history is *to carry* ourselves out of the present into the past, *to live* in spirit among a people of a bygone age, *to notice* their appearance, houses, manners, and general condition, *to look* at things from their point of view, and thus *to form* a just estimate of their merits and failings.

(早 大)

▬▬

▨語句▨ **166. devote oneself to**「〜に専念する」 **167. express**「表現する」 **168. next to** 〜「ほとんど〜」(=almost) **169. origin**「起源」 **meaning**「意味」 **170. fold**「たたむ;(手を)組む」 **transform**「変える」 **evil**「悪」 **171. decide**「決める」 **sort**「種類」 **require**「必要とする」 **independent**「自主的な」 **infinite**「無限の」 **variety**「多様;さまざま」 **value**「価値」 **172. in spirit**「精神的に」 **bygone**「過去の」 **notice**「気づく」 **appearance**「外観」 **point of view**「観点」 **form**「形成する」 **just**「正しい」 **éstimate**「評価」 **merit**「長所」 **failing**「短所」

§23. 不 定 詞（名詞用法2）

---

(1) Nobody likes **to be insulted** in the presence of others.

(2) They imagined her **to have been** an actress in her younger days.

(3) He warned her **not to associate** with male singers.

(4) You had better let him take the job if he wants **to**.

(5) What do you suppose he told me **to try to get** her to do?

■ (1) 人の前で侮辱されるのを好むものはだれもいない。
■ (2) 彼らは彼女が以前は女優であったと想像した。
■ (3) 彼は彼女に男の歌手とつき合わないように注意した。
■ (4) 彼がそう望んでいるならその仕事につかせてやったほうがいい。
■ (5) 彼は、何を彼女にさせるようにしてみろと私に言ったと思いますか。

解　説　　(1) は不定詞が受動形をとる例。

(2) 完了形の不定詞は文の動詞よりも前の時を表わす。この文は (2)′ They **imagined** that she **had been** an actress in her younger days. としても同じ。完了不定詞は実現しなかったことを表わす場合もある。

- He intended **to come**.　　（彼は来るつもりだった）
- He intended **to have come**.　（彼は来るつもりだったのだが [来なかった]）

(3) 不定詞を打消す否定詞は to の前に置かれる。

Never to rely on others is the best way to succeed.

　　　　（決して人に頼らないことが成功する最善の方法である）

(4) 不定詞の動詞がすぐ前に用いられている語と同じ場合（この文では take）には to だけを表わすことがあり、これを Pro-Infinitive（代不定詞）と呼ぶ。

(5) 一つの文の中で二つ以上の不定詞が用いられることも多いが、この文ではいずれも名詞用法である。to try は told の目的補語、to get は try（〜しようとする）の目的語、to do は使役動詞 get（〜させる）の目的補語である。

■**注意**■　次のような文における否定の関係を正しく区別すること。

- (**a**) I advised him **not** to go.　　（行かないように忠告した）
- (**b**) I did **not** advise him to go.　（行くように忠告しなかった）

- (**a**) To dislike is **not** to like.　（きらうということは好かないことだ）
- (**b**) To dislike is **not** to hate.　（きらうということは憎むことではない）

それぞれ、（**a**）では not は不定詞を打消しているが、（**b**）では文の動詞を打消す。

� **EXERCISE** iiiiiiiiiiiiiiiiiiiiiiiiiiiiiiiiiiiiiiiiiiiiiiiiiiiiiiiiii 解答 362 ページ

▨ A ▨

173. To love and *to be loved* is the greatest happiness in this
world; *not to know* love is the greatest misery in life.

174. He wants to work, he feels he ought *to*, and it humiliates
him *not to be wanted*.

175. It would have been better *to have asked* for his advice.

176. The Englishman hates *to be seen*. Nothing would induce
him to make a habit of sitting in a veranda.

▨ B ▨

177. It is hard to fail, but it is worse *never to have tried to
succeed*. In this life we get nothing save by effort. Freedom
from effort in the present merely means that there has been
stored up effort in the past.

▨ C ▨

178. Travel is still valued both for its cultural and its practical
purposes. For though today's student of languages has a
variety of teaching techniques to choose from——techniques
which might be thought *to have rendered* a period of residence
abroad unnecessary——it is still true that the best way to
learn a language is to go and live in the country where it is
spoken.　　　　　　　　　　　　　　　　　　　　（明治学院大）

―――――――――――――――――――――――――――――――――――――――

▨語句▨　**173.** misery「不幸」　**174.** humiliate「恥ずかしい思いをさせる」　**175.** ask
for「〜を求める」 advice「忠告」　　**176.** hate「きらう」 induce「（勧めて）〜する気
持ちにならせる」 habit「習慣」　　**177.** save「*v.* 救う；*prep.* 〜以外は（＝except,
but)」freedom from「〜から解放されていること」 merely「単に」（＝only）　**store
up**「蓄積する」　　**178.** value「重んじる」 cultural「文化的な」 purpose [pə́ːpəs]
「目的」 a variety of「さまざまな」 technique [tekníːk]「技術」 render「（…を〜
に）する」（＝make） period「期間」 residence「住居；在住」

§24. 不 定 詞 (形容詞用法)

(1)　He is not a man **to lose** heart at a single failure.
(2)　He has a very difficult duty **to perform**.
(3)　They had no liberty **to publish** their opinions.
(4)　The only way **to master** a language is constant practice.
(5)　He doesn't seem **to be** guilty of the crime.

▧　(1)　彼はただ一回の失敗で失意落胆するような人間ではない。
▧　(2)　彼には果すべき非常に困難な務めがある。
▧　(3)　彼らには自分の意見を発表する自由がなかった。
▧　(4)　言語をものにする唯一の方法は絶えず練習することである。
▧　(5)　彼はその罪を犯したようには見えない。

<u>解　説</u>　　　不定詞の形容詞用法は (1)〜(4) のように名詞を修飾する場合
と，(5) のように動詞の補語になる場合に大別できる。
　(1) は修飾される名詞が不定詞の意味上の主語 (＝「人が落胆する」) になっ
ているが，(2) では目的語 (＝「義務を果す」) になっている。次を区別:
　　┌ (a) He has no one **to love** him.　(＝**who** loves him)
　　└ (b) He has no one **to love**.　　　(＝**whom** he loves)
　(a)「彼には愛してくれる人がいない」　(b)「彼には愛する人がいない」
　(3) は修飾する名詞の内容を表わす「同格」関係を表わす不定詞。次のよう
に，修飾する名詞と離れる場合もある。
　　The **attempt** has been made **to describe** the conditions of sleep.
　　　　(睡眠の状態を記述しようとする試みが行なわれてきた)
　(4) はその他の修飾関係を示す例。また，形容詞用法の不定詞句は前置詞で
終る形，「前置詞＋関係代名詞＋不定詞」の形をとる場合がある。〔→p. 296〕
　　┌　She has no dress **to go** out **in**.　(彼女には着て出かける服がない)
　　└ ＝She has no dress **in which to go** out.

■**注意**■　次のような不定詞の用法を区別すること。
　　┌ (a) He had a duty **to please** her.　(彼女を喜ばせる [という] 義務があった)
　　├ (b) He tried hard **to please** her.　(彼女を喜ばせようと懸命に努めた)
　　└ (c) He did his best **to please** her.　(彼女を喜ばせるために最善を尽した)
　　(a) は名詞 duty の内容を表わす同格の形容詞用法，(b) は他動詞 tried の目的語に
なっている名詞用法，(c) は動詞 did を修飾し，「〜するために」という目的を表わす
副詞用法。

▨▨▨▨▨ **EXERCISE** ▨▨▨▨▨▨▨▨▨▨▨▨▨▨▨▨▨▨▨▨▨▨▨▨▨ 解答　362・363 ページ

▨ **A** ▨

179. （a）He was the last man *to leave* the office.

（b）He was the last man *to break* his promise.

180. He had no one *to look* after, nor anyone *to look* after him.

181. Many attempts have been made *to overcome* this problem.

182. There is so much *to learn* and so little time *to learn* it in.

183. Education is the ability *to listen* to almost anything without losing your temper or your self-confidence.

▨ **B** ▨

184. The democratic philosophy assumes that men are sufficiently endowed with mental powers *to be* rational, *to know* what is best for them, and *to act* accordingly.　While this is true of some men, it is not true of many others.　Not everybody is capable of judging rationally.　　　　　　　　　（明治大）

▨ **C** ▨

185. Examinations are not things that happen only in school. They are a feature of life occurring again and again, whether in the form of decisive interviews *to pass*, or important letters *to write*, or meetings *to address*, or girls *to propose* to.　In most of these crises, you cannot bring your notes with you and must not leave your brains behind. The habit of passing examinations is therefore one *to acquire* early and *to keep* exercising even when there is a possibility of doing without them.　　　　　　　　　（大阪外大）

▨語句▨　**179. the last man to do**「(a)〜する最後の人；(b)決して〜しない人」 **promise**「約束」　　**180. look after**「〜の世話をする」　　**181. attempt**「試み」 **overcome**「克服する」　**183. education**「教育」**temper**「落着き」**self-confidence** 「自信」　**184. philosophy**「哲学」**assume**「(当然…だと)考える；(…であることを) 前提とする」**sufficiently**「十分に」**be endowed with**「(生まれつき)〜を持っている」 **mental**「精神的な；知的な」**rational**「理性的な」**accordingly**「それに従って」**true of**「〜についてあてはまる」　**185. feature**「面；特徴」**occúr**「起こる」**decisive**「決 定的な」**address**「〜に話しかける」**crises**[kráisiːz]「危機」単数形は crisis[kráisis]。

§25. 不 定 詞 （副詞用法1）

> (1)　He works hard **to keep** his family in comfort.
> (2)　He made every effort only **to fail**.
> (3)　He is **too** proud **to admit** his ignorance of the fact.
> (4)　**To understand** it, you have only to read this book.
> (5)　**To look** at him, you would take him for a foreigner.

■　(1)　彼は家族に不自由させないようにせっせと働いている。
■　(2)　彼はあらゆる努力をしたが結局失敗した。
■　(3)　彼は自尊心が強いのでそれを知らないことを認めようとしない。
■　(4)　それを理解するためには，この本を読みさえすればよい。
■　(5)　彼を見れば，外人と思うだろう。

解　説

　(1) 不定詞が「目的」を表わす場合。so as to～〔→p. 262〕, in order to～ の形をとることも多く，否定の場合は so as not to～ の形が普通。

　　She wrote carefully **so as not to** make a mistake.
　　　　（彼女は間違えないように注意深く書いた）

(2)「結果」を表わす不定詞で，次のようなものが典型例である。

　　He left home never **to return**.　（彼は家を出て二度ともどらなかった）
　　My grandmother lived **to be** ninety. （祖母は90才まで生きた）

(3) enough～to, too～to などの形で「程度」を表わす場合。〔→p. 260〕

(4)「～するためには」という「目的＋条件」の意を表わす。

　　{ (a) **To pass** the test, you must study hard. （＝**If you are to pass**...）
　　{ (b) You must study hard **to pass** the test. （＝...**so as to pass**...）

　　(a)「合格する<u>ためには</u>勉強に励まなければならない」〔目的＋条件〕
　　(b)「合格する<u>ために</u>勉強に励まなければならない」　〔目的〕

(5)「条件」を表わす場合。（＝If you looked at him...）〔→p. 176〕

■注意■　次のような不定詞の意味を区別すること。
　{ He went home **to get** his coat.　（上着をとりに家に帰った）　　　　　　〔目的〕
　{ He went home **to find** his wife dead.　（家に帰ったら妻は死んでいた）　〔結果〕
　{ He will come **to inspect** our work.　（仕事を視察しに来るだろう）　　　　〔目的〕
　{ He will come **to realize** the truth.　（真理を悟るようになるだろう）
　　下の文の come to ～ は「～するようになる」の意を表わす熟語的表現である。

░░░░░░ **EXERCISE** ░░░░░░░░░░░░░░░░░░░░░░░░░░░░░░░░░░ 解答 363・364 ページ

░ A ░

186. (a) *To be* able to work hard, you must be strong.

(b) You must be very strong, *to be* able to work so hard.

187. *To see* his pale face, anyone would think he is ill.

188. She came into the dining-room *to find* it empty.

189. Some people are lucky enough never *to be* sick.

190. We've had too many similar experiences *to be* deceived by such a trick.

░ B ░

191. We will pay any price, bear any burden, support any friend, oppose any foe, *to assure* the survival and success of liberty.

192. *To make* a living one must make use of whatever one finds around him. Indeed, a key to success in life may be found in how one can make the most of the things he happens to have with him.

░ C ░

193. There are always at least two games taking place during a tennis match: the one on the court and the one in your head. There's not an experienced player alive who hasn't practically won the game on the tennis surface only to lose it in his head and in the final score. Tennis is often compared to chess because of the almost limitless strategic alternatives and the enormous mental pressure that can increase as you play through your strategy. (京 大)

░語句░ **186.** must「(a) 〜ねばならない；(b) 〜にちがいない」 **187.** pale「青白い」 **188.** empty「からの」 **190.** similar「類似した」 deceive「だます」 trick「ごまかし」 **191.** price「代価」 burden「重荷」 oppose「反対する」 foe「敵」 assure「保証する」 survival「存続」 **192.** make a living「生計を立てる」 make use of「〜を利用する」 key to「〜の鍵」 make the most of「〜を最大限に活用する」 **193.** practically「事実上（〜も同然）」 only to 〜「結局 [ただ] 〜することになる」 alternative「選択できる手段（方法）」 enormous「非常に大きな」 strategy「戦略，戦術，作戦」

§26. 不 定 詞 (副詞用法2)

(1)　We are *happy* **to know** that you are in favor of our plan.
(2)　He must be very *stupid* **to believe** such a thing.
(3)　She is *anxious* **to know** the result.
(4)　You are *kind* **to encourage** me.
(5)　This problem is *difficult* **to solve**.

■ (1)　あなたがわれわれの計画に賛成していることを知ってうれしい。
■ (2)　こんなことを信じるなんて彼はよほど間抜けにちがいない。
■ (3)　彼女は早く結果を知りたがっている。
■ (4)　私を励ましてくださって御親切ですね。
■ (5)　この問題は解くのがむずかしい。

解　説　　不定詞が形容詞のあとに来る場合，意味関係は五つに大別できる。　(1)は感情を表わす形容詞や分詞 (glad, sorry, pleased, surprised, *etc.*) のあとに来て，その感情の「原因」を表わす場合である。

I am *sad* [*relieved*] **to hear** it.　(それを聞いて悲しい [ほっとした])

(2)「～とは […にちがいない]」，「～なんて […のはずがない]」という判断の「理由 (根拠)」を表わす場合。名詞に伴うことも多い。

He can't be *a fool* **to see** it.　(それがわかるんだからばかのはずがない)

(3) 不定詞が前の形容詞を限定・修飾する場合。

He is *likely* [*sure*] **to win**.　(彼はたぶん [きっと] 勝つだろう)

(4) 人の性質などを表わす形容詞 (wise, clever, selfish, cruel, *etc.*) のあとにきて，次のような言換えが成立つ場合。

　{ **You** are *foolish* **to do** such a thing.　(そんなことをしてばかだね)
　{ =**It** is *foolish* **of you to do** such a thing. 〔→p.80〕

(5) 不定詞が他動詞で，主語を意味上の目的語とし，次の関係が成立つ場合。

　{ This **rule** is *easy* **to remember**.　(この規則は覚えやすい)
　{ =**It** is *easy* **to remember** this **rule**.

■**注意**■　次のような文で，形容詞によって異なる意味関係を区別する。

　{ He is *eager* **to teach**.　(彼はしきりに教えたがっている)　　　〔(3)と同じ〕
　{ He is *easy* **to teach**.　(彼は教えやすい)(=It is easy to teach him.)〔(5)と同じ〕
　{ He is *nice* **to teach**.　(教えてくれて親切だ)(=It is kind of him to teach.)
　　次のような文では，文脈により，二通りの解釈が成立つ。　　　　　　　〔(4)と同じ〕

It is easy **to drive**.　(a) 運転するのはやさしい。(b) それは運転しやすい。

(a) では It は形式主語で，不定詞はその内容を表わす名詞用法。(b) では It は特定の車を指し，上の(5)に当る形容詞用法。(=It is easy to drive it [=the car].)

|||||||||| **EXERCISE** ||||||||||||||||||||||||||||||||||||||||||||||||||||||||||| 解答 364 ページ

▨ A ▨

194. (a) It is difficult *to promise*.

(b) It is difficult *to promise* it.

195. He cannot be a gentleman *to behave* like that.

196. How stupid of him *not to notice* this obvious error.

197. I am happy *to be* of service to you.

198. He was ready *to run* the risk of losing his job.

199. Though he is fierce *to look at* and seems hard *to please*, he is kind at heart and is not difficult *to get along with*.

▨ B ▨

200. There isn't anything that is so interesting *to look at* as a place that a book has talked about.

201. Often a book which now seems dull or difficult will prove easy *to grasp* and fascinating *to read* when you are more mature intellectually. (北 大)

▨ C ▨

202. The most marked feature of Greek politics was the division of the country into a number of small states, each with its own independent government and its own local character. This was imposed by geographical conditions. Each district developed its own life and customs, because it was separate, complete, and difficult *to control* from without. (上智大)

▨語句▨ **194. prómise**「約束する」 **195. behave**「振舞う」 **196. stupid**「愚かな」 **notice**「気づく」 **obvious** [ɔ́bviəs]「明らかな」 **error**「誤ち」 **197. be of service to**「〜に役立つ」 **198. ready to**「〜する準備（覚悟）ができている」 **run the risk of**「〜の危険を冒す」 **199. fierce**「すさまじい；ものすごい」 **at heart**「心は」 **get along with**「〜と仲よくやっていく」 **201. dull**「退屈な」 **prove**「〜であることがわかる」 **grasp**「つかむ；理解する」 **fascinating**「魅惑的な」 **mature** [mətʃúə]「成熟した」 **intelléctually**「知的に」 **202. marked**「著しい」 **feature** [fíːtʃə]「面；特徴」 **politics**「政治」 **division**「分割」 **state**「国家」 **independent**「独立した」 **character**「性質」 **impose**「押しつける」 **séparate**「分離した」

§27. 不 定 詞 (独立用法)

(1)　**To tell the truth,** he is not much of a scholar.

(2)　**To be frank with you,** I am not satisfied with the result.

(3)　He is, **so to speak**, a bookworm.

(4)　He is well-read, **to be sure,** but lacks common sense.

(5)　That man is abnormal, **to say the least of it**.

■ (1)　実を言えば，彼は大した学者ではない。

■ (2)　率直に言えば，僕はこの結果に満足していない。

■ (3)　彼は，いわば，本の虫だ。

■ (4)　彼はたしかに博学だが，常識に欠けている。

■ (5)　あの男は，控え目に言っても異常だ。

解　説　　不定詞が文中の特定の要素を修飾するのではなく，文全体にかかる用法で，上例のように，文頭・文中・文尾に置かれる場合がある。次のような，慣用表現になっているものが多い。

　　to begin with (まず第一に)　　　　　to sum up (要約すれば)

　　needless to say (言うまでもなく)　　strange to say (奇妙なことに)

　　to make the matter worse (なお悪いことに)

　　to put it in another way　(別の言い方をすれば)

◆次の表現を混同しないように注意すること。〔→p. 288〕

{ (a) He is rather thrifty, **not to say** stingy.

{ (b) He has much experience, **not to speak of** scholarship.

　　(a) 彼は，けちん坊<u>とは言わないまでも</u>，いささかしまり屋だ。

　　(b) 彼は，学識<u>は言うまでもなく</u>，経験も豊かだ。

■注意■　次のような文における不定詞の用法をそれぞれ区別する。

{ (a) **To be sure** of oneself requires knowledge and experience.　〔名詞用法〕

{ (b) **To be sure** of oneself, one needs knowledge and experience.　〔副詞用法〕

{ (c) **To be sure**, one needs knowledge and experience.　　　　　　〔独立用法〕

　　(a)「自信を持つ<u>こと</u>は知識と経験を必要とする」

　　(b)「自信を持つ<u>ために</u>には，人は知識と経験を必要とする」

　　(c)「<u>たしかに</u>，人は知識と経験を必要とする」

　　(a)は主語になる名詞用法で動名詞を用いて **Being sure** に，(b)は目的を表わす副詞用法で **In order to be sure** に，(c)は独立用法で **Surely** という文修飾副詞に，それぞれ置きかえられる。

░░░░░ **EXERCISE** ░░░░░░░░░░░░░░░░░░░░░░░░░░░░ 解答 364・365 ページ

▨ A ▨

203. *To make a long story short*, I want you to lend me some money.

204. *To do him justice*, he is not without some merits.

205. He is so poorly paid that he cannot afford to buy even daily necessaries, *not to speak of* luxuries.

▨ B ▨

206. *Not to mention* riches and honour, even food and clothes are not to be come at without the toil of the hands and sweat of the brows.

207. Poverty is a great evil in any state of life; but poverty is never felt so severely as by those who have, *to use a common phrase*, "seen better days."

▨ C ▨

208. *To be sure*, many of us are only too well aware that our incomes are not sufficient to take care of all our wants. Yet, in spite of this constant struggle to "make ends meet," we generally neglect any serious inquiry into why our incomes are not larger or into whether we are spending them wisely.

（広島経大）

▨語句▨ **203. To make a long story short**「手短かに話せば」　**204. To do one justice**「公平に言って」　**merit**「長所」　　**205. cannot afford to**「～する余裕がない」　**necessaries**「必需品」　**luxury** [lʌ́kʃəri]「ぜいたく品」　　**206. not to mention**「～は言うまでもなく」　**honour** [ɔ́nə]「名誉」　**come at**「手に入れる」　**toil**「骨折り」　**sweat** [swet]「汗」　**brow** [brau]「ひたい」　　**207. poverty**「貧乏」　**evil** [íːvl]「悪」　**state**「状態」　**have seen better days**「よい時代を経験した；盛んな時代があった」　**208. to be sure**「確かに」　**only too**「遺憾ながら [あまりにも～]；この上なく」　**aware**「気がついて」　**income**「収入」　**sufficient**「十分な」　**wants**「必要」　**constant**「絶え間のない」　**make ends meet**「収支を償わせる」　**neglect**「おろそかにする」　**inquiry**「調査」

§28. 不定詞 (for ～ to...)

(1)　I thought it necessary **for** him **to** put off his departure.
(2)　There are many problems **for** them **to** deal with.
(3)　He stepped aside **for** her **to** enter the room.
(4)　It is better **for** you not **to** mind what others say.
(5)　It is kind **of** you **to** come all the way.

▨　(1)　私は彼が出発を延ばすことが必要だと思った。
▨　(2)　彼らが対処しなければならない問題がたくさんある。
▨　(3)　彼は彼女が部屋に入れるようにわきに寄った。
▨　(4)　君は他人の言うことを気にしないほうがよい。
▨　(5)　はるばる来てくださってあなたは御親切ですね。

解　説　　不定詞の意味上の主語が for によって示された不定詞句も，文脈により，名詞・形容詞・副詞の働きをする。(1) の不定詞は形式目的語 it の内容を表わす名詞用法，(2) は名詞 problems を修飾する形容詞用法，(3) は動詞 stepped を修飾する，目的を表わす副詞用法。

(1)＝I thought it necessary <u>that he should put off his departure.</u>〔名詞節〕
(2)＝There are many problems <u>that they should deal with.</u>　〔形容詞節〕
(3)＝He stepped aside <u>so that she might enter the room.</u>　　〔副詞節〕

(4)(5) 形式主語 It の内容を表わす名詞用法の不定詞であるが，It is の後にくる形容詞が人の性質を表わすような形容詞 (＝kind, nice, clever, wise, foolish, wicked, brave, polite, *etc.*) の場合は，意味上の主語は (5) のように of で示され，人を主語にした次の形式への書換えができる。

(5)′ **You** are kind **to come** all the way.

◆意味の広い形容詞では，意味により for, of いずれも用いられる。

It is **good for** you to keep silent.　　(君はだまっているのが<u>よい</u>)
It is **good of** you to keep silent.　　(君はだまっていてくれて<u>親切だ</u>)

■**注意**■　文頭の For ～ to の形式も，名詞・副詞用法を間違えないように。

(**a**) **For** him **to** lose his temper now would spoil all the fun.〔名詞用法〕
(**b**) **For** a nation **to** be great, it need not necessarily be big.〔副詞用法〕

(**a**) <u>彼が今腹を立てることは楽しさを</u>すっかり台なしにするだろう。(→彼が今かんしゃくを起こせばせっかくの楽しさがすっかりおじゃんになってしまう)
(**b**) <u>国家が偉大であるためには</u>，必ずしも大国であることを要さない。

||||||||||| **EXERCISE** |||||||||||||||||||||||||||||||||||||||||||||||||||||||||||| 解答 365 ページ

▨ A ▨

209. The problem was becoming more and more complex. So we judged it best *for* us *to* remain silent to the last.

210. It is very fine *of* you *to* offer your sacrifice, but it would be mean and hateful *of* me *to* accept it.

211. *For* reforms *to* be successful, youths must first be removed from their bad surroundings.

▨ B ▨

212. *For* parents *to* hope everything from the good education they bestow on the children is an excess of confidence; and it is an equally great mistake to expect nothing, and to neglect.

▨ C ▨

213. Other species begin their learning afresh each generation, but man is born into a culture that has as one of its principal functions the conservation and transmission of past learning. Given man's physical characteristics, indeed, it would be not only wasteful but probably fatal *for* him *to* reinvent even the limited range of technique and knowledge required *for* such a species *to* survive in the temperate zone.　（自治医大）

▨語句▨　**209.** problem「問題」　complex「複雑な」　judge「判断する」　remain silent「黙っている」　**210.** offer「申し出る」　sacrifice「犠牲」　mean「卑劣な」　hateful「嫌悪すべき」　**211.** reform「改革; 矯正」　remove「離す」　surroundings「環境」　**212.** education「教育」　bestow 〜 on ...「〜を…に授ける」　excess「過度」　confidence「信頼; 自信」　equally「同じ程度に」　expect「期待する」　neglect「おろそかにする」　**213.** species [spíːʃiːz]「種(ゐ); 生物」　afresh「新しく」　culture「文化」　function「機能」　conservation「保存」　transmission「伝承」　given 〜「〜があるとすれば」　fatal [féitl]「致命的な」　range「範囲」　temperate zone「温帯」

§29. 不 定 詞 (be to do)

(1) You **are** not **to** neglect your duty.

(2) Happiness **is** not **to** be bought with money.

(3) The Prime Minister **is to** speak on television tonight.

(4) The boy **was** never **to** see his parents again.

(5) If we **are to** get along together, we must understand each other.

■ (1) 自分の義務を怠ってはならない。
■ (2) 幸せは金で買うことはできない。
■ (3) 首相が今夜テレビで話すことになっている。
■ (4) 少年は二度と再び両親に会えない運命にあった。
■ (5) 仲よく一緒に暮していくためには，理解し合わなければならない。

解 説

(1) be to do が「義務（必要・命令）」を表わす場合（＝should）。
　　　You **are to** stay here. （君はここにいなさい）　〔命令〕

(2) 「可能」を表わし can で置きかえられる。

(3) 「予定」を表わす。完了形を伴うときは「予定の非実現」を表わす。
　He was to have left that night, but he was suddenly taken ill.
　　　（彼はその晩たつことになっていたが，急に病気になった）

(4) 「運命」を表わし，「将来～することになる；～する運命にある」の意。

(5) *if*-Clause の中で用いられ，「～しようと思うならば」「～するためには」
といった「意図・目的」を表わす。

◆**be yet to** はふつう (**a**)「まだ～しない」，文脈により (**b**)「まだ～できる」:
　The solution **is yet to** be found. （＝The solution is *not* found yet.）
　　　（解決法はまだ［これから発見される→］発見されていない）
　Beauty **is yet to** be found here. （＝Beauty *can* be found here yet.）
　　　（ここではまだ美が発見できる［存在している，残っている］）

■**注意**■ be のあとに名詞用法の不定詞がくることもある。次を区別:
　{(**a**) His aim **was to** appear rich. （彼の狙いは金持に見える<u>ことだった</u>）
　{(**b**) His son **was to** appear soon. （彼の息子はすぐ現れることに<u>なっていた</u>）
　{(**c**) His wish **is to** be with her. （彼の望みは彼女といっしょにいる<u>ことだ</u>）
　{(**d**) His wish **is to** be abandoned. （彼の望みは断念され<u>なければならない</u>）

　(**a**)(**c**)は不定詞は主格補語の名詞用法，(**b**)(**d**) は本項の be to do（ふつう形容詞用法に分類される）の例で(**b**)は「予定」，(**d**) は「義務」を表わす。ただし(**d**)は「彼の望みは打ち捨てられる<u>ことだ</u>」の意も，文脈によっては成り立つ。

▮▮▮▮▮▮ **EXERCISE** ▮▮▮▮▮▮▮▮▮▮▮▮▮▮▮▮▮▮▮▮▮▮▮▮▮▮ 解答 365・366 ページ

▨ A ▨

214. Neither the teacher nor the students *are to* blame for this.

215. What *is to* happen to us after we die?

216. Scientific truth *is* not *to* be gained by observations and logic alone.

217. You need regular physical exercise if you *are to* keep yourself healthy.

218. We *were to* have been married in May but had to postpone the marriage until June.

▨ B ▨

219. Some books *are to* be tasted, others *to* be swallowed, and some few *to* be chewed and digested; that is, some books *are to* be read only in parts; others *to* be read, but not carefully, and some few *to* be read wholly, and with diligence and attention.

▨ C ▨

220. Uniformity in the opinions expressed by teachers *is* not only not *to* be sought, but *is*, if possible, *to* be avoided, since diversity of opinion among teachers is essential to any sound education. No man can pass as educated who has heard only one side on questions as to which the public is divided.

(東工大)

▮語句▮ **214. neither** A **nor** B「AもBも…でない」 **blame**「責める」 **216. gain**「得る」 **observation**「観察」 **logic**「論理」 **217. regular**「規則正しい」 **physical**「肉体的な」 **exercise**「運動」 **218. postpone**「延期する」 **219. taste**「味をみる」 **swallow**「のみ込む」 **chew**「かむ」 **digest**「消化する」 **in parts**「部分的に」 **wholly**「全部」 **with diligence**＝diligently（勤勉に） **220. uniformity**「一様性」 **express**「表現する」 **not only ～ but ...**「～であるばかりでなく…でもある」 **sought** は seek（求める）の過去分詞。is not to be sought＝should not be sought（求められるべきではない） **avoid**「避ける」 **diversity**「多様性」 **essential**「本質的な」 **sound**「健全な」 **pass as**「～として通る」 **divide**「分ける」

§30. 分詞の用法 (1)

> (1) A **drowning** man will catch at a straw.
> (2) **Forbidden** fruit is sweetest.
> (3) I received a letter **informing** me of his arrival.
> (4) Time once **lost** can never be regained.

- ▓ (1) 溺れる者はわらをもつかむ。
- ▓ (2) 禁じられた実は最も甘い。(禁断の木の実は甘し)
- ▓ (3) 私は彼の到着を知らせる手紙を受け取った。
- ▓ (4) いちど失われた時間は二度ととりもどすことはできない。

解　説　　分詞は、現在分詞も過去分詞も、(a) 名詞を修飾する場合〔＝限定用法〕と、(b) 補語になる場合〔→次項〕とがある。

- (a) I found the **stolen** money. (盗まれた金を見つけた)〔money を修飾〕
- (b) I found the money **stolen**. (その金は盗まれていた)〔目的補語〕

単独の分詞が名詞を修飾する場合は (1)(2) のように名詞の前に置かれ、分詞を修飾する語句を伴う場合は (3)(4) のように名詞の後に置かれるのがふつうであるが、一語でも名詞の後に置かれることもある。

A girl **rejected** is a dangerous foe. (振られた女は危険な敵になる)

現在分詞は多く「～している」〔進行〕、過去分詞は「～される；～された」〔受身〕の意を表わす。

- a **barking** dog＝a dog which **is barking** (ほえている犬)
- a **broken** promise＝a promise that **was broken** (破られた約束)

ただし、現在分詞は「進行」以外に「～する」の意を表わす場合もあり、また自動詞の過去分詞は「～した」〔完了〕の意を表わす。

- a **deciding** factor＝a factor which **decides** (決定[する]要素)
- a **retired** teacher＝a teacher who **has retired** (退職した先生)

■**注意**■　次のような文における分詞の用法を区別する。

- (a) He approached the boy **reading** a book. (本を読んでいる少年に近づいた)
- (b) He noticed the boy **reading** a book. (少年が本を読んでいるのに気づいた)
- (c) There stood the boy **reading** a book. (少年は本を読みながら立っていた)

(a)〔SVO〕boy という名詞を修飾する限定用法の現在分詞、(b)〔SVOC〕目的補語になっている現在分詞、(c) There は副詞で文型的には The boy stood **reading** a book. と同じであるから、He sat **thinking**. (考えごとをしながらすわっていた) / He came **running**. (走ってやってきた) などと同じく現在分詞は主格補語的なものである。

▥▥▥ EXERCISE ▥▥▥▥▥▥▥▥▥▥▥▥▥▥▥▥▥▥▥▥▥▥▥▥▥ 解答 366 ページ

▨ A ▨

221. A *watched* pot never boils.

222. A habit once *acquired* is difficult to get rid of.

223. A good book *read* when one was young can influence one through life.

224. The development of nuclear weapons has completely altered the factors *governing* international relations.

▨ B ▨

225. Children form a habit of believing in the ideas generally *accepted* in the society *surrounding* them in much the same way as they form a habit of speaking the language.

226. Those who direct the policies of these countries have a power *exceeding* anything ever *possessed* before by any man or group of man.

▨ C ▨

227. Science is the attempt to discover, by means of observation, and reasoning *based* upon it, first, particular facts about the world, and then laws *connecting* facts with one another and in fortunate cases, *making* it possible to predict future occurrences.

▨語句▨　221. pot「なべ」 boil「沸騰する；煮える」　222. habit「習慣」 acquire「身につける」 get rid of「～を除く」　223. influence「影響する」　224. development「発達」 nuclear「核の」 weapon [wépən]「武器」 completely「完全に」 alter「変える」 factor「要素」 govern「支配する」 relations「関係」　225. idéa「考え」 generally「一般に」 accept「受け入れる」 surround「取り巻く」 in much the same way as …「…とほとんど同じようにして」　226. direct「導く」 policy「政策」 exceed「～を越える」 possess「所有する」　227. attempt「試み」 by means of「～によって」 observation「観察；所見」 *cf*. observance（遵守） reasoning「推論」 base upon「～に基づく」 particular「特定の；個々の」 connect「結びつける」 predict「予言する」 occurrence「出来事；起こること」

§31. 分詞の用法 (2)

(1) She sat **knitting** by the fire.
(2) The teacher sat **surrounded** by his students.
(3) She felt her determination **growing** stronger.
(4) His political connections made him **feared** by his colleagues.

- ▨ (1) 彼女は火のそばで編み物をしながら座っていた。
- ▨ (2) 先生は学生に囲まれて座っていた。
- ▨ (3) 彼女は自分の決心がいっそう強く固まっていくのを感じた。
- ▨ (4) 彼の政治的なコネのため,彼は同僚たちに恐れられた。

解　説　　分詞は,前項のように名詞を修飾する用法に対して,補語になる場合がある。現在分詞は,(1) 主格補語では主語が,(3) 目的補語では目的語が「～している」という意味関係を表わし〔→p.64〕,　過去分詞は,(2) 主格補語では主語が,(4) 目的補語では目的語が「～される」という関係を表わす。〔→p.62〕(4) では直訳すると不自然な日本語になることが多い。

He could not make himself **heard**. (自分自身[=自分の声・意見など]を人に聞かれるようにできなかった→彼の声は相手に聞えなかった)

He can't make his wants **known**. (自分の必要を人に知られるようにすることができない→自分の必要を人に知らせることができない)

◆次のような現在分詞と過去分詞の意味を文中で正しく区別すること。
{ (a) The result proved **disappointing**. (結果は期待はずれだった)
{ (b) The teacher appears **disappointed**. (先生はがっかりしているようだ)
　　　(a) <「失望させる」　　(b) <「失望させられた」
{ (a) We found the boy **interesting**. (その少年はおもしろい子だった)
{ (b) We found the boy **interested**. (その少年はおもしろがっていた)
　　　(a) <「興味をいだかせる」　　(b) <「興味をいだかせられた」

■注意■　この意味関係は限定用法〔=名詞を修飾する用法〕の場合ももちろん同じで,たとえば「彼はおもしろそうな顔をして本を読んでいた」という日本語に対して,下線部を表わす分詞はどちらであるか考えてみる。

He was reading the book with an (**amusing**, **amused**) look.

現在分詞は能動で「人をおもしろがらせるような」,　過去分詞は受動で「おもしろがらせられた[→おもしろがっている]」の意を表わすので,　amused が選ばれなければならない。

||||||||| **EXERCISE** |||||||||||||||||||||||||||||||||||||||||||||||||||||||||| 解答 367 ページ

▨ A ▨

228. We would all like the world's problems *solved* quickly.

229. We watched the sun *setting* behind the mountains.

230. The children stood *watching* an approaching train.

231. Hunger began to make itself *felt*.

232. Don't prevent others from making themselves *heard*.

233. Every children should be made to feel *wanted* and *loved*.

▨ B ▨

234. Every one of us enjoys people who make us feel *interesting* and worth while. No one enjoys hurt feelings.

235. As a matter of fact, *sitting* in a room like this and *hearing* the voices of students *playing* outside makes me feel that perhaps it is more poetic to be playing in the field outside than to be sitting *listening* to an elderly gentleman from abroad *giving* a lecture. （札幌医大）

▨ C ▨

236. We fancy ourselves as hard-headed realists, but (1) <u>we will buy anything we see *advertised* particularly on television</u>; and (2) <u>we buy it not with reference to the quality or the value of the product, but directly as a result of the number of times we have heard it *mentioned*</u>. The most downright nonsense about a product is never questioned. （横浜市大）

▨語句▨ **228. solve**「解決する」 **230. approaching**「接近しつつある」 **231.**
hunger「空腹」 **232. prevent ... from ～ing**「…が～するのを妨げる」 **233.**
wanted「人から望まれる」 **234. worth while**「価値のある；りっぱな」 **hurt**
feelings「傷つけられた感情」 **235. as a matter of fact**「実際；実のところ」 **poetic**
「詩的な」 **elderly**「年輩の；初老の」 **lecture**「講義」 **236. fancy**「空想する」
hard-headed「抜け目のない」 **realist**「現実主義者」 **advertise**「広告する」 **partic-**
ularly「特に」 **reference**「関連」 **quality**「質」 **as a result of**「～の結果」
mention「述べる」 **downright**「全くの」

§32. 分詞構文（1）

(1)　**Being** only a student, I can't afford to get married.
(2)　**Seeing** the policeman, the thief took to his heels.
(3)　I approached the window, **walking** on tiptoe.
(4)　**Driving** with care, you may avoid an accident.
(5)　**Living** so near his house, I seldom see him.

■ (1)　学生の身な<u>ので</u>，まだ結婚する余裕はない。　　　　　〔理由〕
■ (2)　警官の姿を<u>見て</u>，泥棒はすたこら逃げだした。　　　　　〔時〕
■ (3)　そっとつま先立ちで<u>歩きながら</u>，私は窓に近づいた。〔付帯状況〕
■ (4)　慎重に<u>運転すれば</u>，事故を避けられよう。　　　　　　〔条件〕
■ (5)　彼のすぐ近くに<u>住んでいるが</u>，めったに彼に会わない。　〔譲歩〕

解　説　　分詞が名詞を修飾したり補語になったりする形容詞用法に対し，文の動詞を修飾して副詞的に用いられる場合を分詞構文と呼ぶ。

{ (a)　I found the girl **sitting** on the bench.　　〔形容詞用法の分詞〕
{ (b)　I watched the girl, **sitting** on the bench.　　〔副詞的・分詞構文〕

　(a)　その少女はベンチに座っていた。　　　　　　　　（目的格補語）
　(b)　私は，ベンチに座って，その少女を見守った。　　（watch を修飾）

したがって分詞構文は，ふつう，接続詞を用いた副詞節に書換えられる。

(1) →**As** I am only a student...　　(2) →**When** he saw the policeman...
(4) →**If** you drive with...　　　　(5) →**Though** I live so near...

(3) のような「付帯状況」（＝その時に同時に行なわれている動作を表わす。「同時の事情」とも呼ぶ）を示す場合は，ふつう書換えない。このほか，分詞構文は動作の接続に用いられることもあり，この場合は and で書換えられる。

{ **Leaving** the hotel, he went to see her.　　（ホテルを出て，彼は彼
{ ＝He left the hotel **and** went to see her.　　女に会いに行った）

◆分詞構文の意味は，主文の内容との関連において決まるので，たとえば (5) で主文が I *often* see him ならば，「近くに住んでいる<u>ので</u>，よく会う」（＝As I live...）という意味になり，「理由」を表わす。

■**注意**■　次のような場合，前置詞がなければ分詞構文，あれば動名詞構文である。

[**On**] **opening** the box, I found a jewel inside. [＝When I opened...]
　　（箱を開けてみると，中に宝石があった）
[**In**] **trying** to open the box, I broke the lock. [＝While I was trying...]
　　（箱を開けようとしているときに，錠がこわれてしまった）

▥▥▥ **EXERCISE** ▥▥▥▥▥▥▥▥▥▥▥▥▥▥▥▥▥▥▥▥▥ 解答 367・368 ページ

▨ A ▨

237. *Knowing* that he had made a mistake, he frankly admitted it.

238. *Knowing* that he was in the wrong, he still blamed his son.

239. Reading cultivates man's wisdom, *enriching* his life in many ways.

240. She had stolen away unperceived, *leaving* only a note to tell her father where and why she had gone.

▨ B ▨

241. The air and water absorb and retain the heat of the sun, *moderating* its intensity by day, *preventing* its too rapid escape by night, and *maintaining* over nearly the whole face of the earth such a temperature as plants and animals require.

242. <u>Love *being* essentially unselfish is essentially non-possessive.</u> Love makes no claim on the loved one for anything save that which he or she loves to give. (学習院大)

▨ C ▨

243. Reformers look forward to a time when efficient social organization and perfected machinery will do away with the necessity for severe and prolonged labour, *making* possible for all men and women an amount of leisure such as is enjoyed at the present day only by a privileged few. (長崎大)

▨語句▨ **237.** frankly「率直に」 admit「認める」 **238.** in the wrong「間違って」 blame「責める」 **239.** cultivate「養う」 enrich「豊かにする」 **240.** steal away「そっと立ち去る」 unperceived「気づかれないで」 note「書付け; メモ」 **241.** absorb「吸収する」 retain「保持する」 moderate「和らげる」 intensity「強度」 prevent「防ぐ」 maintain「維持する」 temperature「温度」 **242.** non-possessive「非所有的な」 claim「要求; 主張」 save「～を除いて」(＝except) **243.** reformer「改革者」 look forward to「～を待ち望む」 efficient「能率的な」 organization「組織」 machinery「機械; 機構」 do away with「～を除く」

§33. 分 詞 構 文 (2)

(1) **Compared** with his brother, he is not so intelligent.

(2) **Not knowing** what to say, he remained silent.

(3) **Having seen** him before, I recognized him at once.

(4) **Living** *as I do* in a remote village, I seldom have visitors.

▨ (1) 彼の弟とくらべれば，彼はあまり聡明ではない。

▨ (2) 何と言っていいのかわからないので，彼はだまっていた。

▨ (3) 以前に会ったことがあるので，彼であることがすぐにわかった。

▨ (4) なにぶんこんな辺ぴな村に住んでいるので，めったに客は来ない。

解　説　　分詞構文には，(1) のように過去分詞が用いられることも多いが，形容詞として用いられた過去分詞と区別しなければならない。

{ (a) The boy **injured** seriously was taken to hospital. 〔形容詞用法〕
{ (b) The boy, **injured** seriously, was taken to hospital. 〔分詞構文〕

(a) 重傷を負った少年は病院に運ばれた。(名詞 boy を修飾)

(b) 少年は，重傷を負ったので，病院に運ばれた。(動詞 was taken を修飾)

(a)＝*who was* injured 〔形容詞節〕　(b)＝*as he was* injured 〔副詞節〕

(b) では **Injured** seriously, the boy was taken... の語順をとっても同じ。

{ (a) He remained **unsatisfied** with her explanation. 〔形容詞用法〕
{ (b) He remained, **unsatisfied** with her explanation. 〔分詞構文〕

(a) 彼は彼女の説明に満足できないでいた。〔主格補語→p. 54〕

(b) 彼女の説明に満足できなかったので，彼は後に残った。

(2) 否定形式の分詞構文では，not は分詞の前に置く。

I decided not to go out, **not wanting** to catch cold.

　　　　　(風邪をひきたくなかったので，外出しないことにした)

(3) 完了形の分詞構文は，主文の動詞の表わす時よりも前の時を表わす。したがって (3) は As I *had seen* him before... と書換えられる。

(4) は分詞構文が「理由」を表わすとき，強意的に *as*-Clause を伴う形。「実際；現に；なにしろ；こんなに」などの意味を添える。

■注意■　(4) で，～ing が「進行」を表わす場合は do でなく be を用いる。

(a) **Wanting** a ticket *as I do*, I shall apply for one at once. 〔＝As I **want** a ticket...〕(切符がほしいので，すぐに申し込んでおこう)

(b) **Sitting** at the back *as we are*, we can't hear a word. 〔＝As we **are** sitting at...〕(こんな後ろの席に座っているので，一語も聞きとれない)

IIIIIIIIII EXERCISE IIIIIIIIIIIIIIIIIIIIIIIIIIIIIIIIIIIIIIIIIIIIIIIIIIIIIIIIIIIIII **解答 368 ページ**

▨ A ▨

244. *Having been* there once before, I had no difficulty in finding his house.

245. *Forgetting* and *forgotten* by the friends of his youth, he lives quietly in the village.

246. *Never having lived* on a farm, he does not understand animals.

247. *Given* the opportunity, he will make an excellent teacher.

248. *Standing*, as it does, on a hill, his house commands a fine view.

▨ B ▨

249. *Stated* in the simplest terms, science is but a sense of curiosity about life, religion is a sense of wonder at life, and art is a taste for life.

250. *Uncontrolled*, the forces of nature may be dangerous and destructive, but once *mastered* they can be bent to man's will and desire.　　　　　　　　　　　　　　　　（熊本大）

▨ C ▨

251. More than in any other decade there are conflicts between young and old and youth feels itself to be a victim of gross inconsistency on the part of society. *Having given* their children opportunities they never had themselves, parents now envy the freedom they watch their children enjoy; *having taught* them to think for themselves they are anxious about their unwillingness to conform.　　　　　（名　大）

▨語句▨　**244. have no difficulty in**「容易に～できる」　　**245. quietly**「静かに」
247. Given ～「～が与えられたならば」　**opportunity** [ɔ̀pətjúːniti]「機会」（＝chance）
make「～になる」　**excellent**「すばらしい」　**248. as it does**「なにしろ」（理由の強調）
command a view「景色が見晴らせる」　**249. state**「述べる」　**term**「言葉」（＝word）
but「～にすぎない」（＝only）　**curiosity**「好奇心」　**religion**「宗教」　　**250. Uncon-
trolled**「制御されなかったならば」　**destructive**「破壊的な」　　**bend ～ to ...**「～を…
に従わせる」　　　　**251. decade**「10 年間」　**conflict**「争い」　**victim**「犠牲者」　**gross**
[gːous]「はなはだしい」　**inconsistency**「矛盾」　**on the part of**「～の側の」　**think
for oneself**「自分で考える」　**conform**「順応する」

§34. 分 詞 構 文 (3)

(1)　*The sea* **being** calm, we decided to swim to the island.

(2)　*While* **waiting** for him to arrive, we did our homework.

(3)　[**Being**] weary of watching television, we went out for a walk.

(4)　I cannot write letters, *with* you **standing** by me.

■ (1)　海は静かだったので，島まで泳いでいこうということになった。

■ (2)　彼が来るのを待っているあいだに，僕たちは宿題をした。

■ (3)　テレビを見るのに飽きて，私たちは散歩に出かけた。

■ (4)　君がそばに立っていては，手紙を書くことができない。

解　説　(1)　分詞構文で，分詞が，文の主語とは異なる，それ自体の意味上の主語をもつ場合で，独立分詞構文と呼ばれる形式である。

- (a) **Finishing** his work, he went to bed. 〔=When *he* finished his work〕
- (b) His work **finished**, he went to bed. 〔=When *his work* was finished〕

(a)「分詞の意味上の主語 (he)」=「文の主語 (he)」……ふつうの分詞構文。

(b)「分詞の意味上の主語 (work)」≠「文の主語 (he)」……独立分詞構文。

(2) 分詞の前に接続詞が置かれる形式。「時」「条件」「譲歩」などを表わす。

- (a) *Since* **leaving** school, I have never met him. (卒業以来会っていない)
- (b) *Unless* **invited**, I won't go. 　（招待されなければ行かない）
- (c) He fell off *as if* **shot**. 　　（弾に当ったかのように落馬した）

　(a)=Since I *left* (b)=Unless I *am invited* (c)=as if he *had been shot*

(3) 分詞構文の being が省略されたと考えられる場合である。

[**Being**] an optimist by nature, I never give up hope.

　　　　　（生来楽天的なので，絶望したりはしない）

Dozens of the passengers were injured, many of them [**being**] children.

　　　　　（何十人もの乗客が負傷したが，その多くは子供だった）

(4)「付帯状況」を表わす独立分詞構文に with を併用した形式である。

■注意■　次のような文における 〜ing の分詞構文と動名詞構文を区別する。

- (a) There **being** no further business, the meeting was adjourned.
- (b) There **being** no index to this book is a disadvantage.

　(a) ほかに議題がない<u>ので</u>，散会した。　〔理由を表わす独立分詞構文〕

　(b) この本に索引がない<u>ことは</u>，不備な点だ。〔文の主語になる動名詞構文〕

　(a)=*As there was* no further business, ...　(b)=*The fact that there is* no index...

▥▥▥ EXERCISE ▥▥▥▥▥▥▥▥▥▥▥▥▥▥▥▥▥▥▥▥▥▥ 解答 369 ページ

▨ A ▨

252. He would often read aloud, his wife *knitting* by his side.

253. Though *defeated*, he did not lose their confidence in him.

254. She was leaning against the door, with her husband *facing* her.

255. While not *being* optimistic, I have not given up hope.

256. The weather *being* bad, and *threatening* to become worse, we stayed at home.

257. Other things *being* equal, the difference in cost should be decisive.

▨ B ▨

258. Theories are like windows through which we view reality, the view we get *depending* on the kind of window we look through.

259. Knowledge, in any art or science, *being* always the fruit of observation, study, or practice, gives, in proportion to its extent and usefulness, the possessor a just claim to respect.

▨ C ▨

260. Today, the old are seldom expected to play significant roles in social, economic and community affairs. *With* the number of older people in the population rapidly *increasing*, we need greatly to increase and improve the opportunities provided for them so that they can participate in society with dignity and respect. 　　　　　(センター)

▨語句▨　**252. would often**「よく～したものだ」 **knit**「編み物をする」　**253. defeat**「打ち負かす」 **confidence**(in)「(～に対する)信頼」　**254. lean against**「～にもたれかかる」 **face**「～に向き合う」　**255. while**「…だが」 **optimistic**「楽観的な」 **give up**「断念する」　**256. threaten**「脅かす；～しそうな気配である」　**257. equal**「等しい」 **decisive** [disáisiv]「決定的な」　**258. theory**「理論」 **view**「眺める」 **reality**「現実」 **depend on**「～に依存する」　**259. science**「科学；学問」 **fruit**「実；結果」 **observation**「観察」 **in proportion to**「～に比例して」 **extent**「範囲」 **possessor**「所有者」 **claim**「主張；資格」　**260. play a role**「役割を演じる」 **significant**「意義深い，重要な」 **participate in**「～に参加する」 **dignity**「威厳」

§35. 分 詞 構 文 (4)

(1)　Strictly **speaking**, history does not repeat itself.

(2)　**Granting** that it is true, it does not concern me.

(3)　The man who receives affection is, **speaking** broadly, the man who gives it.

(4)　I will undertake it **provided** you pay the expense.

▨　(1)　厳密に言えば，歴史は繰り返さない。

▨　(2)　それが事実であったとしても，私の関知しないことだ。

▨　(3)　愛を受ける人は，概して言えば，愛を与える人である。

▨　(4)　君が費用を支払うならば，それを引き受けよう。

解　説　　分詞構文では，(a) 分詞の意味上の主語は文の主語と同じであるのがふつうで，(b) 異なる場合は分詞の意味上の主語を示した独立分詞構文の形式になるが，(c) 上に示したように，文の主語との関係にかかわらず用いられる慣用的な分詞構文がある。

(a)　**Being** ill, he stayed at home.　　　　　　　[=As **he** was ill...]
(b)　His son **being** ill, he stayed at home.　　[=As **his son** was ill...]
(c)　**Judging from** his look, he must be ill.　[=If **we** (or I) judge...]

　　(a)　病気なので，彼は家にいた。　　　　　　　　〔ふつうの分詞構文〕
　　(b)　息子が病気なので，彼は家にいた。　　　　　　〔独立分詞構文〕
　　(c)　彼の様子から判断すれば，彼は病気に違いない。〔慣用的分詞構文〕

◆その他，慣用的な分詞構文には次のようなものがある。

　　considering ～ 「～を考えれば；～の割には」
　　talking of ～ 「～と言えば」
　　taking ～ into consideration 「～を考慮に入れれば」

■注意■　次のような ～ing の用法をそれぞれ区別すること。

　　(a)　**Talking** of travel, we sat up far into the night.　〔ふつうの分詞構文〕
　　(b)　**Talking of** travel, have you ever been to Paris?　〔慣用的分詞構文〕
　　(c)　**Talking** of travel reminds me of the time I went to Paris.〔動名詞構文〕

　　　(a)　旅の話をしながら，私たちは夜ふけまで起きていた。　（付帯状況を表わす）
　　　(b)　旅行といえば，君はパリに行ったことがありますか。
　　　(c)　旅について話すことは，私にパリに行ったときのことを思い出させる。(→旅の話になるとパリに行ったときのことを思い出す)　　　〔動名詞が主語〕

IIIIIIIIIII **EXERCISE** IIIIIIIIIIIIIIIIIIIIIIIIIIIIIIIIIIIIIIIIIIIIIIIIIII 解答 369・370 ページ

▩ A ▩

261. (a) *Judging* from his appearance, he must be very rich.

　　(b) *Judging* people by their appearance is very dangerous.

262. *Talking of* dictionaries, I have been benefited by various kinds.

263. *Admitting* what he says, I cannot excuse his behaviour.

264. *Taking* all things *into consideration*, his attempt is not likely to turn out to be a success.

265. *Granting* that you have the will to choose your friends, how limited the sphere of choice is!

▩ B ▩

266. Democratic government is government that cares for the lives and property of the people, increases the sense of fair play toward others, and therefore builds, *comparatively speaking*, the basis for a peaceful world.　　　　　　(室蘭工大)

▩ C ▩

267. Democracy is, *historically speaking*, something very recent. It is first of all the belief that individual human beings are what matter most —— more than the state, or the total of national wealth, or anything else whatever. Then it is the belief in equality, not in the sense that everybody is alike or equally gifted, which is obviously untrue, but in the sense that everyone should have certain basic opportunities.　　(高知大)

▩語句▩ **261. appearance**「出現; 外見」　　**262. talking of**「～と言えば」　**benefit**「利益を与える」　**various**「種々の」　　**263. admitting**「～を認めても」　**behaviour**「振舞い」　**264. taking ～ into consideration**「～を考え合わせれば」　**be likely to**「～しそうだ」　**turn out**「(結局)～になる」(=prove)　**265. granting that**「～であるとしても」　**will**「意志」　**limited**「限られている; 狭い」　**sphere** [sfiə]「範囲」　**266. care for**「～を気にする; ～を大事にする」　**property**「財産」　**sense**「意識; 感覚」　**comparatively**「比較的に」　**basis**「基礎」　　**267. first of all**「まず第一に」　**individual**「個々の」　**matter**「大切である」　**state**「国家」　**equality**「平等」　**in the sense that**「～という意味での」　**gifted**「才能がある」　**obviously**「明らかに」

§36.　動 名 詞 (1)

(1) **Making** good grades requires **studying** hard.
(2) Her chief concern is **keeping** herself thin.
(3) I consider **helping** the poor praiseworthy.
(4) We call it **wasting** to use more than is needed.
(5) He is not ashamed of **being** ignorant of these things.

■ (1)　よい成績をとるには勤勉であることが必要です。
■ (2)　彼女の主な関心事は太らないでいることだ。
■ (3)　貧しい人を助けることはりっぱなことだと思う。
■ (4)　必要以上に使うことを浪費というのです。
■ (5)　彼はこれらのことを知らないことを恥ずかしく思っていない。

解　説　　動名詞は文中において名詞の働きをする ～ing 形であるが，(1) では文の主語および他動詞の目的語として，(2) では主格補語として，(3) ではＳＶＯＣの文における目的語として，(4) では目的補語として，(5) では前置詞の目的語として，それぞれ用いられている。

動名詞は形式主語・形式目的語の内容を表わす真主語（目的語）にもなる。

It is no use **trying** to persuade her.　（彼女を説得しようとしても無駄だ）
I consider **it** a pity **losing** such a good friend.
　　　　（こんなによい友人を失うのは残念なことだと思う）

◆～ing の形は，文中で動名詞・現在分詞の用法を区別しなければならない。

{ (a) **Living** alone made her miserable.　（独り暮しは彼女をみじめにした）
{ (b) **Living** alone, she felt miserable.　（独り暮しで，彼女はみじめだった）

　　(a) は主語としての動名詞，(b) は分詞構文に用いた現在分詞。

{ (a) His only aim is **doing** his best.　（唯一の目標は最善を尽すことだ）
{ (b) His only son is **doing** his best.　（一人息子は最善を尽している）

　　(a) は主格補語としての動名詞，(b) は進行形に用いた現在分詞。

■注意■　名詞の前に置かれた ～ing も動名詞と分詞が区別される。

{ (a) All **living** creatures deserve respect.　（すべての生き物は尊重されるべきだ）
{ (b) Our **living** conditions have changed.　（私たちの生活条件は変化した）

　　(a) では creatures that are **living** の関係を表わし現在分詞，(b) では conditions of **living** の意の動名詞である。(a) **living** languages（現行語），(b) **living** standard（生活水準）も同様に区別される。

▮▮▮▮▮▮ **EXERCISE** ▮▮▮▮▮▮▮▮▮▮▮▮▮▮▮▮▮▮▮▮▮▮▮▮▮▮▮▮▮▮▮▮▮ 解答 370 ページ

▨ A ▨

268. The wound in my leg made *walking* difficult.

269. I'll make up for the lost time by *studying* as hard as I can.

270. He denied *knowing* anything about the stolen jewels.

271. We don't call *lying* in bed *living*.

272. Learning doesn't consist in *being* an empty container.

▨ B ▨

273. More than half of the value of travel is in *seeing* and *meeting* new people and in *absorbing* their points of view and their philosophies. （東京商船大）

274. You cannot love others if you do not honestly love yourself. *Having* a poor opinion of yourself —— whether there is reason for it or not —— will be reflected in your attitude toward the people around you. （長崎大）

▨ C ▨

275. The evil, I suppose, lies in our education. We standardize our children. We aim at *making* them like ourselves instead of *teaching* them to be themselves —— new prophets and teachers, new adventurers in the wilderness of the world. We are more concerned about *putting* our thoughts into their heads than in *drawing* their thoughts out, and we succeed in *making* them rich in knowledge but poor in wisdom. （専修大）

▨語句▨　**268.** **wound** [wuːnd]「けが; 負傷」　**269.** **make up for**「〜の埋め合わせをする」　**270.** **deny**「否定する」 **jewel**「宝石」　**272.** **consist in**「〜にある」 **empty**「からっぽの」 **container**「容器」　**273.** **more than half of**「〜の半分以上」 **value**「価値」 **absorb**「吸収する」 **point of view**「観点; 見解」 **philosophy**「哲学; 人生観」　**274.** **have a poor opinion of**「〜を低く評価する」 **whether 〜 or not**「〜であろうとなかろうと」 **reflect**「反射(反映・反省)する」 **attitude**「態度」　**275.** **evil** [íːvl]「悪; 弊害」 **lie in**「〜にある」 **standardize**「画一化する」 **aim at**「〜を狙う; 〜を目標とする」 **instead of**「〜のかわりに」 **prophet**「予言者」 **adventurer**「冒険者」 **wilderness** [wíldənis]「荒野」 **be concerned about**「〜について気をつかう」

§37. 動 名 詞（2）

(1)　He repented **having been** idle in his youth.

(2)　He objected to **being treated** like a child.

(3)　We are considering **not taking** a vacation this year.

(4)　They disapproved of **their daughter marrying** a foreigner.

■ **(1)**　彼は若い頃なまけていたことを後悔した。

■ **(2)**　彼は子供のように扱われることに不服を唱えた。

■ **(3)**　私たちは今年は休暇をとらないことを考えている。

■ **(4)**　彼らは娘が外人と結婚することを承知しなかった。

解 説　　(1) 動名詞が完了形の場合，文の動詞の表わす時よりも前の時を表わす。したがって，この文は He **repented** that he **had been** idle in his youth. のように書換えられる。

(2) 動名詞が受動形をとる場合。次の例を比較：

　　(a) He entered the room without **noticing** anybody.

　　(b) He entered the room without **being noticed** by anybody.

　　　　(a) 彼は誰にも気づくことなく（気づかずに）入室した。

　　　　(b) 彼は誰にも気づかれることなく（気づかれずに）入室した。

(3) 動名詞を打ち消す not は動名詞の前に置かれる。次の意味関係を区別：

You made a mistake in **not** hiring him. （雇わなかったのは間違いだ）

You did**n't** make a mistake in hiring him. （雇ったのは間違いではない）

(4) 動名詞が，文の主語とは異なる，それ自体の意味上の主語を持つ場合。

　(a) He insisted on **paying** it. 〔＝**He** insisted that **he** would pay it.〕

　(b) He insisted on **my paying** it. 〔＝**He** insisted that **I** should pay it.〕

　　　(a) 彼は自分がそれを払うといってきかなかった。

　　　(b) 彼は私がそれを支払うべきだと主張した。

■**注意**■　次のような ～ing も，意味上の主語をもつ動名詞構文である。

It's unthinkable —— a girl of ten **committing** suicide.

　　　　（とても考えられないことだ，10才の少女が自殺をするなどということは）

An old man like him **falling** in love with a girl of seventeen !

　　　　（彼のような老人が17才の少女と恋におちいるなんて）

　これらの ～ing を，名詞を修飾する現在分詞と解して「自殺をする少女」「少女と恋におちいる老人」のように訳したりしないように。

|||||||||| EXERCISE |||||||||||||||||||||||||||||||||||||||||| 解答 370・371 ページ

▨ A ▨

276. (a) Would you mind *opening* the window?

(b) Do you mind *my opening* the window?

277. *His having passed* the examination shows his diligence at ordinary times.

278. Hurried reading results in *the learner forgetting* half of what he reads.

279. I have no objection to *other people driving* cars. I refuse to drive one myself.

▨ B ▨

280. As *having been* poor does not always mean *having been* unhappy, so *having accumulated* money does not always signify that one has been happy.

281. One of the things taught in schools must be the habit of weighing evidence, and the practice of *not giving* full assent to propositions which there is no reason to believe true.

▨ C ▨

282. We are so much in the habit of taking the necessity for academic freedom for granted that there is a danger of our respect for it *becoming* mere lip-service. In order to avert the threat to academic freedom, it is necessary to show not only that universities would like to be free but that, if deprived of their freedom, they would be less useful to the State and to those who threaten their freedom. （高知大）

▨語句▨ **277. ordinary**「普通の」 **278. result in**「～という結果になる」 *cf.* result from（～の結果生じる） **279. have objection to**「～に反対する」 **refuse to**「～することを［頑として］拒否する」 **280. accúmulate**「蓄積する」 **signify**「表わす; 意味する」 **281. weigh**「～の重さを計る; 比較考量する」 **evidence**「証拠」 **practice**「実行; 慣習」 **assent**「同意; 賛成」 **proposition**「命題; 陳述」 **282. be in the habit of**「～する習慣がある」 **take ～ for granted**「～を当然のことと考える」 **academic**「学問の; 大学の」 **respect for**「～に対する敬意」 **lip-service**「口先だけで唱えること」 **avert**「そらす; 回避する」 **threat**「脅威」 **deprive ～ of ...**「～から…を奪う」 **threaten**「脅かす」

§38. 動 名 詞 (3)(慣用表現)

(1) This book is **worth reading** many times.
(2) **There is no returning** on the road of life.
(3) **It is no use pretending** that you are not afraid.
(4) She **felt like crying** when she realized her mistake.
(5) **It goes without saying that** health is above wealth.
(6) This is a picture **of his own painting**.

▨ (1) この本は何度も読む価値がある。
▨ (2) 人生という道は引き返すことはできない。
▨ (3) こわくないふりをしても無駄だ。
▨ (4) 彼女は自分の誤ちを悟ったとき泣きたい気持がした。
▨ (5) 健康は富にまさるということは言うまでもない。
▨ (6) これは彼が自分で描いた絵です。

解　説　　動名詞を含む慣用表現は活用度の高いものが多いが，上のほか次のようなものが重要である。

(7) He **made a point of arriving** five minutes before the appointed time.
　　　　(彼はかならず約束の時間の5分前に着くようにしていた)
(8) He was **looking forward to meeting** her again.
　　　　(彼はまた彼女と会うのを楽しみにしていた)
(9) The plane was **on the point of taking off**.
　　　　(飛行機は今まさに離陸しようとしていた)
(10) **On learning** the truth, she burst out crying.
　　　　(本当のことを知ると[すぐ]，彼女はわっと泣き出した)
　　　In learning a foreign language, you must be slow and steady.
　　　　(外国語を学ぶときは，急がず着実に努力しなければならない)

■注意■　worth ~ing と worth while ~ing の意味関係を間違えないように：
{(**a**) This book is **worth** reading.　　　(この本は読む価値がある)
{(**b**) It is **worth while** reading this book.　(　　　〃　　　)
　　　(**a**) では主語は ~ing の目的語になる。(**b**) では ~ing は形式主語 It の内容を表わす。したがって，次の二つの文は形は似ているが，意味関係は異なる。
{(**a**) It is **worth** saving.　(それはとっておく価値がある)
{(**b**) It is **worth while** saving.　(貯金することはしがいのあることだ)
　　　(**a**)を worth while を用いて表わせば，It is worth while saving *it*. となる。

|||||||||| **EXERCISE** ||||||||||||||||||||||||||||||||||||||||||||||||||||||||||| 解答 371 ページ

▨ A ▨

283. It is no good *leaving* everything to fate. Man is an adventurer, and he must never give up the adventure.

284. *There is no standing still* in this life; one must either advance or fall behind.

285. They talked about that problem *with a view to reaching* an agreement or a decision.　　　　　　　　　　　　（金沢工大）

▨ B ▨

286. Usually that which a man calls fate is a web *of his own weaving*, from threads *of his own spinning*.

287. He who takes up only the books that he "comes across" is pretty certain to meet but few that are *worth knowing*.

▨ C ▨

288. You will not fancy that all books you may have to consult deserve careful study. If thoroughness is a virtue to be cultivated, still more is time a thing to be saved. The old saying, "Whatever is worth doing is worth doing well," is less true than it seems, and has led many people into a lamentable waste of time. Many things are *worth doing* if you can do them passably well with a little time and effort, which are not *worth doing* thoroughly if so to do requires much time and effort.　　　　　　　　　　　　（東海大）

▨語句▨　**283. It is no good ～ing**「～してもむだだ」（＝It is no use ～ing) **leave ～ to ...**「～を…にまかせる」 **fate**「運命」 **adventurer**「冒険家」 **give up**「あきらめる；断念する」　**284. There is no ～ing**「～することは不可能だ」（＝It is impossible to ～) **stand still**「静止する」 **advance**「進む」 **fall behind**「遅れる；落伍する」　**285. with a view to ～ing**「～するために」（＝for the purpose of ～ing) **decision**「決定」　**286. web**「巣；織物」 **of one's own ～ing**「自分で～した…」 **weave**「織る」 **thread** [θred]「糸」 **spin**「紡ぐ」 **287. pretty**「かなり」 **but**＝only〔→p. 240〕　**288. fancy**「空想する；考える」 **deserve**「～に値する」 **thoroughness** [θ\ˈrənis]「徹底」 **virtue**「美徳」↔**vice**(悪徳) **cultivate**「養う」 **still more**「まして…」 **save**「節約する」 **lámentable**「嘆かわしい」 **passably**「かなり；まずまず」

§39.　動名詞と不定詞（1）

(1)　You had better *avoid* **associating** with bad friends.

(2)　They *managed* **to tide** over the financial crisis.

(3)　The snow *prevented* them **from starting** at the scheduled time.

(4)　The rain *compelled* us **to put** off our departure.

(5)　They *preferred* **to watch** (or **watching**) television.

■ (1)　悪友と交わることは避けたほうがよい。

■ (2)　彼らは財政危機をなんとか乗り切ることができた。

■ (3)　雪のため彼らは予定した時間に出発することができなかった。

■ (4)　雨のためわれわれは出発を延期しなければならなかった。

■ (5)　彼らはテレビを見るほうを好んだ。

解　説　　動詞によってその後に　(a) 動名詞　(b) 不定詞　(c) 動名詞・不定詞の両方，を伴うが，上の (1)〜(5) の形式で用いられる重要な動詞には次のようなものがある。(5) は不定詞・動名詞の両方を伴う語。

(1) admit （認める）　　　deny （否定する）　　postpone （延期する）
　　mind （気にする）　　enjoy （楽しむ）　　　escape （まぬがれる）

(2) want, desire （欲する）　　　　　agree, consent （同意する）
　　decide, determine （決める）　　decline, refuse （断わる）

(3) prohibit ... from doing （禁止する）〔＝forbid ... to do〕
　　praise (blame, punish) ... for doing （〜で…をほめ［責め，罰す］る）

(4) allow, permit （許す）　　　want, ask, require （求める）
　　enable （可能ならしめる）　　compel, oblige, force （強いる）

(5) continue （続ける）　　love, hate, like 〔dislike は動名詞のみ〕
　　intend （意図する）　　begin, start 〔finish は動名詞のみ〕
　　omit （省く）　　　　　cease （やめる）〔stop と区別→次項〕

■注意■　**manage** to 〜（なんとかして〜できる），**fail** to 〜（〜できない）は不定詞を伴うが，succeed は **succeed** in 〜ing（首尾よく〜できる）である。したがって次のような場合を正しく区別する。

　　(a) He wished to *succeed* **in pleasing** his wife.
　　(b) He wished to *succeed* **to please** his wife.
　　　　(a) 彼はうまく奥さんを喜ばせることができることを願った。
　　　　(b) 彼は奥さんを喜ばせるために成功することを願った。

‖‖‖‖‖ **EXERCISE** ‖‖‖ 解答 372 ページ

▨ **A** ▨

289. (a) They tried hard to *succeed in getting* riches and power.

(b) They hardly tried to *succeed to get* riches and power.

290. He *admitted breaking* into the house but *denied stealing* the money.

291. English law *prohibits* the cops *from carrying* fire arms.

292. I can't *help objecting* to *allowing* them *to swim* here.

293. Ill health *obliged* her *to agree to give up trying* again.

294. *Failing to have* her first story published did not *discourage* her *from wanting* to become a writer.

▨ **B** ▨

295. If you ask a Japanese a question he does not understand, he will smile politely, because pointing out that he has *failed to understand* might imply that you expressed yourself obscurely.

296. English people are generally *disposed to keep* things as they are. They hate all kinds of change, and *prefer to keep* an old system, as long as it works and performs its duty, to adopting a new and modern system.

▨ **C** ▨

297. If a man really *loves studying* something, has an eager attachment to the acquisitions of knowledge, nothing but peculiar sickness or misfortunes will *prevent* his *being* a student, and his *possessing*, in some degree, the means of study.

(九州工大)

▨語句▨　**290. break into**「～に押し入る」　**291. prohibit**「禁じる」　**cop**「警官」 **fire arms**「銃」　**292. object**「反対する」　**293. oblige ～ to do** ...「～に…することを余儀なくさせる」　**give up**「断念する」　**294. fail to do**「～することができない」 **have ～ published**「～を出版してもらう」　**discourage ... from ～ing**「…に～する勇気を失わせる；…に～するのを思いとどまらせる」　**295. point out**「指摘する」　**imply** 「ほのめかす」　**obscúrely**「ぼんやりと；あいまいに」　**296. be disposed to**「～したいと思う性向を持っている」　**prefer A to B**「BよりもAを好む」　**adopt**「採用する」 **297. attachment**「愛着」　**acquisition**「獲得」　**nothing but**「～以外は何も…しない」 **pecúliar**「特有の；特別の」

§40. 動名詞と不定詞（2）

---

(1) **(a)** She stopped **looking** in a shop window.
　　　(b) She stopped **to look** in a shop window.
(2) **(a)** I remember **posting** the letter.
　　　(b) I'll remember **to post** the letter.
(3) **(a)** He is sure (*or* certain) **to pass** his examination.
　　　(b) He is sure (*or* certain) **of passing** his examination.

　■ **(1)** 　(a) 彼女はショーウインドーをのぞくのをやめた。
　　　　　　(b) 彼女はショーウインドーをのぞくために立ち止まった。
　■ **(2)** 　(a) 私はその手紙を投函したことを覚えている。
　　　　　　(b) 私はその手紙を投函するのを覚えておこう。
　■ **(3)** 　(a) 彼はきっと試験に合格する。
　　　　　　(b) 彼は試験に合格することを確信している。

解　説	動詞のあとに動名詞・不定詞のいずれがくるかによって意味が

異なる場合であるが，文型そのものも異なることがある。(1) で
(a) はＳＶＯ，(b) はＳＶで不定詞は目的を表わす副詞用法。(2) では (a) (b)
ともにＳＶＯで不定詞は名詞用法。(3) の文はそれぞれ次のように書換えた文
と同意:

　(**a**) ＝ It is certain that he will pass ... / He will surely pass ...
　(**b**) ＝ He is sure that he will pass ...

◆同様に，次のような文の意味を正しく区別すること:
　{ I *regret* **saying** so. 　（そう言ったことを後悔している）
　{ I *regret* **to say** so. 　（そう言うことを残念に思う）
　{ She *is afraid* **of having** an accident. 　（事故が起こるのを恐れている）
　{ She *is afraid* **to drive**. 　　（運転するのが怖い／怖くて運転できない）
　{ He *tried* **moving** the desk. 　（彼は机を動かしてみた）
　{ He *tried* **to move** the desk. 　（彼は机を動かそうとした）

■**注意**■　need, want (require [～する必要がある] の意での), deserve などが動名詞
を伴う場合，その動名詞は受身の意味を表わす:
　{ He wants **watching**. （彼は見守られる必要がある；監視の要あり）
　{ He wants **to watch** the game. （彼はその試合を見たがっている）
　{ You deserve **shooting**. （お前は銃殺に値する）〔＝to be shot〕
　{ You deserve **to shoot** first. （君は最初に撃つ資格がある）

|||||||||||| **EXERCISE** ||||||||||||||||||||||||||||||||||||||||||||||||||||||| 解答 372・373 ページ

▨ A ▨

298. (a) He has *forgotten inviting* her to the party.

　　(b) He has *forgotten to invite* her to the party.

299. (a) He *went on telling* us about his school days.

　　(b) He *went on to tell* us about his school days.

300. (a) You must *stop thinking* of what others are saying.

　　(b) You must *stop to think* of what others are saying.

▨ B ▨

301. Our everyday speech is a thing that we are apt to take for granted without *stopping to reflect* about it; but when we do begin to think about language, we soon realize that far from being a commonplace thing, it is a mystery —— mysterious in its origin and mysterious in its infinite potentialities. 　　　　　　　　　　　　　　　　　（熊本大）

▨ C ▨

302. Sherlock Holmes could tell by the stains on a coat what a man had eaten for breakfast. From a number of such observations he arrived at a theory about why and how a particular crime was committed. This procedure is excellent for detection but insufficient for science, because it yields only knowledge of particular events. Science would *go on to ask* why and how crime, not a particular crime, is committed. Science uses facts to test general theories and general theories to make predictions about particular facts. 　　　　　　（阪　大）

───────────────────────────────

▨語句▨　**298. forget 〜ing**「〜したことを忘れる」　**forget to 〜**「〜するのを忘れる」　**299. go on 〜ing**「〜し続ける」（=keep 〜ing）　**go on to 〜**「さらに進んで〜する」（=proceed to 〜）　**301. be apt to**「〜しがちである」　**take 〜 for granted**「〜を当然のことと考える」　**reflect**「熟考する」　**far from 〜ing**「決して〜ではなく；〜であるどころか」　**commonplace**「平凡な；ありふれた」　**mystérious**「神秘的な」　**órigin**「起源」　**ínfinite**「無限の」　**potentiálity**「[潜在的] 可能性」　**302. theory**「説；理論」　**particular**「特定の」　**commit**「犯す」　**procedure** [prəsíːdʒə]「手続き；過程」　**detection**「探知；看破」　**insufficient**「不十分な」　**yield**「〜を生む；〜を生じる」　**prediction**「予言；予知」

§41. 関係代名詞 (who)

(1) He **who** praises you to your face will speak ill of you behind your back.

(2) We dislike those **whose** opinions differ from ours.

(3) It is difficult to obey those **whom** we do not respect.

▨ (1) 面と向かって人をほめる者は陰に回れば悪口を言うだろう。

▨ (2) われわれは自分と意見が異なる人をきらう。

▨ (3) 自分が尊敬しない人に従うことはなかなかできない。

解　説　　関係代名詞は「接続詞＋代名詞」の働きをし，その先行詞を修飾する形容詞節を導く。who, which, that のほかに but, as, what（これらは疑似関係代名詞と呼ばれることがある）などがあり，who は人を先行詞として，節中の働きにより who, whose, whom のいずれかの形をとる。

A man **who** has no enemy has no friend.

　　　　（敵なき人には味方もなし）

この文の構造を図解すれば次のようになる。

```
┌────── 主節 ──────┐     ┌この文で，関係代名詞 who は，そ┐
A man has no friend.       │れが導く節の中で主語として代名詞│
先行詞                     │の働きをし，同時に二つの節を結び│
  └who    has    no    enemy   │つける接続詞の働きをする。      │
   ──従節〔=関係詞節=形容詞節〕──      └────────────────┘
```

◆目的格の whom は省略されることもある。〔→p. 118〕

(a) The girl **who** *is going to marry him* is an attractive blonde.

(b) The girl [**whom**] *he is going to marry* is an attractive blonde.

　　(a) 彼と結婚することになっている少女は魅力的な金髪娘です。

　　(b) 彼が結婚することになっている少女は魅力的な金髪娘です。

⎰ This is the girl [**whom**] *he is engaged to*.　　（これが彼が婚約し
⎱ This is the girl *to* **whom** *he is engaged*.　　　　ている少女です）

　　上の形では口語で who も用いられる。下では whom は省略されない。

■注意■　He who... は文語的な表現で，A man who..., One who... と同じく一般的な人を表わし，「彼」ではない。特に who が He と離れた場合に注意する。

He **who** questions much learns much. （多く問う者は多く学ぶ）

He is the greatest conqueror **who** has conquered himself.

　　〔誤〕 彼は自己を征服した最大の征服者である。

　　〔正〕 自分を征服した人こそ最も偉大な征服者である。

▓▓▓▓▓ EXERCISE ▓▓▓▓▓▓▓▓▓▓▓▓▓▓▓▓▓▓▓▓▓▓▓▓▓▓▓▓ 解答　373・374 ページ

▨ A ▨

303. Heaven helps those *who* help themselves.

304. A woman *whose* husband is dead is called a widow.

305. The people *whom* it is most difficult to understand are often members of one's own family.

306. You should not easily trust a man of *whose* past you know nothing.

▨ B ▨

307. As individuals, we find that our development depends upon the people *whom* we meet in the course of our lives.

（東工大）

308. Any one *who* would profit by experience will never be above asking help. He *who* thinks himself already too wise to learn of others, will never succeed in doing anything either good or great.

▨ C ▨

309. Strange is our situation here upon earth. Each of us comes for a short visit, not knowing why, yet sometimes seeming to divine a purpose. From the standpoint of daily life, however, there is one thing we do know; that man is here for the sake of other men —— above all for those upon *whose* smile and well-being our own happiness depends, and also for the countless unknown souls with *whose* fate we are connected by a bond of sympathy.

（成城大）

■語句　**303.** Heaven「天；神」 help oneself「自ら努力する」　　**304.** widow「未亡人；やもめ」　**305.** trust「信用する」　**307.** individual「個人」 depend upon「～に依存する」 in the course of「～のあいだに」　　**308.** would「～しようと思う」意志を表わす。 profit「利益を得る」 experience「経験」 above ～ing「[～することを超越している→]～するようなことはしない」 succeed in ～ing「～することに成功する；首尾よく～する」　　　**309.** situation「立場」 divine「*a.* 神の；*v.* 察知する」 standpoint「観点」 we do know「確かに知っている」do は強意。 for the sake of「～のために」 above all「とりわけ」 well-being「幸福；福祉」 countless「数知れぬ；無数の」 bond「きずな」 sympathy「同情；共感」

§ 42. 関係代名詞 (that)

---

(1) Man is the only creature **that** is gifted with speech.

(2) He was the dullest man **that** I ever had to keep company with.

(3) He isn't the man **that** he was when I knew him first.

(4) Who **that** has conscience can do a thing like that?

　▧ (1) 人間は言葉を持っている唯一の生物である。

　▧ (2) 今まで付合わねばならなかった相手で彼ほど退屈な人間はいない。

　▧ (3) 彼は, 私が初めて彼を知ったときのような人間ではない。

　▧ (4) 良心のある人ならだれがそんなことをするだろうか。

解　説　　関係代名詞 that は, 人・物いずれをも先行詞とすることができるが, who (人) や which (物) を用いないで that を多く用いるのは, (1) のように only, first, last, very, all, every などの限定詞や, (2) のように最上級, (4) のように疑問詞が先行する場合である。(3) は次を比較:

- (a) He is not the gentleman **who** was here then. 〔主語〕
- (b) He is not the gentleman [**that**] he was then. 〔主格補語〕

　　(a)「彼はその時ここにいた紳士ではない」〔他と区別して特定の紳士〕

　　(b)「彼は当時のような紳士ではない」〔同一人物についての状態・性質〕

両方とも関係代名詞は「人」を先行詞とし, 主格であるが, (b) のように主格補語として用いられる場合は that を用い, この that は省略できる。

◆次のような **all that ...** の表わす意味と訳し方に注意する。

　This is **all that** I know. (=I know **only** this.)

　　　　(これが僕の知るすべてだ=僕が知っているのはこれだけだ)

■注意■　that の用法は多岐にわたるが〔→236, 238〕, 次のような関係代名詞と接続詞の用法も混同しないようにする。

　(a) Love has the power **that** overcomes all difficulties. 〔関係代名詞〕

　(b) Love has *such* power **that** *it* overcomes all difficulties. 〔接続詞〕

　(c) Love has *such* power **as** will overcome all difficulties. 〔as は関係代名詞〕

　　(a) 愛はあらゆる困難を克服する力を持っている。

　　(b) 愛は非常に大きな力を持っているので, あらゆる困難を克服する。

　　(c) 愛はあらゆる困難を克服するような力を持っている。

　(a) では that はそれが導く節の主語になっていて代名詞の働きをするが, (b) では so ... that の場合と同じく, that は節を結びつけるだけである。先行する such に応じて用いる関係代名詞は (c) のように as である。〔→p. 114〕

▐▐▐▐▐▐ **EXERCISE** ▐▐▐▐▐▐▐▐▐▐▐▐▐▐▐▐▐▐▐▐▐▐▐▐▐▐▐▐▐▐▐▐▐▐▐ 解答 374 ページ

▨ **A** ▨

310. This is the very thing *that* I need now.

311. Every boy has in him the beginnings of the man *that* he is to become.

312. In choosing your occupation, the first thing *that* you have to consider is whether you are fit for it or not.

313. The care for health is the last thing *that* students seriously think of.

▨ **B** ▨

314. The amount of teaching *that* a young person needs depends to an enormous extent upon his ability and his tastes.

(帯広畜産大)

315. Everything *that* we need to satisfy our wants has to be derived finally from two sources ── the natural resources that are available and the human ability to make use of them.

(法政大)

▨ **C** ▨

316. A person should see to it that he is free to follow the paths *that* exist in his own mind. The great challenges *that* face men call for solutions *that* will not emerge from the kind of compromise *that* committees produce, or from the kind of thought *that* bubbles easily to the surface as a person scans a newspaper or watches a TV program. These challenges call for the unique creative force of the individual mind. (同志社大)

───

▨語句▨　**310. the very**「まさにその~」　**311. beginning**「初め；きざし」　**312. occupation**「職業；仕事」　**fit for**「~に適している」　**313. the last thing**「最後のもの；決して~しないもの」　**seriously**「真剣に」　**314. to an enormous extent**「非常な程度にまで」　**315. satisfy**「満足させる」　**wants**「必要な物」　**be derived from**「~から引き出される；~から得られる」　**natural resources**「天然資源」　**available**「利用（入手）できる」　**make use of**「~を利用する」　**316. see to it that** ...「必ず…するようにする」　**challenge**「挑戦；難題」　**face**「~に面する；~に直面する」　**call for**「~を必要とする」（=require）　**emerge**「現われる」　**cómpromise**「妥協」　**bubble**「あわ立つ」　**surface** [sə́rfis]「表面」　**scan**「~に目を走らせる」

§43. 関係代名詞 (which)

(1) Wisdom is the quality **which** is most needed today.

(2) He mentioned a book **whose** title I can't remember now.

(3) He lost his health, **which** was the cause of his failure.

(4) *That* **which** is right does not always lead to good.

▨ (1)　英知は今日最も必要とされる素養である。

▨ (2)　彼は，私が今その書名を思い出せないある本の名を口にした。

▨ (3)　彼は健康を害したが，それが彼の失敗の原因だったのです。

▨ (4)　正しいことが必ずしも良いことを生みだすとは限らない。

| 解　説 | 　関係代名詞は物・事柄を先行詞とし，制限的用法〔→p.116〕 |

の主格や目的格では that に置き換えられる場合が多いが，which のほうが固い感じを与える。(1) は主格で，that に代えても意味は変らない。

　(2) which の所有格は whose または of which を用いる：

This book, $\begin{cases} \text{whose author} \\ \text{the author of which} \\ \text{of which the author} \end{cases}$ is a girl of twenty, is very amusing.

　　　（この本は，著者は 20 才の少女なのだが，とても楽しく読める）

I can lend you two books, $\begin{cases} both \text{ of which I can recommend.} \\ \text{of which I can recommend } both. \end{cases}$

　　　（君に本を 2 冊貸してあげるが，両方とも推薦できる本です）

　(3) which は非制限的用法〔→p.116〕で，前文の内容を先行詞とすることがある。上例では前文全体を指しているが，一部を受けることもある：

He is *rich*, **which** I unfortunately am not.

　　　（彼は金持だが，僕は不幸にしてそうではない）

He tried *to escape from the prison*, **which** was found impossible.

　　　（彼は脱獄しようとしたが，不可能であることがわかった）

　(4) that (those) which... は「…であること」（＝what）の意を表わすきまった表現であるから，that を「それ」などと訳さないようにする。

■注意■　which は that と同じく It is ... which の強調構文で用いられることがあるので，ふつうの場合と区別しなければならない。

　　It is only evidence **which** will convince him.

　　〔誤〕　それは彼を納得させるであろう証拠にすぎない。

　　〔正〕　彼を納得させるのは証拠だけだ。

▓▓▓▓▓ **EXERCISE** ▓▓▓▓▓▓▓▓▓▓▓▓▓▓▓▓▓▓▓▓▓▓▓▓▓▓▓▓ 解答　374・375 ページ

▓ **A** ▓

317. Happiness is within the reach of our hands, *which* we are not aware of.

318. It is important to study the geography and history of the foreign country *whose* language we are learning.

319. The only useful knowledge is that *which* teaches us how to seek what is good and avoid what is evil.

▓ **B** ▓

320. In reading a book I often find that passages the exact meaning *of which* I failed at first to grasp become clearer to my mind when I read them aloud.

321. The kind of political theory *which* has arisen in quite modern times is less concerned with human nature, *which* it is inclined to treat as something *which* can always be re-fashioned to fit whatever political form is regarded as most desirable.

（中央大）

▓ **C** ▓

322. As a scientist it is his business to discover facts, to invent techniques, to devise means. In contrast, it is the business of philosophy to help mankind to decide upon those ends toward the realization of *which* all scientific facts and knowledge of techniques ought to be used as means, for philosophy does concern itself with values and with what ought to be as well as with what is.

（大阪教育大）

▓**語句**▓　317. **within the reach of**「～の手の届くところに」　**aware of**「～に気がついて」　318. **geógraphy**「地理」　319. **seek**「捜す；求める」　**avoid**「避ける」　320. **passage**「[文章の] 一節」　**exact**「正確な」　**meaning**「意味」　**fail to**「～できない」　**grasp**「つかむ；理解する」　**aloud**「声を出して」　321. **polítical theory**「政治理論」　**be concerned with**「～に関係がある」　**be inclined to**「～する傾向がある」　**treat**「扱う」　**re-fashion**「作り直す」　322. **invent**「発明する」　**technique** [tekníːk]「技術」　**devise** [-z]「考案する」　**means**「手段」　**in cóntrast**「それとは対照的に」　**philósophy**「哲学」　**end**「目的」　**realization**「実現」

§44.　関係代名詞（what）

(1)　**What** cannot be cured must be endured.

(2)　Things are not always **what** they seem.

(3)　Don't mind **what** others say.

(4)　He kept me waiting for **what** seemed an age.

(5)　This book is instructive, and, **what** is better, interesting.

■ (1)　癒やせない（どうにもならない）ことは我慢しなければならない。

■ (2)　物事はかならずしも見かけ通りではない。

■ (3)　他人の言うことを気にするな。

■ (4)　彼は一時代とも思われるあいだ（ずい分長いあいだ）私を待たせた。

■ (5)　この本は有益であり，さらによいことに，興味深い。

解　説　　　関係代名詞 what はそれ自体の中に先行詞を含み that which … (…するところのこと［もの］) の意を表わし，名詞節を導く。たとえば (1) では：

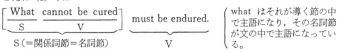

(2) では what はそれが導く節の中で seem の補語になり，文中で are の補語になる名詞節を導いている。(3) では what は，それが導く節の中で say の目的語になり，文中で mind の目的語になる名詞節を導いている。(4) では what はそれが導く節の中では seemed の主語になり，文の中では前置詞 for の目的語になる名詞節を導いている。〔→p. 248〕

(5) は what-Clause が挿入的に用いられる場合で，この用法では what が指す先行詞（「このことはもっとよいことなのですが」の「このこと」が指すもの）はその後に続く部分（この文では「興味深いこと」）であると考えられる。

■**注意**■　①次のような文における接続詞 that と関係代名詞 what を区別：

{ **That** he said so is true.　　（彼がそう言ったということは本当です）

{ **What** he said is true.　　（彼が言ったことは本当です）

That は接続詞の働きだけ，What は said の目的語になる代名詞の働きもしている。

②上の (2) (4) の例のように what は直訳すると不自然になる場合も多い。〔→p. 254〕

You must make the best of **what** you are.　（自分を最大限に生かしなさい）

I owe **what** I am to my mother.　（私が今日あるのは母のおかげです）

|||||||||| **EXERCISE** |||||||||||||||||||||||||||||||||||||||||||||||||||| 解答 375 ページ

▨ A ▨

323. (a) He has forgotten *what* he promised.

(b) He has forgotten *that* he promised it.

324. A man's worth lies not so much in *what* he has as in *what* he is.

325. He failed in business, and *what* was worse, his wife was taken ill.

326. He is a great scholar, but lacks *what* is called common sense.

327. *What* is learned in books cannot have the same effect on a child's character as *what* is learned by experience.

▨ B ▨

328. A large part of the European public that reads serious books consists of business men, who generally retire at *what* in America is regarded as an early age.

329. He felt, *what* every sensitive nature should feel, that poverty is a much lighter burden to bear than debt or liability.

▨ C ▨

330. A man asked to define the essential characteristics of a gentleman —— using the term in its widest sense —— would presumably reply: The will to put himself in the place of others; the horror of forcing others into positions from which he himself would recoil; the power to do *what* seems to him right without fear of what others may say or think.

（大阪府大）

▨語句▨　**324. lie in**「～にある」　**what he is**「［彼がそうであるところのもの→］人柄；人格；今日の彼」〔→p. 254〕　　**325. what was worse**「もっと悪いことに」　**be taken ill**「病気になる」　**326. lack**「～を欠く」　**what is called** ～「[～と呼ばれているもの→］いわゆる～」　**common sense**「常識」　**327. have effect on**「～に影響を与える；～に効果がある」　**character**「人格」　**328. public**「世間；社会［の人々］」　**serious**「まじめな」　**consist of**「～から成る」　**retire**「退職する」　**329. sensitive**「敏感な」　**nature**「性質［を持った人］」　**burden**「重荷」　**debt** [det]「借金」　**liability**「負債」　　**330. define**「定義する」　**characteristic**「特徴」　**term**「語」(=word)　**presumably**「多分」　**horror**「嫌悪」　**recoil from**「～からしりごみする」

§45. 関係代名詞 (as, but)

(1) You ought to read such books **as** will benefit you.

(2) **As** everyone knows, blood is thicker than water.

(3) He is a foreigner, **as** is evident from his accent.

(4) There was no one **but** was prepared for the worst.

■ **(1)**　読んでためになるような本を読むべきです。

■ **(2)**　だれでも知っているように，血は水より濃し，である。

■ **(3)**　彼のなまりから明らかなことだが，彼は外人だ。

■ **(4)**　最悪を覚悟していないものはだれもいなかった。

解　説　　(1) such, as, same などが先行する場合，関係代名詞は which や that ではなく as を用いる。これは制限的用法である。

{ *All* the girls **that** I know came.　（知っているすべての女の子が来た）
{ *As* many girls **as** I know came.　（　〃　　［<知っているだけの]）

　(2) (3) 非制限的用法で，注釈的・挿入的・付加的に，文頭・文中・文尾いずれの位置にも置かれる。(2) は as はそれが導く節の中で目的語になっており，(3) では主語になっている。

　(4) but は that (who) ... not の意を表わす関係代名詞。この用法の but は否定詞または含意否定表現のあとで用いられる。〔→p. 242〕

　(a) There is nobody **but** knows this.　（これを知らない人はいない）

　(b) Who is there (*or* Is there anybody) **but** knows this ?

　〔=There is nobody **who** does **not** know this. =Everybody knows this.〕

　(b) の疑問文は，いわゆる修辞疑問 (Rhetorical Question) で「知らないものがいようか→知らないものはいない」という否定の意味を表わす。

■**注意**■　非制限的用法の as と which の用法と訳し方を区別する。

{(a) The library was closed, **as** *was to be expected.*
{(b) The library was closed, **which** *was to be expected.*

　用法の違いは，*as*-Clause は文頭・文中にも移せるが，which の場合は移せない。

　(a)′　**As** *was to be expected*, the library was closed.

　(a)″　The library, **as** *was to be expected*, was closed.

　訳し方は，as は文に応じ注釈的・挿入的・付加的に「～だが」のように訳し，which の場合は訳し下げる。

　(a)「予想されるべきことだったが，図書館は閉まっていた。／図書館は，案の定，閉まっていた。／図書館は閉まっていた，当然予想されたことだが」

　(b)「図書館は閉まっていたが，これは予想されるべきことだった」

▍▍▍▍▍ **EXERCISE** ▍▍▍▍▍▍▍▍▍▍▍▍▍▍▍▍▍▍▍▍▍▍▍▍▍▍▍▍▍▍▍▍▍▍▍▍▍▍▍ 解答 376 ページ

▨ A ▨

331. There is no rule *but* has exceptions.

332. Who is there *but* commits errors? There is no man *but* errs.

333. She welcomed as many children *as* came.

334. *As* is often the case with a young man, he could not resist the temptation.

335. *As* might be expected of a student, he is very diligent.

336. Habits are easily formed —— especially such *as* are bad.

337. He used such power *as* he possessed for the benefit of mankind.

▨ B ▨

338. There has not been a statesman of eminence *but* was a man of industry.

339. There is no fact however slight *but* may prove useful in some way or other, if carefully interpreted.

340. The pleasures of childhood should in the main be such *as* the child extracts himself from his environment by means of some effort and inventiveness.

▨ C ▨

341. It is certainly depressing to be bidden to a party where there is no one *but* has one foot in the grave. Fools don't become less foolish when they grow old, and an old fool is infinitely more tiresome than a young one.　　　（神戸市外大）

▨語句▨　**331. exception**「例外」　**332. commit**「犯す」　**error**「誤ち」　**err**「誤る」
334. as is often the case with「～によくあることだが」　**resist**「抵抗する」　**temptation**「誘惑」　**335. expect**「予想する」　**336. form**「形成する」　**337. power**「力」
possess [pəzés]「所有する」　**bénefit**「利益」　**mankind**「人類」　　**338. statesman**
「政治家」　**eminence**「高位；卓越」　**índustry**「工業；勤勉」　　**339. slight**「些細(ｾﾞ)な」　**prove**「～であることがわかる」　**in some way or other**「なんらかの点で」
intérpret「解釈する」　　　**340. in the main**「主として」　**extract**「引き出す」
environment「環境」　**by means of**「～によって」　**inventiveness**「創意；工夫」
341. depressing「うっとおしい；気が滅入る」　**be bidden to a party**「パーティに招かれる」　**grave**「墓」　**ínfinitely**「無限に」　**tiresome**「退屈な」

§46.　関係代名詞（制限・非制限用法）

(1)　He smiled at the girl **who** nodded to him.
(2)　He smiled at the girl, **who** nodded to him.
(3)　The book **which** my uncle gave me is very instructive.
(4)　The book, **which** my uncle gave me, is very instructive.

■■■(1)　彼は自分に向かってうなずいた少女にほほえみかけた。
■■■(2)　彼がその少女にほほえみかけると, 彼女は彼にうなずいた。
■■■(3)　私のおじが私にくれた本は, とてもためになる。
■■■(4)　その本は, 私のおじが私にくれたのだが, とてもためになる。

解　説

　　　　　　関係代名詞節は, (1)(3)同類の多くのものの中から「どの…」と特定のものに限定する場合と, (2)(4)ただ付加的に説明・記述するだけの場合とがあり, それぞれ制限的用法および非制限的用法と呼ぶ。

　したがって, 固有名詞などは, それだけで唯一・特定のものを表わすので, 関係詞節も「どの…」という限定的意味は表わさず, 非制限節になる。

　(a) People **who** *are poor* can't buy a car. (貧しい人は車が買えない)
　(b) My father, **who** *is poor*, can't buy a car. (父は, 貧しくて, 車が買えない)

　　＊制限・非制限の区別は形容詞節（＝関係詞節）だけでなく, 形容詞の場合もある。たとえば **beautiful** women（美しい女性）といえば「女一般」のなかから「美しい女」をとりだす制限的修飾。his **beautiful** wife（彼の美しい妻）といえば「彼の妻」が「美しい」ことを述べるだけで限定はしない非制限的修飾である。

◆非制限的用法の関係詞節はコンマで区切られる。訳文は, 付加的・挿入的に訳すのがふつうであるが, 必ずしもそうでなくともよい。

　　He makes much of experience, **which** is the best of all teachers.

　　（イ）彼は経験を重んじるが, 経験はこの世の最良の教師である。
　　（ロ）彼はこの世の最良の教師である経験を重んじる。

　英語ではコンマは必須であるが, 訳文は（イ）（ロ）いずれの形式でも, 非制限的な意味は誤解されないので, どちらでもよい。

■注意■　ただし, 次の文では, 訳順が区別されなければならない。

　(a) Children **who** *learn easily* should start school as soon as possible.
　(b) Children, **who** *learn easily*, should start school as soon as possible.

　　(a) 覚えの早い子供はなるべく早く学校にあがるべきだ。
　　(b) 子供［というもの］は, 覚えが早いので, なるべく早く学校にあがるべきだ。

　(a)は, 子供のなかで特定の子供をさしている制限節であるが, (b)は子供全体について「子供とはこういうものだが」と付加的に述べているだけで制限はしていない。

▦▦▦▦▦ EXERCISE ▦▦▦▦▦▦▦▦▦▦▦▦▦▦▦▦▦▦▦▦▦▦ 解答 377 ページ

▨ A ▨

342. (**a**) The students *who* did their best passed the examination.

(**b**) The students, *who* did their best, passed the examination.

(**c**) The students, *who* did their best, failed in the examination.

343. (**a**) There were few passengers *who* were seriously injured.

(**b**) There were few passengers, *who* were seriously injured.

344. (**a**) He did not say anything *which* offended her.

(**b**) He did not say anything, *which* offended her.

▨ B ▨

345. We have to achieve universal disarmament, *which* is, in the missile age, the only way to security.　　　　(法政大)

346. Of numerous life aims, probably the most common one is that of seeking personal happiness. Efforts to obtain personal well-being, *which* we may interpret as the search for happiness, are fundamental to life.　　　　(和歌山県医大)

▨ C ▨

347. There are moments in every man's life, in the life of every nation, when, under the excitement of passion, the simple truths *which* in common times are the foundation upon *which* the right order and conduct of life depend are apt to be forgotten and disregarded. I shall venture to recall to you some of these commonplace truths, *which* in time of emergency need more than ever to be kept in mind.　　　　(和歌山大)

▨語句▨　**342. do one's best**「最善を尽す」　　　**343. passenger**「乗客」　**be seriously injured**「重傷を負う」　**344. offend**「立腹させる」　**345. achieve**「成就する」 **universal**「普遍的な」 **disarmament**「軍備縮小」 **missile**「ミサイル；誘導弾」 **security**「安全」　　　**346. numerous**「数多くの」 **well-being**「福利」 **interpret**「解釈する」 **search**「探究」 **fundamental**「基本的な」　　　**347. excitement**「興奮」 **passion**「情熱；激情」 **foundation**「土台」 **order**「秩序」 **conduct**「行為」 **apt to**「〜しがちである」 **disregard**「無視する」 **venture to**「あえて〜する」 **recall**「思い出させる」 **commonplace**「平凡な」 **more than ever**「今までにもまして」

§47.　関係代名詞（省略）

(1) The end *men attain* is rarely the end *they desired.*

(2) Things *we are familiar with* are apt to escape our notice.

(3) He is not the man *he was before he married.*

(4) Next time *you come*, don't fail to bring her with you.

■ (1) 人が達成する目的は，目指していた目的とめったに一致しない。

■ (2) ふだん見聞きしている物事は，えてして見落としがちなものである。

■ (3) 彼は結婚以前のような人間ではない。

■ (4) 今度来るときは，必ず彼女を連れてきてくださいよ。

解　説　　　関係代名詞が省略されるのは，一般に，目的格の場合であり，
(1) のように他動詞の目的語である場合と，(2) のように前置詞の目的語である場合とがあり，この例ではいずれの場合にも that または which を補うことができる。(2) で関係代名詞を補うと次の形が可能である。

(2)′ Things $\begin{Bmatrix}\text{that}\\\text{which}\end{Bmatrix}$ *we are familiar* **with** are apt to escape our notice.

(2)″ Things **with which** *we are familiar* are apt to escape our notice.

　　* that の前に前置詞を置くことはできないので (2)″ で with that の形は不可。

(3) では省略されている関係代名詞は主格（主格補語）であるが，この場合補われるのは，who, which ではなく that である。〔→p. 108〕

(4) 省略されているのは関係副詞〔→p. 130〕の when または that である。

◆これらの例のように関係詞が省略されて先行詞をじかに修飾する関係詞節を
接触節 (Contact Clause) と呼ぶことがあるが，文中における接触節（＝従節）を，主節の要素と正しく区別しなければならない：

I travel because I like to travel.　I like the sensation it gives you of freedom from all responsibility.　（私はそれがわれわれに与えるあらゆる責任からの解放感が好きなのである）

　　* 接触節 (it gives you) をはさんで sensation ... of freedom と続く。

■注意■　次のような構文を区別する。(b) の there is は接触節である。

(a) She's told me **there is** some difference between culture and civilization.

(b) She taught me the difference **there is** between culture and civilization.

　(a) 彼女は文化と文明のあいだにはいくらか違いがあると私に話した。

　(b) 彼女は文化と文明の［あいだにある］違いを私に教えてくれた。

両方の there is の前に that を補うことができるが，(a) では間接話法で被伝達文を導く接続詞の that であり，(b) では関係代名詞の that である。

IIIIIIIIIIII **EXERCISE** IIIIIIIIIIIIIIIIIIIIIIIIIIIIIIIIIIIIIIIIIIIIIIIIIIIIIIIIII 解答 377・378 ページ

▓ A ▓

348. All *you have to do* is to wait for the result.

349. Anything *we can't get* seems to be better than what we have.

350. The only important thing in a book is the meaning *it has for you*.

351. I think I should not be quite the man *I am* if I had not read these books.

▓ B ▓

352. A person may be judged pretty fairly by what he admires. The object of his admiration shows the kind of person *he would like to be*.　　　　　　　　　　　　　　（東京女大）

353. Since words convey an impression as well as a meaning, a writer must choose his words so that the impression *they convey* will be suitable to the meaning *he intends the reader to understand*.　　　　　　　　　　　　　　（慶　大）

▓ C ▓

354. The great agent of change, and, from our point of view, destruction, has actually been the machine. No doubt the machine has brought us many advantages, but (1) it has destroyed the old ways of living, and by reason of the continual rapid change *it involves*, prevented the growth of new. Moreover, (2) the advantage *it brings us in mass-production* has turned out to involve standardization, and levelling-down, of individual human beings, outside the realm of mere material commodities.

　　　　　　　　　　　　　　（京都府医大）

───────────────────────────────
▓語句▓ **352. would like**「〜したいと思う」　**353. convey**「伝える」　A **as well as** B「BだけでなくAも」（＝not only B but also A）　**so that** ...「…になるように」　**suitable**「適した」　**intend** 〜 **to do** ...「〜に…させるつもりである」　**354. agent**「行為者；仲介者；作因」　**no doubt** ... **but** 〜「たしかに…だが〜」　**continual**「絶え間のない」　**invólve**「伴う」　**mass-production**「大量生産」　**turn out to do**「結局〜することになる」　**standardization**「規格化」　**levelling-down**「水準の低下」　**realm** [relm]「領域」　**commodity**「品物」

§48. 関係代名詞（先行詞）

(1) *No man* is slave **whose** will is free.

(2) We do not always show *that regard* for the feelings of others **which** we wish shown to us.

(3) He lost his wealth, and **what** was worse, *lost his health.*

(4) He said *he had no money*, **which** was a lie.

(5) He was, **which** was rare for him, *in a bad temper.*

■ (1)　意志の自由なる者は奴隷にあらず。

■ (2)　われわれは必ずしも，人から示してほしいと思う思いやりを他人の気持に対して示さない。

■ (3)　彼は財産をなくし，さらに悪いことに，健康を損った。

■ (4)　彼は金がないと言ったが，それは嘘だった。

■ (5)　彼は，彼にしては珍しいことだが，きげんが悪かった。

解　説　　関係代名詞は，すぐ前の名詞を先行詞とすることが多いが，離れた名詞や，前後の文の内容を指すこともある。

(1)　先行詞は直前の slave ではなく man であることに注意する。

(2)　関係代名詞の先行詞に that, those が冠せられて that (those) ... which (who) の形をとることが多い。

Those men are rich **who** are contented with what they have.

　　　　（自分の持てる物に満足している人は豊かな人である）

(3)　「そのことはもっと悪いことですが」の what は後続の内容を指す。

(4)　which は money という名詞ではなく，イタリック体の部分が先行詞。

(5)　この which が指すのは，「不きげんであること」という内容である。

■**注意**■　関係代名詞の前に二つ以上の名詞がある場合，(**a**) そのどれが先行詞であるかを正しく決定し，(**b**) 訳文でも修飾関係があいまいにならないように注意する。

Nature is that *part* of the *world* **which** man did not make.

　　(**a**)　part と world が先行詞の候補になるが，that (those) ... which の相関用法から part であることがわかる。

　　(**b**)〔誤〕「自然とは人間が作らなかった世界のあの部分である」

　　　　　〔正〕「自然とはこの世界のうち人間が作ったのではない部分である」

　上のように英語の順に従って訳すと，先行詞が「世界」か「部分」か不明確である。また，この形式の that, those は「その」「それらの」などと訳出しない。指示内容は関係詞節が表わしていることである。

▓▓▓▓▓▓ **EXERCISE** ▓▓▓▓▓▓▓▓▓▓▓▓▓▓▓▓▓▓▓▓▓▓▓▓▓▓ 解答　378・379 ページ

▓ **A** ▓

355. (a) Tolstoy is one of the few writers *who* have been loved
in almost every country of the world.

(b) Emily is the only one of her family *that* has no love
for classical music.

356. Regular work tends not only to give health to the body,
but, *what* is even more important, peace to the mind.

▓ **B** ▓

357. Nothing in this world is of any worth *which* has no labor
and toil as its price.

358. It is advisable to comprehend thoroughly that the things in
your individuality *which* annoy your friends are the things
of which you are completely unconscious. 　　　　　　（新潟大）

▓ **C** ▓

359. The more creative the artist may be, <u>the more intense is</u>
<u>that struggle with his medium from *which* alone the noblest</u>
<u>art is born.</u> Only by long practice can a man express himself
clearly, attractively and sincerely. 　　　　　　（横浜市大）

360. At ordinary times we are perfectly certain that men are not
equal.　But when, in a democratic country, we think or act
politically we are no less certain that men are equal.　Or at
any rate —— <u>*which* comes to the same thing in practice</u> ——
we behave as though we were certain of men's equality.

　　　　　　　　　　　　　　　　　　　　　　　　　（立教大）

───

▓**語句**▓　**355. classical**「古典的な」　**356. regular**「規則正しい」　**tend to do**「〜
する傾向がある」　**even more**「なおいっそう」　**357. labor**「労働」　**toil**「骨折り」
price「代価；代償」　**358. advisable**「望ましい」　**comprehend**「理解する」　**annoy**
「悩ます」　**359. the more 〜, the more ...**「〜であればあるほどそれだけ…」〔→p.
138〕　**creative**「創造的な」　**inténse**「強烈な」　**medium**[míːdiəm]「媒体；手段」
practice「練習」　**attractively**「魅力的に」　**sincerely**「誠実に」　　**360. órdinary**
「普通の」　**politically**「政治的に」　**no less**「劣らず；同様に」　**at any rate**「とにか
く」　**come to the same thing**「同じことになる」

§49. 関係代名詞 (前置詞＋関係代名詞)

(1) Love is that condition **in which** the happiness of another person is essential to your own.

(2) Language is the means **by which** people communicate with other people.

(3) We should follow the vocation **for which** we are best fitted.

■ (1)　愛とはもう一人の人間の幸せが自分自身の幸せにとって不可欠である状態をいう。

■ (2)　言語は人々が他人と伝達し合うのに用いる手段である。

■ (3)　われわれは自分がいちばん適している職業につかなければならない。

解　説　関係代名詞の前に前置詞が置かれる形式では，直訳すると不自然な日本語になる場合が多いので，逐語訳的な正確さよりも，ある程度日本語としてのわかりやすさを優先して，訳文をまとめたほうがよい。次のようなものが，その主な例である。〔of which は →p.110〕

(a) I was surprised at the readiness **with which** he answered the question. (〔彼が質問に答えたその即座さに驚いた→〕私は彼がその質問に難なく即答したので驚いた)

(b) We often fail to realize the extent **to which** we depend on others. (われわれは〔われわれが他人に依存する程度→〕どの程度までわれわれが他人に依存しているかを悟らないことがよくある)

(c) Freedom of speech is a condition **without which** democracy cannot exist. (言論の自由は〔それがなければ民主主義が存在できない→〕民主主義の存立のためには不可欠な条件である)

■**注意**■　上の (a) に類した形式は次のような関係を考えて訳せばよい：

① We are amazed at the ease **with which** he mastered it.
　〔which の先行詞は ease だから with which＝with ease＝easily (容易に)〕
　＝We are amazed how **easily** he mastered it.
　＝We are amazed that he mastered it **with ease**.
　　(〔彼がそれをものにした容易さ→〕彼が容易にそれをものにしたことに驚いた)

② You work with the same efficiency **that** I work with. (＝**with which** I work)
　＝You work as efficiently as I do.　〔＜with efficiency＝efficiently (能率的に)〕
　　(君は〔僕が働くのと同じ能率で→〕僕と同じくらい能率的に仕事をする)

|||||||||| EXERCISE |||||||||||||||||||||||||||||||||||||||||||||||||||||| 解答379ページ

▨ A ▨

361. Any other business seems to be better than the one *in which* we are engaged.

362. I wondered at the determination *with which* he carried out his plan.

363. The newspaper is the source *from which* the public derives its knowledge of daily happenings.

364. Until the Industrial Revolution, the way *in which* men lived changed very slowly.

▨ B ▨

365. The cultural future of this country depends on the extent *to which* she can absorb the best of the European traditions, and make them her own.　　　　　　　　　　　　　　（鳥取大）

366. When we read the lives of great men we cannot but be struck by the manner *in which* all kinds of experiences that might in themselves seem to be random, or even disastrous, are utilized in the long run.

▨ C ▨

367. Questions of education are frequently discussed as if they bore no relation to the social system *in which* and *for which* the education is carried on. This is one of the commonest reasons for the unsatisfactoriness of the answers. It is only within a particular social system that a system of education has any meaning.　　　　　　　　　　　　　　（奈良女大）

■語句■　**361. be engaged in**「〜に従事している」　　**362. determination**「決心；決意」　**carry out**「実行する；遂行する」　**363. source**「源」　**the public**「公衆；世間の人々」　**derive 〜 from** ...「…から〜を引き出す」　**happening**「出来事」　**364. the Industrial Revolution**「産業革命」　**365. cultural**「文化的な」　**extent**「範囲」　**absorb**「吸収する」　**tradition**「伝統」　**make 〜 one's own**「〜を自分のものにする」　**366. cannot but**「〜せざるをえない」　**manner**「やり方」（＝way）　**in oneself**「それ自体は」　**random**「手当りしだいの」　**disastrous**「災難の」　**utilize**「利用する」　**in the long run**「結局」　**367. bear no relation to**「〜と関係がない」　**carry on**「行う；続ける」　**unsatisfactoriness**「不満足」

§50. 関係代名詞（二重制限）

(1) There's no man **that** I know **who** deserves your love.

(2) There was not anything **that** he desired **which** he was denied.

(3) There's one thing I have discovered **that** you haven't learned.

■ (1) 私の知っている人で，あなたの愛を受けるに値する者はいない。
■ (2) 彼が欲しがったもので与えられなかったものは何もなかった。
■ (3) 私が発見したことで，君がまだ知らないことが一つある。

解　説　　　二つの関係詞節が，同一の先行詞を修飾することがあり，これを**二重制限** (Double Restriction) と呼ぶ。この場合，用いられる関係代名詞の組合わせは一定していないが，前のほうは軽い that であることが比較的多く，また (3) のように，前の関係代名詞が省略されることもよくある。

前の関係詞節でまず一つのわくを設け，そのわくの中のものを後の関係詞節で限定するのであるから，訳す順序も前の関係詞節をさきにする。

◆二つの関係詞節が and や but で結ばれることがあるが，これは先行詞について二つの関係詞節が並列的に修飾するだけで，二重のわくで制限するのではないから，二重制限とは呼ばない。

He was a man **whom** all his friends admired *and* **who** won the respect even of his enemies. （彼はすべての友人が敬服するばかりでなく，敵からも尊敬されるような人であった）

◆形容詞節（＝関係詞節）のかわりに，形容詞（句）などが最初の制限を加える場合もあるが，二重制限という意味関係は同じで，同じように訳す。

There is nothing *known to them* **which** you cannot also know.
（彼らの知っていることで君が知ることのできないものはない）

There is something *in common between them* **that** you have missed.
（それらに共通していることで君が見落としていることがある）

■**注意**■　次のような類似表現を区別する。
　{(**a**) There are some *I know* **who** believe such a thing.
　{(**b**) There are some, *I know*, **who** believe such a thing.
　　(**a**) 私の知っている人で，このようなことを信じる人もいる。
　　(**b**) 私も承知しているが，このようなことを信じる人もいる。
　　(**a**) の I know は二重制限の関係詞節。(**b**) では挿入節である。

‖‖‖‖‖ EXERCISE ‖‖‖‖‖‖‖‖‖‖‖‖‖‖‖‖‖‖‖‖‖‖‖‖‖‖‖‖‖‖‖‖‖‖ 解答 380 ページ

▨ A ▨

368. Is there anything you want *that* you have not?

369. There is nothing *which* you can do *which* I have not already done.

370. There is nothing worth having *that* can be had without labour.

371. You may keep the money there is left *which* does not belong to anyone particular.

▨ B ▨

372. There is something *that* sometimes passes for heroism *which* is not heroism at all, and *which* deserves only contempt.

373. A proverb says, "Where there is a will, there is a way." There is scarcely any object in life, *that* we can reasonably desire, *which* honesty, diligence, and perseverance will not place within our reach.

▨ C ▨

374. <u>There are two factors *which* are favorable to English education in the European countries I visited about *which* Japan can do nothing.</u> The first is that these European languages are related to the English language so that the differences between them are small as compared with the differences between Japanese and English. The second factor is that these countries are also geographically closer to the source of the English language. These two factors are very strong pluses, and may even be the decisive reasons why English teaching is so successful in these smaller countries of Europe.　　　（徳島大）

▨語句▨　**370. worth ～ing**「～する価値がある」　**labour**「労働」　**371. belong to**「～に属する；～のもの」　**particular**「特定の」　**372. pass for**「～として通る」　**heroism** [hérouizm]「英雄的性質（行為）」　**deserve**「～に値する」　**contémpt**「軽べつ」　**373. reasonably**「ほどほどに；合理的に」　**perseverance** [pə̀ːsivíərəns]「堅忍；がんばり」　**place**「置く」　**within one's reach**「手の届くところに」　**374. factor**「要素；要因」　**be favorable to**「～にとって有利な」　**education**「教育」　**be related to**「～と関係がある」　**as compared**「～と比べれば」　**geográphically**「地理的に」　**plus**「プラス；有利な点」　**decisive** [disáisiv]「決定的な」

§51.　連鎖関係詞節・連鎖疑問詞節

(1)　He gave me some books *which* **he thought** I ought to read.

(2)　He did *what* **he believed** would please her.

(3)　What **do you suppose** is the reason for his resignation?

(4)　Where **did you say** you met her yesterday?

■　(1)　彼は，私が読むべきだと彼が考えた本を幾冊か私にくれた。

■　(2)　彼は，彼女がきっと喜ぶだろうと思うことをした。

■　(3)　彼が辞職した理由は何だと思いますか。

■　(4)　彼女ときのうどこで会ったとあなたはおっしゃいましたか。

解　説　　　　　関係詞節や疑問文に I think, you suppose に類した節が入り込んだ形式を連鎖構文と呼ぶことがある。次の各例において，(a)は普通の関係詞節または疑問文，(b) は連鎖形式の関係詞節または疑問文である。

⎧ (a) Do what is right.　（正しいことをしなさい）
⎩ (b) Do what *you think* is right.　（正しいと自分が思うことをしなさい）

⎧ (a) The man **whom** *I thought* to be my friend betrayed me.
⎪　　　（私が自分の友人だと思っていた人が私を裏切った）
⎩ (b) The man **who** *I thought* was my friend betrayed me.
　　　（自分の友人だと私が思っていた人が私を裏切った）

　＊(a) I thought **him** to be my friend の目的語が関係代名詞として前に出たもの。(b)は連鎖形式であるから I thought を（　）に入れて考えてみる。

⎧ (a) *Did he say* what he knew?　（彼は知っていることを言ったか）
⎩ (b) What *did he say* he knew?　（何を知っていると彼は言ったか）

◆連鎖形式は次のような文においても用いられる。

　　They don't read novels as **I think** they should be read.　（彼らは小説を，当然そう読まれるべきだと私が思うように読まない）

■**注意**■　次の文における do you think は二通りに解釈できる。

Why **do you think** she dislikes us?

　　(a) 彼女がわれわれを嫌っていると，あなたはなぜ考えるのですか。

　　(b) 彼女がなぜわれわれを嫌っているとあなたはお考えですか。

　(a)は普通の疑問文と解した場合で，Why do you think *that* she dislikes us? と that を補うことができ，Why do you think が that … を目的語とし，(b)は連鎖疑問文と考えた場合で Why (do you think) she dislikes us? で，do you think が Why does she dislike us? に入り込んだ形式。

ⅢⅢⅢⅢ EXERCISE ⅢⅢⅢⅢⅢⅢⅢⅢⅢⅢⅢⅢⅢⅢⅢⅢⅢⅢⅢ 解答 380・381 ページ

▧ A ▧

375. The man who *I thought* was his father proved to be a perfect stranger.

376. How many mistakes *did the teacher say* he found in my composition ?

377. Why do you tell me the thing which *you know* I don't want to hear ?

▧ B ▧

378. What *do you think* the author of this essay thinks a poet should do in the future ?　　　　　　　　　　　　　　　(早　大)

379. Things that *most young people seem to think* are too trifling have never been too small for me.

380. Both were peaceful men who didn't believe in violence. They often refused to obey laws that *they felt* were unjust.

(国際商大)

▧ C ▧

381. The interest in many good books is limited to a definite period of history.　They do not possess the universal appeal that results from dealing with the fundamental questions which confront men in all times and places in a way that men in all times and places can understand.　Great books, on the contrary, go beyond the provincial limits of their origin. They remain as world literature. <u>The ones *we are sure* are great are the ones men everywhere turn to again and again through the centuries.</u>

(同志社大)

▧語句▧　**375. prove to be**「～であることがわかる」 **stranger**「他人」　**376. compositíon**「作文」　**378. author**「著者」 **essay**「エッセイ；随筆」　**379. trifling**「些細(ڛ)な；取るに足りない」　**380. peaceful**「平和な；平和を好む」 **believe in**「～の正しさ(価値・存在)を信じる」 **unjust**「不正な」　**381. be limited to**「～に限られる」 **definite**「明確な」 **possess**「所有する」 **univérsal**「普遍的な」 **appeal**「訴える力」 **result from**「～から生じる」 **deal with**「～を扱う」 **fundamental**「基本的な」 **confront**「～に直面する」 **on the contrary**「それとは反対に」 **províncial**「地域的な」 **origin**「起源」 **turn to**「～に向かう」

§52. 関係形容詞

> (1)　I gave him **what** money I had with me.
> (2)　I have sold **what** *few* things I had left.
> (3)　I was told to go there on foot, **which** advice I followed.
> (4)　The writer is free to work at **whatever** time he chooses.

▨ (1)　私は持ち合わせていた金を全部彼に与えた。
▨ (2)　私はわずかながら残っていた物をすべて売り払ってしまった。
▨ (3)　私はそこへ歩いて行くように言われたが、この忠告に従った。
▨ (4)　作家はいつでも好きな時に自由に仕事をすることができる。

解　説　　　関係形容詞は、「接続詞＋形容詞」の働きをする語であるが、
(1)では what は money を修飾すると同時に、二つの節 (I gave him money ＋ I had with me) を接合し、「多くはないがすべて」を含意する。

(1) ＝I gave him **all the** money **that** I had with me.

この what は (2) のように few や little を伴うことも多い:

　I spent **what** *little* money I had on it. (なけなしの金をそれに使った)

(3) の which は and this (＝形容詞) に置き換えられるから関係形容詞。

cf. I was told to go by Father, **whose** advice I always followed.
　　　　(父に行くように言われたが、父の忠告にはいつも従った)

whose は and his に置き換えられるから関係代名詞の所有格。

(4) は ... at **any** time **that** he chooses と言い換えられる。〔→p. 132〕

◆ (1) の what と同様、関係代名詞の what などが「すべての」を含意する例。

　I did **what** I could for her. 　(彼女のためにできるだけのことをした)

　Such money **as** he earns is spent on drink. 　(稼ぐ金は皆酒に使う)

　　〔＝**As much** money **as** he earned... / **What** money he earned...〕

■注意■　次の文における which の働きを区別する。

　(a) He spoke only Italian and French, neither of **which** languages I could
　　　understand.
　(b) He spoke only Italian and French, neither of **which** I could understand.

　「彼はイタリア語とフランス語しか話せなかったが、
　　　(a) 私はこれらのどちらの言語も理解できなかった」
　　　(b) 私はそのどちらも理解できなかった」

すなわち(a)＝**but** I could understand neither of **these** languages で、which は
「接続詞＋形容詞」の働きをする関係形容詞、(b)＝**but** I could understand neither
of **them** で、which は「接続詞＋代名詞」の働きをする関係代名詞である。

▨▨▨▨▨▨ **EXERCISE** ▨▨▨▨▨▨▨▨▨▨▨▨▨▨▨▨▨▨▨▨▨▨▨▨▨▨▨ 解答 381・382 ページ

▨ **A** ▨

382. He is studying economics, *which* knowledge is very important today.

383. We traveled together as far as London, at *which* place we parted company.

384. He told me to make *what* haste I could.

385. He was ready for *what* rejections he might receive.

386. I have come to offer *what* service I can offer.

387. *What few* friends I have here have been very kind to me.

388. You can rely on *whatever* promise he may make.

▨ **B** ▨

389. The writing of English is fun. I do not mean by this it is easy, but it can be as much a source of delight as cricket, to *which* game it bears a strong resemblance. （神戸商船大）

390. Intemperance is one of the most dangerous habits into *which* one may fall. It springs from the lack of self-control, and it destroys *what little* self-control may still exist.

▨ **C** ▨

391. I heartily wish that in my youth I had had someone of good sense to direct my reading. I sigh when I reflect on the amount of time I have wasted on books that were of no great profit to me. <u>*What little* guidance I had I owe to a young man who came to live with the same family in London as I was living with.</u> （山形大）

▨語句▨ **382. economics**「経済学」 **383. as far as ～**「～まで」 **part company**「別れる」 **384. make haste**「急ぐ」 **385. rejection**「拒否」 **386. offer**「提供する」 **388. rely on**「～を信頼する」 **389. fun**「楽しみ」 **source**「源」 **bear a resemblance to**「～に似ている」 **390. intemperance**「不節制」 **spring from**「～から生じる」 **lack**「不足；欠如」 **self-control**「自制心」 **destroy**「破壊する」 **391. heartily**「心から」 **good sense**「良識」 **direct**「指導する」 **sigh**「ため息をつく」 **reflect on**「～を考える」 **waste**「浪費する」 **profit**「利益」 **guidance**「指導」 **owe ～ to …**「～を…に負う；～は…のおかげだ」

§53. 関 係 副 詞

(1)　This is the village **where** (＝in which) the poet was born.
(2)　I remember the day **when** (＝on which) I met her here.
(3)　I know the reason **why** (＝for which) he refused it.
(4)　This is the way [**how** (＝in which)] it happened.

- ▨ **(1)**　これがその詩人の生まれた村です。
- ▨ **(2)**　私は彼女とここで会った日を覚えている。
- ▨ **(3)**　彼がそれを断った理由を私は知っている。
- ▨ **(4)**　それはこのようにして起こったのです。

解　説　　関係副詞は「接続詞＋副詞」の働きをする語で，上の例ではそれぞれ次のように，それが導く節（＝従節＝形容詞節）の中の副詞要素に代わる語が前に出て，主節と結びつける働きをしている。

(1)　This is the village ＋ the poet was born **here** (＝**in this village**).
　　　（先行詞）　 **where**（関係副詞）　　　　　　　　（副詞）　　　（副詞句）

(2)　I remember the day ＋ I met her here **then** (＝**on that day**).
(3)　I know the reason ＋ he refused your offer **for this reason**.
(4)　This is the way ＋ the accident happened **in this way**.

◆関係副詞構文においては (**a**) 関係副詞，または (**b**) 先行詞が省略される場合があり，また (**c**) that が関係副詞として用いられることもある。

(**a**)　She died on the night [**when**] he arrived.　（彼が着いた夜に死んだ）
　　　I dislike the way [**how**] he talks.　　（彼の話し方がきらいだ）
　　＊ the way *how*... とはふつう重ねない。the way *that* (or *in which*) は可。

(**b**)　That's [*the point*] **where** he's mistaken.　（そこが間違っている点だ）
　　　This is [*the reason*] **why** he failed.　（彼が失敗したのはこのためだ）

(**c**)　This was the last time **that** I saw him.　（これが彼に会った最後だった）

■**注意**■　① 関係副詞節が先行詞の直後に置かれないで離れる場合がある。
　　The *time* will come **when** you will regret this.　（このことを後悔する時が来るだろう）
　② when, where の非制限的用法では「接続詞 (and, but, for)＋then (there)」の意：
　｛(**a**) I entered the room **where** my father was waiting for me. (＝in which)
　｛(**b**) I entered the room, **where** I found my father waiting for me. (＝and there)
　　　(**a**) 私は父が私を待っている部屋に入った。〔制限的用法〕
　　　(**b**) 私が部屋に入ると，父が私を待っていた。〔非制限的用法〕

ⅢⅢⅢⅢ EXERCISE ⅢⅢⅢⅢⅢⅢⅢⅢⅢⅢⅢⅢⅢⅢⅢⅢⅢⅢⅢⅢⅢⅢⅢ 解答 382 ページ

▨ A ▨

392. The time will come soon *when* my words will come true.

393. That's *where* I can't agree with you.

394. *The reason* he refused your offer is obvious.

395. She deserted him at the time *when* he most needed her sympathy.

396. We were just coming to the conclusion, *when* the bell rang.

397. There are cases *where* honesty does not pay.

398. Women don't reason in the same way *that* men do.

399. I see no reason *why* I shouldn't put it into practice.

▨ B ▨

400. The reason *why* so many people fail to realize their ideal is that they are not willing to do their best to make it real.

401. Art is always as much concerned with *the way* people feel about things as it is with *the way* things really are. Usually, both knowledge and feeling go to make up a picture.

(秋田大)

▨ C ▨

402. Early man was so weak and nature so strong as to make man almost her slave. It was natural, therefore, that he should have dreamed of a future in which their relative positions would be reversed, a time *when* he would be the master and nature the slave. We have already reached the point *where* there is almost nothing we cannot compel nature to do, but we are finding to our cost that nature cannot be enslaved without enslaving ourselves. (長崎大)

▨語句▨ **392. come true**「実現する」 **394. óbvious**「明らかな」 **395. desert**「[dézət]砂漠；[dizə́ːt]見捨てる」 **sympathy**「同情」 **396. conclusion**「結論」 **398. reason**「推論する；考える」 **399. put ～ into practice**「実行する」 **400. fail to**「～できない」 **be willing to**「進んで～しようとする」 **401. be concerned with**「～と関係がある」 **go to**「～に役だつ；～に資する」 **402. so ～ as to ...**「…するほど～」 **relative**「相対的な」 **reverse**「逆にする」 **compel**「強制する」 **to one's cost**「代償を払って；痛い目にあって」 **enslave**「奴隷にする」

§54. 複合関係詞 (**whatever,** *etc.*)

(1) **Whoever** breaks this law shall be punished.
(2) You may read **whichever** book you want to read.
(3) **Whatever** you do, you must do your best.

▨ (1) だれでもこの法律を犯すものは罰せられる。
▨ (2) どの本でも読みたい本を読んでよろしい。
▨ (3) たとえ何をしようとも，最善を尽さなければならない。

解 説 -ever の形をした語は，whoever, whichever, whatever, however, whenever, wherever などで，用法は三つに大別できる：

(1) 名詞節を導く。それ自体の中に先行詞を含む関係代名詞〔=anyone (anything) that〕：**Anyone who** breaks this law shall be punished.

(2) 形容詞節を導く。名詞を修飾し，節を結びつける関係形容詞〔=any (all the) ~that〕：You may read **any** book **that** you want to read.

(3) 副詞節を導く。譲歩を表わし，接続詞にも扱われる。〔=no matter what (who, *etc.*)〕：**No matter what** you do, you must do your best.

{ (**a**) Do **whatever** you like. 〔=Do *anything* [*that*] you like.〕
{ (**b**) Do it, **whatever** happens. 〔=Do it, *no matter what* happens.〕

    (**a**) 何でもしたいことをせよ。 (**b**) 何が起ころうと，それをせよ。

{ (**a**) **Whoever** comes is welcome. 〔=*Anyone who* comes is welcome.〕
{ (**b**) **Whoever** comes, he is welcome.

                〔=*No matter who* comes, he is welcome.〕

    (**a**) 来る人は誰でも歓迎します。 (**b**) だれが来ようとも，歓迎します。

◆ -ever の形の語は上の他に (4) 疑問詞として疑問の意を強調する場合と，(5) (whatever は) 名詞の後に置き否定などの意を強調する場合がある。

(4) **Whoever** told you that？ (いったい誰がそんなことを言ったのか)
       〔=Who *in the world* (or *on earth*) told you that？〕

(5) There is *no* doubt **whatever** about it. (そのことに関し疑いは全くない)
       〔=There is *no* doubt *at all* about it.〕

■注意■ 複合関係代名詞は連鎖構文〔→p. 126〕の形で用いられることも多い。
Tell the news to **whoever** *you think* will be interested.
    (だれでも関心を持つだろうと君が思う人にそのことを話してあげなさい)
Take **whichever** *you think* will last longer.
    (どちらでも長持ちすると思うほうを取りなさい)

‖‖‖‖‖ EXERCISE ‖‖‖‖‖‖‖‖‖‖‖‖‖‖‖‖‖‖‖‖‖‖‖‖‖‖‖‖‖‖‖ 解答 383 ページ

▨ A ▨

403. *Whoever* says so is a liar.

404. You may take *whichever* course you think is right.

405. *Whatever* we do, diligence is very important.

406. *Whatever* we do in life demands preparation.

407. There can be no doubt *whatever* that money alone does not bring happiness.

408. Your dress is torn. *Whatever* have you been doing?

▨ B ▨

409. We should all try to keep diaries —— *wherever* we are living, *whatever* we are doing, *whoever* we are. The reward is well worth the effort. (中央大)

410. The age of automation need not in the least be an age of uniformity. The whole purpose of leisure is to give people a chance of developing *whatever* talents and interests they have. (武蔵工大)

▨ C ▨

411. <u>Whoever has to deal with young children learns that too much sympathy is a mistake.</u> Children readily understand that an adult who is sometimes a little stern is best for them; their instinct tells them whether they are loved or not, and <u>from those whom they feel to be affectionate they will put up with *whatever* strictness results from genuine desire for their proper development.</u> (一橋大)

▨語句▨ **403. liar**「うそつき」 **404. course**「道；方針」 **406. demand**「要求する」 **preparation**「準備」 **407. alone**「～だけ」 **408. torn** <tear [teə]（破る） **409. keep a diary**「日記をつける」**reward** [riwɔ́:d]「報酬」 **410. not in the least**「全然～でない」 **develop**「発達させる」 **talent**「才能」 **interest**「関心」 **411. deal with**「～を扱う」**readily** [rédili]「すぐに」 **adult**「大人」 **stern**「厳しい」**instinct**「本能」 **afféctionate**「愛情のある」 **put up with**「～を我慢する」**strictness**「厳しさ」 **result from**「～から生じる」 **génuine**「本物の」 **proper**「正しい；適当な」

§55. 比　較　表　現（原級1）

(1)　Rest is **as** necessary to health **as** exercise [is].

(2)　The result was **not so** satisfactory **as** we had expected.

(3)　**Nothing** is **so** freely given **as** advice, and **nothing** is received with **so** much reluctance **as** advice.

(4)　He is **not so much** a teacher **as** a scholar.

▨　(1)　休息は健康にとって運動と同じように必要である。

▨　(2)　結果はわれわれが期待したほどよくなかった。

▨　(3)　忠告ほど気前よく与えられるものはなく，また忠告ほどしぶしぶ受け取られるものはない。

▨　(4)　彼は先生というよりもむしろ学者だ。

解　説　　原級による比較表現は，as ～ as を用いて，二つのもののある性質が同じ程度であることを表わし，**同等比較**と呼ばれることがある。

(1)「AはBと同じ程度に ～」という意味は「AはBに劣らず ～」に通じるので，この文も「休息は運動に劣らず必要」のように訳してもよい。この意味は比較級表現では no less ～ than で表わすことができる。〔→p. 146〕

　　(1) = Rest is **no less** necessary to health **than** exercise is.

(2) 同等比較を打消した「AはBほど～でない」という形は**不等比較**と呼ばれることがあり，同じ関係は less ～ than で表わすこともできる。

　　(2) = The result was **less** satisfactory **than** we had expected.

(3) No——is so ～ as... は「…ほど～なものはない」の意味を表わすので，結局，「…が最も～だ」という最上級の意味に通じる。〔→p. 144〕

　　⎰ Nothing is **so** precious **as** time. (=Nothing is **more** precious **than** time.)
　　⎱ Time is **the most** precious thing.　（時間ほど貴重なものはない）

(4) not so much ～ as は最頻出構文の一つ。〔→p. 226〕

■注意■　①比較対象が具体的に明示されていない場合も，意味上補うこと。

　　He has never been **so** disappointed.

　　〔誤〕彼は非常に失望したことは今までにない。

　　〔正〕彼はこんなに失望したことはなかった。（**as** he is now を意味上補う）

②（**a**) 同一人物の異なった性質，（**b**) 別のものの異なった性質を比較する場合:

　　（**a**) She is **as** kind **as** honest.　（彼女は正直であるのに劣らず親切でもある）

　　（**b**) He is **as** dull **as** his brother is clever.　（彼は弟が利口なのにひきかえ愚鈍だ）

||||||||||| **EXERCISE** |||||||||||||||||||||||||||||||||||||||||||||||||||||||| 解答 384 ページ

▨ A ▨

412. The daughters are *as* attractive *as* and more intelligent than their mother.

413. He is *never so* happy *as* when he is reading.

414. It was *as* still *as* it was dark.

415. Mankind *scarcely* ever in the past faced *so* great a danger.

416. She loved me *as* dearly *as* if I had been her own child.

417. The person who really thinks learns quite *as* much from his failure *as* from his successes.

▨ B ▨

418. If your friend reminds you kindly of your faults, take what he says not only pleasantly, but thankfully. *Few* treasures are worth *as* much *as* a friend who is wise and helpful. Such a one alone can remind us of our faults. （東京農工大）

419. Effort is painful. It may be very painful: and yet, while making it, we feel that it is *as* precious *as*, and perhaps more precious than, the work it results in.

▨ C ▨

420. Most of us have very few original ideas, in the course of a lifetime; most of our original ideas come to us when we are young and inexperienced; and some of us devote our later years to trying to express the same ideas better, or to facing the fact that they are *not* nearly *so* original *as* they once seemed to be. （東外大）

▨語句▨　**412. attractive**「魅力的な」**intelligent**「知性的な」　**414. still**「静かな」
415. mankind「人類」　　**scarcely ever**「今までにほとんどない」　**face**「直面する」
danger「危険」　**416. as if**「あたかも～であるかのように」　**417. really**「本当に」
failure「失敗」**418. remind ～ of ...**「～に…を思い出させる」**fault**「欠点」　**take**
「受け取る」　**pleasantly**「快く」　**treasure**「宝」　**419. painful**「苦しい」　**precious**
「貴重な」　**result in**「～という結果になる」　　**420. original**「独創的な」**in the
course of**「～のあいだに」**lifetime**「一生涯」**inexperienced**「経験のない」**devote
～ to ...**「～を…に捧げる」**not nearly**「とうてい～ではない」

§56. 比 較 表 現（原級2）

(1)　Try to read **as** many books **as** you can while young.
(2)　This is **as** great a disaster **as** we have ever experienced.
(3)　The twins are **as** like **as** two peas.
(4)　He has written **as** many **as** twenty novels.

■ (1)　若いうちにできるだけ多くの本を読むようにしなさい。
■ (2)　これは古今未曽有の大惨事だ。
■ (3)　そのふたごは瓜二つだ。（＜二つの豆のように似ている）
■ (4)　彼は小説を 20 も書いた。

解　説	as ～ as は基本的には「同じ程度」を表わすが，文脈により異なったニュアンスの意味関係を表わす。

(1) as ～ as one can は as ～ as possible と同じく「できるだけ～」の意。

(2) as ～ as any ..., as ～ as — ever... などは「いかなる…にも劣らず」「かつて…したいかなるものにも劣らず」の意味から「この上なく…」という最上級的意味を表わす。

⎰ She is **as** beautiful a woman **as any** in the world.　（彼女は絶世
⎱ She is **as** beautiful a woman **as ever** lived.　　　　の美人だ）

　　* ただし She is **as** beautiful **as** ever.　（彼女は相変らず美しい）

(3) 比喩表現に用いて「…と同じくらい～；とても～」の意で，強意的。

　　The old man is **as** deaf **as** a post.　（その老人は全く耳が聞えない）

　　He is **as** innocent **as** a baby.　（彼は赤ん坊のように無邪気だ）

(4) as ～ as のあとに数量を伴う場合は「そんなに多く」の気持が加わり，「～も」と訳す。比較級表現では no less than に相当する。〔→p.146〕

　　It cost me **as** much **as** ten pounds.　（それは 10 ポンドもかかった）

　　I was kept waiting **as** long **as** fifty minutes.　（50分も待たされた）

■注意■ as～as... が表わす「同程度」は，上のように比較対象が「高い程度」を持つ場合だけではなく，「低い程度」を表わすこともある。

　He has **as much** chance of success **as** a baby trying to drive a car.

　　〔誤〕 彼には車を運転しようとする赤ん坊と同じくらい多く成功の機会がある。

　　〔正〕 彼には車を運転しようとする赤ん坊と同じくらいしか成功の見込みはない。（～と同じく，成功の見込みは全くない）

　much だけなら「多く」であるが，**as much** は「（比較対象と）同じだけ」の意で，「多く」の意味はない。〔→p.284〕

▨▨▨▨▨ EXERCISE ▨▨▨▨▨▨▨▨▨▨▨▨▨▨▨▨▨▨▨▨▨▨▨▨ 解答 384・385 ページ

▨ **A** ▨

421. She is *as* happy *as* [happy] can be.

422. He seems *as* busy *as* ever.

423. English is *as* fine a vehicle of thought *as* any language.

424. His novels have *as* good a chance of surviving *as* any that have been written in the last hundred years.

▨ **B** ▨

425. It is by studying little things that we attain the great art of having *as* little misery and *as* much happiness *as* possible.

(新潟大)

426. Where several explanations are advanced, the rule is followed that the one which is more simple is also more nearly correct. To choose the more complex explanation would be *as* sensible *as* travelling eastward around the world to reach your neighbour's house which is next door to the west. (大阪市大)

▨ **C** ▨

427. Good fiction teaches us about ourselves and about our relationships with other people; (1) it shows us too that others may have a point of view which is *as* valid *as* ours and should be respected. (2) It can demonstrate ways of treating matters of choice and conflict, two aspects of modern life which are *as* real to a child *as* to any adult. It can increase our awareness of the world by allowing us to share the experience of the author; it can extend our powers of imagination and exercise our strength of belief. (3) Fiction that does any of these things is *as* truly 'educational' *as* any textbook or book of information. (京　大)

▨語句▨　423. **vehicle** [víːikl]「乗り物; 媒体; 伝達の手段」424. **survive**「生き残る」425. **attain**「達成する」　**misery**「不幸」　426. **advance**「進む; 提出する」**complex**「複雑な」　**sensible**「分別ある; 賢明な」427. **fiction**「（集合的に）小説」**relationship**「関係」**valid**「正当な; 有効な」　**demonstrate**「示す」**conflict**「戦い; 矛盾」**aspect**「面」**adult**「大人」**awareness**「意識」**share**「分かち合う」**extend**「伸ばす; 広げる」

§57. 比較表現（優等比較）

(1) Children need models **more than** they need critics.
(2) It is **easier** to give advice **than** to put it into practice.
(3) I love you **more** deeply **than** I can say.
(4) As time went on, things got **worse and worse**.
(5) **The more** you have, **the more** you want.

- ▨ (1) 子供は文句を言う人より手本を示してくれる人を必要とする。
- ▨ (2) 実行するより忠告するほうが容易だ。（言うは易く，行うは難し）
- ▨ (3) 私は，口では表わせないほどあなたを愛している。
- ▨ (4) 時がたつにつれて，事態はますます悪化していった。
- ▨ (5) 持てば持つほど欲しくなる。〔→p. 228〕

解 説 比較級は -er をつけた形，または more を用いて，二者を比較し，一方の性質・程度が他方よりも上であることを述べ，less を用いた場合に対して，**優等比較**と呼ばれることがある。

一般に「～よりも…；～以上に…」と訳せばよいが，(3) のように「<u>～できる以上に…→～できないほど…</u>」のような工夫を要する場合もある。

He has **more** books **than** he can read. （彼は［読むことができる以上の→］読み切れないほど本を持っている）

She **knows better than** to quarrel with them. （彼女は彼らとけんかする［よりもわきまえがある→］ようなばかなことはしない）

(4) more and more は「ますます」，more or less は「多かれ少なかれ」：

Most people are **more or less** selfish.
（人間はたいてい，多少利己的なところがある）

◆「比較」は比較級以外に次のような語でも表わされる。

I **prefer** novels **to** poetry. （詩より小説が好き）〔＝like ～ better than〕
This is **superior to** that. （あれよりこれのほうが優れている）
I would **rather** starve **than** steal. （盗むより飢え死したほうがましだ）

■**注意**■ 比較表現では従節の中で既出の要素が省略されることが多いが，文によっては比較関係があいまいになることがある。

He loves the dog **more than** his wife.

（**a**）彼は奥さん［<u>が</u>犬を愛する］よりも犬を愛する。（... than his wife *does*）
（**b**）彼は奥さん［<u>を</u>愛する］よりも犬を愛する。（... than *he loves* his wife）

▨▨▨▨▨ **EXERCISE** ▨▨▨▨▨▨▨▨▨▨▨▨▨▨▨▨▨▨▨▨▨▨▨▨▨▨▨▨▨ 解答 385・386 ページ

▨ A ▨

428. You must be careful not to promise *more than* you can keep.

429. Man has *greater* power over his environment *than* he has ever had before.

430. Education is something very different from, and *higher than*, mere instruction.

431. A man's worth should be judged by his character *rather than* by his social position.

432. Exercise, if carried to excess, will do you *more* harm *than* good.

▨ B ▨

433. We must eat and sleep to live, but there is *more* to living *than* just that; to enjoy life, we need to be loved, wanted and accepted.

434. The Englishman, in any walk of life, has always prided himself upon his status as an amateur.　He has *preferred* to do things for himself *to* having them done for him more efficiently by somebody else.　　　　　　　　（東外大）

▨ C ▨

435. Our humanity is by no means so materialistic as foolish opinion is continually asserting it to be.　Judging by what I have learned about men and women, I am convinced that there is far *more* in them of idealistic power *than* ever comes to the surface of the world.　　　　　　　　（金沢大）

▨語句▨　**430.** mere「単なる」 instruction「教えること」　**431.** character「人物；人格」 …rather than ～「～よりもむしろ…」 social「社会的な」 position「地位」 **432.** to excéss「過度に」 do harm (good)「有害（益）である」　**433.** accept「受け入れる」　**434.** walk of life「身分；職業；分野」 pride oneself [up]on「～を自慢する」 status「資格；地位」 amateur [ǽməˈəɹ, -tʃuə]「しろうと」 prefér ～ to …「…より～を好む」 for oneself「自分で」 efficiently「能率的に」　**435.** humánity「人類；人間性」 by no means「決して～でない」 materialístic「物質主義的な」 contínually「絶えず」 assert「主張する」 be convínced「確信する」 idealístic「理想主義的な」 surface「表面」

§58. 比 較 表 現 (注意すべき比較関係)

(1) The **younger** teachers of the school were against the proposal.

(2) Prices of commodities have never been **higher.**

(3) She was **more** sad **than** angry.

(4) She was **more than** angry.

▰ (1)　その学校の若手の先生たちはその案に反対した。
▰ (2)　物価がこんなに高かったことは今までにない。
▰ (3)　彼女は腹が立つというよりも悲しかった。
▰ (4)　彼女は腹が立つどころではなかった。

解　説　(1) 一般に比較は，特定の比較対象があり，それとくらべて「～よりも」の意を表わすが，この文のように漠然と「～であるほうの」の意を表わすことがあり，ふつうの相対比較に対して絶対比較級と呼ばれる。日本語ではこれにぴったり合う訳がないので，原級と同じように訳される。

higher education (高等教育)　the **younger** generation (若い世代)

(2) 比較級が用いてあれば（絶対比較級の場合を除く）必ず比較の対象があるが，文脈上明らかなときは than ～ が省略されるので，意味上補うこと。この文では than they are now が省略されている。

$\left\{ \begin{array}{l} \text{I have never been \textbf{happy}.　（私は今までに幸せであったことはない）} \\ \text{I have never been \textbf{happier}.　（今までこんなに幸せであったことはない）} \end{array} \right.$

(3) 同一物についての性質・程度の比較をする場合で，単音節語でも -er の形を用いない。She was sad **rather than** angry. の意を表わす。

(4) more than が「～ 以上」の意味から，強意的に「～ どころではない」「十二分に」といった意味を表わす。

His merits **more than** offset his demerits. (長所が短所を補って余りある)

■**注意**■　more は (**a**)名詞，(**b**)形容詞，(**c**)副詞に用いられるので，文中におけるその働きを区別する。

(**a**) They want **more** than they need.　（必要以上のものを欲する）

(**b**) They need **more** money than they have.（今持っている以上に金を必要とする）

(**c**) They need money **more** than advice.　（忠告よりも金を必要とする）

次のような文では，more は二通りの修飾関係が成り立つ。

We need **more** highly trained scientists.

(**a**) もっと高度に訓練された科学者が必要だ。〔副詞 highly を修飾〕

(**b**) 高度に訓練された科学者がもっと多く必要だ。〔名詞 scientists を修飾〕

▥▥▥ **EXERCISE** ▥▥▥▥▥▥▥▥▥▥▥▥▥▥▥▥▥▥▥▥▥▥▥▥▥▥ 解答 386 ページ

▨ A ▨

436. This animal can be found in the *warmer* part of the world.

437. He is *more* despised *than* disliked.

438. He has *more than* repaid her kindness.

439. He lost the *greater* part of his fortune in speculation.

440. She was *more than* kind. In fact, she was hospitality itself.

▨ B ▨

441. It is important to understand about luck, or, *better*, chance, and to realize that *more often than not* it is determined by our inner personalities.　　　　　　　　　　　　　　　　　（東工大）

442. That English or any other　tongue will ever become a universal language is so much *more than* doubtful, that it may be called impossible.　　　　　　　　　　　　　　　　　（山口大）

▨ C ▨

443. Looked at from one angle, our age is one of unprecedented opportunity for personal development. <u>Material standards of living were never *higher*.</u> Public services were never so complete and comprehensive. Educational opportunities (and therefore the opportunity to choose one's career) were never so varied and generous. That, however, is only one side of the picture. Viewed from the opposite side, our world in many ways discourages individual initiative and encourages passivity and conformity. <u>Choice is often *more* apparent *than* real.</u>　　　　　　　　　　　　　　　　　　　　　　（東北大）

▥語句▥　**437.** despise「軽べつする」**438.** repay「報いる」**439.** the greater part「大半」fortune「財産」speculation「投機」　**440.** hospitality「親切なもてなし」**441.** chance「偶然；運」 realize「悟る」 more often than not「しばしば」inner「内面的な」personálity「個性」　**442.** tongue「舌；言語」 universal「普遍的な」doubtful「疑わしい」**443.** angle「角度」unprecedented [ʌnprésidəntid]「先例のない」opportúnity「機会」comprehensive「包括的な；総合的な」career [kəríə]「経歴；職業」 varied「変化に富んだ」génerous「寛大な；気前のいい」initiative「積極性」 passívity「受動性；消極性」 confórmity「順応」appárent「明らかな；外見上の」

§59. 比 較 表 現 (劣等比較)

(1) Many men know themselves **less than** they know others.

(2) Early rising is **less** a matter of habit **than** of will.

(3) He became **less** and **less** dependent on his parents.

(4) I cannot afford to buy a car, **much less** a house.

■■ (1) 他人よりも自分自身を知らない人が大勢いる。

■■ (2) 早起きは習慣というよりも意志の問題だ。

■■ (3) 彼はだんだん親に頼らないようになった。

■■ (4) 私は, 家はもとより, 車も買えない。〔→p.288〕

解　説　　less ～ than … は, 二者をくらべ, 一方の性質・程度が他方よりも劣ることを表わし, 劣等比較と呼ばれることがある。

この形式はふつうは (1) のように「A は B ほど～でない」の意を表わし, not so ～ as … に言い換えても同じである。

> ｛ This watch is **less** expensive **than** that. 　　(この時計はあの時
> ｛ This watch is **not so** expensive **as** that. 　　　　計ほど高くない)
>
> 　　〔＝That watch is **more** expensive **than** this.〕

(2) のような場合は, 「A＜B」の関係は同じであるが, 「Aのほうが程度が小さい」ことよりもむしろ「Bのほうが程度が大きい」ことを強調し, ちょうど not so much A as B〔→p.226〕で「BであるほどAではない」(A＜B) が「AよりもむしろB」(B rather than A) の意味を表わすのに似ている。

> ｛ I was **less** hurt **than** disappointed. 　　(私は感情を害したという
> ｛ I was **not so much** hurt **as** disappointed. 　　よりむしろ失望した)
>
> 　　〔＝I was disappointed **rather than** hurt.〕

(3) ＝He became **more** and **more** *independent* of his parents.

　　　(彼はますます親から独立するようになった)

■注意■　次のような文が, それぞれ同じ意味を表わす関係を認めておく。

> ｛ She is **younger** than she looks. 　　(彼女は見かけより若い)
> ｛ She is **less old** than she looks. 　　(彼女は見かけより年をとっていない)
> ｛ She looks **older** than she really is. 　　(彼女は実際よりふけてみえる)

> ｛ What you say matters **less than** how you say it.
> ｛ It is **not so much** what you say **as** how you say it that matters.
>
> 　　(大切なのは何を言うかよりもむしろいかに言うかである)

▓▓▓▓▓ **EXERCISE** ▓▓▓▓▓▓▓▓▓▓▓▓▓▓▓▓▓▓▓▓▓▓▓▓▓▓▓▓▓ 解答　386・387 ページ

▨ **A** ▨

444. He is *less* my teacher *than* my friend.

445. Every year it takes *less* time to cross the continent and *more* time to reach the office.

446. You are *less* of a fool *than* I thought you were.

447. Work is so much a necessity of existence that it is *less* a question whether *than* how, we shall work.

▨ **B** ▨

448. In the modern world, owing to the swiftness of locomotion, people are *less* dependent *than* they used to be upon their geographically nearest neighbours.　　　　　　　（東京医大）

449. A man may have a great mass of knowledge, but if he has not worked it up by thinking it over for himself, it has much *less* value *than* a far smaller amount which he has thoroughly pondered.　　　　　　　（茨城大）

▨ **C** ▨

450. <u>You will find it *less* easy to uproot faults *than* to choke them by gaining virtues.</u> Do not think of your faults, still less of others' faults. In every person who comes near you look for what is good and strong: honour that, rejoice in it, and, as you can, try to imitate it, and your faults will drop off, like dead leaves, when their time comes.　　　　　　　（京都府医大）

▓**語句**▓　**445.** cross「横切る」 cóntinent「大陸」　**447.** necessity「必要性；必須物」 existence「存在；生存」 whether「…かどうか」　**448.** owing to「〜のために」 swiftness「速さ」 locomotion「移動；交通機関」 dependent [up]on「〜に依存する」 geográphically「地理的に」 neighbour「隣人」　**449.** mass「大量」 work up「努力して生み出す」 think over「熟考する」 for oneself「自分で」 amount「量」 ponder「熟考する」　**450.** uproot「根こそぎにする」choke「窒息させる；抑制する」 gain「得る」 virtue「美徳」 still less「まして〜でない」 look for「〜を求める」 honour「〜に敬意を表する」 rejoice in「〜を喜ぶ」 imitate「模倣する」 drop off「〜から落ちる；徐々に消えてなくなる」

§60.　比 較 表 現（否定＋比較）

(1)　**Nothing** gives people **more** pleasure **than** making things.
(2)　I have **never** seen a **more** piteous sight **than** this.
(3)　**No** man is **less** cruel **than** this man.
(4)　He is **no better than** a beggar.

■　(1)　物を作ることよりも人に大きな喜びを与えるものはない。
■　(2)　私は今までにこんな痛ましい光景を見たことがない。
■　(3)　これほど残酷でない人はいない。（→これほど優しい人はいない）
■　(4)　彼は物もらいも同然だ。

| 解　説 |

　　　(1)(2) の形式は、「…ほど〜なもの(こと)はない」から「…は最も〜」という最上級の意に通じ、また原級を用いても表わせる。

(1)＝**Nothing** gives people **so** much pleasure **as** making things.
(2)＝**This** is **the most** piteous sight that I have ever seen.
(3) less が否定詞と結びついた意味は誤りやすいので注意する。

　⎰ (a) I want *nothing* **more** *than* to marry her.
　⎱ (b) I want *nothing* **less** *than* to marry her.

　　(a) 彼女と結婚すること以上に僕がしたいことはない。
　　(b) 彼女と結婚することよりも僕がしたくないことはない。

　つまり (a)「何よりも結婚したい」, (b)「何よりも結婚したくない」の意。
　(4) not は単に「〜でない」という打消しであるが、 no は「決して〜でない」の意を表わすので、比較級と結びついた場合も次の関係が成り立つ。

　(a) He is **not** *better than* before.　（以前よりよくなっていない）
　(b) He is **no** *better than* before.　（以前より少しもよくなっていない）
　つまり (b) は He is **as bad as** before.　（相変らず悪い）に通じる。

■注意■　① nothing more than における more の二通りの用法を区別する：
　⎰(a) He needs **nothing more than** love.　（彼には何よりも愛が必要だ）
　⎱(b) He is **nothing more than** a dreamer.　（彼は夢想家にすぎない）〔＝only〕
　　(a)では more は needs を修飾する副詞（愛以上に必要とするものはない）, (b)では nothing を修飾する形容詞（夢想家以上の何ものでもない）の働きをする。
　② never と less が結びついた場合も, more のときと比較してよく理解しておく。
　(a) I have **never** been **more** sleepy [**than** I am now].　（→とても眠い）
　(b) I have **never** been **less** sleepy [**than** I am now].　（→全然眠くない）
　　(a)こんなに眠かったことはない。(b)こんなに眠くなかったことはない。

IIIIIIIIIIII **EXERCISE** IIIIIIIIIIIIIIIIIIIIIIIIIIIIIIIIIIIIIIIIIIIIII **解答** 387・388 ページ

▨ A ▨

451. I have *never* seen a *more* beautiful flower *than* this.

452. *Nothing* is *worse* for health *than* constant fear.

453. I like *nothing better than* to spend hours reading books.

454. There is *nothing* I would like to do *less than* to see him.

455. *Nothing* is *farther* from my intention *than* to do such a thing.

456. He is a man who respects *nothing more than* honor and desires *nothing less than* power.

457. *Nothing* is *more* precious *than* time, yet *nothing* is *less* valued.

▨ B ▨

458. There is *nothing* that costs *less than* civility.

459. Their relations had *never* been *better*.

460. Our timing could*n't* have been *worse*.

461. I could*n't* care *less* whether he loves me or not.

462. She is utterly indifferent to him; indeed, she could*n't* love anyone *less*.

463. I expected *nothing less than* death.

▨ C ▨

464. One of the pleasantest things in the world is going on a journey; but I like to go by myself. I can enjoy society in a room; but out of doors, nature is company enough for me. Then I am *never less* alone *than* when alone.　　　（慶　大）

▨語句▨　**452. constant**「絶え間のない」　**455. farther**「より遠い」　**intention**「意図」　**456. respect**「尊重する」　**power**「権力」　**457. yet**「まだ；しかし」　**value**「重んじる」　**458. cost**「費用がかかる」　**civility**「ていねい；礼儀正しさ」　**459. relation**「関係」　**460. timing**「時宜を得ていること；タイミング」　**461. can't care less**「全然気にしない」　**whether ～ or not**「～であろうとなかろうと」　**462. utterly**「まったく」　**indifferent to**「～に無関心な」　**464. by oneself**「ひとりで」　**out of doors**「戸外で」　**company**「仲間；伴侶」

§61.　比 較 表 現 (no[not] more than; no[not] less than)

（1）He is **not more** diligent **than** you are.
（2）He is **no more** diligent **than** you are.
（3）He is **not less** diligent **than** you are.
（4）He is **no less** diligent **than** you are.

■ （1）　彼は君より勤勉ではない。
■ （2）　彼は君［が勤勉でないの］と同じく勤勉でない。
■ （3）　彼は君に［まさるとも］劣らず勤勉だ。
■ （4）　彼は君［が非常に勤勉であるの］に劣らず勤勉だ。

解　説　　（1）の形式は「AがB以上に～であることはない（A≦B）」。
（2）は「君は勤勉でない」ことを前提として「彼の勤勉さはそれ以上では決してない」という関係から、「AはBと同様～でない」。〔→p. 234〕

（3）は「AはB以下であることはない（A≧B）」の関係を表わすが、訳は「～に劣らず」ぐらいになり、（4）と厳密に区別できない場合も多い。

（4）は比較対象が持っている高度の性質とくらべ、「それと同じくらい→それに劣らず」の意を表わし、as ～ as に言い換えることができる。

◆ "not more than (*etc.*)＋数字" の形式では次のように区別される。
1) He spent **not more than** ten pounds.　〔＝at most〕　（多くとも～）
2) He spent **no more than** ten pounds.　〔＝only〕　　　（わずか～）
3) He spent **not less than** ten pounds.　〔＝at least〕　（少なくとも～）
4) He spent **no less than** ten pounds.　〔＝as much as〕（～も）

　　　1)（～以上であることはなく→）使ったのは<u>せいぜい</u> 10 ポンドだ。
　　　2)（～以上であるどころか→）<u>たった</u> 10 ポンドしか使わなかった。
　　　3)（～以下であることはなく→）10ポンドは使った。
　　　4)（～以下であるどころか→）10ポンド<u>も</u>使った。

■**注意**■　① no less ～ than および nothing less than の知っておくべき用例：
　　He is **no less** a person **than** the prime minister.（ほかならぬ首相その人だ）
　　It was **nothing less than** madness.（それはまさに狂気の沙汰だった）
　② 否定詞に no, not ではなく hardly などを用いた場合は次のように考える。
　　This problem is **scarcely less** important **than** that one.
　　＝This problem is **almost as** important **as** that one.
　　（この問題はあの問題より<u>重要でないことがほとんどない</u>）
　　（＝この問題は<u>ほとんど</u>あの問題に<u>劣らず重要だ</u>）

||||||||||| **EXERCISE** |||||||||||||||||||||||||||||||||||||||||||||||||||||| 解答 388 ページ

▨ A ▨

465. This dictionary contains *not less than* fifty thousand words.

466. There were *not more than* ten students who passed the test.

467. That he has killed himself is *no more than* a rumor.

468. Reading is *no less* necessary to our mind *than* food is to our body.

469. He will be content with *nothing less than* the whole truth.

▨ B ▨

470. Good writing is economical. A good writer uses *no more* words *than* are needed to express his thought and feeling adequately.

471. It is *not less* absurd *than* wicked to treat manual labour with contempt, since to it we owe all the visible results of civilization.

▨ C ▨

472. What is liberalism? It is not easy to describe, much less to define, for it is *hardly less* a mood *than* a doctrine.

（東京教育大）

473. It has been often said that books do for us today what universities did in earlier ages. The knowledge that could five centuries ago have been obtained only from the lips of a teacher, can now be gathered from the printed page. Nevertheless, universities and colleges are *scarcely less* useful if not quite so indispensable today as they were before the invention of printing.

（同志社大）

▨語句▨　**465. contain**「含む」　**467. kill oneself**「自殺する」　**rumor** [rúːmə]「うわさ」　**469. contént**「満足する」　**470. económical**「節約する；経済的な」**ádequately**「適当に；十分に」　**471. absurd**「ばかげた」　**wicked** [wíkid]「邪悪な」**manual**「手の」　**contempt**「軽べつ」　**owe 〜 to ...**「〜を…に負う」　**visible**「目に見える」　**civilization**「文明」　**472. liberalism**「自由主義」　**describe**「記述する」**much less** 〜「まして〜でない」　**define**「定義する」　**mood**「気分」　**dóctrine**「説；主義」　**473. nevertheless**「しかしながら」　**if not** 〜「〜ではないにしても」　**indispensable**「不可欠な」

§62. 比 較 表 現 （最上級）

(1) **The noblest** minds have gone through **the hardest**
   discipline.

(2) **The wisest** man may sometimes make a mistake.

(3) **The least** likely things do sometimes happen.

(4) His wife is **a most** charming woman.

▨ (1)　最も高潔な人間は最もきびしい試練を経験している。

▨ (2)　最も賢明な人でも時には誤ちを犯す。

▨ (3)　最も起こりそうにないことが，実際にときどき起こる。

▨ (4)　彼の奥さんはとても魅力的な女性です。

解　説　　(1) はふつうの「最も～」の意を表わす場合であるが，(2) では「～でさえも」（＝even）の意が加わる。(3) least は「最も～でない」の意を表わすので，この文は次のように書換えることができる。

　(3) ＝The most unlikely things do sometimes happen.

　(4) a most ～ は「非常に；きわめて」（＝a very ～）の意を表わす。

　　{ She is **the most** beautiful woman in town.　（彼女は町一番の美人だ）
　　{ She is **a most** beautiful woman.　　　（彼女は非常に美しい婦人です）

◆most が「大ていの」（＝almost all）の意味で用いられる場合を区別：

　{ He solves **most** difficult problems with ease.　（大ていの難問を楽に解く）
　{ This is **a most** difficult problem.　（これはきわめて困難な問題だ）
　{ He solved **the most** difficult problem.　（最も困難な問題を解いた）

　{ He did **most** of the work.　（彼は仕事の大部分をした）
　{ He did **the most** work.　（彼は最も多くの仕事をした）

　{ He dislikes **most** selfish men.　（彼は大ていの利己的な人間を嫌う）
　{ He dislikes selfish men **most**.　（彼は利己的な人間を最も嫌う）

■注意■　次のような表現が表わす意味を間違えないようにする。

① **The most** [that] I can do is this.

　〔誤〕　私が最も多くできるのはこのことです。

　〔正〕　私にできるのはせいぜいこれだけです。（＜私にできる最大限はこれ）

② **The least** [that] I can do is this.　（[私にできる最小限のことはこれ→] 私はせめて [少なくとも] これだけはしなければならない）

③ **Not the least** of his faults is selfishness.　（彼の欠点のうち [最小のものでないのは→] 軽視できないのは [とりわけ大きなものは] 手前勝手であることだ）

▊▊▊▊▊ **EXERCISE** ▊▊▊▊▊▊▊▊▊▊▊▊▊▊▊▊▊▊▊▊▊▊▊▊ 解答 389 ページ

▨ A ▨

474. (a) I know *the most* learned man in this town.

　　 (b) I know *most* learned men in this town.

475. You should *at least* try to understand his situation.

476. *At most* there were only 50 people at the meeting.

477. She was *not in the least* offended at his remark.

478. We have little time left, so we must *make the most of* it.

479. *To the best of* my knowledge, he is *the last* man to tell a lie.

480. None should complain, you *least of all*.

▨ B ▨

481. *The most the cleverest* can know is that he knows nothing.

482. The reaction of the world to failure is pity *at best*, and *at the worst* contempt.

483. Human nature is so constructed that it gives affection *most* readily to those who seem *least* to demand it.

▨ C ▨

484. In a common enough form of society one man's meat is another man's poison. <u>Human diversity expresses itself in countless ways, and *not least* plainly in differences of taste.</u> Perhaps the rational life is a dream and a delusion because there is no arguing with taste, especially with taste in matters of mystery like love and religion and art.　　　　（名　大）

▊語句▊　**474. learned** [lə́ːnid]「学識のある」 **475. at least**「少なくとも」**situation**「立場」　**476. at most**「せいぜい」　**477. not in the least**「少しも〜ない」（＝not at all）**offend**「立腹させる」　**remark**「述べたこと；言葉」　**478. make the most of**「〜を最大限に活かす」　 **479. to the best of**「〜のかぎりでは」 **the last man to** 〜「決して〜しない人」〔→p. 160〕　**482. reaction**「反応」**pity**「あわれみ」　**at best**「[よくても] せいぜい」 **at [the] worst**「最悪の場合 [でも]；悪くて [もせいぜい]」　**contempt**「軽べつ」　**483. is so constructed that** ...「…ように作られている」 **affection**「愛情」　**readily**「すぐに」　**demand**「要求する」　**484. meat**「肉」**poison**「毒」**diversity**「多様性」**countless**「無数の」**not least**「少なからず；とりわけ」**rational**「合理的な」**there is no** 〜**ing**「〜することはできない」〔→p. 264〕

§63.　否 定 表 現（ふつうの否定詞）

(1)　Age does **not** always bring wisdom, and **neither** does
　　　education.

(2)　There is **no** royal road to learning.

(3)　I have **nothing** to do with the crime.　**Nor** do you.

(4)　It is **never** too late to mend.

▨　(1)　年は必ずしも英知をもたらさず，教育もまた同様である。

▨　(2)　学問に王道なし。

▨　(3)　私はその犯罪と関係はない。君も同じだ。

▨　(4)　過ちを改めるのに遅過ぎるということはない。

<u>解　説</u>　　否定詞には not, no, never, none, neither, nor など普通の否定
詞のほか，いわゆる準否定詞〔→p. 154〕と呼ばれる little, few,
hardly などがある。日本語と異なり，英語ではいろいろな要素が否定される。

$\begin{cases} \text{An honest man would \textbf{not} tell a lie.} & 〔否定詞は動詞を打消す〕 \\ \textbf{No} \text{ honest man would tell a lie.} & 〔　〃　　主語　　〃　　〕 \\ \text{An honest man would tell \textbf{no} lies.} & 〔　〃　　目的語　〃　　〕 \end{cases}$

いずれも日本語では「正直な人間は嘘をつかないだろう」という訳になる。

(1) のneither と (3) の Nor は前の否定を受け，「…もまた～でない」の意。
前が肯定ならそれぞれ ... and **so** does education. / So do you. になる。

◆　not ～ any = no の関係にあるが，any ～ not の順では用いない。

$\begin{cases} 〔誤〕\textbf{Any}\text{body doesn't love her.} & （彼女を愛しているものは誰もいない） \\ 〔正〕\textbf{No}\text{body loves her. / There isn't \textbf{any}body who loves her.} \end{cases}$

◆　次の例のように，否定詞が一度前に出れば，後に否定詞は続かない。

　　Nobody has *ever* said *anything* to *either* of us.

　　He has **never** said *anything* to *either* of us.

＊　それぞれ never, nothing, neither などが前の否定詞に続くことはない。

■**注意**■　次のような文の表わしうる二通りの否定関係を区別する。

① The patient did **not** die as a result of your assistance, doctor.

　$\begin{cases} (\textbf{a}) \text{ 患者は先生の治療の結果死ななかった。} & 〔die だけを打消す〕 \\ (\textbf{b}) \text{ 患者は先生の治療の結果死んだのではない。} & 〔die 以下全部を打消す〕 \end{cases}$

② I don't lend my books to **any** of my students.

　$\begin{cases} (\textbf{a}) \text{ 私は学生には誰にも本を貸さない。} & 〔not ～ any = no〕 \\ (\textbf{b}) \text{ 私は学生のだれにでも本を貸すわけではない。} & 〔any は強く発音〕 \end{cases}$

IIIIIIIIIIII **EXERCISE** IIIIIIIIIIIIIIIIIIIIIIIIIIIIIIIIIIIIIIIIIIIIIIIIIIII 解答　389・390 ページ

A

485. There is *nothing* new under the sun.

486. You *never* know what you can do till you try.

487. A liar is *not* believed when he tells the truth.

488. *No* man is content with his lot.

489. *Nothing* I say ever seems to please her.

490. My principle is *never* to make a promise which I have *no* intention of keeping.

491. I *neither* want *nor* need any help from you.

492. (a) Many people did *not* come.

　　　(b) *Not* many people came.

B

493. *No* man is really able to read a book who is *not* able to express an original opinion regarding its contents.

494. *No* one can deny that much of our modern advertising is essentially dishonest; and it can *hardly* be maintained that to lie freely and all the time for private profit is *not* to abuse the right of free speech. 　　　　　　　　　　　　（高知大）

C

495. Books can at best present only a theory. A doctor must study his case; <u>he cannot obtain all his knowledge by reading and *neither* can books teach us anything unless we learn also from life.</u> If we have no knowledge of mankind we cannot enjoy even a novel. 　　　　　　　　　　　　（富山大）

▨語句▨　**487.** liar「うそつき」　**488.** be content with「～に満足する」lot「運命；境遇」　**490.** principle「主義；原則」intention「意図」　**493.** original「独創的な」regarding「～に関して」cóntents「内容」　**494.** advertising [ǽdvətaiziŋ]「広告」essentially「本質的に」dishonest「不正直な」hardly「ほとんど～でない」maintain「主張する」private「個人的な」profit「利益」abuse [n. əbjúːs；v. əbjúːz]「乱用［する］」right「権利」　**495.** at best「せいぜい」theory [θíəri]「理論；説」case「患者」obtain「獲得する」mankind「人類」

§64. 否定表現（注意すべき場合）

(1)　**No** amount of money can buy happiness.

(2)　Liberty is **not** a means to an end **but** itself the highest end.

(3)　I do**n't** suppose that anyone will object to my absence.

(4)　You ca**n't** eat your cake **and** have it.

■ (1)　どんなに多額の金でも幸せを買うことはできない。
■ (2)　自由はある目的の手段ではなく，それ自体最高の目的である。
■ (3)　私の欠席に対して異議を唱える人はだれもいないと思う。
■ (4)　ケーキを食べておいてしかもそれを持っていることはできない。

解　説　　(1) no は，(a) ただ「ない」（＝not any）の意を表わす普通の場合，(b)「決して〜でない（それどころかその反対）」（＝far from），および (c) この例のように「いかなる…も〜ない」の場合を区別。

(a) There is **no** place like home.　（わが家にまさるところは<u>ない</u>）

(b) The task is **no** easy one.　（この仕事は<u>決して容易なものではない</u>）

(c) **No** friendly advice would change his mind.
　　　（<u>いかなる好意的な忠告にも</u>彼の気持は変ら<u>ない</u>だろう）

(2) **not** A **but** B の場合，but は「しかし」と訳さない。

He is **not** wise **but** clever.　〔＝He is clever, **and not** wise.〕

　　〔誤〕彼は賢明<u>ではない</u>，<u>しかし</u>利口だ。

　　〔正〕彼は賢明な<u>のではなく</u>利口なのだ。

(3) 次のような場合，英語では (a) がふつう，訳は (b) の形式が自然である。

(a) I do**n't** think he will agree.　（彼が同意するとは思わ<u>ない</u>）

(b) I think he will **not** agree.　（彼は同意し<u>ない</u>と思う）

(4) not が二つの動詞を別々に打消すのではなく，合わせた内容を打消す。

You can**not** spend your money **and** save it.

　　〔誤〕君は自分の金を使うことも貯金することもできない。

　　〔正〕金を使い同時に貯金することはできない。（使えばなくなる）

■注意■　補語を打消す場合は no が強意，「有無」の意では not a が強意。

He is **no** scholar.　（彼は学者なんてもんじゃない）　「それどころか無学」を含意〕
He is **not a** scholar.　（彼は学者ではない）　　　　〔単なる否定〕
He has **no** friend[s].　（彼には友達がいない）　　　　〔単なる否定〕
He has **not a** friend.　（彼には一人も友達がいない）　〔＝not a single の意〕

|||||||||||| **EXERCISE** |||||||||||||||||||||||||||||||||||||||||||||||| 解答　390・391 ページ

▨ A ▨

496. *No* words can describe the beauty of the scene.

497. Poverty is *no* disgrace to a man.

498. *No* company is far preferable to bad.

499. We know for certain that we will be *no* richer tomorrow.

500. You can*not* sell the cow and drink the milk.

501. The most important thing is to take part *and not* to win.

502. Intelligence is *not* to make no mistakes *but* quickly to see how to make them good.

▨ B ▨

503. Intimacy is *no* excuse for rough manners, though the majority of us seem to think it is.

504. The fact that poetry does not help you to rise in the world or to make money is *no* argument for not caring about it, or being scornful of it.

▨ C ▨

505. Our own age produced the Nazi concentration camps, two catastrophic world wars, and a dream of one world; a nuclear arms race that may put an end to civilization as we know it, and the promise of "atoms for peace." <u>Confronted with such mighty opposites, *no wonder* Western man feels deeply troubled as he faces the immense gulf between his finest achievements of hand and brain, and his own sorry ineptitude at coping with them.</u>　　　　　　　　（慶　大）

▨語句▨　**496. describe**「描写する」 **scene**「景色」　**497. poverty**「貧しさ」 **disgráce**「恥；恥辱」　　**498. company**「仲間」 **préferable to**「～より好ましい」　　**499. for certain**「確かに」　　**501. take part**「参加する」 **win**「勝つ」　　**502. intelligence**「知性」 **make good**「償う」　　**503. íntimacy**「親しさ」 **excuse**「口実」 **rough**「粗野な」 **manners**「作法；行儀」 **majority**「大多数；大半」　　**504. poetry**「(集合的に)詩」 **argument**「論拠；理由」 **scornful of**「～を軽べつする」　　**505. concentration camp**「強制収容所」 **catastróphic**「悲劇的な」 **nuclear**「核の」 **arms race**「軍備競争」 **put an end to**「～を終らせる」 **no wonder**「決して不思議なことではない」 **gulf**「割れ目；みぞ」 **ineptitude**「無能」 **cope with**「～に対処する」

§65. 否定表現（準否定詞）

(1) What costs **little** is **little** esteemed.

(2) **Few** things are harder than to know yourself.

(3) A barking dog **seldom** bites.

(4) **Hardly any** two words have precisely the same meaning.

▨ (1)　少ししか費用のかからぬものは少ししか尊重されない。

▨ (2)　自分を知ることよりむずかしいことはほとんどない。

▨ (3)　ほえる犬はめったにかまない。

▨ (4)　全く同じ意味を持つ二つの語というものはほとんどない。

解　説　「ほとんどない」に類した弱い否定の意味を表わす上例のような語や **rarely, scarcely** などは準否定詞と呼ばれることがある。これらは「少しだけある」という肯定形式ではなく「少ししかない」という否定形式で訳文をつくらねばならない。

◆不定冠詞がついた a little, a few は「少しはある」という肯定表現。

{ He has **few** friends.　　（彼には友達がほとんどいない）

{ He has **a few** friends.　　（彼には友達が少しはいる）

　＊ただし a がついた形でも only a は否定，quite a は肯定の意を表わす。

{ He has **only a few** books.　（彼はほんの少ししか本を持っていない）

{ He has **quite a few** books.　（彼はかなりの数の本を持っている）

◆think, imagine, suspect などと用いる little は「全く～ない」で強意：

I **little** suspected that it was a lie.　（嘘だとはつゆ思わなかった）

Little did I expect it.　（そんなことは夢にも予想しなかった）

◆if any, if ever などが否定の意味を強めることがある。〔→p. 300〕

There is **little**, *if at all*, hope of his recovery.

　　　（彼が回復する望みは［かりにあっても→］まずほとんどない）

■**注意**■　① hard と hardly の意味・語順を区別する。

{ She **hardly** looked at him.　（彼女は彼をほとんど見もしなかった）

{ She looked at him **hard**.　　（彼女は彼をじっと見つめた）

　② not a little (few) は「少なからず」の意を表わす。

{ He has made **little** progress.　（ほとんど進歩していない）〔＝hardly any〕

{ He has made **a little** progress.　（いくらか進歩した）　〔＝some〕

{ He has made **not a little** progress.　（少なからず進歩した）〔＝considerable〕

||||||||||| **EXERCISE** ||||||||||||||||||||||||||||||||||||||||| 解答 391・392 ページ

▨ A ▨

506. I have seen *little* of him of late.

507. He is a man of *few* words. He *rarely* says anything.

508. There's no need to hurry. We still have *a little* time left.

509. This book has *few, if any*, misprints.

510. There is *scarcely any* hope of our surviving a nuclear war.

511. *Not a few* people think that all foreign-made articles are superior to home-made ones.

▨ B ▨

512. It matters *little* whether you distinguish yourself at school or not; what matters is whether you do your best or not.

513. *Few* of us ever enjoy as we might, and *hardly anyone* as yet appreciates fully, the natural beauties and wonders which surround us.

514. *Few* people, *if any*, are always sustained by unselfish or religious motives, and *few* or none are altogether beyond their influence.

▨ C ▨

515. The odd thing about the present world energy crisis is that, apart from temporary, emergency measures, <u>*little* or no thought seems to be given to the reduction of waste, or to the planning of a society that can get along in reasonable comfort with very much less energy</u>.　　　　　　　（阪　大）

────────────────────

▨語句▨　**506.** of late「最近」(=lately)　　**509.** few, if any「かりにあってもほとんどない」　　**510.** survive「〜の後まで生き残る」 núclear war [wɔː]「核戦争」　**511.** foreign-made「外国製の」 article「品物」 superior to「〜よりもすぐれている」　　**512.** matter「重要である」 whether 〜 or not「〜であろうとなかろうと」 distinguish oneself「目立つ; 傑出する」　**513.** appréciate「鑑賞する」 surround「取り囲む」　**514.** sustain「支える」 religious「宗教的な」 motive [móutiv]「動機」 altogether「全く」 influence「影響」　**515.** odd「奇妙な」 energy [énədʒi]「エネルギー」 crisis [kráisis]「危機」 apart from「〜は別として」 temporary「一時的な」 emergency「緊急の」 measure「方策」 reduction「削減」

§66. 部分否定・全体否定

(1)　**All** that glitters is **not** gold.

(2)　I am **not** acquainted with **everyone** in this neighborhood.

(3)　A great scholar is **not always** a good teacher.

(4)　You are **not entirely** free from blame.

▨　(1)　光るもの必ずしも金ならず。

▨　(2)　私はこの近隣の人たちすべてと面識があるわけではない。

▨　(3)　すぐれた学者がりっぱな先生であるとはかぎらない。

▨　(4)　君に全く罪がないわけではない。

解　説　　否定詞が all, every, both, always, necessarily, wholly などと用いられると「すべてが（両方ともが，必ずしも）～ではない」の意を表わし，これを部分否定 (Partial Negation) と呼ぶ。これに対して「何も（全部，両方，全然）～ない」の意を表わす否定は全体否定 (Total Negation) と呼ぶことがある。次は (a) が部分否定，(b) が全体否定である。

$\Big\{$ (a) You can**not** do **every**thing.　（何でもできるというわけにはいかない）
(b) You can**not** do **any**thing. / You can do **no**thing.　（君は何もできない）

$\Big\{$ (a) We can**not** buy **both** of these.　（両方とも買うわけにはいかない）
(b) I can**not** buy **either**. / I can buy **neither**.　（どちらも買えない）

$\Big\{$ (a) He was **not entirely** satisfied.　（完全に満足したわけではない）
(b) He was **not at all** satisfied.　（全然満足しなかった）
　(b) ＝He was **entirely dis**satisfied.　（全く不満足だった）

$\Big\{$ (a) She is **not quite** happy.　　（全く幸せであるわけではない）
(b) She is **not in the least** happy.　（全然幸せではない）
　(b) ＝She is **quite un**happy.　（全く不幸せだ）

■**注意**■　① 次のような否定関係を区別する。a. 部分否定。c. not は不定詞を否定。

$\Big\{$ a. It is **not always** good to be alone.　（独りでいることは必ずしもよく<u>ない</u>）
b. It is **not** good **always** to be alone.　（常に独りでいることはよく<u>ない</u>）
c. It is good **not** to be **always** alone.　（常に独りでい<u>ない</u>のがよい）

② 次のような部分否定の関係を表わす文は直訳にこだわらないこと。

　It is **not all** books that interest or profit us.

　〔誤〕われわれに興味や利益を与えるのはすべての本ではない。

　〔正〕すべての本が面白くためになるとはかぎらない。

■■■■■ **EXERCISE** ■■■■■■■■■■■■■■■■■■■■■■■■■■■■■■■■ 解答 392 ページ

▨ A ▨

516. Theory and practice do *not necessarily* go together.

517. The same cause does *not always* bring about the same effect.

518. It is *not every* man that happily sees his ambition achieved.

519. I haven't read *both* his novels, but judging from the one I have read, he seems to be a fairly promising writer.

520. Since you can*not* read *all* the books which you may possess, it is enough to possess only as many books as you can read.

▨ B ▨

521. *Not everyone* who is English really knows English, *nor* is knowing *all* of the same kind.

522. Though nothing can be beautiful, except what is in some sense or other good, *not everything* that is good is also beautiful.

523. One mark of an educated man is his ability to live comfortably and intelligently with the fact that he can't possibly know *everything*.

▨ C ▨

524. There is much to support the belief that there is a struggle for existence among ideas, and that those tend to prevail which correspond with the changing conditions of humanity. But it does *not* follow *necessarily* that the ideas which prevail are better morally, or even truer to the laws of Nature, than those which fail.

(関西大)

▨語句▨ **516.** theory「理論」 practice「実際」 go together「相伴う」 **517.** cause「原因」 bring about「もたらす」 **518.** ambition「大志；野心」 achieve「成就する」 **519.** judging from「～から判断すれば」 promising「前途有望な」 **520.** posséss「所有する」 **521.** nor「また～も…ない」 **522.** some ～ or other「なんらかの～」 **523.** mark「しるし」 éducated「教育（教養）ある」 live with「～と暮らす；～を受け入れる」 comfortably「安楽に」 intelligently「賢明に」 **524.** support「支持する」 struggle for existence「生存競争」 tend to「～する傾向がある」 prevail「優勢である」 correspond with「～に相当（一致）する」 humanity「人類」 it follows that …「したがって…ということになる」 morally「道徳的に」

§67. 二重否定

> (1) There is **no** one who does **not** desire peace.
> (2) There is **no** pleasure **without** pain.
> (3) He **never** sees her **without** flattering her.
> (4) He **never disagrees** with anything.

■ (1) 平和を望まない者はいない。
■ (2) 苦痛を伴わない楽しみはない。(楽あれば苦あり)
■ (3) 彼は彼女に会えば必ずおべっかをつかう。
■ (4) 彼はどんなことにも賛成しないことはない。

解　説　　　否定の意味を持つ語を二つ用いる形式を二重否定 (Double Negation) と呼び，ふつう「否定＋否定→肯定」の意味を表わす。

(1) の形式では関係代名詞に but (= that ～ not) も多く用いる。〔→p. 242〕
⎰ There is **no** rule **but** has some exceptions. (例外のない規則はない)
⎱ = Every rule has some exceptions. (すべての規則には例外がある)

(3)「～することなしに…することはない」→「…すれば必ず～する」
⎰ He **never** does anything **without** making some mistakes. 〔→p. 276〕
⎱ = **Whenever** he does anything, he makes some mistakes.
　　　　(彼は何をしても必ず何か間違いをしでかす)

(4) 一つの否定詞と，語に含まれる否定要素とで二重否定になる場合。
⎰ He left **no** means untried. (どんな手段も試みないではおかなかった)
⎱ = He tried **every** means. (あらゆる手段を試みた)
⎰ He is **not** fault**less**. (欠点がないことはない)
⎱ = He is **not without** some faults. / He has **some** faults.
　　　　(いくらか欠点がある)

＊ ただし，I do**n't** dis**like** apples, but I do**n't** like them, either. (きらいではないが，好きでもない) と言うこともあるように，I do**n't** dis**like** them. という二重否定表現は I like them. という肯定表現と完全に等意ではない。

■**注意**■ 否定詞を二つ用いる形式で，(**a**)は誤り，(**b**)(**c**)のような場合は正しい。

(**a**)〔誤〕 He does **not** want **nothing**. (彼は何も欲しがっていない)
→ He does **not** want **anything**. / He wants **nothing**.

(**b**)〔正〕 **No** one has **nothing** to offer to society. (社会に何も貢献で
= Everyone has something to offer to society. 　きない人はいない)

(**c**)〔正〕 I can**not** **not** obey. (従わないわけにはいかない)

▌▌▌▌▌▌ **EXERCISE** ▌▌▌▌▌▌▌▌▌▌▌▌▌▌▌▌▌▌▌▌▌▌▌▌▌▌▌▌▌▌ 解答 392・393 ページ

▨ A ▨

525. There is *no* smoke *without* fire.

526. I solved the problem *not without* difficulty.

527. *No* one can *fail* to realize the importance of this problem.

528. *No* problem is *in*soluble.

529. *Not* many people have *nowhere* to live.

530. They left *no* stone *un*turned to find out the truth.

531. There is *hardly* an aspect of human life today which is *un*affected by pollution.

▨ B ▨

532. It is a worthy ambition to do well whatever one does. This is an ambition which *nobody* should be *without*.

533. There are very *few* who do *not* think of their loss and gain when they give an opinion on a matter of their concern.

▨ C ▨

534. Our minds are far from perfect and the opportunities for cultivating them are erratic. We have intense problems within us and *few* are entirely *without* greed, cruelty and weakness. We are all a mixture of what we call good and bad but we have only the vaguest notions of what we really mean by good and bad. We used to be fairly sure there were absolute standards but now they appear to be more circumstantial and relative.

(神戸商大)

▨語句▨ **526. solve**「解く」 **problem**「問題」 **527. fail to**「～することができない」 **realize**「悟る」 **528. insóluble**「解決できない」 **530. leave no stone unturned**「あらゆる手段を尽す」 **531. hardly**「ほとんど～ない」 **áspect**「面」 **unafféct ed**「影響を受けない」 **pollution**「汚染」 **532. worthy**「りっぱな」 **ambition**「野心；大望」 **533. loss**「損失」 **gain**「利益」 **matter**「事柄；問題」 **concern**「関心；[利害] 関係」 **534. far from**「決して～ではない」 **opportúnity**「機会」 **cúltivate**「耕す；養う」 **errátic**「常軌を逸した；不規則な」 **inténse**「強烈な」 **crúelty**「残酷さ」 **mixture**「混合物」 **vague** [veig]「漠然とした」 **notion**「考え」(=idea) **absolute**「絶対的な」 **circumstántial**「状況的な」 **rélative**「相対的な」

§68. 否 定 表 現（否定詞を用いないもの）

(1)　He is **free from** care but **far from** happy.
(2)　He is **anything but** a liar and **the last** man to deceive his friends.
(3)　He is **above** doing such a mean thing.
(4)　He **failed** to see the point and **refused** to agree.
(5)　I **know better than** to tell her the story.

- **(1)**　彼は気苦労がないが，決して幸せではない。　　　〔→p.282〕
- **(2)**　彼は決して嘘つきではなく，絶対に友を欺いたりもしない。
- **(3)**　彼はこんな卑劣なことをしたりはしない。
- **(4)**　彼は要点が理解できないで，どうしても同意しようとしなかった。
- **(5)**　僕はその話を彼女にするようなばかなことはしない。〔→p.138〕

解　説　　否定的な内容は，上のように否定詞以外の形容詞・代名詞・前置詞・動詞・比較級などを用いて表わされる場合がある。far from, anything but などの強い否定は，否定詞を用いた表現では次のようになる。

He is $\left\{\begin{array}{l}\textbf{not at all}\\\textbf{not in the least}\\\textbf{by no means}\end{array}\right\}$ happy. （彼は決して幸せではない）

◆その他，否定詞を用いないで否定的な意味が表わされる重要な場合:
This is **more than** I can say. （それは僕に［言える以上→］言えない）
This is **all** I know. （［知っているすべて→］これだけしか知らない）
　　〔＝ I know **no** *more than* this.〕
Only you can do this. （［君だけできる→］できるのは君しかいない）
　　〔＝ **Nobody** but you can do this.〕
I have **small** cause for gratitude. （感謝すべき理由などほとんどない）
Who knows? （［だれが知るか→］だれも知らない）〔修辞疑問→p.216〕

■注意■　次の不定詞表現も「問題はまだ解決されていない」という否定に通じる。
$\left\{\begin{array}{l}\text{(1) The problem remains }\textbf{to be}\text{ solved.〔＜解決されるべく残っている〕}\\\text{(2) The problem }\textbf{is yet to be}\text{ solved.〔＜まだこれから解決されるべきだ〕}\end{array}\right.$
ただし(2)の形式では「可能」の意を表わすこともあるので注意する。
$\left\{\begin{array}{l}\text{(a) The solution }\textbf{is yet to be}\text{ found. （解決法はまだ発見されていない）}\\\text{(b) Natural beauty }\textbf{is yet to be}\text{ found. （自然美はまだ見出すことができる）}\end{array}\right.$
(a) の be to は上の(1)と同じく「～べき」，**(b)** は「～できる」の場合。〔→p.82〕

||||||||| **EXERCISE** |||||||||||||||||||||||||||||||||||||||||||||||||||||||| 解答 393 ページ

▨ A ▨

535. He was *the last* person I should have expected to find there.

536. It is *small* wonder that the experiment should have been unsuccessful.

537. He had *more* money *than* he knew what to do with.

538. He did everything possible to cure the patient, but *in vain*.

539. Any one who would profit by experience will never be *above* asking for help.

▨ B ▨

540. One often hears that Newton's work has been overthrown by Einstein. Einstein, of course, would be *the last* man to assert this, for it is true only in the very restricted sense.

(福島大)

541. I *doubt* if there is anything in my life that I regret more bitterly than I do my frequent *failure* as a boy to bring delight to my parents by showing them how pleased I was.

(大分大)

▨ C ▨

542. That human beings owe a great debt to Christian morality, and to its early teachers, I should be *the last* person to deny; but I do not scruple to say of it, that it is, in many important points, incomplete and one-sided, and that unless ideas and feelings, not sanctioned by it, had contributed to the formation of European life and character, human affairs would have been in a worse condition than they now are. (電通大)

▨語句▨ **536. small wonder**「それほど不思議ではないこと」 **expériment**「実験」 **unsuccéssful**「不首尾の」 **537. do with**「～を処理する；～を扱う」 **538. cure**「いやす」 **patient**「患者」 **in vain**「むだに」 **539. prófit**「利益を得る」 **above ～ing**「～するのを恥とする；（気位が高くて）～しない」 **540. overthrow**「覆す」 **assert**「主張する」 **restricted**「限られた」 **541. frequent** [fríː-]「しばしばの」 **failure to do**「～しないこと」 **as a boy**「子供の頃」 **542. owe ～ to ...**「～を…に負う」 **debt** [det]「借金；おかげ」 **morality**「道徳」 **scruple** [skrúːpl]「ためらう」 **sanction**「認可する；是認する」 **contribute to**「～に貢献する」

§69. 仮 定 法 (仮定法現在)

(1) If this **be** true, the situation is indeed very serious.

(2) **Be** it ever so humble, there's no place like home.

(3) He proposed that the committee **meet** again the next day.

(4) It is essential that the essays not **be** too long.

■ (1) これが事実ならば，事態はまことに深刻だ。

■ (2) たとえいかに貧しくとも，わが家にまさるところはない。

■ (3) 彼は，委員会を翌日に開くように提案した。

■ (4) 論文はあまり長過ぎないことが肝要だ。

<u>解　説</u>　　「仮定法現在」というのは，人称・時制にかかわらず，「原形」を用いるものをいう。たとえば，

{ (a) If it **be** necessary, I will speak to him in person.

{ (b) If it **is** necessary, I will speak to him in person.

は，両方とも「必要ならば，私が彼にじかに話そう」の意を表わしているが，(a) は「仮定法現在」を用いた条件文であり，(b) はふつうの「直説法現在」を用いた条件文である。そして今日では，この種の条件や譲歩を表わす文では，仮定法現在を用いるのはまれで，(1) の文も If this **is** true がふつうであり，(2) も接続詞を用いれば However humble it **is** (*or* it **may be**) となる。

　仮定法現在は，また (3) のような「要求・主張・命令・提案」などの内容を表わす *that*-Clause や，(4) のように「必要・当然」などの判断を示す表現に続く *that*-Clause で用いられ，この用法は米語に多く，英語ではふつう should を用いる：

{ (a) They demand (suggest, insist) that he **be** dismissed.

{ (b) They demand (suggest, insist) that he **should be** dismissed.

　　　(彼らは彼を解雇することを要求 (提案・主張) している)

　＊ この場合，主節の動詞が過去になっても，仮定法現在のままで変らない。

■注意■　insist に続く *that*-Clause では直説法の形も用いられるが，意味を区別：

{ (a) He **insisted** that his daughter always **come** home early. 〔仮定法現在〕

{ (b) He **insisted** that his daughter always **came** home early. 〔直説法過去〕

　(a) 彼は娘がいつも早く帰宅するように主張 (要求) した。

　(b) 彼は娘はいつも早く帰宅していると主張 (断言) した。

　(a) は **should come** home と言っても同じである。

IIIIIIIIIIIII **EXERCISE** IIIIIIIIIIIIIIIIIIIIIIIIIIIIIIIIIIIIIIIIIIIIIIIIIIIIIIIIIIIIII 解答 394 ページ

░ A ░

543. (a) God *saves* the Queen.

　　(b) God *save* the Queen.

544. (a) He insists that his son *paid* the debt.

　　(b) He insists that his son *pay* the debt.

545. *Come* what may, I will not give up hope.

546. I move that the election of the president *be* by ballot.

547. The family asks that friends not *send* flowers.

548. The regulation is that no student *stay* out after midnight.

░ B ░

549. No matter how many talents a man may possess, if he *be* lacking in self-confidence, he can never use them to the best advantage.

550. The English, whether they *be* church-goers or not, still look to the influence of religion to teach the three social R's —— reverence, responsibility and restraint.

░ C ░

551. The major threat to the stability and security of human society in the contemporary world is the marked disagreement between the achievements of physical science and technology and the backwardness in the development of the social sciences. It is imperative that the social sciences now *develop* the same objectivity and exactness most modern physical science has achieved. 　　　　　　　　　　　　　　　　　　（横浜市大）

░語句░　**545. Come what may**「たとえ何が起ころうと」 **give up**「放棄する」　**546. move**「動く；動議を提出する」 **election**「選挙；選任」 **ballot**「投票」　**548. regulation**「規定；規則」 **stay out**「外出している」　**549. tálent**「才能」 **be lacking in**「～を欠く」 **self-confidence**「自信」　**550. look to ～ to do** …「～に…することを期待する」 **réverence**「尊敬；敬意」 **responsibílity**「責任」 **restráint**「抑制；束縛」　**551. major**「主な」 **threat**「脅威」 **stability**「安定」 **security**「安全」 **contemporary**「同時代の；現代の」 **marked**「著しい」 **disagreement**「不一致；相違」 **achievement**「成果」 **phýsical**「物質の；肉体の；物理学の」 **technólogy**「科学技術」 **impérative**「命令的な；絶対必要な」 **objectívity**「客観性」

§70.　仮　定　法（仮定法過去）

(1)　If you **did** such a thing, you *would* repent it some day.

(2)　We wish you **were** here to share this sorrow with us.

(3)　If he **were to** die tomorrow, what *would* become of his family ?

(4)　If a nuclear war **should** break out, man *would* perish.

▨ (1)　もし[今]君がそんなことをしたら，いつか後悔するだろう。

▨ (2)　君が私たちとここにいてこの悲しみを共にしてくれればと思う。

▨ (3)　かりに彼が明日死んだとしたら，彼の家族はどうなるだろう。

▨ (4)　もし万一核戦争が起これば，人類は滅びてしまうだろう。

解　説　　「仮定法過去」は，過去形を用いる仮定法で，現在（または未来）のことにつき，事実とは反対の（または実現の見込みの薄い）条件や願望を表わす。現在形を用いて条件を表わす場合と意味を区別する。

- (a) I *will* lend him the money if he **needs** it. 〔直説法現在の条件文〕
- (b) I *would* lend him the money if he **needed** it. 〔仮定法過去の条件文〕

　(a)(b) ともに現在のことについての条件を表わすが，(a) は「彼は金が必要であるかないかわからないが，必要なら貸してあげよう」〔＝開放条件〕，(b) は「事実は彼は金を必要としていないが（または必要とすることはまずないと考えられるが），かりに必要なら貸してあげるのだが」〔＝仮定条件〕の意。

　(2)「君は今ここにいない」という事実と反対に「いればいいのになあ」という願望を表わす。「いなくて残念だ」という事実を表わす文は：

　→I'm sorry you **are** not here to share this sorrow with us.

　(3) were to ～ は「かりに～ならば」，(4) should は「万一～ならば」の意。

- (a) If it **rains** tomorrow, the match *will* be postponed.
- (b) If it **were to** (*or* **should**) rain, the match *would* be postponed.

　(a) は「雨が降れば試合は延期される」という開放条件，(b) は「まず雨が降ることはないだろうが，かりに（万一）降れば」という仮定条件を表わす。

■**注意**■　この were to とふつうの be to〔→p. 82〕を区別する。

- (a) If you **are to** succeed, you must work hard.
- (b) If you **were to** succeed, they would be astonished.

　(a) 君が成功しようと思うなら（成功するためには），努力せねばならない。

　(b) かりに君が成功するようなことがあれば，彼らはびっくりするだろう。

|||||||||||| **EXERCISE** |||||||||||||||||||||||||||||||||||||||||||||||||||| 解答 395 ページ

▨ A ▨

552. I *would* help even an enemy if he *were* in distress.

553. I *would*n't go out in such bad weather if I *could* help it.

554. Even if he *went* down on bended knees, I *would*n't forgive him.

555. If a serious crisis *should* arise, the government *would* take immediate action.

556. If I *were to* tell you all I know, you *would* not so much as speak to me.

▨ B ▨

557. One who *would* pay homage to me if I *were* a minister of state *would* be the first to throw a stone at me if I *were* reduced to adversity.

558. If we *were* perpetually conscious of the insecurity of life and happiness we *might* easily become morbid, and lose our ardour alike in work and in pleasure.

▨ C ▨

559. If human beings *were* capable of taking care of themselves from birth, there *would* pretty certainly be no such thing among men as the family. And even if children could do without their parents at three years old, which, allowing for the different lengths of lives, is much the condition of kittens or puppies, there still might not have been the family as we know it.　　　　　　　　　　　　　　　　　(大阪外大)

▨語句▨　**552. distréss**「心痛; 窮境」　　**553. help**「避ける; しないですませる」
554. go down on one's knees [niːz]「ひざを屈する」　**bend**「曲げる」　**forgive**「許す」　　**555. immediate** [imíːdiit]「じかの; 即座の」　　**556. not so much as**「～さえも…ない」　**557. homage** [hɔ́midʒ]「敬意; 忠誠」 **minister of state**「大臣」 **reduce ～ to ...**「～を…の状態にする」 **adversity**「逆境」　　**558. perpétually**「絶えず」 **be conscious of**「～を意識する」 **insecurity**「不安定」 **morbid**「病的な」 **ardour**「熱意」 **alike ～ and ...**「～も…も」(=both ～ and ...)　　**559. be capable of**「～ができる」 **pretty**「かなり」 **do without**「～なしですませる」 **allow for**「～を考慮に入れる」 **length**「長さ」(<long) **kitten**「子猫」 **puppy**「子犬」

§ 71. 仮 定 法（仮定法過去完了）

(1)　If I **had had** enough money, I *would have bought* it.

(2)　She *might have been* somebody if she **had been born** a man.

(3)　I wish I **had worked** harder in my younger days.

(4)　If only you **had told** me the whole truth.

▨ (1)　金の持合わせが十分あれば，それを買っていたでしょう。

▨ (2)　もし彼女が男に生まれていれば，相当な人物になっていただろう。

▨ (3)　若い頃もっと勉強しておけばよかった。

▨ (4)　君が本当のことをすっかり打明けていてくれさえすればなあ。

解　説　「仮定法過去完了」は過去の事実と反対の条件や願望を表わす。(1) (2) 条件文の場合は，前提節に「仮定法過去完了」を用い，帰結節のほうは「would (should, could, might) have＋過去分詞」で応じる。「仮定法過去完了」を用いた文に対して，事実を述べる文は，一般に次のような「直説法過去」を用いた形式で書換えられる。

> (a) *If* he **had known** her address, he *would have written* to her.
> (b) As he **did**n't **know** her address, he *did*n't *write* to her.
>
> (a) 彼女の住所を知っていたならば，彼女に手紙を書いたであろう。
> (b) 彼女の住所を知らなかったので，彼女に手紙を書かなかった。

(3) (4) 過去の事実と反対の願望を表わす「仮定法過去完了」の文は，ふつう，次のような形式で，事実を述べる「直説法過去」の文に書換えられる。

> (a) I wish he **had succeeded**.
> (b) I'm sorry (*or* I regret *or* It's a pity) [that] he **did**n't **succeed**.
>
> (a) 彼が成功すればよかったのに。
> (b) 彼が成功しなかったのは残念です。

■**注意**■　この種の条件文は，① ふつうは上例のように，前提節・帰結節の両方とも過去のことを述べるが，② 文によっては，前提節は過去のこと，帰結節が現在のことを述べる場合もある。

> ① If he *had taken* your advice, he **would have been** happier.
> ② If he *had taken* your advice, he **would be** happier now.
>
> ① 彼が君の忠告に従っていたら，もっと幸せになっていただろうに。
> ② 彼が君の忠告に従っていたら，今日もっと幸せに暮らしているだろうに。

‖‖‖‖‖‖ EXERCISE ‖‖‖‖‖‖‖‖‖‖‖‖‖‖‖‖‖‖‖‖‖‖‖‖‖‖‖‖‖‖‖ 解答　395・396 ページ

▨ A ▨

560. If Cleopatra's nose *had been* a little shorter, many countries *would have had* a different history.

561. If you *had* not *told* me about it, I *should* still *be* unaware of the fact.

562. There are even some who say that the world *would be* better and happier if modern science *had* never *arisen.*

▨ B ▨

563. Life is seldom as exciting as we think it ought to be. It is the other fellow's life which seems full of adventure. No matter what your profession, or how happy you may be in it, there are moments when you wish you *had chosen* some other career.

564. I have never starved, and never even felt poor, though my income for the first ten years was no better and often worse than it *would have been* if I *had remained* an elementary school-teacher.

▨ C ▨

565. As a boy, I had been rather frightened of my father, since his ideas of what a healthy schoolboy should like did not agree with mine. The hardships of his childhood had shaped his character in a very special way. His driving ambition was to do what his father *would have done* if he *had lived,* and he was inspired by the image which he had made of a father whom he lost when he was a small boy.　　　　（京　大）

▨語句▨　**561. be unaware of**「〜に気がついていない」　　**562. modern**「現代の」**arisen** [ərízn] ＜**arise**（起こる）　　**563. seldom**「めったに〜ない」　**exciting**「興奮させる；わくわくするような」　**adventure**「冒険」　**profession**「職業」　**career** [kəríə]「経歴；仕事」　**564. starve**「飢える」　**income**「収入」　**〜 than ― if** ...「…とした場合よりも〜」　**remain**「〜のままでいる」　**eleméntary school**「小学校」　　**565. be frightened of**「〜をこわがる」　**agree with**「〜と一致する」　**hardship**「苦労；苦難」**shape**「形成する」　**driving**「駆り立てる」　**ambition**「野心；大望」　**inspire**「吹き込む；いだかせる；霊感を与える」　**image** [imidʒ]「イメージ；像」

§72. 仮定法（慣用表現）

(1) **It's time** the children **went** to bed.

(2) He behaves **as if** he **owned** the place.

(3) **If it were not for** your advice, I should be at a loss what to do.

(4) **If it had not been for** her tender care, the patient would not have recovered so soon.

■ (1)　子供たちはもう就寝すべき時間だ。

■ (2)　彼はまるでそこの所有者であるかのように振舞う。

■ (3)　君の助言がなければ，私はどうしていいかわからないだろう。

■ (4)　彼女の行届いた看護がなければ，病人はこんなに早く回復しなかっただろう。

解　説　　(1) It's time の後に続く節では過去形が用いられるが，これは「仮定法過去」であって「直説法過去」ではないので，「～した」と訳さないように注意する。

　　It's time I **were** (*or* **was**) going.

　　〔誤〕それは私が行こうとしていた時であった。

　　〔正〕もうおいとますべき時間です。（= It's time for me to go.）

　(2) as if ～, as though ～ は「(事実はそうではないが) まるで～のように」の意。it isn't as if ～ は「～ではあるまいし」の意:

　　It isn't as though he were poor.　（貧乏ってわけでもあるまいし）

　(3) (4) if it *were* not for ～ は現在の事実と反対の仮定で「もし～がなければ」，if it *had* not *been* for ～ は「(過去において) もし～がなかったなら」の意で，両方とも but for ～, without ～ で置き換えることができる。

■注意■　as if ～ に類した表現に than if ～ があるが，元来は両方とも省略表現。

{ (a) He talks **as** [he *would* talk] **if** he *were* rich.
{ (b) He is much happier **than** [he *would* be happy] **if** he *were* rich.

　　(a)（彼はかりに金持であれば話すであろうように話す →）彼はまるで金持であるかのように話す。

　　(b)（彼はかりに金持であれば幸せであるだろうよりもずっと幸せだ →）彼は金持であるとした場合よりもずっと幸せだ。

〔過去完了の例〕His sorrow was greater **than** [it *would have been*] **if** he *had lost* his fortune.　（彼の悲しみは財産を失ったとした場合より大きかった）

▨▨▨▨▨ **EXERCISE** ▨▨▨▨▨▨▨▨▨▨▨▨▨▨▨▨▨▨▨▨▨▨▨▨▨▨▨▨▨▨ 解答 396 ページ

▨ A ▨

566. It's about time we *stopped* working.

567. People would like him *if it were not for* this fault of his.

568. *If it had not been for* an unexpected emergency, I would have paid him a visit.

569. She loved him as tenderly *as if* he *were* her own child.

570. I am suffering more *than if* I *were* exposed to fire.

▨ B ▨

571. *It is time* we once again *became* a society which places a high value on the prevention of waste.　　　　　　（センター）

572. When the nuclear age first burst upon us it seemed *as if* nothing short of miracle could save human civilization from a terrible doom.　　　　　　（名古屋工大）

573. *If it were not for* books, *for* the written record of man's most profound thoughts, his loftiest achievements, each generation would have to rediscover for itself the truths of the past, with only the inadequate help of oral tradition.　（神戸市外大）

▨ C ▨

574. Every part of history is closely connected with every other part and melts imperceptibly into it; and <u>no part of it would be quite as it is *if it were not for* the parts that went before.</u> No period in history can ever be considered quite separately, however different it may be from those that precede it.

　　　　　　（佐賀大）

▨語句▨　**566.** stop ～ing「～するのをやめる」　**567.** fault「欠点」　**568.** unexpécted「予想しない」　emérgency「緊急事態」　**569.** tenderly「やさしく」　**570.** suffer「苦しむ」　be exposed to「～にさらされる」　**571.** place（＝put, set）a high value on「～を高く評価する」　prevention「防止，予防」　waste「浪費，むだ使い」　**572.** nuclear［njúːkliə］「核の」　burst upon「～を突然襲う」　nothing short of「～以外の何物も…ない」　miracle「奇蹟」　save「救う」　doom「運命」　**573.** profound「深遠な」　lofty「高遠な」　rediscóver「再発見する」　inádequate「不十分な」　oral「口の」　tradition「伝統；伝承」　**574.** connéct「結びつける」　melt「溶ける」　impercéptibly「知覚できないように」　separately「切り離して」　precede「～に先行する」

§73. if の 省 略

(1) **Were** I in your position, I would resign my post.

(2) **Should** I fail, I would not try again.

(3) **Had** I known the truth, I would have told it to you.

(4) **Had** it not been for his objection, the plan would have been adopted.

▨ (1) 僕が君の立場にあれば，辞職するだろう。

▨ (2) もし万一失敗すれば，僕は二度と試みはしないだろう。

▨ (3) もし私が事実を知っていたならば，あなたに話していたでしょう。

▨ (4) 彼の反対がなかったなら，その計画は採用されていたでしょう。

| 解 説 | 仮定表現において，if が省略されて be 動詞や助動詞が主語の前に出る形をとることがある。 |

　(1) は If I were ..., (2) は If I should fail ... という仮定法過去の動詞・助動詞が前に出た場合。動詞が be 動詞以外のときは did を用いる。

$\begin{cases} \text{If I } \textbf{knew}, \text{ I would tell you.} & (もし知っていれば，お話しするのだが) \\ \textbf{Did} \text{ I know, I would tell you.} & (\qquad\qquad〃\qquad\qquad) \end{cases}$

慣用的な仮定法過去の表現 If it were not for ～ (～がなかったならば) の if が省略された形 **Were** it not for ～ もよく知っておかなければならない。

　(3) (4) 仮定法過去完了の場合は had が前に出る。挿入形式の例:

Any person, **had** he not been blind, would have noticed it.

　　　(だれでも，目が不自由ででもなければ，それに気づいたことだろう)

◆次のように，「譲歩」の意を表わす節がこの形式をとることもある。

Even **were** he in the wrong, he would not admit it.

　　　〔=Even **if** he **were** in the wrong ...〕

　　　(たとえかりに間違っていても，彼はそれを認めはしないだろう)

■**注意**■　次のような場合にも「仮定」と「譲歩」の意を区別する。

$\begin{cases} \text{(a) } \textbf{Could} \text{ he have foreseen his failure, he would have changed his mind.} \\ \text{(b) } \textbf{Could} \text{ he have foreseen his failure, he would not have changed his mind.} \end{cases}$

　　(a) 失敗を予知することができたならば，彼は決心を変えていただろう。

　　(b) 失敗を予知することができたとしても，彼は決心を変えなかっただろう。

　(a) = **If** he **could** have foreseen ...　　〔仮定〕

　(b) = **Even if** he **could** have foreseen ... 〔譲歩〕

EXERCISE　解答 396・397 ページ

A

575. (a) *Should* you change your mind, no one would support you.
(b) *Should* you change your mind, no one would blame you.

576. Even *were* it possible, it is a question if it would be desirable.

577. Newspapers could not be sold so cheaply, *were* it not for the immense income derived from advertising.

578. *Had* I taken exercise a little every day upon your advice instead of being at work all the time, I should not have been attacked with a disease like this.

B

579. The weather was of the sort that, *had* it come on a Sunday, would have permitted the newspapers to report record-breaking crowds in the park. (同志社大)

580. *Should* one dare to disobey a law because he finds it troublesome; *should* he dare to take what he calls "right" which interfere with another's freedom, he is likely to be punished for it.

C

581. <u>Many of our most successful men, *had* they been able to choose for themselves, would have selected some quite different profession from that in which they have made their fortunes.</u> They did not like the lot in life which fell to them; but they took it up bravely and made the best of it, and it has turned to gold in their hands. (大阪薬大)

語句 575. **change one's mind**「決心を変える」 **suppórt**「支持する」 **blame**「責める」 576. **desirable**「望ましい」 577. **imménse**「莫大な」 **income**「収入」 **derived from**「～から引きだされる」 **advertising** [ǽdvətaiziŋ]「広告」 578. **advíce**「忠告」 **instead of**「～のかわりに」 **attack**「攻める」 **disease** [dizíːz]「病気」 579. **sort**「種類」(＝kind) **permit**「許す」 **repórt**「報道する」 **record-breaking**「記録破りの」 580. **dare to**「あえて～する」 **disobey**「～に従わない」 **troublesome**「わずらわしい」 **interfere** [-fíə] **with**「～に干渉する；～を妨げる」 **be likely to**「たぶん～する」 581. **select**「選ぶ」 **profession**「職業」 **lot**「運命；境遇」 **take up**「(避けないで) 取り上げる」 **make the best of**「～を最大限に生かす」

§74.　条件・仮定表現（節の形式）

(1) There can be no progress **if** people have no faith in tomorrow.

(2) It's no use preaching **unless** you set an example yourself.

(3) **Provided** he confess his fault, I will forgive him.

(4) I'll lend it to you **on condition that** you keep it clean.

▧ (1)　明日を信じなければ進歩はありえない。

▧ (2)　自分が手本を示さなければ，お説教したってむだだ。

▧ (3)　彼が誤ちを正直に認めたならば，私は彼を許してやろう。

▧ (4)　汚さなければ，それを貸してあげよう。

| 解　説 | 　　条件・仮定を表わす代表的な接続詞は if と unless(＝if～not) であるが，他の品詞の語や，句の形をしたものも用いられる。 |

Suppose it rains, what shall we do?　（雨が降ったら，どうしよう）

You may stay here, **as long as** you keep quiet.　（静かにしているなら…）

Once [it is] seen, it will never be forgotten.　（一度見たら忘れられない）

◆if only は「願望」を表わすのに対し，only if は「条件」を表わす。

{ (a) **If only** I had done my best.　〔＝I *wish* I had done my best.〕

{ (b) **Only if** you do your best, you can hope to succeed.

　(a)　最善を尽くしておけばよかったのになあ。

　(b)　最善を尽くしてのみ，成功を望むことができる。

　cf. **If only** you try, you will learn it easily.　〔＝If you *only* try …〕

　　　（やってみさえすれば，楽にそれができるようになるだろう）

■注意■　if が導く節が，(a) 上の(1)の例のように，ふつうの直説法を用いて，起こる場合もあり起こらない場合もある単なる条件（＝開放条件）を述べる場合と，(b) 仮定法を用いて，事実と反対の，または実現の可能性の少ない，仮定的な条件（＝仮定条件）を表わす場合とを区別する。〔→p. 164〕

{ (a) If she **advise** him to do so, she *is* unwise.　　　〔直説法現在〕

{ (a)′ If she **advised** him to do so, she *was* unwise.　　〔直説法過去〕

{ (b) If she **advised** him to do so, she *would* be unwise.　〔仮定法過去〕

　(a)　彼女が彼にそうするように忠告する<u>なら</u>，彼女は賢明では<u>ない</u>。

　(a)′　彼女が彼にそうするように忠告した<u>のなら</u>，彼女は賢明では<u>なかった</u>。

　(b)　彼女が<u>もし</u>彼にそうするように忠告する<u>とすれば</u>，彼女は賢明では<u>ないだろう</u>。

(b) の仮定法過去は，過去のことではなく，現在または未来のことを述べ，「彼女がそうするように忠告することはまずないが，かりにしたならば」の意を表わす。

▦▦▦ **EXERCISE** ▦▦▦▦▦▦▦▦▦▦▦▦▦▦▦▦▦▦▦▦▦▦▦ **解答 397 ページ**

▨ **A** ▨

582. (a) The match will be postponed *in case* it rains.

    (b) Take your umbrella with you *in case* it rains.

583. (a) You can have it *if only* you ask for it.

    (b) You can have it *only if* you ask for it.

584. No success is worthy of the name *unless* it is won by honest labor.

585. *Once* you have formed a bad habit, it is by no means easy to get rid of it.

▨ **B** ▨

586. Needless to say, any estimate of a modern novel is valueless *unless* it is based on knowledge of the great work of the past.

587. Each day of our life brings its task, which, *unless* properly attended to, is doubled on the following day. Never put off till tomorrow what should be done today.

588. In youth, one should search among books as one searches the world for friends, and *once* these friends are found, chosen, and adopted, one must go into retirement with them.

（大阪学芸大）

▨ **C** ▨

589. <u>Purely physical fatigue, *provided* it is not excessive, tends to be a cause of happiness</u>; it leads to sound sleep and a good appetite and enhances the pleasures that are possible on holidays. But when it is excessive it becomes a very grave evil.

（九州工大）

▨語句▨ **582. match**「試合」**postpone**「延期する」**in case**「～の場合；～の場合に備えて；～するといけないので」 **584. worthy of**「～に値する」 **win**「～に勝つ；獲得する」 **labor** [léibə]「労働；努力」 **585. form**「形成する；身につける」 **by no means**「決して～ない」 **get rid of**「～を除く」 **586. needless to say**「言うまでもなく」**éstimate**「評価」**valueless**「価値のない」**be based on**「～に基く」 **587. properly**「正しく」**attend to**「～に注意する；～に励む」**double**「二倍にする」**put off**「延ばす」（＝postpone） **588. search**「捜し求める」**adopt**「採用する」**retirement**「隠退」 **589. physical**「肉体的な」**fatigue** [fətíːg]「疲労」**excessive**「過度の」**lead to**「～に至る；～を生む」**appetite** [æpitait]「食欲」**enhánce**「高める」**grave**「重大な」**evil** [íːvl]「悪」

§75. 条件・仮定表現（節の形式以外のもの1）

(1) **Without** your help, I would not be able to complete it.
(2) **But for** the traffic jam, we could have arrived in time.
(3) He is ill, **otherwise** he would attend the meeting.
(4) Talk of the devil, **and** he will appear.

- (1) 君の援助がなければ，それを完成することはできないだろう。
- (2) 交通渋滞がなかったならば，遅れないで着くことができただろう。
- (3) 彼は病気ですが，そうでなければ会に出席するところなのですが。
- (4) 悪魔のことを話せば，悪魔が現われる。(うわさをすれば影がさす)

<u>解　説</u>　　without, but for は「～がなかったならば」の意を表わし，両者は相互に置き換えることができる。節の形式で表わす場合は，(1)は「現在」の事実と反対の仮定，(2)は「過去」の事実と反対の仮定であるから，それぞれ，次のように書換えられる。

　(1) = **If it were not for** your help, I would not be able to complete it.
　(2) = **If it had not been for** the traffic jam, we could have arrived in time.
反対に「～があれば」の意は with によって表わされる。
　With your help, I would be able to complete the work.
　　　　（君が助けてくれれば，僕はその仕事を完成できるだろう）
　(3) **otherwise** は「さもなければ (= or)」の意で，仮定条件を表わす。この文の otherwise は節の形式にして具体的に表わせば次のようになる。〔→p. 246〕
　　If *he* **were** *not ill*, he would attend the meeting.
　(4)「命令文＋**and**」は「～すれば」，「命令文＋**or**」は「～しなければ」の意を表わすことになり，それぞれ if, if ～ not (= unless) で書換えられる。
　　(4) = **If you talk of** the devil, he will appear. 〔→p. 246〕
　⎰ **Hold** your tongue, **or** you will repent it.
　⎱ **If** you do**n't** hold (*or* **Unless** you hold) your tongue, you will repent it.
　　　　（だまっていなければ，後悔することになるぞ）

■**注意**■　but for は (**a**) 上のように条件を表わす慣用表現である場合のほか，(**b**) 文脈によっては，ただ but と for が隣接したにすぎない場合もある。
　But for them, life would be very dull.
　⎰（**a**) それらがなかったならば，人生は非常に退屈なものになるでしょう。
　⎱（**b**) <u>しかし彼らにとっては</u>，人生は非常に退屈なものになるでしょう。

░░░░░░ **EXERCISE** ░░░░░░░░░░░░░░░░░░░░░░░░░░░░░ 解答　397・398 ページ

░ **A** ░

590. It is a pity that he fell into mistakes that could easily have been avoided *with* a little more thought and care.

591. *But for* the newspapers which inform us of what is going on in the world from day to day, we should feel a great deal of inconvenience in our daily life.

░ **B** ░

592. Higher education must prepare even little men for greater things than they would *otherwise* have found possible.

593. A little more persistence, and a little more effort, *and* what seemed hopeless failure may turn to glorious success. There is no failure except in no longer trying.

594. *Without* history we should be at a loss to understand our presence on the earth either as a nation or as individuals, nor could we appreciate the lives of great men *without* knowledge of the life and times in which they lived and moved.

（滋賀大）

░ **C** ░

595. Friendship is almost always the union of a part of one mind with a part of another; people are friends in spots. Friendship sometimes rests on sharing early memories, as do brothers and schoolfellows, <u>who often, *but for* that now affectionate familiarity with the same old days, would dislike and irritate one another extremely.</u>

（奈良女大）

───────────────────────────────────

░語句░　**590. It is a pity that** ... 「…は残念なことだ」　**avoid**「避ける」　　**591. inform ～ of** ... 「～に…を知らせる」　**from day to day**「日々；日ごとに」　**inconvenience** [-víː-]「不便」　　**592. higher education**「高等教育」　　**593. persístence**「忍耐；ねばり」　**hopeless**「絶望的な」　**glorious**「輝かしい」　**no longer**「もはや～ない」　　**594. at a loss**「途方に暮れて」　**presence**「出席；存在」　**either ～ or** ...「～か…か；～も…も」　**indivídual**「個人」　　**595. únion**「結合；統一」　**in spots**「あるいくつかの点で；部分的に」　**rest on**「～に依存する」　**share**「分かち合う」　**affectionate**「愛情ある；親愛なる」　**familiarity**「なじみ；親しさ」　**írritate**「いらだたせる」

§76.　条件・仮定表現（節の形式以外のもの2）

(1)　**A true friend** would not have betrayed you.

(2)　It would be a great mistake **to think** money is everything.

(3)　Certain poisons, properly **used**, prove beneficial.

(4)　**In your place**, I would have rejected the offer.

▨ (1)　真の友人であったならば，君を裏切ったりはしなかっただろう。

▨ (2)　金がすべてだと考えたとすれば，それは大きな間違いだろう。

▨ (3)　ある種の毒は，正しく用いられれば，薬になることがある。

▨ (4)　僕が君の立場にあれば，その申し出を拒否していただろう。

解　説　　条件の意味は，上例のように，(1) 名詞　(2) 不定詞　(3) 分詞構文　(4) 副詞要素などによって表わされることがある。その場合，(1)(2)(4) のように「仮定条件」〔→p. 172〕を表わすものと，(3) のように「開放条件」を表わすものがある。各文を節の形式にすれば，次のようになる。

(1) = If he **had been** a true friend, he would not have betrayed you.

(2) = It would be a great mistake **if** you **thought** money is everything.

(3) = Certain poisons, **if** they **are** properly used, prove beneficial.

(4) = **If** I **had been** in your place, I would have rejected the offer.

◆(1) に類した次のような文では，「～ならば」ではなく「～でさえも」の意。

　　A child could have answered the question.

　　　　　　（子供だってその問に答えることができただろう）

　(2) に類した形式で，不定詞に否定詞がついている場合も多い。

　　He would be stupid **not to accept** the offer.

　　　　　　（もしその申し出を受け入れなければ，彼は愚かだ）

■注意■　would（should, could, might）have done の形は，過去の事実と反対の条件（もし…であったならば）に対する帰結（～なっていた［～できていた，～かもしれなかった］だろう）を述べる形であるが，条件が具体的に表わされない場合もある。

　　It **might have been** worse.（［事情によっては］もっとひどいことになっていたかもしれない→これくらいですんでよかった）

　　I **could have killed** him.（彼を殺すことだってできただろう→殺してやりたいくらいだった）

　　cf. I **could kill** him.　〔誤〕僕は彼を殺すことができた。

　　　　　　　　　　　　　　　〔正〕彼を殺してやりたいくらいだ。

‖‖‖‖‖ **EXERCISE** ‖‖‖‖‖‖‖‖‖‖‖‖‖‖‖‖‖‖‖‖‖‖‖‖‖‖‖‖‖‖‖‖ 解答 398・399 ページ

▨ A ▨

596. *To hear* him talk, you would take him for a great scholar.

597. *An honest man* would have no hesitation in refusing such an offer.

598. It might have been done easily *then*, but it is impossible now.

599. *All the wealth* of the world could not buy you a friend.

600. Let us not waste life, thinking of what might have been, and forgetting the may-be that lies before us.

▨ B ▨

601. History shows that, *given* enough time, man can become adapted not only to crowding, but also to unhealthy environments.　　　　　　　　　　　　　　　　　　　　　　（茨城大）

602. It would be ungrateful *not to recognize* how great are the blessings which science has given to mankind. It has brought within the reach of multitudes benefits and advantages which only a short time ago were the privilege of the few.

▨ C ▨

603. A conflict between the generations seems the most stupid of all conflicts. Everyone in the course of life is young, and everyone who survives long enough becomes old. And it is the same person who is both —— the same soul, the same mind and the same heart. <u>So if any kind of conflict can properly be described as suicidal, it is this. *Persisted* in, it would make the continuance of human society impossible.</u>　　　（京　大）

▨語句▨　**596.** take ～ for ...「～を…と思う」　　**597.** hesitation「ちゅうちょ；ためらい」　　**600.** the may-be「そうなるかもしれないこと；可能性」　　**601.** given ～「～が与えられれば」 adápt「適応させる」 crowding「混雑；人口過密」　　**602.** ungráteful「恩知らずの」 blessing「祝福」 within the reach of「～の手の届く範囲に」 múltitude「多数」 privilege「特権」　　**603.** cónflict「争い」 in the course of「～のあいだに」 survive「生き残る」 describe「描写する；～と呼ぶ」 suicidal [sjuisáidl]「自殺的な」 persist in「～に固執する」

§77. 譲 歩 表 現 (ふつうの形式)

(1)　**Though** everyone may desert you, I will stand by you.

(2)　**Even if** you are learned, you must not despise the ignorant.

(3)　You will have to do it, **whether** you like it or not.

(4)　**Whatever** may happen, you must not be discouraged.

▨ (1)　皆が君を見捨てても，僕は君から離れない。

▨ (2)　たとえ自分に学問があっても，無学な人を軽べつしてはいけない。

▨ (3)　好もうと好むまいと，君はそれをしなければならないだろう。

▨ (4)　たとえ何が起ころうとも，勇気を失ってはならない。

| 解　説 | (1)　「たとえ～でも」という「譲歩」の意を表わす副詞節を導く代表的な接続詞は though であるが，次の関係が成り立つ。 |

{ **Though** he is clever, he is not wise.　(頭はいいが賢明ではない)
{ = He is clever, **but** he is not wise.　(　　　　　〃　　　　　)

(2) even if は even though でも同じである。

(3) whether ～ or not は (**a**)「譲歩」の副詞節を導く接続詞の場合と，(**b**)「間接疑問」の名詞節を導く接続詞である場合を区別する。

{ (**a**) **Whether** *you approve of this plan or not*, I will carry it out.
{ (**b**) **Whether** *you approve of this plan or not* does not matter a bit.

(**a**) 君がこの計画を認めようが認めまいが，僕はそれを実行する。

(**b**) 君がこの計画を認めるか認めないかは少しも問題ではない。

(4) -ever の形の語 〔→p.132〕を用いた譲歩構文は no matter ～ の形で書換えられる。動詞が be である場合は省略されることもある。

{ **Whatever** the problems [may be], you must face up to them.
{ **No matter what** the problems [may be], you must face up to them.

(たとえ問題がいかなるものであれ，臆せず直面せねばならない)

■**注意**■ if は「条件」を表わすことが多いが，「譲歩」を表わすこともあるので，両者を区別しなければならない。

{ (**a**) I will do so **if** you do not object. (君が反対で<u>なければ</u>そうしよう)
{ (**b**) I will do so **if** it ruins me. (たとえ身を滅ぼすことに<u>なっても</u>そうしよう)
{ (**c**) **If** he is not clever, he is at least diligent. (頭はよくなく<u>ても</u>，少なくとも勤勉だ)

(**a**)は「条件」，(**b**)(**c**)は譲歩を表わし if＝even if の場合。

|||||||||| **EXERCISE** |||||||||||||||||||||||||||||||||||||||||||||||||||||||||||||||||| 解答 399 ページ

▨ A ▨

604. (a) *If* he works hard, he will pass the examination.

(b) *If* he works hard, he will not pass the examination.

605. The work is worth attempting *even if* I fail.

606. *Although* I trust you, your apology does not sound reasonable.

607. *However* much advice we give him, he always has his own way.

608. He wants to do it, *whatever* the consequences.

▨ B ▨

609. It would be a delight and pleasure to me to do something every day, *were* it ever so minute. （静岡大）

610. In any conceivable kind of culture man needs to co-operate with others if he wants to survive, *whether* for the purpose of defending himself against enemies or dangers of nature, *or* in order that he may be able to work and produce. （中央大）

▨ C ▨

611. Most of the work that most people have to do is not in itself interesting, but even such work has certain great advantages. To begin with, it fills a good many hours of the day without the need of deciding what one shall do. Most people, when they are left free to fill their own time according to their own choice, are at a loss to think of anything sufficiently pleasant to be worth doing. And *whatever they decide on, they are troubled by the feeling that something else would have been pleasanter.* （宮崎大）

▨語句▨　**606. apólogy**「詫び；弁明」　**sound**「～のように聞こえる；～らしい」　**reasonable**「理にかなっている」　　**607. have one's own way**「自分の思い通りにする」　**608. cónsequence**「結果」　**609. were it**＝even if it were（たとえ～でも）　**minute** [mainjúːt]「こまかい；些細な」　　**610. conceivable**「考えられる」　**culture**「文化」　**co-óperate**「協力する」　**survive**「生き残る」　**defend**「守る」　**611. in itself**「それ自体は」　**To begin with**「まず第一に」　**a good many**「かなり多くの」　**according to**「～に従って；～によれば」　**choice**「選択」　**at a loss**「途方に暮れて；困って」　**sufficiently**「十分に」

§78.　譲 歩 表 現 (種々の形式)

(1)　Rich **as** he is, he is not contented.

(2)　**Try** as you may, you will never catch up with him.

(3)　**It is true** he is clever, **but** he is lacking in prudence.

(4)　**Granting that** it is true, it does not concern me.

　▨　(1)　彼は金持であるが，満足していない。

　▨　(2)　君がどんなに頑張っても，彼に追いつくことはできないだろう。

　▨　(3)　確かに彼は頭はいいが，分別が欠けている。

　▨　(4)　それが本当だとしても，僕には関係のないことだ。

解　説　　　(1) 接続詞 as の前に名詞・形容詞・副詞などが出た倒置形式で，名詞の場合は冠詞がつかないことに注意する。

　Child **as** he was, he was not afraid. 〔= **Though** he was *a* child, …〕
　　　(彼は子供だったが，こわがらなかった)

(2) 動詞の原形が文頭に出て，譲歩の意味を表わす場合。

　Come what may, I won't change my mind. 〔= *No matter what* may come, …〕(たとえ何が起ころうと，私は決心を変えない)

(3)「なるほど (確かに) 〜 だが … だ」の意の相関表現。このほか，**indeed** (**true / to be sure / certainly**) 〜 **but** … なども用いる。〔→p. 278〕

(4) 独立分詞構文〔→p. 92〕を用いる場合で，**Granted** that 〜 という過去分詞を用いることもある。**Admitting** that 〜 (〜は認めても) も同類。

◆while は (a)「時」，(b)「譲歩・対照」を表わす場合を区別する。

　{ (a)　**While** she was talking, he remained silent and listened.
　{ (b)　**While** she was talkative, he was quiet and reserved.

　　(a)　彼女が話しているあいだ，彼はだまって聞いていた。

　　(b)　彼女はおしゃべりだったが，彼はもの静かで控え目だった。

■注意■　① as を用いた倒置形式は文脈によっては「理由」を表わすこともある。

　{ (a)　Young **as** he is, he is equal to the task.　　〔= **Though** he is young, …〕
　{ (b)　Young **as** he is, he is not equal to the task.　〔= **As** he is young, …〕

　　(a)　彼は若いけれど，その仕事をする力量がある。

　　(b)　彼は若いので，その仕事をするだけの能力はない。

② 上の (2) に類した形式で，let が文頭に置かれる場合も知っておくこと。

　Let the matter *be* what it will, you must do your best. 〔=Whatever the matter may be, …〕(たとえ何事であれ，最善を尽しなさい)

▮▮▮▮▮▮▮▮▮ **EXERCISE** ▮▮▮▮▮▮▮▮▮▮▮▮▮▮▮▮▮▮▮▮▮▮▮▮▮▮▮▮▮▮▮▮▮▮▮ 解答 400 ページ

░ **A** ░

612. (a) Dark *as* the night was, I could see everything.

(b) Dark *as* the night was, I could see nothing.

613. Great *as* Einstein is as a physicist and a philosopher, he is still greater as a man.

614. *Try* as you may, you can't finish it in a day.

615. *Granted* that he had the best intention, no one forgave his conduct.

616. *Be* a man as lucky as he will, he cannot be successful without taking pains.

░ **B** ░

617. A man thinking or working is always alone, *let* him be where he will. Solitude is not measured by the miles of space that intervene between a man and his fellows.

618. Language study is one of the best means of enabling us to understand our fellow men. It is difficult, *to be sure, but* rich in rewards. It makes us better citizens of the international world in which we live.　　　　　　　　　　　　（早　大）

░ **C** ░

619. <u>Foolishly arrogant *as* I was, I used to judge the worth of a person by his intellectual power and attainment.</u> I could see no good where there was no logic, no charm where there was no learning. Now I think that one has to distinguish between two forms of intelligence, that of the brain, and that of the heart, and I have come to regard the second as by far the more important.　　　　　　　　　　　　（滋賀大）

──

▮語句▮ **613. phýsicist**「物理学者」 *cf.* physícian（医者） **philósopher**「哲学者」 **615. Granted that ...**「…だとしても」　　**616. successful**「成功した」 **take pains**「苦労する」　　**617. sólitude**「孤独」 **intervene** [intəvíːn]「介在する；干渉する」 **618. enable**「可能ならしめる」 **to be sure, but ～**「なるほど…だが～だ」　　　**619. árrogant**「ごう慢な」 **intelléctual**「知的な；頭脳の」 **attáinment**「達成；業績」 **logic**「論理」 **come to do**「～するようになる」 **regard ～ as ...**「～を…とみなす」 **by far**「はるかに；ずっと」

§79. 譲 歩 表 現 (句の形式)

(1) **In spite of** his learning, he knows little of the world.
(2) He went to work **despite** his illness.
(3) **With all** his faults, he is a respectable man.
(4) **For all** his efforts, he failed in the business.

▨ (1) 彼は学問があるにもかかわらず，世事にはうとい。
▨ (2) 彼は病気だったが仕事にでかけた。
▨ (3) いろいろ欠点はあるが，彼はりっぱな人です。
▨ (4) あんなに努力したのに，彼は事業に失敗した。

| 解　説 | 「～にもかかわらず」の意を表わす句は，「～であるが」という譲歩の副詞節と相互に書換えられる場合が多い。たとえば: |

(1) = **Though** *he is learned*, he knows little of the world.
(2) = He went to work **although** *he was ill*.

「～にもかかわらず」の意を表わす代表的な表現は in spite of ~，次に despite であるが，notwithstanding も同意である。

　　Notwithstanding the rise in prices, luxury goods are still much in demand. (物価の上昇にもかかわらず，奢侈品に対する需要はまだ大きい)

　(3) (4) with all ~，for all ~ も in spite of ~ と同義であるが，after all ~ も同様に用いられることがある。

　　After all his efforts, he failed. (努力にもかかわらず失敗した)

◆for all を含む熟語表現: **for all I know** (ひょっとしたら；ことによると)/ **for all I care** ([…であろうと] 私の知ったことではない)

■注意■ with all や after all は別の意味で用いられる場合を区別する。

　(a) **With all** his knowledge, he is despised by people.
　(b) His brain still functioned **with all** its old keenness.
　(c) **With all** his gifts, he ought to have done bigger work.

　(a) 彼は博識であるにもかかわらず，人々に軽べつされている。
　(b) 彼の頭脳は，昔のままの鋭敏さをもって（相変らず鋭敏に）働いた。
　(c) あれほどの才能をもっているのだから，もっと大きな事ができて当然だった。

　(a) **After all** my advice, he would not give up smoking.
　(b) **After all**, he didn't give up smoking.

　(a) 僕の忠告にもかかわらず，彼はたばこをやめようとしなかった。
　(b) 結局，彼はたばこをやめなかった。

▨▨▨▨▨ **EXERCISE** ▨▨▨▨▨▨▨▨▨▨▨▨▨▨▨▨▨▨▨▨▨▨▨▨ 解答 400・401 ページ

▨ **A** ▨

620. (a) *After all* the discussion, they failed to come to an agreement.

(b) *After all*, they failed to come to an agreement.

621. *In spite of* my repeated advice, he didn't give up drinking.

622. He burst out laughing *in spite of* himself.

623. Life is worth living, *despite* the difficulties that surround us.

▨ **B** ▨

624. *For all* you say, I still like her.

625. He may be dead *for all* I care.

626. He may be a kind-hearted man *for all* I know.

627. Music is, *for all* its abstractness and its apparent meaninglessness, profoundly and subtly related to emotion.

628. It would be different if it were given to us to live a second time through the same events *with all* the knowledge of what we have seen before. (早 大)

▨ **C** ▨

629. The world is an unfair and often a terrifying place. And conventional wisdom, which elders try to give to the young with such overwhelming generosity, often will have little to do with the increasingly complex problems of the next two decades. The question is not whether our society is imperfect (we can take that for granted), but how to deal with it. *For all* its harshness and irrationality, it is the only world we've got. (東外大)

▨語句▨ **620. fail to do**「〜できない」**621. repeated**「繰り返しての」 **give up**「放棄する；やめる」 **622. burst out 〜ing**「どっと〜する」 **in spite of oneself**「つい思わず」 **627. abstractness**「抽象性」 **apparent**「明らかな；外見的な」 **profoundly**「深く」 **subtly** [sʌ́tli]「微妙に」 **related to**「〜と関係がある」 **emotion**「感情」 **628. it is given to 〜 to do**「〜に…する機会が与えられる；〜が…できる」 **629. unfair**「不公平な」 **conventional**「因襲的な」 **overwhelming**「圧倒的な」 **generósity**「寛大さ；気前のよさ」 **complex**「複雑な」 **decade** [dékeid]「10年」 **irrationálity**「不合理性」

§80. 「理由」の表現 (節の形式)

(1)　They despised him **because** he was arrogant.

(2)　**As** she was the eldest, she looked after the others.

(3)　**Since** you have made a promise, you must keep it.

(4)　It must be true, **for** everybody says so.

▧ (1)　彼はごう慢だったので，彼らは彼を軽べつした。

▧ (2)　彼女が一番年上だったので，ほかの者の面倒を見た。

▧ (3)　君は約束したんだから，それを守らなければいけない。

▧ (4)　それは本当であるにちがいない，皆がそう言っているんだから。

| 解　説 | 　理由を表わす接続詞のうち，**because, as, since** は従位接続詞 |

であり，主節の前・後いずれにも置かれるが，**for** は等位接続詞
であるから，and や but などと同じく文頭に出ることはなく，付加的・追叙
的に理由を述べる。as は軽く文頭にも置かれるが，because を文頭に用いると
強意的になる。次のようなものも理由を表わす接続詞として用いられる。

Now [that] you are a big boy, you must behave better.

　　(もう大きくなったんだから，もっと行儀よくしなさい)

Seeing that he could not persuade the others, he gave in.

　　(ほかの者を説得できなかったので，彼は折れた)

Not that I dislike the work **but that** I have no time now.

　　(その仕事がいやなのではなく，今時間がないのです)

The higher income tax is harmful **in that** it may discourage people from
trying to earn more.　(所得税を増すことは，所得をふやそうという気持を失

　　　　　　わせるという点で [→失わせるので] 有害である)

◆because の節が次のような副詞によって修飾されることがある。

　　She married him **partly** (**chiefly**, **simply**) *because* he was rich.

　　(彼女は一つには (主に，ただ) 彼が金持だったので彼と結婚した)

▨注意▨　because に not が先行する場合，意味関係を間違えないように。[→p.294]

Don't be proud **because** you are rich.

　　〔誤〕君は金持だから自慢するな。〔正〕金があるからといって自慢するな。

ただし，次の文のように，文脈によって二通りに解釈できる場合もある。

　　She didn**'t** marry him **because** he was rich.

　　(**a**) 彼女は彼が金持であるから結婚したのではない。(理由はほかにある)

　　(**b**) 彼女は，彼が金持なので，結婚しなかった。(彼女は金持がきらい)

IIIIIIIIIIIIII **EXERCISE** IIIIIIIIIIIIIIIIIIIIIIIIIIIIIIIIIIIIIIIIIIIIIIIIIIIIIIIII 解答 401 ページ

▨ A ▨

630. You should not look down on a person *merely because* he is poor.

631. *Since* it is too expensive, I cannot afford to buy it.

632. *Now that* we are here, we may as well see the sights.

633. Men differ from brutes *in that* they can think and speak.

634. He didn't come *on the ground that* he had no time to spare.

635. *Seeing [that]* you have done it in spite of our advice, you must take the consequences.

▨ B ▨

636. It is *not because* he was lacking in ability *but because* he was lacking in sincerity, that with all his learning he could not become respected by people.

637. One who is honest *simply because* he has been taught that honesty is the best policy, will probably become dishonest when he thinks that honesty will not pay.

▨ C ▨

638. It is *precisely because* great books are difficult that they are more readable and more worth reading than other books. It is *precisely because* their difficulty challenges our skill in reading that they can help us to improve that skill. It is *precisely because* they often challenge our accepted prejudices and our established opinions that they can help us to develop our critical faculties.

（同志社大）

▨語句▨ 630. look down on「～を軽べつする」 merely because「ただ…だからといって」 631. expensive「高価な」 cannot afford to「～する余裕がない」 632. may as well「～しても（～したほうが）いいだろう」 633. brute「けだもの」 634. on the ground that ...「…という理由で」 spare time「時間をさく」 635. consequence「結果」 636. be lacking in「～が欠けている」 ability「能力」 sincerity「誠実さ」 with all「～にもかかわらず」 637. policy「政策；方針」 pay「得になる；もうかる」 638. precisely[prisáisli]「正確に；まさに」 chállenge「～に挑戦する」 ímprove「改善する；向上させる」 prejudice「偏見」 established「確立された；既成の」 devélop「開発する」 critical「批判的な」

§81.「理由」の表現（句の形式）

(1) The game was called off **because of** rain.

(2) He was absent from school **on account of** illness.

(3) **Owing to** his lack of self-confidence, he lost the game.

(4) He was excused **on the ground of** his youth.

▨ (1) 雨のために試合は中止になった。

▨ (2) 彼は病気のために学校を欠席した。

▨ (3) 自信不足のために，彼は試合に負けてしまった。

▨ (4) 彼は若かったので許された。

<u>解　説</u>　　「理由・原因」を表わす副詞句は接続詞を用いた副詞節の形式に書換えられる場合が多い。たとえば(2)(4)は次のように表わせる。

(2) = He was absent from school **because** he was ill.

(4) = He was excused **on the ground that** he was young.

「理由・原因」を表わす前置詞には次のようなものがある。

She refused help **through** pride.　（自尊心のため援助を拒否した）

The survivors were weak **from** lack of food.

　　　　　　　（生存者たちは，食物不足のため衰弱していた）

He asked **out of** curiosity.　（彼は好奇心にかられて尋ねた）

He was punished **for** telling a lie.　（彼は嘘をついたため罰せられた）

Please take good care of yourself **with** the weather so changeable.

　　　　　　　（天候が変わりやすいのでお体にお気をつけください）

◆**due to ~** は (**a**) because of ~, on account of ~, owing to ~ と同じように副詞句を導く場合と，(**b**) be 動詞の補語になる用法とがある。

　(**a**) **Due to** the driver's carelessness, we had a bad accident.

　　　　　　　（運転者の不注意のために，ひどい事故が起こった）

　(**b**) The accident was **due to** the driver's carelessness.

　　　　　　　（その事故は，運転者の不注意によるものであった）

■**注意**■　次のような句も「理由」に類した意味を表わす。

Thanks to his assistance, I was able to carry out the work.

　　　（彼の援助の<u>おかげで</u> [彼が援助してくれた<u>ので</u>] その仕事が達成できた）

By dint of effort, he could pass the examination.

　　　（努力<u>によって</u> [努力した<u>ので</u>] 彼は試験に合格した）

▨▨▨▨▨ **EXERCISE** ▨▨▨▨▨▨▨▨▨▨▨▨▨▨▨▨▨▨▨▨▨▨▨ 解答 401・402 ページ

▨ **A** ▨

639. Fools fear nothing *because of* their ignorance.

640. He was nervous *from* having never spoken in public.

641. *With* such knowledge and experience, he is sure to succeed.

642. He was misunderstood *through* his ignorance of foreign customs.

643. *On account of* the terrible weapons no one could start war today without risking self-destruction.

▨ **B** ▨

644. Intellect and reason are God's greatest gift to man, but too many people, *because of* mental laziness, let others do their thinking for them.

645. He was not distinguished at school, but he need not *on that account* have been discouraged.

646. Some writers maintain that, *owing to* the productivity of machines, one hour's work a day would suffice to produce as much material comfort as reasonable people ought to desire.

▨ **C** ▨

647. Each person experiences the need for the help of others very drastically as a child. <u>*On account of* the factual inability of the human child to take care of itself with regard to all-important functions</u>, communication with others is a matter of life and death for the child. The possibility of being left alone is necessarily the most serious threat to the child's whole existence.

（中央大）

▨▨語句▨▨ **639.** fear「恐れる」 ignorance「無知」 **640.** nervous「神経質な；落着かない」 in public「人前で」 **642.** misunderstand「誤解する」 **643.** weapon「兵器」 risk「～の危険を冒す」 self-destruction「自滅」 **644.** intellect「知性」 reason「理由；理性」 laziness「怠惰」 **645.** be distinguished「有名な；傑出した」 be discouraged「失望する」 **646.** maintáin「主張する」 productívity「生産性」 suffice「十分である」 comfort [kʌ́mfət]「安楽；快適さ」 **647.** as a child「子供のとき」 inability「不能；できないこと」 with regard to「～に関して」 function「機能」 threat [θret]「脅威」

§82.「目的」の表現

(1)　He works hard **so that** his family **may** live in comfort.
(2)　I wrote down the number **lest** I **should** forget it.
(3)　He left early **so as to** be in time for the first train.
(4)　He saved money **for the purpose of** buying a car.

▨ (1)　彼は，家族が安楽に暮らせるように一生懸命働いている。
▨ (2)　忘れないように，番号を書き留めておいた。
▨ (3)　彼は，一番電車に間に合うように，早く出かけた。
▨ (4)　彼は車を買うために金をためた。

解　説　　(1)「〜するために」という「目的」を表わす副詞節は so that … may (can), in order that … may (can) を用い，(2)「〜しないように」という「否定目的」は lest … should 〜〔文語的〕，for fear [that] … should 〜，および in case 〜〔口語的〕を用いる。(3) 不定詞句の場合は，ただ to を用いるほかに so as to 〜, in order to 〜 の形式がある。(4) 動名詞を用いる表現には for the purpose of 〜ing のほか，with a view to 〜ing があり，「否定目的」は for fear of 〜ing で表わす。

「彼は，列車に遅れ<u>ないように</u>，早く出かけた」は次のように表わせる：

(**a**) He left early $\begin{Bmatrix} so\ that \\ in\ order\ that \end{Bmatrix}$ he *might not* miss the train.

(**b**) He left early $\begin{Bmatrix} lest \\ for\ fear\ [that] \\ in\ case \end{Bmatrix}$ he *should* miss the train.

(**c**) He left early $\begin{Bmatrix} so\ as\ not\ to \\ in\ order\ not\ to \end{Bmatrix}$ miss the train.

(**d**) He left early *for fear of* miss*ing* the train.

■**注意**■　① so that のかわりに，so と that を単独に用いることもある。
Start early **so** you can get a good seat.　　〔口語的〕
　　（いい席が取れるように早く出かけなさい）
He sacrificed his life **that** others might live.　　〔文語的〕
　　（彼は他人を救うために自分の生命を犠牲にした）
② in case は (**a**)「条件」(＝ if) と (**b**)「否定目的」(＝ for fear that) を表わす場合があるので，次のような文は文脈により二通りの意味が成り立つ。
　　Do this **in case** a fire breaks out.
　　$\begin{cases} (\mathbf{a})「火事が起こっ\underline{たら}こうしなさい」 & [＝ if\ a\ fire\ breaks\ out] \\ (\mathbf{b})「火事が起こら\underline{ないように}こうしなさい」 & [＝ lest\ a\ fire\ should\ break\ out] \end{cases}$

▨▨▨▨▨ EXERCISE ▨▨▨▨▨▨▨▨▨▨▨▨▨▨▨▨▨ 解答 402・403 ページ

▨ A ▨

648. He worked all night *so that* he *could* get the job done in time.

649. I spoke politely *so as not to* offend him.

650. I continued silent *for fear of* being misunderstood.

651. He labored day and night, *with a view to* becoming rich.

652. He gave up drinking *in order that* he *might* save money.

653. I walked quietly *for fear* I *should* disturb the patient.

654. Control your temper *lest* temper *should* control you.

▨ B ▨

655. Boys are sent to school *that* they *may* learn many other things besides lessons out of books. One of these things is manly independence.

656. The great primary contrast between the artist and the ordinary worker is this: the worker works to make money, *so that* he *can* enjoy those things in life which are not his work and which his work can purchase for him; but the artist makes money by his work *in order that* he *may* go on working.

▨ C ▨

657. Newly acquired power is something like newly acquired riches; it needs watching closely *lest* a man *should* become the victim of his own power as, for example, Hitler did. Unless a man has his power under control, he cannot make it serve the happiness of all mankind. （神奈川大）

▨語句▨ **649. politely** [pəláitli]「ていねいに」 **offénd**「立腹させる」 **650. misun-
derstánd**「誤解する」 **651. lábor**「労働する」 **with a view to ～ing**「～するため
に」 **652. give up**「やめる」 **save**「貯える」 **653. distúrb**「邪魔する」 **pátient**
「患者」 **654. control** [-tróul]「制御する」 **temper**「かんしゃく；立腹」 **655.
besides**「～以外に」 **manly**「男らしい」 **indepéndence**「自立；独立」 **656. primary**
「第一の」 **contrast**「対比」 **órdinary**「ふつうの」 **purchase** [pə́ːtʃəs]「購入する；買
う」 **go on ～ing**「～し続ける」 **657. need ～ing**「～される必要がある」 **victim**
「犠牲者」 **have ～ under control**「～を支配する」

§83. 「結果」の表現

(1)　I took no notice of him, **so that** he flew into a rage.

(2)　The problem is **so** difficult **that** no one can solve it.

(3)　He was **such** a noble man **that** even his enemies admired him.

(4)　He was **so** weak **as to** be unable even to feed himself.

■ (1)　私が彼のことを無視したら，彼はかんかんに腹を立てた。

■ (2)　その問題はとてもむずかしいので誰にも解くことができない。

■ (3)　彼は非常に高潔な人物なので，彼の敵でさえも彼を賞賛した。

■ (4)　彼はとても衰弱していて自分で食事をとることもできなかった。

解　説　　　(1) so that は may などを伴えば前項のように「目的」を表わすが，「結果」を表わす場合はコンマがその前に置かれることが多い。「結果」は「理由・原因」と表裏の関係にあり，次のような書換えができる。

$$\begin{cases} \text{He ran out of money, } \textbf{so that} \text{ he had to look for a job.} \\ \textbf{As} \text{ he ran out of money, he had to look for a job.} \end{cases}$$

　　　　　（彼は金がなくなったので，仕事を捜さなければならなかった）

(2) (3) so ～ that, such ～ that の構文で，so は副詞であるから形容詞・副詞を修飾する場合，such は形容詞・名詞なので上例のように名詞 (man) を修飾するか，単独に用いる。so, such は強意的に文頭に出ることもある。

$$\begin{cases} \text{He was } \textbf{so} \text{ angry } (\textit{or} \text{ So angry was he}) \textbf{ that} \text{ he could not speak.} \\ \text{His anger was } \textbf{such} \text{ } (\textit{or} \text{ Such was his anger}) \textbf{ that} \text{ he could not speak.} \end{cases}$$

　　　　（ひどく立腹して口がきけなかった）〔＝He was *too* angry *to* speak.〕

◆「結果」の意は「程度」の意に通じ〔→p. 262〕，特に so ... as to ～は，どちらの訳し方も成り立つ場合が多い。上の文をこの形式で表わせば：

　　　　He was **so** angry **as to** be unable to speak.

　　　　（立腹して口がきけなかった↔口がきけないほど立腹した）

■注意■　so that が may (might) を伴えば常に「目的」を表わすが，can (could) の場合は「目的」「結果」のいずれをも表わすことがある。

(**a**) He spoke clearly **so that** everyone **might** understand him.　〔目的〕

(**b**) He spoke clearly, **so that** everyone **could** understand him.　〔結果〕

(**c**) He spoke clearly **so that** everyone **could** understand him.　〔目的・結果〕

　　(**a**)は助動詞が might なので「彼は皆が理解<u>できる</u>ようにはっきり話した」

　　(**b**)はコンマがあるので「彼ははっきり話した<u>ので</u>皆が理解することが<u>できた</u>」

　　(**c**)は文脈により，(**a**)(**b**)いずれの意味も成り立つ。

ⅢⅢⅢⅢ EXERCISE ⅢⅢⅢⅢⅢⅢⅢⅢⅢⅢⅢⅢⅢⅢⅢⅢⅢⅢⅢⅢⅢⅢⅢⅢⅢ 解答 403 ページ

▨ A ▨

658. (**a**) He worked *so* hard *as to* finish the work in a week.

(**b**) He worked hard *so as to* finish the work in a week.

659. Time is a precious thing, *so that* we should make the best use of it.

660. He speaks English *so* well *that* he is often taken for a foreigner.

661. He was in *such* bad health *that* he was obliged to resign.

662. His behavior was *such that* everybody disliked him.

663. *So* intense was my delight *that* I could hardly control myself.

▨ B ▨

664. *Such* was the force of the explosion *that* there remained nothing but stones and bricks broken to pieces.

665. The advantages of the machines are *so* obvious and *so* desirable *that* we tend to ignore the price we pay for their unthinking use.

▨ C ▨

666. *So* many young people have grown up thinking of the advantages of democracy in terms of their personal liberty to do what they like, and *so* devoid of any sense of the claims of democracy upon their service, *that* we are now able to see clearly how seriously our educational institutions have been failing to transmit our ideals and play their part in developing the attitudes and loyalties on which our free society depends for its very survival. (学習院大)

▨語句▨ **659.** **make the best use of**「〜をできるだけ活用する」 **660.** **take 〜 for ...**「〜を…と思う」 **661.** **be obliged to**「〜することを余儀なくされる」 **resign** [rizáin]「辞職する」 **663.** **intense**「強度の；強烈な」 **664.** **nothing but**「〜以外は何もない；ただ〜だけ」 **to pieces**「こなごなに」 **665.** **advántage**「利点」**óbvious**「明らかな」 **tend to**「〜する傾向がある」**unthinking**「軽率な」 **666.** **in terms of**「〜という点（立場）から」 **personal**「個人的な」 **devoid of**「〜を欠いている」 **claim**「主張；要求」 **institution**「制度；施設」 **transmít**「伝える」 **attitude**「態度；心構え」 **loyalty**「誠実；忠誠」 **very**「まさにその」

§84. 「様態」の表現

(1) Do in Rome **as** the Romans do.

(2) **As** rust eats iron, **so** care eats the heart.

(3) He does not see things **the way** I do.

(4) She treated me **as if** I were a stranger.

▨ **(1)** ローマではローマ人と同じようにせよ。（郷に入っては郷に従え）

▨ **(2)** さびが鉄をむしばむように，心配は心をむしばむ。

▨ **(3)** 彼は物事を私と同じように見ない。

▨ **(4)** 彼女はまるで私が他人であるかのように私を遇した。

解　説　　「～のように」という「様態」(Manner)を表わす代表的な語は as であり，これは (2) のように so と相関的に用いられる場合もある。(3) の the way は口語的であるが，意味は as に置き換えても同じである。(4) as if は「(事実はそうではないが) まるで…であるかのように」の意を表わし，動詞は仮定法を用いる。〔→p. 168〕

　節ではなく句の形式で表わす場合は like を用いる。

> She cooks turkey **like** my mother.　　　　（彼女は私の母のよう
> = She cooks turkey **as** my mother does.　　に七面鳥を料理する）
> = She cooks turkey **the way** my mother does.

◆「様態」を表わす *as*-Clause は名詞を修飾することもある。

　(a) You must try to *see* things as *they are.*

　　　　（物事をあるが<u>まま</u>に見るようにしなさい）

　(b) They are content with *things* as *they are.*

　　　　（彼らは [あるが<u>ままの</u>物事→] 現状に満足している）

　(a) では *as*-Clause は動詞 see を，**(b)** では名詞 things を修飾している。

■**注意**■　「様態」を表わす as は接続詞，like は前置詞である。前置詞としての as は「～として」の意を表わす。

> **(a)** He plays tennis **like** a professional.　　〔like は前置詞〕
> **(b)** He plays tennis **as** a professional.　　〔as は前置詞〕
> **(c)** He plays tennis **as** a professional **does**.　〔as は接続詞〕

　　(a)=**(c)**「プロ<u>のように</u>テニスをする」　**(b)**「プロ<u>として</u>テニスをする」

> **(a)** He was innocent **like** a child.　（彼は子供<u>のように</u>無邪気だった）
> **(b)** He was innocent **as** a child.　（彼は子供 [として→] <u>のころ</u>無邪気だった）

　　cf. He was **as** innocent **as** a child.　（子供のように無邪気）〔原級比較〕

||||||||||| **EXERCISE** ||||||||||||||||||||||||||||||||||||||||||||||||||||| 解答 403・404 ページ

▨ A ▨

667. He pictures people *as* he sees them instead of *as* they are.

668. That child speaks *as if* he were an adult.

669. This house will not sell *as* it stands.

670. He behaves just *like* a spoilt child.

671. *The way* things are at present, there is no prospect of lower prices.

672. You don't absorb the ideas of a great book *the way* you absorb the humming of a popular song.

▨ B ▨

673. *Just as* individuals are affected by their physical environment, *so* are nations affected by their geographical surroundings.

674. Quite obviously, if everyone in a society is free to interpret the law *as* he sees fit, chaos results.

675. We are rarely able to see those who are very close to us *as* they really are because of our readiness to accept their faults and accentuate their virtues.

▨ C ▨

676. Your mind, like your body, is a thing of which the powers are developed by effort. That is a principal use, *as* I see it, of hard work in studies. Unless you train your body you can't be an athlete, and unless you train your mind you can't be much of a scholar. The four miles an oarsman covers at top speed is in itself nothing to the good, but the physical capacity to hold out over the course is thought to be of some worth.

（立教大）

▨語句▨ **667.** picture「描く」 **668.** adult「おとな」 **669.** stand「(ある状態に)ある」 **670.** spoilt「甘やかされた」 **671.** prospect「見込み；予想」 **672.** absorb「吸収する」 **673.** physical「肉体(物質・物理)的な」 geográphical「地理的な」 **674.** óbviously「明らかに」 intérpret「解釈する」 chaos [kéiɔs]「混乱状態」 **675.** readiness to do「進んで～しようとする気持」 accéntuate「強調する」 **676.** príncipal「主要な」 athlete「運動選手」 cover「行く；進む」 capacity「能力」 hold out「持ちこたえる；耐える」

§85. 「時」を表わす副詞節 (1)

(1)　**When** the danger is past, God is forgotten.

(2)　Strike the iron **while** it is hot.

(3)　Look **before** you leap.

(4)　She remained silent **till** she was spoken to.

▨ **(1)**　危険が去れば，神を忘れる。（苦しいときの神頼み）

▨ **(2)**　鉄は熱いうちに打て。（好機逸すべからず）

▨ **(3)**　跳ぶ前に見よ。（転ばぬ先の杖）

▨ **(4)**　彼女は話しかけられるまで黙っていた。

解　説　(1) when と (2) while はそれぞれ「〜するとき」「〜するあいだ」という意が代表的であるが，「〜であるのに」の意を表わすこともある。

He is sleeping **when** he should be working.　（彼は仕事をしていなければならない<u>のに</u>眠っている）

(3) before は次のような文では「〜する前に」という直訳にこだわらない。

You must persevere **before** you can succeed.　（成功できる前に忍耐しなければならない→不断の努力をしなければ事は成就しない）

◆as は「〜しながら」「〜するにつれて」の意を表わす。

She wept **as** she spoke.　（話しながら泣いた／泣きながら話した）

As time passed, his health declined.　（時がたつにつれ健康が衰えた）

◆when, till は（多く前にコンマが置かれ）訳し下げるべき場合がある。

I was about to go out [,] **when** the telephone rang.

（私が出かけようとしていたら，電話が鳴った）

The sound grew fainter and fainter [,] **until** it ceased to be heard.

（その音はだんだん小さくなり，ついに聞こえなくなった）

■**注意**■　次のような文における since の用法を区別する。

$\begin{cases} \text{(a)} They have hated him more ever \textbf{since} he ran away with their daughter.} \\ \text{(b)} They hate him more than ever \textbf{since} he ran away with their daughter.} \end{cases}$

(**a**) 彼らは，彼が彼らの娘と駆け落ちして<u>以来ずっと</u>彼をいっそう憎んでいる。

(**b**) 彼らは，彼が彼らの娘と駆け落ちした<u>ため</u>以前にも増して彼を憎んでいる。

(**a**) の since は「時」（ever since〜「〜以来ずっと」），(**b**) は「理由」（more than ever「いままで以上に」）を表わす。

||||||||| **EXERCISE** ||||||||||||||||||||||||||||||||||||||||||||| 解答 404・405 ページ

▨ A ▨

677. All things are difficult *before* they are easy.

678. We have only three books *when* we need five.

679. The children played until noon, *when* they had lunch.

680. The salesman talked and talked *until* I was ready to scream.

681. I was entering the room *when* I heard my name called.

682. *As* one grows older, one's outlook on life changes.

683. *As* knowledge increased, man acquired greater control over nature.

▨ B ▨

684. Man in general doesn't appreciate what he has *until* he is deprived of it. Then he starts to miss it. He takes good health for granted *until* sickness comes along. （青山学院大）

685. Ever *since* my student days I have had a joyous certainty that my physical handicaps were not an essential part of my being, *since* they were not in any way a part of mind.

▨ C ▨

686. The old must place their wisdom and experience at the service of the young, yet allow the vitality, energy and enthusiasm of youth freedom of scope, *while* the young must respect and honor the achievements and practical sense of their elders and place their physical strength and vigor, *while* they still possess them, at the service of the continuing community. Both, for their mutual benefit, must be tolerant of one another and of the frailties that are common to all. （京 大）

▨語句▨ **680. salesman** [séilzmən]「セールスマン」 **scream**「悲鳴をあげる」 **682. óutlook**「見晴らし；見方；見解」 **683. control over**「~に対する支配力」 **684. in géneral**「概して」 **appréciate**「真の価値を認識する」 **be depríved of**「~を奪われる」 **miss**「ないことに気づく」 **take ~ for granted**「~を当然のことと考える」 **685. joyous**「楽しい」 **cértainty**「確信」 **physical**「肉体的な」 **handicap**「不利な条件」 **essential**「本質的な」 **being**「存在」 **686. place ~ at the service of ...**「~を…に役立たせる」 **allow**「認める；許す」 **enthúsiasm**「熱意」 **freedom of scope**「活動の自由」 **honor**「重んじる」 **vigor** [vígə]「元気」

§86. 「時」を表わす副詞節 (2)

(1) I had *not* gone far **when** it began to rain.

(2) I *had gone* some distance **before** I missed my umbrella.

(3) It will *not* be long **before** he realizes his mistake.

(4) We do *not* realize the value of health **until** we lose it.

- (1) 遠くまで行かないうちに雨が降り出した。
- (2) しばらく行ってから，かさを持っていないのに気がついた。
- (3) まもなく彼は自分の過ちを悟るでしょう。
- (4) 健康のありがたさは健康を失ってはじめてわかる。

解 説　　時を表わす副詞節に，否定詞が先行したり，主節の時制が過去完了であるような場合に，直訳しないで，日本語として自然な形に訳順を変えることがあるが，これらの例はその定型的なものである。

(1)「雨が降り始めたとき私はまだ遠くまで行っていなかった」が直訳。

　＊ この形式で否定詞が hardly になった場合〔→p.290〕との意味関係を比較:
　　I had **hardly** gone out **when** it began to rain.（雨が降り出したときまだほとんど行っていなかった→出かけるか出かけないうちに〔出かけるやいなや〕雨が降り出した）

(2)「かさがないのに気づく前にいくらかの道のりを行っていた」が直訳。

(3) It will not be long before ～ は「～する前に長い時間はたたない」の意から，「まもなく～する」の意になる。次のように書換えられる。

　　He will realize his mistake **before long**.　(before long = soon)

(4) この形の文はそのまま「健康を失う<u>まで</u>その価値がわから<u>ない</u>」の順に訳すこともあるが，次のような強調形式〔→p.222〕になれば「～してはじめて…する」のように訳すのが常である。

　　It is **not until** we lose our health (or *It is* **only after** we lose our health) *that* we realize its value.

■**注意**■ 次のような，until と before に not が先行する文では，どちらでも同じ意味を表わすことになる。
- (a) He did**n't** start to read **until** he was ten.
- (b) He did**n't** start to read **before** he was ten.
  - (a) 10歳になる<u>まで</u>文字が読めるようにならなかった。
  - (b) 10歳になる<u>前に</u>文字が読めるようにならなかった。

両方とも「10歳になってやっと文字が読めるようになった」と訳してよい。

|||||||||||| **EXERCISE** |||||||||||||||||||||||||||||||||||||||||||||||||||||||||||| 解答 405・406 ページ

▨ A ▨

687. It was not long *before* he caught up with the rest of them.

688. It was some hours *before* she came to herself.

689. We had not waited ten minutes *when* the train pulled in.

690. They had only been married a year *when* they were divorced.

691. Health is a priceless treasure, but its value is rarely appreciated *until* it is lost.

▨ B ▨

692. I went to a London dramatic school. I hadn't been there more than two weeks *before* I and everyone else in the place discovered that I couldn't act, and, probably, never would be able to.

693. In the first place, be honest with the child. If you don't know, say so outright. The surest way to lose his confidence is to pretend that you know when you really don't. It may work once, and it may work twice, but in the end you'll be found out and it'll be a long time *before* you'll win back the child's trust.

▨ C ▨

694. The new inventions and ingenious machines of the eighteenth century opened up new vistas. But these inventions could not come into their own *until* men had succeeded in substituting for human muscles the power provided by the forces of nature.

(中央大)

▨語句▨ **687.** catch up with「～に追いつく」 the rest「残り；他のもの」 **688.** come to oneself「われに返る；意識をとりもどす」 **689.** pull in「到着する」 **690.** be married「結婚している」 be divórced「離婚する」 **691.** priceless「この上なく貴重な」 treasure「宝」 válue「価値」 rarely「めったに～ない」 appreciate「認識する」 **692.** dramatic「劇の」 act「振舞う；演技する」 **693.** outright「率直に」 confidence「信頼」 pretend「ふりをする」 work「うまくいく」 in the end「結局は」 trust「信頼」 **694.** ingenious [indʒíːniəs]「発明の才ある；精巧な」 vista「見通し；展望」 come into one's own「自分の地位を得る」 súbstitute ～ for ...「…を～で置きかえる」 muscle [mʌ́sl]「筋肉」 provide「供給する」

§87. 「時」を表わす副詞節 (3)

(1)　**The moment** he caught sight of me, he took to his heels.

(2)　The game is easy, **once** you learn the basic rules.

(3)　**Now that** we are alone, I'll tell you what I really think.

(4)　Consult the dictionary **every time** you come across a new word.

▨ (1)　私の姿を見た<u>とたんに</u>彼は逃げ出した。

▨ (2)　<u>いちど</u>基本的なルールを覚えて<u>しまえば</u>, このゲームはやさしい。

▨ (3)　<u>もう</u>ほかに誰もいない<u>ので</u>, 私の本当の考えを話しましょう。

▨ (4)　新しい単語にでくわす<u>たびに</u>辞書を引きなさい。

解　説　　　「時」の副詞節を導く語句には，本来の接続詞のほかに，上例のように他の品詞の語が接続詞に転用されたものがある。

(1)「～するやいなや；～した瞬間に」の意を表わすものには他に：

as soon as～; no sooner ～ than〔→p. 290〕/(名詞) the instant /(副詞) directly; immediately; instantly

Please return the book **immediately** you have finished it.

　　　　（読み終ったらすぐに本を返してください）

(2) once ～は「ひとたび～したら」の意で「時＋条件」, (3) now [that] ～は「もう～なので」の意で「時＋理由」を表わす。now を単独にも用いる。

(4) every time ～ は「～するたびに」（＝whenever）の意。その他: [the] next time ～（今度～したとき）; by the time ～（～するときまでに）

◆ [the] last time ～（この前～したとき）の the も多く省略される。

{ He was ill [the] last time I saw him.　（この前会った<u>とき</u>彼は病気だった）

{ It was **the last time** I saw him.　（それが彼に会った<u>最後</u>だった）

■注意■　once が節の頭に位置していても接続詞ではなく副詞として用いられる場合や **now that** が隣接していても他の意味を表わす場合などを区別する。

Once you really loved me, now you just pretend to do so.

　　（<u>かつては</u>あなたは私を心から愛したが，今は愛しているふりをしているだけだ）

I wish you were here **now that** I might thank you in person.

　　（あなたに直接お礼が<u>できるように</u>，　今ここにあなたがおいでになればいいのにと思います）

that（＝ so that）（～できるように）は目的の副詞節を導く接続詞。

▦ EXERCISE ▦　　　　解答 406 ページ

▦ A ▦

695. I will discuss the matter with him *next time* I see him.

696. *Each time* I see this picture, I am reminded of my dead father.

697. *Instantly* I uttered the words, I repented of having spoken them.

698. We are on the highroad to ruin *the instant* we think ourselves rich enough to be careless.

▦ B ▦

699. We have a whole kingdom in which we rule alone, can do what we choose, be wise or ridiculous, harsh or easy, conventional or odd. But *directly* we step out of that kingdom our personal liberty of action becomes qualified by other people's liberty.　　　　　　　　（鳥取大）

700. Reading is a habit. *Once* you've got the habit you never lose it. But you must somehow be exposed to reading early enough in life to have it become a part of your daily routine, like washing your face or breathing.　　　　　　　　（東京水産大）

▦ C ▦

701. In our time, science has placed in human hands the power to destroy entire life on earth. *Now that* the peoples of the world find themselves facing one another with deadly weapons in their hands, the virtues of prudence, tolerance, wisdom and —— far above all these —— love become necessities of life in the literal sense.　　　　　　　　（長崎大）

■語句■　**697. utter** [ʌ́tə]「口に出す；述べる」 **repent**「後悔する」　**698. highroad**「本道；本街道」 **ruin**「破滅」　**699. kingdom**「王国」 **rule**「統治する」 **ridiculous**「ばかげた；こっけいな」 **harsh**「きびしい」 **conventional**「因襲的な」 **odd**「風変わりな」 **personal**「個人的な」 **qualified**「制限される」　**700. be exposed to**「～にさらされる」 **routine** [ruːtíːn]「きまりきった仕事；日課」　**701. place ～ in ...**「～を…に置く」 **face**「直面する」 **deadly**「致命的な」 **virtue**「美徳」 **prudence**「思慮」 **tolerance**「寛容」 **literal**「文字通りの」 **sense**「意味」

§88. 受動表現

> **(1)** Opinion **is** too often **determined by** the feelings.
> **(2)** The plans **have been gone over** carefully.
> **(3)** He spoke loudly so as **to be heard**.
> **(4)** She **had** all her jewels **stolen** last night.

■ **(1)**　考えはしばしば感情によって支配される。
■ **(2)**　計画は慎重に検討された。
■ **(3)**　彼は自分の声がよく通るように大きな声で話した。
■ **(4)**　彼女は昨夜, 宝石を全部盗まれてしまった。

解　説　受動態は (1) のように, by によって能動態の場合の主語が示されるのが典型的な場合であるが, (2) のように明示されない場合も多い。また, この文のように前置詞が文尾にくる形をとることもよくある。

　　You'll *be stared* **at**.　（君は人にじろじろ見られるぞ）

　　The house *was broken* **into** last night.　（昨夜強盗に押入られた）

　(3) 不定詞や動名詞も受動態の形をとる。〔→p.70, 98〕

　　She doesn't mind **being laughed at**.　（人に笑われることを気にしない）

　(4)「受動」の意味は「have＋O＋過去分詞」〔→p.272〕でも表わされる。

◆「能動」の形をしていても,「受動」の意味を表わす場合もある。

　　The boy wants **washing**.　（少年は洗われる必要がある→その少年はからだを洗ってやらなければならない）〔→p.104〕

　　He is **to blame**.　（彼は責められるべきだ→彼が悪いのだ）

　　This cloth **washes** well.　（この布はよく洗われる→この布は洗濯がきく）

■**注意**■　英語の受動態を訳す場合, 日本語でそのまま受動的に訳すと不自然な文になることも多い。その場合は不自然な訳を避け, 能動的な表現にしてよい。代表的な場合は感情を表わす表現 (be surprised〔驚かされる→驚く〕) であるが, その他, 文脈に応じて柔軟に訳を考えなければならない。

　　This bed seems not **to have been slept in**.　（〔誤〕このベッドは眠られなかったようだ。→〔正〕このベッドは人の眠った形跡がない）

　　He must **be followed**, he must **be watched**, he mustn't **be lost sight of** for a moment.　（〔直訳〕彼は跡をつけられなければならない。彼は監視されなければならない。彼は一瞬も見失われてはならない。→〔能動的な訳〕彼の跡をつけなくてはならない。彼を見張らねばならない。一瞬たりとも, 彼の姿を見失ってはいけない）

▰▰▰ **EXERCISE** ▰▰▰▰▰▰▰▰▰▰▰▰▰▰▰▰▰ 解答　406・407 ページ

▨ A ▨

702. （a） He *is known to* everyone in the country.

（b） He *is known for* his scholarship.

（c） A man *is known by* his friends.

703. （a） He *is possessed of* a large fortune.

（b） He *is possessed by* a strange idea.

704. This matter will *be taken care of* promptly.

705. Such a thing had better *be left* unsaid.

▨ B ▨

706. The Englishman hates to *be interfered with*, and prefers to live without too close a contact with his neighbors.

（奈良女大）

707. Most of us would rather *be found fault with* to our faces, and are especially sensitive to what *is said* of us when we are not there to defend ourselves.

708. In all our contacts it is probably the sense of *being* really *needed* and *wanted* which gives us the greatest satisfaction and creates the most lasting bond. （東外大）

▨ C ▨

709. Envy is very noticeable in children before they are a year old, and has to be treated with the most tender respect by every educator. The very slightest appearance of favoring one child at the expense of another *is* instantly *observed* and *resented*. Distributive justice, absolute, rigid and unvarying, must be observed by anyone who has children to deal with.

（聖心女大）

▨語句▨　**702. be known for**「～で有名」（=be famous for）　**scholarship**「学識」
703. be possessed of「～を所有する」　**be possessed by**「～にとりつかれる」　**704.**
promptly「即座に」　**705. leave ～ unsaid**「～を言わないでおく」　**706. interfere**
[intəfíə]「干渉する」　**contact**「接触」　**707. find fault with**「～のあらさがしをする」　**to one's face**「面と向かって」　**sénsitive**「敏感な」　**708. lasting**「永続的な」
bond「きずな」　　**709. envy**「しっと」　**nóticeable**「目立つ」　**éducator**「教育者」
slight「わずかな」　**favor**「ひいきにする」　**at the expense of**「～を犠牲にして」

§89. 相 関 語 句

---

(1)　His doctor allowed him **neither** to drink **nor** to smoke.

(2)　**Both** America **and** Russia realize the need for arms agreement.

(3)　**As** you sow, **so** shall you reap.

(4)　**No sooner** had he finished it **than** he went out to play.

　　▨　(1)　医者は彼に酒を飲むこともたばこを吸うことも許さなかった。

　　▨　(2)　アメリカもロシアも軍備協定の必要を認識している。

　　▨　(3)　自分がまいた種は自分で刈取らなければならない。(自業自得)

　　▨　(4)　彼はそれを終えるやいなや，遊びに出た。

<u>解　説</u>　　　二つの語句が互いに関連して用いられる場合，これを相関語句と呼ぶが，上例のほか次のような表現がその主なものである。

(a)　She is **not only** an excellent wife **but** a first-rate artist.　〔→p. 278〕
　　　　（彼女はりっぱな主婦である<u>ばかりでなく</u>一流の芸術家だ）

(b)　The book is **either** on your desk **or** on that shelf.
　　　　（その本は君の机の<u>上か</u>あの棚の上にある）

(c)　**Not that** I dislike the task **but that** I am not equal to it.
　　　　（その仕事がいやだという<u>のではなく</u>，僕に能力がない<u>のです</u>）

(d)　**It is true** the task is difficult, **but** it is worth trying.　〔→p. 278〕
　　　　（<u>なるほど</u>その仕事は困難<u>だが</u>，やってみる価値はある）

(e)　He is **not so much** a writer **as** a journalist.　　　　〔→p. 226〕
　　　　（彼は作家<u>というよりむしろ</u>ジャーナリストだ）

(f)　**Some** are wise and **some** are otherwise.　　　　　〔→p. 266〕
　　　　（賢い人<u>も</u>いればそうでない人<u>もいる</u>）

■**注意**■　**not A but B** も相関的に「AではなくB」の意を表わす。〔この関係は **B and not A** で表わせる場合もある。→p. 152〕

　　He didn**'t** speak a word **but** waited for her to say something.
　　　　〔誤〕彼は一言も話さ<u>なかった</u>。<u>しかし</u>彼女が何か言うのを待った。
　　　　〔正〕彼は一言も話さ<u>ないで</u>，彼女が何か言うのを待った。
　　ただし，主語が異なる次の文では，but はふつうの「しかし」の意である。

　　He didn**'t** speak **but** they waited for him to say something.
　　　　（彼はしゃべらなかった<u>が</u>，彼らは彼が何か言うのを待った）

|||||||||| **EXERCISE** ||||||||||||||||||||||||||||||||||||||||||||||||| 解答 407・408 ページ

▨ A ▨

710. He did*n't* come to help *but* to hinder us.

711. *As* the spirit is exhausted by overwork, *so* it is destroyed by idleness.

712. *What with* his drinking *and* [*what with*] his jealousy, he wore himself out.

713. It is a shameful thing to think *one* thing and speak *another*.

▨ B ▨

714. Reputation is what a man is thought to be; character is what a man is. *The one* is an opinion; *the other* is a fact.

715. Patriotism does not mean hatred of other countries; it is a love that does not blind the patriot *either* to the defects of his own country *or* to the excellences of other countries.

716. To know the resemblances of things is even more important than to know the differences of things. Indeed, if we are not interested in *the former*, our pleasure in *the latter* is a mere scrapbook pleasure. (群馬大)

▨ C ▨

717. Language is the expression of human personality in words, whether written or spoken. It is the universal medium *alike* for conveying the common facts and feelings of everyday life *and* the philosophers' searchings after truth, *and* all that lies between. (富山医大)

▨語句▨ **710. hinder**「邪魔する」 **711. spirit**「精神」 **exhaust** [igzɔ́ːst]「使い果たす; 疲れ切らす」 **destroy**「破壊する」 **idleness**「怠惰」 **712. what with ~ and [what with]** ...「～やら…やらで」 **wear out**「すり減らす」 **713. shameful**「恥ずべき」 **one thing ~ another**「あること～別のこと; 違うこと」〔→p. 266〕 **714. reputation**「評判」 **character**「人格」 **the one ~ the other**「前者～後者」〔→p. 266〕 **715. patriotism**「愛国心」 **hatred**「憎しみ」 **blind**「盲目にする」 **defect**「欠点」 **excellence**「長所」 **716. resemblance**「類似点」 **the former ~ the latter**「前者～後者」 **mere**「単なる」 **scrapbook**「切り抜き帳」 **717. expression**「表現」 **personality**「個性」 **universal**「普遍的な」 **medium** [míːdiəm]「媒体」 **alike ~ and** ...「～も…も」

§90.　同　　格

---

(1) *Gambling*, **his only interest in life**, ruined him.

(2) *The question* **whether to confess or not** troubled the girl.

(3) Democracy is based on *the idea* **that all men are created equal**.

- ▨ (1)　彼は，この世の唯一の関心事である賭博のため，身を滅した。
- ▨ (2)　正直に白状すべきかどうかという問題が少女を悩ませた。
- ▨ (3)　民主主義は，人間はみな平等に作られているという考えに基づく。

解　説　　同格 (Apposition) とは，二つの要素が並び，後のほうの要素が前の要素について説明する関係をいう。同格要素は (1) のように「語」(interest という名詞), (2) のように「句」(不定詞句), (3) のように「節」(*that*-Clause) である場合がある。〔関係代名詞の that との区別は →p. 21〕

◆(1) に類した，名詞を並列する主な形式：

　　we **Japanese**（日本人であるわれわれ→われわれ日本人）

　　＊ ⎰Mr. Smith *the lawyer*（[他のスミス氏ではなく] 弁護士のスミス氏）
　　　 ⎱Mr. Smith, *the lawyer*（[スミス氏—彼は弁護士だが→] 弁護士のスミス氏）

　　　　上は「制限的同格」であるのに対し，下は「非制限的同格」である。

(2) に類した，「句」(*of*-Phrase, 不定詞句，など) を用いる形式：

　⎰ the continent **of Africa**（アフリカという大陸→アフリカ大陸）
　⎱ the habit **of early rising**（早起きという習慣→早起きの習慣）
　　 his decision **to win the prize**（賞を得ようという彼の決心）

◆同格語句や同格節が，それが説明する名詞と離れて後置される場合：

　　She is a very simple and innocent girl, **that little sister of yours**.

　　　　（彼女はとても無邪気な子ですね，あなたの妹さんは）

　　The *rumor* is abroad **that he is dead**.

　　　　（彼が死んだといううわさが広まっている）

■**注意**■　次のような類似表現を比較してみる：

　⎰(a) *His friend*, **the heir to a big fortune**, didn't want to marry his sister.
　⎱(b) **The heir to a big fortune**, *his friend* didn't need to pass examinations.

　　(a) 大財産の相続者である彼の友人は，彼の妹との結婚を望まなかった。

　　(b) 大財産の相続者なので，彼の友人は試験などに合格する必要はなかった。

　　(a) の heir は friend の同格語で, His friend, [*who was*] the heir... と補っても同じ。

　　(b) は [*Being*] the heir (=*As he was* the heir) ... と Being を補うことができる。

▓▓▓▓▓▓ **EXERCISE** ▓▓▓▓▓▓▓▓▓▓▓▓▓▓▓▓▓▓▓▓▓▓▓▓▓▓▓▓▓▓▓▓▓ 解答 408 ページ

▒ A ▒

718. (**a**) The news *that* he had died was a great shock to her.

(**b**) The news *that* he brought was a great shock to her.

719. Paul Jones, *the distinguished art critic,* died in his sleep last night.

720. *He* is a complete idiot, *that friend of yours.*

721. We have *everything* we need: *money, time, brains.*

722. They attribute my success to the fact *that* I married a rich man's daughter.

▒ B ▒

723. There is one fact that you may as well face now, namely, *that* the easiest things are rarely the best for you. Trouble has been one of the great blessings to mankind.　　(北 大)

724. The administration of human affairs has fallen behind our technological advances, with the result *that* the physical and moral self-destruction of the human race is in the air.

（東工大）

▒ C ▒

725. Difficult as it may be in some instances to ascertain quite accurately whether an overworked man had perfectly sound bodily health to begin with, the facts remain, *that* the excessive exercise of the mental powers is injurious to bodily health, and *that* all intellectual labour proceeds upon a physical basis. No man can safely forget this and act as if he were a pure spirit, superior to physical consideration.　　（神奈川大）

▓語句▓　**718. shock**「衝撃」　**719. distínguished**「著名な」 **critic**「批評家」　**720. ídiot**「白痴；ばか」　**721. brains**「頭脳」　**722. attríbute ～ to ...**「～の原因を…に帰する；～は…のせいだとする」　　**723. may as well**「～してもよい」〔→p. 286〕　**724. administration**「行政；管理」　**technológical**「科学技術の」　**self-destruction**「自滅」 **in the air**「空中に；広まって」　**725. instance**「例；場合」　**ascertáin**「確かめる」　**áccurately**「正確に」　**sound**「健全な」　**to begin with**「まず最初に」　**the facts remain that ...**「…であるという事実は変らない」 **injúrious to**「～に有害な」 **superior to**「～より優れた；～を超越した」

§91. 強 調

---

(1) **It is** not freedom but self-discipline **that** you need now.
(2) **Not** for a moment *must* you doubt her love.
(3) Whatever is worth doing **at all** is worth doing well.
(4) You **do** look pretty tonight.

■(1) 君たちに今必要<u>な</u>のは自由ではなく自律だ。
■(2) <u>かりそめにも</u>，彼女の愛を疑ったりしてはならない。
■(3) <u>いやしくも</u>行う価値のあることは，りっぱに行う価値がある。
■(4) <u>ほんとうに</u>君は今夜きれいだね。

解 説 　強調の形式はいろいろあり，(1)のように文中の特定の要素を強調する It is ～ that ...〔→p.222〕，(2)のような語順の倒置〔→p.208〕によるもの以外に，種々の強調語句があるが，(3)の at all〔→p.298〕に類した副詞句や，(4)のような助動詞，その他，形容詞 very も重要である。

(a) He is the **very** *image* of his father. (彼は<u>まさに</u>父親の<u>生写し</u>だ)
(b) Why **on earth** did you do that? (<u>いったい</u>なぜそんなことをしたのか)
(c) I can*not* **for the life of me** remember his name.
　　　　(僕は<u>どうしても</u>彼の名前が思い出せない)
(d) What **can** they be doing? (<u>いったい</u>彼らは何をしているんだろう)
(e) He *seldom*, **if ever**, comes here. (彼は<u>まずめったに</u>来ない)〔→p.300〕
(f) You have no excuse **whatever**. (弁解の余地は<u>全く</u>ない)〔→p.132〕
(g) She is kindness **itself**. (彼女は親切<u>そのもの</u>だ)
(h) He is **all** attention. (彼は<u>全身を耳に</u>している)
(i) **Has** she grown! (<u>なんと</u>大きくなったこと)
(j) It rained for **hours and hours**. (<u>何時間も</u>雨が降り続いた)
(k) **Who** doesn't know that? (知らないものは<u>だれもいない</u>)〔→p.216〕
　＊(i)は「倒置」，(j)は語句の「反復」，(k)は「修辞疑問」によって強意を表わしている。

■**注意**■ 　再帰代名詞にも再帰用法のほか強意用法がある。〔→p.50〕
　{ (a) He **himself** saw the broken mirror. 〔強意用法〕
　{ (b) He saw **himself** in the broken mirror. 〔再帰用法〕
　　(a) 彼は<u>自分で</u>その割れた鏡を見た。
　　(b) 彼は割れた鏡の中に<u>自分の姿</u>を見た。

||||||||| **EXERCISE** |||||||||||||||||||||||||||||||||||||||||||||||| 解答　408・409 ページ

▨ A ▨

726. He is the *very* man that I have been looking for.

727. He looks the *very picture* of health.

728. She *ran and ran*, but couldn't catch up with the boy.

729. *Isn't* she beautiful!　I *honestly* admire her beauty.

730. He is *cheerfulness itself*, while his wife is *all shyness*.

731. *Rarely did* he speak at our meetings, but when he *did* speak it was always to the point.

▨ B ▨

732. Perhaps it does not matter so very much what it is one loves in this world. But *love* something one must.

733. The secret of successful letter-writing is *simplicity itself*. Imagine that the person you are addressing is sitting on the other side of the table and write down just what you have to say straight-forwardly, easily and without effort or affectation.

(慶　大)

▨ C ▨

734. Democracy is not a beloved republic really, and never will be. But it is less hateful than other contemporary forms of government, and to that extent it deserves our support. It *does* start from the assumption that the individual is important, and that all types are needed to make a civilization. It does not divide its citizens into the bossers and the bossed, as an efficiency regime tends to do.

(早　大)

▨語句▨　**726. look for**「捜す」　**727. picture**「絵[にかいたようなもの]」　**728. catch up with**「〜に追いつく」(＝overtake)　**729. admire**「賞賛する」　**730. cheerfulness**「快活さ」　**shyness**「内気；はにかみ」　**731. to the point**「要点をはずさない；適切な」　**732. matter**「大切である」　**733. simplicity**「単純；簡単」　**address**「〜に話しかける；〜に宛てる」　**straight-forwardly**「率直に」　**affectátion**「気取り」　*cf.* affection（愛情）　**734. beloved**「最愛の」　**republic**「共和国」　**contémporary**「同時代の；現代の」　**extent**「範囲」　**deserve**「〜を受けるに値する」　**does start**「実際に（確かに）出発する」(強意の do)　**assumption**「仮定；前提」

§92.　倒　　置

> (1)　**Most of these problems** a computer could solve easily.
> (2)　**Down** *came* the rain in torrents.
> (3)　**Never** *did* I *expect* such misfortune would fall on us.

▨ (1)　これらの問題の大部分は，コンピューターなら楽に解けるだろう。
▨ (2)　どしゃ降りに雨が降ってきた。
▨ (3)　このような不幸に見舞われようとは夢にも思っていなかった。

解　説　　　ふつうの語順では主語の後にくる要素が（主として強調のために）主語の前に出る形式を倒置 (Inversion) という。三つに大別できる。

(1) 強調される要素が前に出るだけで，主語・動詞は倒置されない。

　　His face I'm not fond of, and **his character** I despise.

　　　　　　（彼の顔を私は好まないし，彼の品性を私は軽べつする）

(2) 副詞要素ばかりでなく，動詞も主語の前に出る。この場合，副詞は「場所・方向」を表わす短い副詞で，動詞は be, come, go, lie, stand などに類した自動詞である。ただし主語が代名詞の場合は動詞は前に出ない。

　　⎰**Away** *went* the car.（車は走り　　⎰**Here** *comes* the bus.（バスが
　　⎱**Away** it *went*.　　　　去った）　⎱**Here** it *comes*.　　来た）

(3) 強調要素と助動詞が主語の前に出る。文頭に出るのは (a) 否定詞，(b) 前の文の内容を受ける so, (c)「程度」を表わす so, such の場合が主である。

　　(a)　**Hardly** *had* I sat down **when** the telephone rang.　　［→p. 290］

　　　　　（腰をおろしたと思ったとたんに電話が鳴った）

　　(b)　He keeps late hours, and **so** *does* his son.　　［→p. 296］

　　　　　（彼が夜ふかし朝寝をすれば，彼の息子も同様だ）

　　(c)　**Such** *was* his strength **that** everyone was awed.　　［→p. 190］

　　　　　（彼の強力に人々は皆恐れをなした）

■**注意**■　① 動詞が be であるときは（(3)(c)のように），これが主語の前に出る：
　　Seldom *was* he sober.（彼が素面であることはめったになかった）
　② 主に文語的な表現で，否定詞以外でも (3) の型の倒置が行なわれることもある。
　　Bitterly *did* we repent our error.（その過ちをいたく悔いた）
　③ (2) の条件に相当しない場合でも，主語が長い場合，(2) の型の倒置が行なわれうる。
　　After the war *followed* a long period of political confusion.
　　　　（戦争のあと長期にわたる政治的混乱が続いた）

||||||||||| **EXERCISE** ||||||||||||||||||||||||||||||||||||||||||||||||||||| 解答　409・410 ページ

▨ A ▨

735. *Rich* I may be, but that doesn't mean I'm happy.

736. He entertained the girls. *The boys* he ignored.

737. *Only* after a long argument *did* he agree to our plan.

738. *Not only did* he protest, but he also refused to pay his taxes.

739. *Little did* we think that we were never to meet again.

740. *So* often *has* this happened in recent years that it has almost become the rule.

▨ B ▨

741. *So* intimate *is* the relation between a language and the people who speak it that the two can scarcely be thought of apart.　　　　　　　　　　　　　　　　　　　　　　（佐賀大）

742. *Only* as we use our ingenuity and energies to give happiness to others regardless of reward *may* we achieve happiness ourselves.　　　　　　　　　　　　　　　　　（お茶の水女大）

743. Imparting information may increase the store of factual knowledge, but it does not develop the intellect to the same extent as *does* active attack on a problem.

▨ C ▨

744. The commonest form of forgetfulness, I suppose, occurs in the matter of posting letters. *So* common *is* it that I am always reluctant to trust a departing visitor to post an important letter. *So* little *do* I rely on his memory that I put him on his oath before handing the letter to him.　　（大阪府大）

▨語句▨　**736. entertáin**「もてなす」**ignóre**「無視する」　**737. argument**「議論」
738. protest「抗議する」**refúse**「拒否する」**tax**「税」　**741. íntimate**「親密な」
relation「関係」**scarcely**「ほとんど〜ない」**apart**「別々に」　**742. ingenúity**「創
意」**energy**「精力」**regardless of**「〜とは関係なく」**rewárd**「報酬」**achieve**「成
就する」　**743. impart**「与える；知らせる」**store**「蓄積」**fáctual**「事実の」**íntel-
lect**「知性」**extent**「範囲」**active**「積極的な」　**744. cómmon**「ありふれた」**for-
getfulness**「物忘れ」**occúr**「生じる」**relúctant**「気が進まない」**rely on**「〜に頼
る」**put 〜 on [one's] oath**「〜に誓わせる」

§93. 挿　入

---

(1)　Industry, **it is often said**, is the key to success.

(2)　He lost his fortune and, **what is worse**, lost his reputation.

(3)　She was regarded, **and rightly**, as an exemplary wife.

(4)　The farmer was furious — **and one can't really blame him** — when he caught the boys stealing his apples.

▨ (1)　勤勉は，<u>よく言われることだが</u>，成功の鍵である。

▨ (2)　彼は財産を失い，<u>さらに悪いことには</u>，名声も失った。

▨ (3)　彼女は，<u>当然のことながら</u>，模範的な妻と見なされた。

▨ (4)　農夫は子供たちがりんごを盗んでいる現場を押えたとき，<u>無理もないことだが</u>，かんかんに腹を立てた。

解　説　　挿入は，コンマで区切られるのがふつうであるが，(4) のようにダッシュを用いたり，かっこを用いたりすることもある。

(1)　I know, he says, it is said など主節に当るものが挿入される形式。

　(a) **You know** he is a doctor. (君は彼が医者であることを知っている)

　(b) He is, **you know**, a doctor. (彼は，御存知でしょうが，医者なんですよ)

　(c) He is, **as you know**, a doctor. (彼は，御存知のように，医者です)

このうち，(a) の You know は主節，(b) (c) が挿入で，(c) は接続詞 as に導かれる従節が挿入形式をとったもので，接続詞のない(b)と構文が異なる。

　＊ (b) の形式の挿入は，日本語でもそのまま挿入的に訳せるとはかぎらず，(a) と同じ訳し方になることもあり，副詞的に訳すこともある。

　　Competition, **I admit**, is necessary. (競争が必要であることは<u>認めます</u>。/ <u>やはり</u>競争は必要ですね。/ <u>なるほど</u>競争は必要だ)

(2)　の関係詞節，(3) の文修飾副詞のほか，独立分詞〔→p.94〕や独立不定詞〔→p.78〕が挿入的に用いられることが多い。

■**注意**■　次のような文における I think, I believe などの用法を区別する。

　(a) **I think** this is what is to be done at once.　　〔主節〕

　(b) This, **I think**, is what is to be done at once.　〔挿入節〕

　(c) This is what **I think** is to be done at once.　　〔連鎖節→p.126〕

　　(a) <u>私は</u>これが直ちになされるべきことだと思う。

　　(b) これが，<u>私の考えでは</u>，直ちになされるべきことだ。

　　(c) これが，直ちになされるべきだと<u>私が思う</u>ことです。

▨▨▨▨ **EXERCISE** ▨▨▨▨▨▨▨▨▨▨▨▨▨▨▨▨▨▨▨▨▨▨ 解答 410 ページ

▨ A ▨

745. (a) The teacher says the student is a fool.

(b) The teacher, *says the student*, is a fool.

746. (a) The boy, *I believe*, will do his best.

(b) The boy, *I suspect*, is up to some mischief.

747. He was, *it seemed to me*, very much depressed at his failure.

▨ B ▨

748. The first duty of every man, or every woman, *for that matter*, is that he should not make himself a nuisance to others.

749. Novels that are enormously popular on publication are so for much the same reason that certain dance tunes are enormously popular; because they are, *as it were*, easy to pick up.

750. Before you give advice, *that is to say*, advice which you have not been asked to give, it is well to put to yourself two questions —— *namely*, what is your motive for giving it, and what is it likely to be worth?

▨ C ▨

751. In the last few years I have listened to scores of young people, in college and out, who are nervous about the adult world. They look at the society they are entering with bewilderment and mistrust —— *if not*, like the hippies, with loathing and despair —— and increasingly they tend to reject it.

（東外大）

■語句■　**746. suspect**「嫌疑(けん)をかける；～だろうと思う」　**up to mischief** [místʃif]「わるさをたくらんで」　　**747. be depressed**「気が滅入る」　　**748. duty**「務め；義務」cf. **right**（権利）　**for that matter**「いやそう言えば～も同じだが」　**nuisance** [njúːsns]「迷惑；やっかい者」　　**749. novel**「小説」**on publication**「発行されたとき［すぐに］」　**much the same**「だいたい同じ」**tune**「曲」**as it were**「いわば」（＝so to speak）　**750. advice**「忠告」**that is [to say]**「すなわち；つまり」**it is well to ～**「～するのがよい」　**namely**「すなわち」（＝that is）**motive** [móu-]「動機」　**751. score**「20」**nervous**「不安な；心配して」**adult**「おとなの」　**bewilderment** [-wíl-]「困惑」**mistrust**「不信；疑惑」**loathing**「嫌悪」**despair**「絶望」

§94. 省　略

---

(1) Hate breeds hate, and **violence** [*breeds*] **violence**.
(2) **When** [*you are*] **angry**, count ten before you speak.
(3) [*It is*] **No wonder** that he should be angry with you.
(4) **Those** [*who were*] **injured** were carried to the hospital.

■ (1) 憎しみは憎しみを生み，暴力は暴力を生む。
■ (2) 腹が立ったときには，しゃべる前に 10 数えよ。
■ (3) 彼が君に対して腹を立てるのも当然だ。
■ (4) 怪我をした人々は病院に運ばれた。

解　説　　(1) 既出の語句の反復を避けるために省略が行われる場合。この例では動詞が省略されているが，その他の要素も省略される。

Poverty is not a shame, but being ashamed of it is [*a shame*].
　　　(貧しさが恥なのではなく，貧しさを恥じることが恥なのだ)
It matters not how long we live but how [*we live*].
　　　(どれくらい長生きするかではなく，いかに生きるかが問題だ)

(2) 副詞節の「主語＋be 動詞」が省略される場合。
Though [*he was*] invited, he didn't go.　(招待されたが行かなかった)
Don't speak unless [*you are*] spoken to.　(話しかけられなければ話すな)

(3) 慣用的な表現で (多く文頭の要素が) 省略される場合。
[*It*] Serves you right.　(当然の報いだ。/ いい気味だ。/ ざまあみろ)
[*I*] Beg your pardon.　(失礼〔↘〕/ もう一度言って下さい〔↗〕)

(4) 必ずしも省略ではないが，省略相当語句を補ってみることができる。
[*Being*] Anxious about it, he could not sleep.　(心配で眠れなかった)
Why [*should you*] not let him go?　(行かせてやればいいじゃないか)

■注意■　① その他慣用的な省略表現で重要なものに **as if, than if** [→p. 168] および **what if** などがある。
　　What [*will happen*] **if** it rains?　(雨が降ったらどうなるだろう)
② 比較表現も省略を伴うことが多い。[→p. 138]
　　You are **less** of a fool **than** I thought [*you were*].
　　　　　(お前は僕が考えていたほどばかじゃない)
　　The enterprise was **more** successful **than** I expected [*it would be*].
　　　　　(事業は予想したよりも成功した)

▌▌▌▌▌ **EXERCISE** ▌▌▌▌▌▌▌▌▌▌▌▌▌▌▌▌▌▌▌▌▌▌▌▌▌▌▌▌▌▌ 解答 411 ページ

▨ A ▨

752. If invited, I will go. If not, not.

753. To err is human, to forgive divine.

754. Small wonder that he is an understanding person. He has seen much of the world.

755. A politician thinks of the next election; a statesman, of the next generation.

▨ B ▨

756. Courage in excess becomes foolhardiness, affection weakness, thriftiness avarice.

757. Talent is by no means rare in the present world; nor is even genius. But can talent be trusted? Can genius be trusted? Not unless based on sincerity.

758. Masterpieces are already so numerous that we can never know them all. Let us have faith in the choice of past centuries. A man may be wrong; so may a generation; but humanity does not make mistakes. (中央大)

▨ C ▨

759. Foreigners in Japan will always be foreigners to this society. I remember how self-conscious I was. When riding a train or a bus, I hated it because people stared. I would try to hide behind a newspaper but the glaring eyes bored right through the newsprint. Then, I would try smiling, but it would not work. Nor would glaring back fiercely. (大阪外大)

�©語句▨ **753. err** [əːr]「誤ちを犯す」 **forgive**「許す」 **divine**「神の」 **754. small wonder**「少しも不思議なことではない」 **understanding**「理解のある」 **755. politícian**「政治屋」 **election**「選挙」 **statesman**「政治家」 **generation**「世代」 **756. courage** [kə́ridʒ]「勇気」 **in excess**「過度の」 **foolhardiness**「向こう見ず」 **affection**「愛情」 **thriftiness**「倹約」 **ávarice**「貪欲」 **757. by no means**「決して〜でない」 **genius** [dʒíːniəs]「天才」 **sincérity**「誠実さ」 **758. masterpiece**「傑作; 名作」 **humánity**「人類」 **759. self-conscious**「自己を意識する」 **stare**「じろじろ見る」 **bore**「穴をあける」

§95.　共 通 構 文

(1)　Some books *injure* rather than *benefit* **society**.

(2)　Games give you *moral* as well as *physical* **health**.

(3)　Passions *weaken*, but habits *strengthen*, **with age**.

(4)　Such mistakes *may*, and sometimes *do* **occur**, even in the best books.

■ (1)　書物のなかには社会に益よりもむしろ害を及ぼすものがある。

■ (2)　競技は肉体ばかりでなく精神の健康をわれわれに与える。

■ (3)　年をとるにつれ情熱は弱まり，習慣は強まる。

■ (4)　このような誤りは，最良の書物においても生じうるものであり，また時に実際生じるのである。

解　説　　二つ以上の語句が，文中のある要素に共通にかかることがあり，これを共通構文と呼ぶ。上の例文の共通関係は，それぞれ：

(1)　(動詞＋動詞) 目的語　　　　(3)　(動詞＋動詞) 副詞[句]

(2)　(形容詞＋形容詞) 名詞　　　(4)　(助動詞＋助動詞) 動詞

*　(1) の場合，society は injure と benefit の「共通目的語」と呼ばれる。
前置詞の目的語が「共通目的語」であることもある：

He has no interest *in*, and no respect *for*, **power**.

（彼は権力に対して関心も敬意もいだいていない）

共通要素は，上例のように，同じ品詞の語であるのがふつうだが，次のように，前置詞と他動詞が目的語を共通に持つこともある。

He fell in love *with*, and *married* a beautiful **woman**.

（彼は美しい女性と恋に陥り，そして結婚した）

He refuses to *see* or answer the telephone calls *of* **newsmen**.

（彼は記者に会うことも彼らの電話に答えることも拒否している）

■**注意**■　共通構文において共通要素を結びつける接続詞は and, or, but などの「等位接続詞」であるが，「従位接続詞」のうち if と though は共通の修飾語を結びつけるのに用いることができる。

　⎰ He addressed an *enthusiastic* **if** (= **though**) *small* audience.
　⎱ He addressed a *small* **yet** (= **but**) *enthusiastic* audience.

（彼は<u>たとえ少数ではあって</u>も熱心な聴衆に向かって話した）

Many, **if not** *most*, students think otherwise.

（<u>大多数ではなくても</u>多数の学生はそのようには考えていない）

▮▮▮ EXERCISE ▮▮▮▮▮▮▮▮▮▮▮▮▮▮▮▮▮▮▮▮▮▮▮▮▮▮▮▮▮▮▮▮▮▮ 解答 411・412 ページ

▨ A ▨

760. He was a pleasant if talkative *child.*

761. She was a charming, though not beautiful, *girl* of seventeen.

762. There are some teachers, not many, of course, who always blame, and never praise, *their own pupils.*

763. Training of the will must precede, or at any rate go hand in hand with, *that* of the mind.

▨ B ▨

764. Even in the most progressive age, much the greater part of our activity is, and must be, *based* upon tradition.

(関東学院大)

765. College provides the broadest opportunity for first stimulating and then providing the means for satisfying *one's urge to know.*

(広島大)

▨ C ▨

766. We must regard a great writer as the creator as well as the creature *of his time*, and while keen to appreciate what the age gave to him, we must be equally eager to discover what in turn he gave to the age.

(早 大)

767. Language erects as many barriers as bridges. There is a deep-rooted tendency to dislike, to distrust, and to regard as inferior *individuals or groups* speaking a language different from one's own just as one considers the monkey a lower animal because it has no language at all.

(津田塾大)

▨語句▨ **760. pleasant** [plézənt]「快い」 **talkative**「おしゃべりの」 **763. precede** 「〜に先行する」 *cf.* proceed（前進する） **at any rate**「とにかく」 **hand in hand** 「手をたずさえて」 **764. progréssive**「進歩的な」 **the greater part**「大部分」 **activity**「活動」 **be based** [up]on「〜に基づく」 **tradition**「伝統」 **765. provide** 「提供する」 **opportúnity**「機会」 **stímulate**「刺激する」 **satisfy**「満足させる」 **urge**「衝動; 気持」 **766. regard 〜 as** ...「〜を…とみなす」 **creator** [kriéitə]「作る人」 **creature** [kríːtʃə]「作られたもの」 **keen to**「熱心に〜しようとする」 **in turn** 「順番に; 今度は」 **767. eréct**「建てる」 *cf.* elect（選ぶ） **bárrier**「障害」 **deep-rooted**「根深い」

§96. 修 辞 疑 問

> (1) **What** difference *does* it make?
> (2) **Who** *doesn't* wish to be happy?
> (3) **Is** it any wonder that politicians are mistrusted?
> (4) **Didn't** I tell you he would forget his promise?

- ▨ (1) それでどんな違いが生じるのか。（どっちでも同じことだ）
- ▨ (2) 幸せになりたいと願わないものがいるだろうか。（だれでも願う）
- ▨ (3) 政治家が信用されないことに不思議があろうか。（当然だ）
- ▨ (4) 僕は君に，彼は約束なんか忘れてしまうと言わなかったか。（言ったじゃないか）

解　説　　　疑問文の形をしていても，答えを求めるのではなく，反語的に自分の考えを強く述べる文を，修辞疑問 (Rhetorical Question) と呼ぶ。(1) (2) のような特殊疑問文（疑問詞を用いる疑問文）と，(3) (4) のような一般疑問文（疑問詞を用いない疑問文）との両方の場合がある。

　(1) (3) のような肯定疑問の場合は否定の内容を表わし，(2) (4) のような否定疑問は肯定の意味を表わす。

> Who **knows**? （誰が知ろうか）〔= Nobody knows.〕
> Who doesn't **know**? （知らないものがいようか）〔= Everybody knows.〕

したがって上の例文はそれぞれ次のように平叙文に書換えられる。

(1) It makes **no** difference.　　　　(3) It is **no** wonder that ...
(2) **Everyone** wishes to be happy.　(4) I **told** you ...

◆次のような文は，疑問文の形をとりながら，「勧誘・提案」を表わす：

> **Why** *don't* you have a drink? （いっぱいやろうじゃないですか）
> **How** *would* you like to come and spend a week with us?
> 　　　　　　（1週間ほど私たちのところにとまりに来ませんか）

■**注意**■　疑問文の語順をとりながら，読む場合には下降調になり，書く場合には感嘆符をつける「感嘆疑問文」も，疑問の意味は含まれない。

(**a**) **Wasn't** it a marvelous concert!〔↘〕（すばらしいコンサートでしたね）
(**b**) **Did** he look annoyed! （ひどく困った顔をしていたぜ）

　(**a**) のような否定疑問のほうが (**b**) のような肯定形よりふつうであるが，意味はほとんど変らない。

Hasn't she grown!　= **Has** she grown! （彼女も大きくなったなあ）

░░░░░ **EXERCISE** ░░░░░░░░░░░░░░░░░░░░░░░░░░░░░░░░ 解答 412・413 ページ

░ **A** ░

768. *What* is the use of saying anything to him?

769. *Can* anything be simpler than this?

770. *Have* I ever heard of such nonsense?

771. *Do not* most of us take it for granted that we are free?

772. *Which* of us didn't feel the yearning for the truth in his youth?

773. *Who* should appear *but* the man we were talking about?

774. *What* would I not give to be free?

░ **B** ░

775. *How* can a people be free if its members cannot think and act for themselves? And *why* should they be free if their thoughts and their emotions are unworthy of respect?

（群馬大）

776. Optimism is the faith that leads to achievement; nothing can be done without hope. When our forefathers laid the foundation of the American commonwealth, *what gave them the courage to face their task but a vision of a free community?*

（奈良県医大）

░ **C** ░

777. To most people history and fiction are contrasting words. History, they are told, is an account of what really happened; fiction is a literary work portraying imaginary characters and events. *What could be more different?* Yet the historian and the novelist have more in common than these definitions would suggest.

（立命館大）

───────────────────────────────────────

░語句░　**768. What is the use of 〜?**「〜して何の役に立つのか」　**770. nonsense**「たわごと」　**771. take it for granted that 〜**「〜を当然のことと考える」　**772. yearning**「あこがれ」　**775. for oneself**「自分で」**emotion**「感情；情緒」**unworthy of**「〜を受けるに値しない」　**776. óptimism**「楽観主義」　**lead to**「〜に通じる；〜を生む」　**forefather**「祖先」　**foundátion**「土台；基礎」　**commonwealth**「国家；共和国」　**commúnity**「［共同］社会」　**777. contrásting**「対照的な」　**account**「説明；記述」　**líterary**「文学的な」　**portráy**「描く」　**imáginary**「架空の」　**character**「人物」　**have 〜 in common**「〜を共有する」　**definítion**「定義」

§97.　分離修飾関係

Every man ought to be thorough in at least one thing,
ought to be *capable* by his mastery of some one topic **of
having** an opinion that is genuinely his own.

　▨　人はだれでも少なくとも一つのことに精通しなければならず，なにか
一つの主題を完全に修得することによって，真に自分のものである考え
を持つことができなければならない。

解　説	文中のある要素が，それが修飾したり，それとつながりのあ

る要素から離れて置かれることがあるが，これを分離修飾語句
(Detached Modifier) と呼ぶことができる。そのような場合にその要素を直前
の語句と結びつけて誤った解釈をしがちであるが，つながりを間違えないよう
にしなければならない。上の例では，of having という句は，直前の topic を
修飾するのではなく，ずっと前にある capable と結びつくことに注意する。
　上例は形容詞を修飾する副詞句が離れている例であるが，次の場合もある。
　(a) 動詞を修飾する副詞句：
　　Some people *attribute* the evils from which the world suffered **to
　lack** of education.　（世の中が被っている害悪は教育の不足のせいである
　　　　と考える人がいる）〔attribute A to B「AをBのせいにする」〕
　(b) 名詞を修飾する形容詞句：
　　He always stressed the *superiority* in education **of learning to
　teaching**.　（彼は教育において教えることより学ぶことが優位にあること
　　　　を常に力説した）〔of learning は education ではなく superiority と，
　　　　to teaching は learning ではなく superiority と結びつく。superior
　　　　to は「～よりも優れている」，superiority of A to (*or* over) B は「B
　　　　に対するAの優位；BよりもAが優位にあること」の意〕

　■**注意**■　その他，ふつうにみられる分離関係は次のような場合である：
　(1) 関係詞節：*He* is a good doctor **who** cures himself.　（自分を治すことができ
　　　　　　　る者は良医である──医者の不養生）
　(2) 不定詞句：Many *attempts* have been made **to do** away with this evil.
　　　　　　　　　　（この悪を除こうとする試みが何度も行われてきている）
　(3) 同格節：The *opinion* has often been voiced **that** it may destroy the human
　　　　　　　race.　（それが人類を破滅させるかもしれないという考えがし
　　　　　　　ばしば述べられてきている）

|||||||||| **EXERCISE** |||||||||||||||||||||||||||||||||||||||||| 解答　413・414 ページ

▨ A ▨

778. The *time* will soon come *when* we can travel to the moon.

779. *He* is a good friend *that* speaks well of us behind our backs.

780. His politeness comes from a *sincere* if unconscious *desire* to be helpful to others.

781. The man who *prefers* to give the last biscuit to his neighbour *to* eating it himself is certainly not a selfish man.

▨ B ▨

782. Man is by nature self-assertive, commonly aggressive, always *critical* in a more or less hostile spirit *of any characteristic* which seems strange to him.　　　　　　　　　　（名古屋工大）

783. Children —— as such forgive them —— pick flowers and drop them by the wayside. Elders should be more thoughtful and consider what *chances* the flowers they gather or tear up by the roots have *of survival* in their vases or their gardens.

　　　　　　　　　　（熊本大）

▨ C ▨

784. At the heart of the environment issue is the basic question of how man is to manage the world's first technological civilization —— how we *apply* the knowledge that science and technology make available to us and the values which endow our lives with meaning and purpose *to* the decisions which will determine our future.　　　　　　　　　　（広島大）

▨語句▨　**779. speak well of**「〜のことをほめる」**behind one's back**「陰で」　**780. politeness**「礼儀正しさ」　**sincere** [sinsíə]「まじめな; 心からの」　**uncónscious**「無意識の」　**781. selfish**「利己的な」　**782. by nature**「生まれながら; 生来」**self-assértive**「自己主張的な」　**aggréssive**「侵略的な」　**crítical**「批判的な」　**more or less**「多かれ少なかれ」**hostile**「敵意ある」**characteristic**「特徴」　**783. as such**「そのようなものとして」　**wayside**「道ばた」**elder**「年上の人; おとな」**chance**「見込み; 可能性」　**tear up by the roots**「根こそぎにする」**survival**「生き残ること; 存続」　**784. envíronment issue**「環境問題」**manage**「扱う; 管理する」**technológical**「科学技術の」**apply**「適用する; 応用する」**aváilable**「入手（利用）できる」**endow** [indáu] 〜 **with** ...「〜に…を授ける」**detérmine**「決定する」

●マーク‼● 解釈で誤る "副詞・前置詞"

▦ *a*. I can do it **alone**. (私は**ひとりで**それができる)
  b. I **alone** can do it. (私**だけ**がそれをできる)

▦ *a*. He may do it **well**. (じょうずにやるかもしれない)
  b. He may **well** do it. (そうするのも当然)〔may well の形で〕

▦ *a*. He spoke **simply** and to the point. (簡潔に話した)
  b. He said so **simply** to please her. (**ただ**彼女を喜ばせるために)

▦ *a*. Crime doesn't **necessarily** pay. (犯罪は**必ずしも**得にならない)
  b. Crime **necessarily** doesn't pay. (犯罪が得にならないのは必然)
                                        ▶ *a*. は部分否定.

▦ *a*. He saw the difference **clearly**. (その違いを**はっきり**認めた)
  b. **Clearly** he saw the difference. (その違いを認めたことは明かだ)

▦ *a*. He is managing the matter **wisely**. (賢明に処理している)
  b. He is **wisely** staying at home. (外出しないでいるのは賢明だ)

≪類例≫ **1.** His courage may **justly** be praised. 〔誤〕(彼の勇気は正当にほめられるかもしれない) ⇒ (彼の勇気は賞賛されてしかるべきだろう) **2.** He may **rightly** be regarded as a genius. (彼は天才とみなされてさしつかえない) **3.** No man can **safely** forget this fact. (だれでもこの事実を忘れては危険である)

▦ *a*. He paid the money **to** me. (私に代金を支払った)
  b. He paid the money **for** me. (私の代りに代金を払ってくれた)

▦ *a*. They washed their hands **in** it. (それで手を洗った)
  b. They washed their hands **of** it. (そのことと手を切った)

▦ *a*. He is able **as** a teacher. (先生として有能 [資格])
  b. He is able **for** a teacher. (先生にしては有能 [〜の割には])

▦ *a*. It is hard **for** him to believe it. (それを信じるのはむずかしい)
  b. It is hard **of** him to believe it. (それを信じるなんてつれない)

▦ *a*. What did you do **with** your car? (車をどうしたのか)
  b. What did you do **to** my car? (私の車に何をしたんだ)

▦ *a*. She invited him after all he'd done **to** her. (彼女にいろいろひどいことをしたのに彼を招待した)
  b. She didn't invite him after all he'd done **for** her. (彼女にいろいろやってやったのに彼を招待しなかった)

第3章

解釈の重要語句・構文

§98.　It is ～ that … (1)

(1)　**It is** not help but obstacles **that** make man.
(2)　**It is** authors rather than diplomats **who** make nations
　　　love one another.
(3)　**It is** not the mere reading of many books **which** is
　　　necessary to make a man wise.

▨　(1)　人間を作るのは援助ではなく障害である。
▨　(2)　国家を互いに愛し合うようにさせるのは外交官というより作家だ。
▨　(3)　人を賢くするのに必要なのは，ただ多くの本を読むことではない。

<hr>
解　説　この形式は文中の特定の要素を強める**強調構文**で，強調される
要素が「人」であれば (2) のように who を，「物事」であれば
(3) のように which を用いることもある。たとえば，

　　My father bought this book yesterday.　の各要素を強調すれば：
　　　⎰(a)　**It was** my father **that** (*or* **who**) bought this book yesterday.
　　　⎨(b)　**It was** this book **that** (*or* **which**) my father bought yesterday.
　　　⎱(c)　**It was** yesterday **that** my father bought this book.
　(**a**)「買ったのは父」　(**b**)「買ったのはこの本」　(**c**)「買ったのは昨日」
それぞれ，(**a**) 主語，(**b**) 目的語，(**c**) 副詞を強めたことになる。

◆(**b**) のように，(前置詞の目的語も含め) 目的語が強調される場合は，(特に口
語で) that が省略されることもある。
　　It's you [**that**] she's in love *with*.　(彼女が惚れてるのは君だよ)

◆強調される要素が「時」を表わす語句である場合は when も用いられる。
　　It's in the spring when (= **that**) the orange trees are nice.
　　　　　(オレンジの木がきれいなのは春です)

■**注意**■　It is ～ that … は「…のは～」という訳し方が公式化しているが，　副詞要素
などが強調される場合この訳し方では不自然になることもあり，文脈に応じた適当な強
調表現を考える。
　　It is I *who* must apologize.　(公式訳：お詫びしなければならないのは私のほうで
　　　　　　　　す。／別の訳し方：私こそお詫びしなければなりません)
　　It was **with difficulty** *that* he solved the problem.
　　　　　(公式訳不可／彼はやっとのことでその問題を解いた)
　　It was **only then** *that* she learned the truth.
　　　　　(公式訳不可／その時になってはじめて彼女は真相を知った)

▨▨▨▨▨ **EXERCISE** ▨▨▨▨▨▨▨▨▨▨▨▨▨▨▨▨▨▨▨▨▨▨▨▨ 解答　414・415 ページ

▨ A ▨

785. *It is* not what people eat, but what they digest *that* makes them strong.

786. *It is* only in childhood *that* books have any deep influence on our lives.

▨ B ▨

787. Facts and theories are of little use in themselves. *It is* the way in which the mind uses those facts and theories, *which* is the really important thing.

788. *It is* generally the idle *who* complain they cannot find time to do that which they fancy they wish. In truth, people can generally make time for what they choose to do: *it is* not really the time but the will *that* is wanting.

▨ C ▨

789. In one's reading, great writers of the past must be given the most attention. Of course it is both natural and necessary to be familiar with those of the present, for *it is* among them *that* we are likely to find friends who have our own anxieties and requirements. But let us not submerge ourselves in a sea of insignificant books.　　　　　　　　　　　（南山大）

─────────────────────────────────

▨語句▨　**785. digest**「消化する」　　**786. influence**「影響」　　**787. theory**「理論；説」**of little use**「ほとんど役に立たない」**in oneself**「それ自体は」〔→p. 268〕**788. the idle**「怠惰な人々」（＝idle people）**complain**「ぐちをこぼす」**that which**「…ところのこと」（＝what）**fancy**「空想する；想像する」**wanting**「欠けている」**789. attention**「注意」**both ～ and ...**「～も…も；～でもあり…でもある」**familiar with**「～となじみがある；～をよく知っている」**be likely to**「～しそうな；たぶん～する」**anxiety**「不安；心配」**requirement**「必要なもの」**submerge**「沈める」**insignificant**「重要でない；取るに足りない」

§ 99. It is ～ that … (2)

(1) **It's** an ill wind **that** blows nobody any good.

(2) I sometimes wonder what **it is that** makes a man happy.

(3) (a) **It was** then **that** she became aware of the danger.

(b) **It was** clear **that** she became aware of the danger.

▨ (1)　どんな [不幸な] ことでも誰かの利益になる。(ことわざ)

▨ (2)　私は，人を幸せにするのは何であろうかとときどき思う。

▨ (3)(a)　彼女が危険に気がついた<u>のは</u>その時であった。

　　(b)　彼女が危険に気がついた<u>ということは</u>明らかだった。

<u>解　説</u>　　(1) It is ～ that … の強調構文がことわざなどで反語的な意味を表わす場合。このことわざは「誰にも利益を吹き送らない風は悪い風である→どんな風でも誰かに利益を与える」から。

　　It is a wise father **who** knows his own child.　(わが子を知る父は賢明な父だ→賢い父親でもわが子はわからない→親ばか)

(2) 強調される要素が疑問詞で前に出た形。次の形式主語の場合を比較:

　　He doesn't know what **it is to be** poor.　(彼は貧乏であることがどんなことか [→貧乏の味を] 知らない) [it は to be poor を指す]

(3) (a) 強調構文で that は関係代名詞，(b) 形式主語構文で that は接続詞。

　{ (a) [**It was**] his opinion [**that**] made her change her mind.
　{ (b) [**It was**] his opinion [**that**] she should change her mind.

　　(**a**) 彼女の考えを変えさせた<u>のは</u>彼の意見であった。

　　(**b**) 彼女は考えを変えるべきだ<u>というのが</u>彼の意見であった。

　強調構文では [　] の部分を省略してしまって強調される要素が前に出ているだけで文は成り立つが，形式主語 [→p. 40] 構文では成り立たない。

■**注意**■　It is ～ で始まる文で，*that* (or *which*)-Clause が二つ以上含まれることがあるが，*that* (or *which*) の用法を区別すること。

　{ (a) **It is** not the number of the books ①**that** you read ②**that** matters.
　{ (b) **It was** then ③**that** the thing happened ④**that** confused the boy.

　　(**a**) 大切<u>なのは</u>あなたが読む [ところの] 本の数ではない。

　　(**b**) その少年をまごつかせた [ところの] ことが起こった<u>のは</u>その時であった。

　　②③が強調構文に用いられた関係代名詞 (先行詞は It, ただし動詞は強調された要素に一致する) であり，①④ はふつうの用法の関係代名詞である。

░░░░░░░ **EXERCISE** ░░░ 解答 415 ページ

░ **A** ░

790. *It's* not the money we are talking about.

791. *It's* a long lane *that* has no turning.

792. I can't remember who *it was who* told me that.

793. *It is* the irreparableness of every action *that* we take *which* makes life so difficult.

░ **B** ░

794. While I was touring Great Britain by car with a Japanese friend, I asked him what *it was that* distinguished the English landscape from the Japanese. His answer was immediate: "There is no advertising."

795. It is remarkable that *it is* not always those *who* are most read or respected *who* have left the greatest number of sayings in the popular memory.

░ **C** ░

796. The quantity of leisure time is increasing for many people because working time is getting less. Shorter working weeks, longer holidays, a longer period of retirement because we tend to give up work earlier and live longer —— all these things are giving us more leisure. Not everyone, however, is participating in this leisure boom. People in some occupations are finding that work is as demanding as ever. *It is* the people *who* find work most absorbing *who* have least leisure, whereas those in more or less routine jobs are finding more time on their hands.　　　　　　　　　　　　　　　　　　　　　（岡山大）

░語句░　**790. we** の前に that が省略されている。　**791. lane**「小道」 **turning**「曲がり角」　**793. irreparableness** [iréparablnis]「取返しのつかないこと」 **action**「行為」　**795. not always**「必ずしも～ではない」部分否定。〔→p. 156〕 **saying**「（人の言った）ことば；名言」　**796. quantity**「量」 *cf.* quality〔質〕 **retirement**「退職」 **Not everyone**～「すべての人が～であるわけではない」部分否定。**participate in**「～に参加する」 **routine** [ruːtíːn]「きまりきった」

§ 100. not so much ～ as ...

(1) Happiness lies **not so much** in wealth **as** in contentment.

(2) Man is **not** the creature, **so much as** he is a creator, of circumstance.

(3) I have **not so much as** heard his name.

■ (1)　幸せは富よりもむしろ満足にある。

■ (2)　人間は環境が作るものであるよりはむしろ環境を作る者である。

■ (3)　私は彼の名前を聞いたことさえもない。

解　説　　(1) not so much A as B はまた (2) のように **not A so much as B** の語順もとり、「BほどにはAでない (A＜B)」という関係から「AよりもむしろBだ」の意を表わす。これは **less A than B** がやはり「A＜B」の関係から、Bの程度のほうが上であることを強調する場合があるのと似ている。〔→p. 142〕**rather than** を用いて同じ関係を表わすこともできるが、その場合はAとBの順が逆になることに注意する:

He is **not so much** a scholar **as** a writer.
He is **less** a scholar **than** a writer.　　　　「彼は学者というよりも
He is a writer **rather than** a scholar.　　　　むしろ作家だ」
He is **more of** a writer **than** a scholar.

(3) **not so much as ～** は「～さえもしない」(＝ not even ～) の意を表わす。not という否定詞が without に代わった形もよく用いられる。

He left the place **without so much as** saying goodby.

（彼はさよならとも言わないで立ち去った）

◆not so much ～ as ... は強調構文 It is ～ that ... とよく結びつく。

It is **not so much** his illness *that* ruined him **as** his idleness.

（彼をだめにしてしまった<u>のは</u>病気である<u>よりもむしろ</u>怠惰だ）

■**注意**■　① not so much ～ as ... がふつうの比較関係を表わす場合もある。

(a) Wisdom has **not so much** to do with learning **as** with experience.
(b) Wisdom has **not so much** to do with learning **as** is commonly supposed.

　(a) 英知は学識より<u>もむしろ</u>経験と関係がある。

　(b) 英知は一般に考えられているほど学識と関係は<u>ない</u>。〔ふつうの比較〕

② not so much ～ as ... と not ～ but ...（～ではなく…）との混淆(ぶ)形 **not so much ～ but ...** という相関用法もときどき見られる。

||||||||| **EXERCISE** |||||||||||||||||||||||||||||||||||||||||||||||||| 解答 415・416 ページ

▨ A ▨

797. He can*not so much as* write his own name.

798. In those days they did *not* know about electricity *so much as* we do today.

799. I find the great thing in this world is, *not so much* where we stand, *as* in what direction we are moving.

800. The trouble is *not so much* that we have little time to learn *as* that we don't know how to make use of it.

▨ B ▨

801. The great use of a school education is *not so much* to teach you things, *as* to teach you how to learn —— to give you the noble art of learning, which you can use for yourselves in after life on any matter to which you choose to turn your mind.

802. It is *not* what one sees on the outside, *so much as* what is in the inside of a man, which makes him happy and contented, or the contrary.

▨ C ▨

803. Many people become fond of their own faults. One can excuse oneself so easily by asserting, "Well, that's the way I am, and that's all there is to it." It is *not so much* a matter of being against self-improvement *as* it is of being against change. Maturity is a becoming —— therefore a changing, a progression toward something better. （東外大）

▨語句▨　**798. in those days**「当時」　**799. direction**「方向」　**800. The trouble is that ...**「困ったことに…だ」 **make use of**「～を利用する」 **801. use**「用途; 効用」 **for oneself**「自分で」　**turn one's mind to**「～に心を向ける」　**802. contented**「満足している」(＝satisfied)　**the contrary**「それと反対の状態」　**803. excuse oneself**「自分を許す; 弁解する」 **assert**「主張する; 言い張る」 **that's all there is to it**「それだけのことだ; そうするしかない; しかたがない」 **self-improvement**「自己改善; 向上」 **maturity**「成熟」

§101.　the＋比較級，the＋比較級 (1)

(1)　**The more** we learn, **the better** we realize our ignorance.

(2)　**The older** we get, **the less** sure of our health we feel.

(3)　**The more** difficult the problem [is], **the greater** the satisfaction in solving it [is].

- ▨ (1)　学べば学ぶほど，［それだけいっそう］自分の無知を悟る。
- ▨ (2)　年をとればとるほど，われわれは自分の健康に自信が持てなくなる。
- ▨ (3)　問題がむずかしければむずかしいほど，それを解く満足感は大きい。

> **解　説**　「the＋比較級, the＋比較級」は「～すればするほど，それだけいっそう…だ」の意味を表わす。前の the は接続詞の働きをし，後の the は「それだけ」という程度を表わす副詞の働きをしている。(一般に前者は「関係副詞」，後者は「指示副詞」であるとされることが多い)

このような「比例比較」の意味は接続詞 as によっても表わされる：

```
　　　───従　節───　　───主　節───
The farther north you go,　the longer the winters become.
　　　(北へ行けば行くほど，［それだけいっそう］冬が長くなる)
```

```
　　　───従　節───　　───主　節───
As you go farther north,　the winters become longer.
　　　(北へ行くにつれて，冬が長くなる)
```

◆この構文では (3) のように省略表現をとることもよくある。

　　The more [people there are], **the merrier** [things become].

　　　　(多ければ多いほど楽しい)

　　The higher the tree [is], **the harder** the wind [is].

　　　　(木は高いほど風当りが強い)

■注意■　文頭に出る比較級が，形容詞・副詞・名詞のいずれであり，文のどの要素であるかを確認し，構文を正しく理解しなければならない。

　　The more he earns, **the less** he spends.

　　　　(彼はかせげばかせぐほど，使わない)　　　　　　　　　　〔比較級は名詞〕

　　The more books he buys, **the less** time he spends on them.

　　　　(彼は本を買えば買うほど，本に時間を費さない)　　　　　〔比較級は形容詞〕

　　The more excited we are, **the less** able we are to make the right decision.

　　　　(興奮すればするほど，正しい判断はできなくなる)　　　　〔比較級は副詞〕

▨▨▨▨ **EXERCISE** ▨▨▨▨▨▨▨▨▨▨▨▨▨▨▨▨▨▨▨▨▨▨▨▨▨▨▨▨ 解答 416 ページ

▨ **A** ▨

804. *The younger* a child is, *the better* he learns spoken languages.

805. *The higher* your wages are, *the higher* your income taxes are.

806. *The more* you can sell, *the better*.

807. *The more* you know, *the easier* it is for you to acquire further knowledge.

808. *The harder* the suffering, *the more* it has pushed the mind forward.

▨ **B** ▨

809. In his private life the Englishman owes nothing to the state, he asks nothing from it, he hardly cares for its protection. *The less* government *the better*, has been his constant belief.

810. *The more* money there is available for making purchases, *the less* will its value be; *the smaller* the amount of money in relation to the things for sale, *the more* value each bit of money will have.　　　　　　　　　　　　　　　（滋賀大）

▨ **C** ▨

811. Strange things (it may seem a paradox, but it is nevertheless the truth) are easier to understand than those we know too well. *The nearer, the more* everyday and familiar an event is, *the greater* the difficulty we find in comprehending it or even realizing that it is an event —— that it actually takes place.　　　　　　　　　　　　　　　（横浜国大）

▨語句▨　**804. spoken language**「話し言葉」*cf.* written language（書き言葉）　**805. wage**「賃金」 **income tax**「所得税」　**808. push ～ forward**「～を前に押しやる；～を前進させる」　**809. owe ～ to ...**「～を...に負う；～は…のおかげ」 **care for**「（否定文で）欲しがる；求める」 **government**「政治；支配を受けること」　**810. available**「利用できる」 **in relation to**「～に関連して」　**811. strange**「初めて接する；なじみのない」 **paradox**「逆説」 **familiar**「なじみ深い」（↔strange） **comprehend**「理解する」（＝understand）**take place**「起こる」（＝happen）

§ 102. the＋比較級，the＋比較級 (2)

(1) All of us become **the busier, the further** civilization
advances.

(2) **The more** useful work a man does, and **the more** he
thinks and feels, **the more** he really lives.

■ (1) 文明が進歩すればするほど，われわれは皆忙しくなる。

■ (2) 有益な仕事を多くするほど，また多く考え感じるほど，人間はそ
れだけ多く真に生きることになる。

<u>解　説</u>　　(1) the more ～，the more … の構文では，前半が「従節」
で後半が「主節」であるのがふつうであるが，主節が前に出るこ
とがある。その場合は比較級は文頭に置かれない。

He felt **the happier, the harder** he worked.

　　〔誤〕彼は幸せに感じれば感じるほど，せっせと仕事をした。

　　〔正〕彼は仕事に精を出せば出すほど，幸せを感じた。

$$\begin{cases} \overbrace{\text{The harder he worked,}}^{\text{従節}} \overbrace{\text{the happier he felt.}}^{\text{主節}} \\ = \underbrace{\text{He felt the happier,}}_{\text{主節}} \underbrace{\text{the harder he worked.}}_{\text{従節}} \end{cases}$$

(2) 比較級が三つ並ぶこともあるが，その場合，主節と従節の区切りを間違
えないようにする。

　　　　　　　　従　節　　　　　　　　　　主節

The older he grew, <u>and</u> **the more** he knew, | **the more** he suffered.

　　（年をとり，世の中を知るほど，いっそう彼は悩んだ）

　　　　　従節　　　　　　　　　　主　節

The older he grew, | **the more** he knew, <u>and</u> **the more** he suffered.

　　（年をとるほどに，彼はより多く知り，より多く悩んだ）

　　* すなわち，**and** は等位の節を結ぶのであり，従節と主節を区切るのではない。

■**注意**■　上の(1)と(2)が結びついた形をとる場合もある。

　　　　　　　　　　　　主　節

These faults of his seemed to me **the less** important, **the longer** I worked

　　　従　節

with him and **the better** I knew him.

　　（彼と長い間いっしょに仕事をし，彼をいっそうよく知るようになるにつれ，この
ような彼の欠点はますます些細なものに思われるようになった）

░░░░░░░ **EXERCISE** ░░░░░░░░░░░░░░░░░░░░░░░░░░ 解答　416・417 ページ

▨ A ▨

812. *The more* he drank, *the finer* the water tasted to him, and *the more* he wanted to drink.

813. *The more* travelling there is, *the more* will culture and way of life tend everywhere to be standardized and therefore *the less* educative will travel become.

▨ B ▨

814. *The more* things a man is interested in, *the more* opportunities of happiness he has and *the less* he is at the mercy of fate, since if he loses one thing he can fall back upon another.

815. Notwithstanding all the boy's mischiefs, his mother loved her boy. It seemed as though she loved him *the better the worse* he behaved, and that he grew *more* in her favor *the more* he grew out of favor with the world. 　　　（成城大）

▨ C ▨

816. Do considerable mental visiting in your first years in college. Try to encounter the major points of view represented on the faculty and among the students. <u>Entertain them *the more* seriously *the more* they differ from your own.</u> You may return to your own, but if you do it will be with greater tolerance and broader understanding. 　　　（中央大）

───────────────────────────────

■語句■　812. **taste**「味がする」　　813. **culture**「文化」　**tend to**「～する傾向がある」　**standardize**「標準化する；画一化する」　**éducative**「教育的な」　　814. **opportunity** [ɔpətjúːniti]「機会」(=chance)　**at the mercy of**「～の意のままになって；～に支配されて」　**fate**「運命」　**fall back upon**「～に頼る」　　815. **notwithstanding**「～にもかかわらず」(=in spite of)　**mischief** [místʃif]「いたずら」　**behave**「振舞う」　**in one's favor**「～に気に入られて」　　816. **considerable**「相当な；かなりの」　**encounter**「出会う」　**point of view**「見解」　**entertain**「もてなす；いだく」　**tolerance**「寛容」

§ 103. the more because

(1)　I like him *all* **the better for** his faults.

(2)　Life seemed **the better** worth living **because** she had glimpsed death.

■ (1)　彼は欠点があるので，なおさらいっそう彼が好きだ。

■ (2)　彼女は死をかいま見たので，人生にいっそう生きがいが感じられた。

解　説　「the＋比較級」が because や as で導かれる節や，for, because of, on account of などで導かれる句を伴い，「～なのでそれだけいっそう…」の意を表わす形式である。この the は，「the＋比較級, the＋比較級」の構文における主節の the と同じで「それだけ」の意を表わす。

(a)　**The richer** he became, *the* **more** she despised him.

　＝ She despised him *the* **more, the richer** he became.

(b)　She despised him *the* **more because of** his riches.

(a)　彼が金持になればなるほど［それだけ］いっそう彼を軽べつした。

(b)　彼は金持なので［それだけ］いっそう彼女は彼を軽べつした。

◆ 1) 比較級を強めるには all のほか so much も用い，2) 否定には多く none を用い，3) 理由に相当する表現が先行する場合もある。

1)　He worked *so much* **the harder** *on account of* the failure.

　　　　(彼は失敗したのでなおさらいっそう精出して勉強した)

2)　She was *none* **the better** *for* the doctor's treatment.

　　　　(彼女は医者にかかっても少しも良くならなかった)

3)　*I said nothing*, which made her *all* **the more** angry.

　　　　(私がだまっていたら，そのために彼女はいっそう腹を立てた)

■注意■　none the less は慣用的に「それでもやはり」（＝all the same）の意を表わすが，「否定＋比較」の意味関係を理解しておくこと。

I like him **none the less** *for* his faults.

　　〔＝I don't like him 〔**any**〕 **the less** for his faults.〕

　　　(「彼の欠点のためにそれだけ〔＝the〕少ししか彼を好まない〔＝less〕ということが全然ない〔＝none〕」→「彼に欠点があってもやはり僕は彼が好きだ」)

cf. He has many faults, but I like him **none the less**（＝**all the same**）.

　　(彼には欠点が多いが，それでもやはり私は彼が好きだ)

▨▨▨▨▨ **EXERCISE** ▨▨▨▨▨▨▨▨▨▨▨▨▨▨▨▨▨▨▨▨▨▨▨▨ 解答 417 ページ

▨ A ▨

817. His health is *none the better for* the change of air.

818. No one thinks *the worse* of him *for* being a bachelor.

819. He is as simple as a child, but I esteem him *the more on that account.*

820. The situation is *none the less* difficult *for* that.

821. We should be *none the less* careful about our health *because* we are so young.

▨ B ▨

822. No one can read a good and interesting book for an hour without being *the better* and *the happier for* it.

823. As of all other good things, one can have too much even of reading. Indulged in to excess, reading becomes a vice —— a vice *all the more* dangerous *for* not being generally recognized as such.

▨ C ▨

824. To the poet the world appears still more beautiful as he gazes at flowers that are doomed to wither, at springs that come to too speedy an end. The loveliness of May stirs him *the more deeply because* he knows that it is fading even as he looks at it. It is not that the thought of universal mortality gives him pleasure, but that he hugs the pleasure *all the more closely because* he knows it cannot be his for long. (滋賀大)

▨語句▨ **817. the change of air**「転地」 **818. think the worse of** は think ill of（〜を悪く思う）の比較級表現。 **819. esteem**「尊敬する」 **on that account**「そのために」（＝because of that） **823. as of**「〜についてもそうであるが；〜と同じく」 **indulge in**「〜にふける；〜に耽溺(たんでき)する」 **to excess**「過度に」（＝excessively） **vice**「悪；悪徳；悪習」 ↔virtue（美徳） **as such**「そのようなものとして」本文では「悪習として」（＝as a vice） **824. be doomed to**「〜する運命にある」 **wither**「枯れる；しおれる」 **stir**「感動させる」 **hug**「だきしめる」

§ 104. no more ~ than ...

> (1) A home without love is **no more** a home **than** a body without a soul is a man.
>
> (2) Nations are **not** to be judged by their size **any more than** individual.

▨ **(1)** 愛のない家庭が家庭と言えないのは，魂のない肉体が人間と言えないのと同じである。

▨ **(2)** 国家は，個人と同じく，その大きさで評価することはできない。

解　説 no more ~ than ... は，あることを否定するのに，他の明らかな例を引き合いに出して述べる形式である。

$\begin{cases} \text{I am } \textbf{no more} \text{ contented with the result } \textbf{than} \text{ you are.} \\ \text{I am } \textbf{not} \text{ contented with the result } \textbf{any more than} \text{ you are.} \end{cases}$

これは，「君は満足していない」ということを明らかな事実として，これを引き合いに出して「僕も君と同じく満足していない」ことを述べている。

◆ これに対し，no less ~ than... は明らかな肯定的事実を引き合いに出し，「それと同じく~だ」と述べることになる。

$\begin{cases} \text{(a) A whale is } \textbf{no more} \text{ a fish } \textbf{than} \text{ a horse is.} \\ \text{(b) A whale is } \textbf{no less} \text{ a mammal } \textbf{than} \text{ a horse is.} \end{cases}$

(a) 鯨は馬［が魚でないの］と同じく魚ではない。

(b) 鯨は馬［が哺乳動物であるの］と同じく哺乳動物である。

◆ 次の比較形式をそれぞれ区別しておかなければならない。

1) This is **not** eas**ier than** that. (これはあれより容易でない)

2) This is **no** eas**ier than** that. (これはあれより決して容易でない)

3) This is **no more** easy **than** that. (これはあれと同じく容易でない)

2) no は「決して~でない」の意から This is **as** difficult **as** that. (これはあれに劣らず困難だ) に通じる。

■**注意**■ no more ~ than... の形が普通の比較を表わす場合もある。

$\begin{cases} \text{(a) There is } \textbf{no more} \text{ important problem } \textbf{than} \text{ this.} & 〔普通の比較〕 \\ \text{(b) That is } \textbf{no more} \text{ important } \textbf{than} \text{ this.} & 〔両方を否定〕 \end{cases}$

(a) これ以上に重要な問題はない。(b) あれはこれと同じく重要でない。

(a)は There is **no** problem **more** important **than** this. の語順になることもあり，

(b)は That is **not** important **any more than** this. の形式でも表わせる。

▨▨▨▨▨ **EXERCISE** ▨▨▨▨▨▨▨▨▨▨▨▨▨▨▨▨▨▨▨▨▨ 解答 417・418 ページ

▨ A ▨

825. I am *no more* mad *than* you are.

826. We can *no more* live without sleep *than* without food.

827. You can*not* be always unlucky *any more than* you can always be lucky.

828. There is *nothing more* to be proud of in inheriting great ability *than* a great estate.

▨ B ▨

829. Social problems can *no* longer be solved by class warfare *any more than* international problems can be solved by wars between nations.

830. When we live habitually, we are *scarcely more* aware of the world in which we are living and acting *than* the automobile is aware of the landscape through which it is being driven.

▨ C ▨

831. Without discipline it is *impossible* for reading, *any more than* any other pursuit, to be really effective. It is strange that those who are ready to go through the necessary training when learning to play golf or to drive a motorcar should expect to get true enjoyment from reading without more trouble than that of running the eye along the printed line.

(一橋大)

▰語句▰ **828. inhérit**「受け継ぐ」 **ability**「能力」 **estáte**「財産」 **829. social**「社会的な」 **solve**「解決する」 **warfare**「戦争」 **international**「国際的な」 **830. habítually**「平素」 **scarcely more ～ than …**「…でないのと同じくほとんど～でない」 **aware of**「～に気づいている」 **act**「行動する」 **landscape**「景色；風景」 **831. discipline**「訓練；しつけ」 **pursuit**「追求；仕事；（目標をめざして）すること」 **effective**「効果的な」 **be ready to**「喜んで～しようとする」 **go through**「経験する」 **that**＝the trouble **printed**「印刷された」

§ 105. that (指示詞)

(1)　There is no greater pleasure in the world than **that** derived from travelling.

(2)　Health is above wealth; *this* cannot give us so much happiness as **that**.

(3)　**That** man is rich whose desires are poor.

(4)　How could she sing **that** well after only one lesson?

■ (1)　世の中に旅から得られる楽しみほど大きな楽しみはない。

■ (2)　健康は富にまさる。富は健康ほど幸せを我々に与えてくれない。

■ (3)　欲少なき人は豊かなり。

■ (4)　たった1回の練習でどうして彼女はあんなに上手に歌えるのだろう。

<u>解　説</u>　　(1) (2) の that は指示代名詞。(1) では前出の名詞の代わりに用いられる場合で，この文では the pleasure を置き換えたもの。

(2) this と that が相関的に用いられ，this は前出の二つの語のうち近いほう (＝後者)，that は遠いほう (＝前者) を指す。〔→p. 266〕

(3) は指示形容詞，(4) は指示副詞 (それほど；あんなに) の用法。

◆次のようなものは慣用的な表現として熟知を要する。

(a)　He makes mistakes, **and that** very often.

　　　(彼は間違いをする，<u>そしてそれも</u>[<u>しかも</u>]しょっちゅうだ)

(b)　**That which** is evil is soon learned. 〔That which ＝ What〕

　　　(悪い<u>こと</u>はすぐに覚える)

(c)　Every language, until it dies, **that is** [to say], until it ceases to be spoken at all, is in a state of continual change.

　　　(言語はすべて，死滅するまで，<u>すなわち</u>，全く話されなくなるまで，絶えず変化している)

■**注意**■　① 上の例 (3) のように関係代名詞の先行詞に冠せられる that の指示内容は関係詞節に述べられていることなので，「あの；その」と訳さない。

　(3) の誤訳例：「欲望の乏しい<u>あの</u>人は金持である」〔→p. 110〕

② He is fooling us. **That's** what it is.

　　　(彼はわれわれを愚弄している。そうなんだよ，ほんとに)

この文で it は文脈で問題になっていること (＝彼のしていること) を指し，**That** はすぐ前の文で具体的に述べられていること (＝彼はわれわれを愚弄している) を指す。

‖‖‖‖‖ **EXERCISE** ‖‖‖ 解答 418 ページ

▓ **A** ▓

832. The plan had no fault but *that* of being too expensive.

833. He did it, *and that* without asking for my consent.

834. He has lost his umbrella, and a new one *at that*.

835. *That* which we acquire with most difficulty we retain the longest.

836. Alcohol and tobacco are both harmful; *this*, however, is more harmful than *that*.

837. We are so blind to our own shortcomings, so wide awake to *those* of others.

▓ **B** ▓

838. The major aim of drama, like *that* of the other arts, is artistic *in that* it attempts to move people emotionally, to arouse their interests, and to satisfy those interests.

839. It is safe to assume that, to the extent that you increase your knowledge and understanding, you will lay *that* much better a base for good thinking.　　　　　(岡山大)

▓ **C** ▓

840. *That* sort of reading is especially good which gives the pupils some insight into a foreign nation's peculiarity in the widest sense of the word, and best of all is *that* reading which is apt to make the pupils love what is best in the foreign people.　　　　　(大阪府大)

───

▓語句▓　832. **but**「〜を除いて；〜以外に」(=except)　833. **consent**「同意」　834. **at that**「それも；しかも」　835. **acquire**「得る；獲得する」(=obtain) **retain**「保つ；保持する」(=keep)　　837. **blind to**「〜が見えない；〜に気づかない」**shortcoming**「短所；欠点」**awake to**「〜に気づく」　　838. **major**「主要な」**aim**「狙い；目標」**in that**「〜という点で；〜なので」〔→p.184〕**emotionally**「感情的に」　839. **assume**「考える」**to the extent that** …「…する程度まで；…するだけ」**base**「基礎；土台」840. **sort**「種類」(=kind) **insight**「洞察」**peculiárity**「特異性；特質」**sense**「意味」**be apt to**「〜しがちである；〜する傾向がある」

§106. that (接続詞・関係詞)

(1)　**That** income tax will be reduced is unlikely.

(2)　*It* never occurred to me **that** she might be telling a lie.

(3)　He is of [the] opinion **that** this law must be abolished.

(4)　We usually praise only **that** we may be praised.

(5)　Are you mad **that** you *should* do such a thing?

(6)　These are the dictionaries **that** I can never do without.

(7)　They left the country in the year **that** they were married.

■ (1)　所得税が減税になるなどというのはありそうもないことだ。

■ (2)　彼女が嘘をついているかもしれないなどとは考えもしなかった。

■ (3)　彼は，この法律は廃止されるべきであるという意見です。

■ (4)　われわれはふつう，自分がほめられるために他人をほめる。

■ (5)　そんなことをするなんて，お前は気でも狂ったのか。

■ (6)　これらは私にとって絶対不可欠な辞書です。

■ (7)　彼らは結婚した年に故国を離れた。

<u>解　説</u>　　(1)～(5) の that は接続詞，(6) は関係代名詞〔→p. 108〕，(7) は関係副詞〔→p. 130〕として用いられている。(1) では主語になる名詞節を導き〔→p. 44〕，(2) は形式主語 It の内容を表わす名詞節を〔→p. 40〕，(3) は同格の名詞節を〔→p. 204〕，(4) は so that と同じく目的の副詞節を〔→p. 258〕，(5) は should を伴い「～とは；～なんて」という判断の根拠を表わす副詞節をそれぞれ導いている。

◆次のような接続詞 that を用いる表現は「理由」に近い意味を表わす。

It isn't **that** I distrust you.　(君を信用しないわけじゃないのです)

Man differs from brutes **in that** he can think and speak.　(人間は考えたり話したりすることができる<u>という点で</u>動物と異なる)

■注意■　次のような文における that の用法をそれぞれ区別する。

((a) She wanted to conceal the fact **that** she used to be a salesgirl.

{ (b) She wanted to conceal the fact **that** she *might* not be dismissed. 〔＝so that〕

((c) She wanted to conceal the fact **that** she found that night.　〔＝which〕

　　(a) 彼女は昔売子だった<u>という</u>事実を隠そうとした。　　〔同格節を導く接続詞〕

　　(b) 彼女は解雇されない<u>ように</u>その事実を隠そうとした。〔目的節を導く接続詞〕

　　(c) 彼女はその夜知った [<u>ところの</u>] その事実を隠そうとした。　〔関係代名詞〕

▦▦▦▦▦ **EXERCISE** ▦▦▦▦▦▦▦▦▦▦▦▦▦▦▦▦▦▦▦▦▦▦▦▦ 解答 418・419 ページ

▦ A ▦

841. We usually take it as a matter of course *that* we eat *that* we may live.

842. What have we done to him *that* he should treat us so harshly?

843. The first great lesson *that* a young man should learn is *that* he knows nothing.

844. One conviction *that* she holds strongly is the conviction *that* people should enjoy their work.

▦ B ▦

845. It follows from the fact *that* the living things grow and breed and die, *that* every species, so long as the conditions under which it lives remain the same, becomes more and more perfectly fitted to those conditions in every generation.

(慶 大)

▦ C ▦

846. Since it is only by willing co-operation between nations *that* civilization can be saved and remade, there is perhaps nothing today *that* matters so much as *that* the nations which respect civilization should strive hard to understand and appreciate one another, each endeavoring to view the world both from its own standpoint and from that of all the rest.

(中央大)

▦語句▦ **841. as a matter of course**「当然のこととして」　　**842. treat**「遇す
る；扱う」 **harshly**「ひどく」　　**844. conviction**「確信；信念」　　**845. It follows
that …**「…ということになる」 **breed**「子を産む；繁殖する」 **species** [spíːʃiːz]「種(ゃ)；
種類」 **so long as**「～であるかぎりは」[→p. 292] **condition**「条件」 **fitted**「適し
た」　　**846. willing**「進んで～しようとする」 **co-operation**「協力」 **save**「救う」
remake「作り直す」 **strive**「努力する」 **appreciate**「正しく認識する」 **endeavor**
[indévə]「努力する」 **view**「見る」 **standpoint**「立場」 **that**=the standpoint **the
rest**「その他のもの；（本文では）その他の国」

§ 107. but (副詞・前置詞)

(1) There is **but** one way to solve this problem.

(2) If I had **but** known it, I would have stayed here.

(3) Everyone has signed **but** you.

(4) Who **but** a fool would behave like that?

▨ (1) この問題を解決する方法は一つ<u>しか</u>ない。

▨ (2) もしそのことを知って<u>さえ</u>いれば，ここに留まっていたでしょう。

▨ (3) あなた<u>以外</u>は皆署名しました。

▨ (4) ばか<u>以外</u>のだれがそんな真似をするだろう。

解　説　(1) (2) は but＝only で「ただ；ほんの」の意の副詞，(3) (4) は but＝except で「～を除いて；～以外に」の意の前置詞である。

* (4) は修辞疑問文 [p.216] で，次のような平叙文に書き換えられる。

None **but** a fool (＝Only a fool) would behave like that. (ばかだけがする)

◆but を含む重要な表現。〔→p. 280 'nothing (anything) but'〕

He was **the last but one** to arrive. (彼は終りから<u>二番目</u>に着いた)

〔一つを除いて最後→最後から二番目〕

* 同様に **the next but one** は「一つおいて次の；二番目の；また隣の」の意。

We **cannot but** agree to the plan. (その案に同意<u>せざるをえない</u>)

〔＝ We **cannot help** agreeing to the plan.〕

She **did nothing but** weep. (彼女は<u>ただ</u>涙を流す<u>だけであった</u>)

There is nothing for it but to put up with it.

(<u>ただ</u>がまんするほかはない)

* 次もこの文とほぼ同じ意味を表わす。

> We **have no choice but to** put up with it.
> We **cannot choose but** put up with it.

■**注意**■　①「～以外の」の意を表わす場合，前に other があるときは but ではなく than を用いる。

> We have **no** purpose **but** to end war. 　（戦争を終らせるという
> We have **no other** purpose **than** to end war. 　目的しか持っていない）

② 次の文で (**a**) の but は副詞，(**b**) は前置詞であるが，結局両方とも「1回しかやってみなかった」の意を表わすことになる。

> (**a**) I tried it **but** once. 　（1回<u>だけ</u>やってみた）
> (**b**) I *never* tried it **but** once. 　（1回<u>以外</u>はやってみなかった→1回だけ）

▦▦▦▦ **EXERCISE** ▦▦▦▦▦▦▦▦▦▦▦▦▦▦▦▦▦▦▦▦ 解答 419 ページ

▦ A ▦

847. No one *but* he showed much interest in the plan.

848. Man is *but* a reed, but he is a thinking reed.

849. When we were chatting, who should come in *but* the man we were talking about?

850. Much will be done if we do *but* try. Nobody knows what he can do till he has tried; and few try their best till they have been forced to do it.

▦ B ▦

851. The college course is *but* the foundation upon which the engineer and the scientist build the superstructure of knowledge and skill needed in their professional career.

852. The life of the individual has no real existence or importance apart from the great whole; he is here indeed *but* to serve for his brief moment his community.

▦ C ▦

853. If we endeavor to form our conceptions upon history and life, we notice three classes of men. The first consists of those for whom the chief thing is the qualities of feelings. The second consists of the practical men who carry on the business of the world. The third class consists of men to whom nothing seems great *but* reason.

(同志社大)

▦語句▦　848. **reed**「葦(あし)」　849. **chat**「おしゃべりをする」　850. **be forced to**「～することを余儀なくされる」　851. **foundation**「土台; 基礎」 **superstructure**「上部構造」 **professional**「専門的な; 専門的職業の」 **career**「経歴; 仕事; 職業」　852. **indivídual**「個人」 **existence**「存在」 **apart from**「～を離れて; ～とは別に」 **community**「社会」　853. **endeavor** [indévə]「努力する」 **form**「形成する」 **conception**「観念; 概念」 **consist of**「～から成る」 **quality**「質」 *cf.* quantity (量) **carry on**「～を続ける; ～を営む」 **reason**「理性」

§108.　but (接続詞・関係代名詞)

(1)　He has many acquaintances, **but** [he has] few friends.

(2)　It *never* rains **but** it pours.

(3)　He is *not* such a fool **but** he can see it.

(4)　There is *no* man **but** has some faults.

■ **(1)**　彼は知人は多いが，友人は少ししかいない。

■ **(2)**　降れば必ずどしゃぶり。([不幸な]事は重なって起こるもの)

■ **(3)**　彼はそれがわからないようなばかではない。

■ **(4)**　欠点のない人間はいない。

解　説　　(1) の but は等位接続詞で「しかし」の意。(2)(3) は従位接続詞，(4) は関係代名詞〔→p.114〕であるが，(2)(3)(4) は (a) 前に否定表現があり，(b) but も否定の意味を含む，という点で共通している。

(2)「～することなしに」の意を表わし，次の書換えが可能である。

They **never** meet **but** they quarrel.　　　｝「けんかをすることなしに会
＝They **never** meet **without** quarrelling.　　うことはない」→「会えば
＝**Whenever** they meet, they quarrel.　　　　必ずけんかをする」

(3) so, such などと相関的に用い「～しないほど」の意を表わす。

No man is **so** old **but** he may learn.　　　｝「学べないほど年をとっ
＝*No* man is **so** old **that** he may **not** learn.　ている者はいない」→
＝*No* man is **too** old **to** learn.　　　　　「60の手習い」

◆(2)(3) の but は副詞節を導いているが，名詞節を導くこともある:

Who knows **but** he may succeed? (彼が成功しないと誰が言えようか)

　　　[＝Who knows **that** he may **not** succeed?]

　　* Who knows …? は修辞疑問〔→p.216〕で，*Nobody* knows …. という否定表現に相当する。

■注意■　① ただし doubt, question (疑う), deny (否定する) などの後にくる but または but that は単なる that と同じで，not の意は含まれない。

There is no doubt **but** [**that**] he will succeed. (彼の成功は疑いなし)

　* これは There is no doubt …; Is there any doubt …? (修辞疑問) は It is certain … (確かだ)という肯定の意を表わすことになるからである。

② but に先行する否定詞は few, seldom などである場合もある。

I *seldom* go to the park **but** I meet the old man.

　〔誤〕私は公園にめったに行かないが，その老人には会う。

　〔正〕私が公園に行くとほとんど必ずその老人に会う。(<その老人に会うことなしに公園に行くことはめったにない)

▨▨▨ **EXERCISE** ▨▨▨▨▨▨▨▨▨▨▨▨▨▨▨ 解答 419・420 ページ

▨ **A** ▨

854. There is *not* one of us *but* wishes to help you.

855. There is *scarcely* a man *but* has his weak side.

856. *Never* a month passes *but* she writes to her old parents.

857. *Nothing* is so hard *but that* it becomes easy by practice.

858. Who can deny *but that* she is innocent?

859. There *never* is a tax law presented *but* someone will oppose it.

860. They would have resisted *but that* they lacked courage.

▨ **B** ▨

861. *No* one is so occupied with the business of his calling *but* he finds time to read the newspaper.

862. There is *scarcely* a great truth or principle *but* has to fight its way to public recognition in the face of opposition and reproach.

▨ **C** ▨

863. She was largely formed; her features were more than comely; she had that great rarity —— a fine complexion which became her; and her eyes were kind, dark, and steady. There was *not* a line in her countenance, *not* a note in her soft and sleepy voice, *but* spoke of an entire contentment with her life. It would have been arrogance to pity such a woman.

(一橋大)

▨語句▨ **858. innocent**「無実の」 *cf.* **guilty**（有罪の） **859. tax law**「税法」 **presented**「提案される」 **oppose**「反対する」 **860. resist**「抵抗する」 **lack**「～を欠く」 **courage**「勇気」 **861. occupied**「従事している」 **calling**「職業」 **862. principle**「原則; 主義」 **fight one's way to**「戦いながら～へ進む」 **recognition**「認識」 **in the face of**「～に直面して; ～をものともせずに」 **reproach**「非難」 **863. features**「顔立ち」 **more than ～**「～という以上; 非常に～; 十二分に～」 **comely**「きれいな」 **rarity**「まれなもの」 **complexion**「はだ; 顔色」 **become**「似合う」 **cóuntenance**「顔[つき]」 **arrogance**「ごう慢」

§ **109.**　　of

---

(1)　These problems are **of** great importance.

(2)　The love **of** money is the root of all evil.

(3)　Every creature **of** God is good.

(4)　They had no objection to the idea **of** his marrying a
　　 foreigner.

■ (1)　これらの問題は非常に重要だ。

■ (2)　金を愛すること（金銭欲）は諸悪の根源である。

■ (3)　神が造りたもうたものはすべてよいものである。

■ (4)　彼らは彼が外人と結婚するという考えに反対しなかった。

解　説　　 of は「～の」で処理されることが多いが，次のような用法を
区別：(1)「of＋抽象名詞」が形容詞句として用いられる場合。

> $\begin{cases} \text{a thing of great **value** = a very **valuable** thing （非常に貴重な物）} \\ \text{a man of **ability** = an **able** man （有能な人）} \end{cases}$

　(2) は of の次にくる語が，その前の名詞が表わす行為の**目的語**になる関係
を示し，(3) はその行為の**主語**になる関係を示す場合である。

> $\begin{cases} \text{the education **of** children　（子供の教育＝子供を教育すること）} \\ \text{the appearance **of** a ghost　（幽霊の出現＝幽霊が現われること）} \end{cases}$

　(4)「…という～」という意の「同格」〔→p.204〕関係を表わす場合。

> $\begin{cases} \text{The news **of** *his success* delighted her.　（彼が成功したという知} \\ \text{＝The news **that** *he succeeded* delighted her.　らせは彼女を喜ばせた）} \end{cases}$

◆of が「分離・除去・剝奪」などを表わす場合の構文に注意する。

> $\begin{cases} \text{They *robbed* him **of** his money.　（彼から金を奪った）} \\ \text{She *cleared* the table **of** the dishes.　（食卓から食器を片づけた）} \end{cases}$

■**注意**■　次のような of の用法も間違えないようにする。

　① Fear of being dismissed *makes* a slave **of** a man.

> 〔誤〕解雇を恐れることが人間の奴隷を作る。　　（of は「材料」を表わし，**make**
> 〔正〕解雇を恐れることが人間を奴隷にする。　　～ **of** ...「…を～にする」 ）

　② He was an *angel* **of** *a* boy.

> 〔誤〕彼は少年の天使だった。　　（「**名詞＋of a ～**」は「（名詞）
> 〔正〕彼は天使のような少年だった。　　のような～」の意を表わす ）

> 〔類例〕a *mountain* **of** *a* wave「山のような波」〔＝a mountainous wave〕

� **EXERCISE** iiiiiiiiiiiiiiiiiiiiiiiiiiiiiiiiiiiiiiiiiiiiiiiiiiiiii 解答 420・421 ページ

▨ A ▨

864. She still loves her brute *of* a husband.

865. The doctor did his best to cure the patient *of* his disease.

866. He held the old notion *of* the sun revolving around the earth.

867. Many feel that there is nothing *of* importance the individual can do in vast modern societies.

▨ B ▨

868. We should not expect any immediate advantage from what we study. Subjects which are not *of* immediate practical utility are also useful.

869. The first step in the defense *of* democracy is to ensure an understanding and appreciation *of* its essential values and of the obligations it entails.

▨ C ▨

870. He justly observes that his father's success in life, notwithstanding his want of learning, may tend to show that <u>it is *of* far more importance to have the mind well disciplined than richly stored.</u> 〈広島大〉

871. Man's love *of* "a quiet life" and his resistance to anything <u>that threatens his mental harmony account for his dislike *of* change.</u> He is a creature of habit whose ways of thinking are thrust upon him. 〈和歌山県医大〉

──────────────────────────────────────

▨語句▨ 864. **brute**「けだもの」 865. **cure**「いやす」 **patient**「患者」 **disease** [dizíːz]「病気」 866. **hold**「いだく」 **notion**「考え」(=idea) **revolve**「回転する」 867. **indivídual**「個人」 **vast**「巨大な」 868. **immediate** [imíːdiit]「直接の」 **advantage**「利点」 **utility**「有用性」 869. **ensure**「確実にする」 **appreciation**「認識」 **obligation**「義務」 **entail**「伴う」 870. **notwithstanding**「〜にもかかわらず」 **tend to**「〜する傾向がある」 **disciplined**「訓練された」 **stored**「蓄えを持つ」 871. **threaten** [θrétn]「脅かす」 **account for**「〜を説明する」(=explain) **thrust** 〜 [**up**]**on** ...「〜を…に押しつける」

§110. and / or

(1)　Take this medicine, **and** you'll get over your headache.

(2)　Do as I tell you, **or** I won't answer for the result.

▨ (1)　この薬を飲めば，頭痛が治るでしょう。

▨ (2)　僕の言うとおりにしなければ，結果に対して責任はもたないよ。

解　説　(1)「命令文＋ and …」は「～しなさい，そうすれば…」から「～すれば」，(2)「命令文＋ or …」は「～しなさい，さもなければ…」から「～しなければ」という条件文のように訳すことができる。

(1) ＝**If** you take this medicine …　(2) ＝**Unless** you do as I tell you …

■注意■　① or は [or] **else** とも言い，命令文の後以外でも「条件」を表わす。

He was ill, **or** he would have come.　[or＝If he had not been ill]
（彼は病気だった，さもなければ来ただろう）

② and が「そして」ではなく「それでいて [同時に]」の意を表わす場合に注意：

A man can be sincere **and** still be stupid.
（人間はまじめでありながらおろかであることもある）

§111. otherwise

(1)　Start at once, **otherwise** you will be late for school.

(2)　He did his best, **otherwise** he could not have accomplished it.

▨ (1)　すぐに出かけなさい，でないと学校に遅刻するよ。

▨ (2)　彼は最善を尽した，さもなければそれを成就できなかっただろう。

解　説　otherwise は「さもなければ」という条件を表わす接続詞として用いられており，or に置き換えられる。他に (a) 副詞として「その他の点では；違ったふうに」，(b) 形容詞として「異なった」の意を表わす。

(a) It's small, but **otherwise** perfect.　（小さいが，それ以外は申し分ない）
I think **otherwise**.　（僕は違ったふうに考える [そう考えない]）

(b) The facts are **otherwise**.　（事実は異なる [そうではない]）

■注意■　otherwise が表わす条件を具体的に表わせるように。たとえば上の (2) では otherwise は if he had not done his best である。

He reminded me of what I should **otherwise** have forgotten.　（彼は，彼が思い出させてくれなければ忘れてしまったであろうことを，私に思い出させてくれた）〔＝if he had not reminded me of it〕

░░░░░░░ **EXERCISE** ░░░░░░░░░░░░░░░░░░░░░░░░░░░░░░░░░░░░░░░ 解答 421 ページ

░ **A** ░

872. A step further, *and* you would have fallen over the cliff.

873. He is honest and trustworthy, *or* I would not associate with him.

874. Any art must give us pleasure, *or else* it is bad art, or we are abnormally blind.

875. Some of man's works are intended only for good, *and* yet do harm.

░ **B** ░

876. Sometimes the very football match or horse race which you might *otherwise* have gone out to watch is brought into your own living-room by television.

877. We cannot all be Franklins, it is true; but by imitating his mental habits and unwearied industry, we may reach an eminence we should never *otherwise* attain.

░ **C** ░

878. Some people are uneasy if conversation wanders into some range or sphere with which they have little or no sympathy. They feel displeasure, and sometimes indignation, at the discussion of subjects with which they themselves are not familiar. This is a form of self-centeredness which narrows the mind and shuts out much which might *otherwise* inform and enlarge it.

(京都府医大)

──────────────────────────────

■語句■ 872. **cliff**「がけ」 873. **trustworthy**「信頼できる」 **associate with**「～と交際する」 874. **abnormally**「異常に」 875. **works**「行為；業(ごう)」 **intend**「意図する」 876. **the very**「まさにその～」 **horse race**「競馬のレース」 877. **Franklins**「フランクリンのような人」 **imitate**「まねする」 **unwearied**「倦(う)むことのない」 **industry**「産業；勤勉」 **eminence**「高い地位」 878. **uneasy**「不安な」 **conversation**「会話」 **wander** [wɔ́ndə]「さまよう；それる」 **range**「領域」 **sphere**「分野」 **sympathy**「同情；共感」 **indignation**「怒り；憤り」 **familiar with**「～となじみがある」 **selfcenteredness**「自己中心主義；自分本位」

§ 112.　what

(1)　There is no predicting **what** will become of mankind.

(2)　It matters a great deal **what** books you read.

(3)　He finally had to sell **what** few books he had.

(4)　He was **what** *you call* a fine gentleman.

(5)　He was just **what** a young man ought to be.

■ (1)　人類が<u>どう</u>なるか予測することは不可能だ。

■ (2)　<u>どんな本</u>を読むかということは非常に大切なことです。

■ (3)　とうとう彼は<u>わずかながら持っているすべての本</u>を売らなければ
　　　ならなかった。

■ (4)　彼は<u>いわゆる</u>りっぱな紳士であった。

■ (5)　彼は<u>若者らしい若者</u>であった。

<u>解　説</u>　　　(1) の what は疑問代名詞, (2) は疑問形容詞, (3) は関係形容
詞〔→p. 128〕, (4) (5) は関係代名詞〔→p. 112〕の用法である。

　(4) **what you call ~**, **what is called ~** は「~と呼ぶ (呼ばれる) ところ
のもの」の意から, ふつう「いわゆる~」と訳される。

　　　His ideas are **what is called** revolutionary.　(彼の考えは〔革命的と
　　　　呼ばれるもの→〕いわゆる革命的なものだった)

　(5) は「彼は若者が当然そうであるべきところのものである」が原意。**what
one is** に類した表現は直訳すると不自然になる場合が多い。〔→p. 254〕

◆前置詞が *what*-Clause を目的語とする場合の訳し方も工夫を要する。

　　　He sat **on** <u>what looked like</u> a box.　(彼は箱<u>のように見えたもの</u>の上に
　　　　座っていた→彼は箱のようなものの上に座っていた)

　　　She was **in** <u>what</u> I may describe as confusion.

　　　　　(彼女は周章狼狽<u>と私が描写してもよいようなもの</u>の中にあった→彼
　　　　　女は周章狼狽といってもいいような状態にあった)

■注意■　次のような類似した形の文における what の用法を区別する。

{ (**a**) **What** *caused the fire* remains a mystery.　　〔疑問代名詞〕

{ (**b**) **What** *caused the fire* was a cigarette end.　　〔関係代名詞〕

　　(**a**) 火事の原因 (<<u>何が</u>火事の原因となったか) は依然としてなぞである。

　　(**b**) 火事の原因 (<火事の原因となった<u>もの</u>) はたばこの吸いがらだった。

ⅢⅢⅢ EXERCISE ⅢⅢⅢⅢⅢⅢⅢⅢⅢⅢⅢ 解答　421・422 ページ

▨ A ▨

879. *What* is important is to know yourself.

880. You must love your neighbors, and *what* is more important, love your enemies.

881. No great invention is the mere result of *what we call* luck.

882. He was robbed of *what* money he had with him.

883. He put *what* seemed like a lifetime into this work.

▨ B ▨

884. We must try to see ourselves clearly, as we really are. We should try to gain some insight into the causes which have made us develop into *what* we are.

885. The power of doing *what* he likes or *what* he chooses marks man off from lower animals, but the value of the power depends wholly on *what* he likes or chooses to do.　(東北大)

▨ C ▨

886. I do not believe that children can be induced to apply themselves with vigour, and *what* is so much more difficult, perseverance, to dry and tiresome studies by the mere force of persuasion and soft words. Much must be done, and much must be learnt, by them, for which rigid discipline is indispensable as means.　(早 大)

▨語句▨　**880. neighbor**「隣人」　　**881. result**「結果」　　**882. rob ～ of ...**「～から…を奪う」　　**883. put ～ into ...**「～を…に注入する」 **lifetime**「一生」 **884. gain**「得る」 ↔lose（失う）　**insight**「洞察」　**cause**「原因」↔effect（結果）**develop**「育つ」　**885. mark ～ off from ...**「～を…と区別づける」 **depend on**「～に依存する」　　**886. induce**「しむけて～させる」 **apply oneself to**「～に専念する」 **vigour**「活力」 **persevérance**「忍耐；根気」 **dry**「無味乾燥な」 **by force of**「～の力で」 **persuasion** [pəswéiʒən]「説得」 **rigid**「厳しい」 **discipline**「訓練」 **indispensable**「不可欠な」 **means**「手段」〔↔end（目的）〕

§113. as (1)

(1) We learn the limit of our abilities **as** we grow older.

(2) She lets her children do **as** they liked.

(3) Parks are to the city **as** lungs are to the body.

(4) Much **as** she liked him, she did not marry him.

(5) Living **as** I do far from town, I seldom have visitors.

(6) He is a good doctor, **as** doctors go nowadays.

▨ (1) 我々は年をとる<u>につれて</u>自分の能力の限界を悟るようになる。

▨ (2) 彼女は子供たちにしたい<u>ように</u>させている。

▨ (3) 公園は都市にとって，<u>ちょうど</u>身体にとっての肺<u>のような</u>ものだ。

▨ (4) 彼女はとても彼が好きだった<u>が</u>，彼と結婚はしなかった。

▨ (5) なにぶんこんな辺鄙(へんぴ)なところに住んでいる<u>ので</u>，来客はまれだ。

▨ (6) 当節の医者<u>にしては</u>，彼は良医だ。

解　説　　as は，上例のように接続詞として用いられるほか，前置詞・関係代名詞の用法〔→次項〕がある。接続詞としては「理由」〔→p. 184〕，「比較」〔→p. 134〕などの場合は比較的わかりやすいが，「様態」〔→p. 192〕を表わす場合など用法は多様で，区別しにくいこともある。(1)「時」を表わす as は「〜するにつれて」「〜しながら」の意。「同時」は二通りの訳が可:

　　We sang **as** we walked. (a) 歩きながら歌った。(b) 歌いながら歩いた。

ふつうは (a) の形式で，*as*-Clause が長い場合は (b) の形式で訳せばよい。

　(2) は「様態」，(3) は A is to B **what** C is to D. と同じ〔→p. 256〕，(4) は「譲歩」表現〔→p. 180〕，(5) は分詞構文の意味を強める場合〔→p. 90〕，(6) は「様態」(今日医者がある状態では→今日の医者にしては)を表わす。

■**注意**■　「様態」などを表わす as の前に否定詞があるときには，「〜のように」と訳すと意味がまぎらわしくなる場合があるので，次の (b) のように訳すのがよい。

　① The Englishman does *not* save, **as** the Scotman does.

　　　{ (a) イギリス人は，スコットランド人<u>のように</u>，貯金をしない。〔あいまい〕

　　　{ (b) イギリス人は，スコットランド人<u>とは異なり</u>，貯金をしない。

　② He did *not* find her, **as** he expected, at the hotel.

　　　{ (a) 彼が予想していた<u>ように</u>，彼女はホテルにいなかった。〔あいまい〕

　　　{ (b) 彼の予想に<u>反して</u>，彼女はホテルにいなかった。

　(a) では「彼は彼女をホテルに発見することを予想していたのだが」の意が伝わりにくい。(ただし ② の as は関係代名詞〔→次項(**2**)〕の用法である)

〓〓〓〓〓 **EXERCISE** 〓〓〓〓〓〓〓〓〓〓〓〓〓〓〓〓〓〓〓〓〓〓〓 解答 422 ページ

▨ A ▨

887. (a) Tired *as* he was, he went on working.

(b) Attacked, *as* he was, on all sides, he could not resist.

888. He is a man of ability *as* the world goes.

889. *As* Europeans go, the English are not intellectual.

890. Economize time in reading *as* in everything else.

891. The old man was, *as* she put it, drunk as a sow.

892. In California are the famous big trees, or "forest kings" *as* they are called.

▨ B ▨

893. Poetry is not, *as* some persons have been led to imagine, the trifling amusement of a few idle readers. (筑波大)

894. Accidents are a by-product of human activity. *As* the organization of society becomes more complex and society becomes more highly mechanized, accident risks are multiplied.

(札幌医大)

895. Los Angeles is just like London, though *as* the visiting eye sees them, no two cities could look less alike. (東 大)

▨ C ▨

896. The origin of radio is, of course, deep-rooted in the development of electrical science in general. The enormous service which electricity *as* we know it today gives mankind has its origin, *as* in the case of so many of the world's art and sciences, in the remote civilization of the East. (大阪商大)

▨語句▨ **887. go on ～ing**「～し続ける」 **attack**「攻撃する」 **side**「側」 **resist**「抵抗する」 **888. a man of ability**「有能な人」(＝an able man) **889. intelléctual**「知的な」 **890. ecónomize**「経済的に使う」 **891. put**「述べる」 **sow** [sau]「雌豚」 **893. lead ～ to do ...**「～を…するようにし向ける；～を…させるに至る」 **trífling**「取るに足りない」 **amúsement**「娯楽」 **894. by-product**「副産物」 **organizátion**「組織」 **cómplex**「複雑な」 **méchanize**「機械化する」 **risk**「危険」 **múltiply**「倍加する」 **895. visiting eye**「(住んでいる人ではなく)訪問者(旅行者)の目」 **no ... less ～** [than—]「[—ほど]～でないものはない」〔→p. 144〕 **alike**「似ている」 **896. órigin**「起源」 **deep-rooted**「深く根ざしている」 **remote**「遠い」

§114. as (2)

(1) We made *such* changes **as** we considered necessary.
(2) He was a foreigner, **as** I knew from his accent.
(3) He looked on his wife **as** his best adviser.
(4) The English language **as** spoken in America shows a great uniformity.

■ (1)　私たちは必要と思われた変更を加えた。
■ (2)　彼のなまりからわかったのですが，彼は外国人でした。
■ (3)　彼は自分の妻を最良の助言者とみなした。
■ (4)　米国で話されている英語は，大きな一様性を示している。

解　説　　関係代名詞としての as〔→p. 114〕は，(1)のように such, same などと相関的に用いる制限的用法と，(2)のように前後の文の内容を指し，「～だが」と挿入的・付加的に訳す非制限的用法がある。

As is often the case with him, he was late for the appointment.
　　　　　（彼にはよくあることだが，約束の時間に遅刻した）

(3) 前置詞の as は「～として」の意を表わす。次に類した例に注意：

I was **as** *a child* in the habit of sitting for hours together alone.
　　　　　（私は子供のころ，よく一人で何時間もすわっていた）〔→p. 192〕

(4) as の後に過去分詞や形容詞がくる場合，「様態」を表わす接続詞用法の省略的形式 (The English language **as** [*it is*] spoken ...) とも考えられる。

By education, I here mean liberal, **as** *distinct* from (*or* **as** *opposed* to/ **as** *contrasted* with) vocational, education.
　　　　　（教育というとき，私がここで意味しているのは，職業的なものに対して，教養的な教育である）

■**注意**■　次のような as の用法を混同しないように。

{ (**a**) Industry **as** *we know it* didn't exist in those days.
{ (**b**) Industry, **as** *you know*, didn't exist in those days.

　（**a**）われわれが知っているような工業は，当時存在しなかった。
　（**b**）御存知のように，工業は当時存在しなかった。

　（**a**）では as は「様態」を表わす接続詞〔→p. 192〕であるが，（**b**）の as は，know の目的語になる代名詞の働きもしているので関係代名詞であり，前後の文の内容を先行詞とし，「そのことをあなたは知っているが」の意。

IIIIIIIIIIIII **EXERCISE** IIIIIIIIIIIIIIIIIIIIIIIIIIIIIIIIIIIIIIIIIIIIIIIIIIIIIIIIIIIII 解答 423 ページ

▨ A ▨

897. Such friends *as* I had were too poor to help me.

898. *As* is often the case with young men, he is indifferent to money.

899. Such *as* heard the story were moved to tears.

900. *As* we know from experience, nothing great is easy.

901. Man is a remarkably adaptable animal, *as* compared with other species.

▨ B ▨

902. People who rebel against everything in later life are often those who, *as* children, observed a wide difference between the preaching and the practice of their parents. （小樽商大）

903. There is a general tendency among the English to think and act *as* individuals rather than *as* a group. They dislike uniformity and regimentation, *as* required by dictators who make the people work together like ants for the collective welfare.

（城西大）

▨ C ▨

904. Education *as* opposed to child training implies the more formal efforts of adults to mold the personalities of the young, but among primitive peoples the gap is nowhere as great as it is with us. Primitives never make an issue over "education for life," *as* do our school people. In a tribal group education is life.

▨語句▨ **898. indifferent to**「～に無関心」 **899. be moved to tears** [tiəz]「感動して涙を流す」 **901. remarkably**「著しく」 **adaptable**「順応性のある」 **as compared with**「～と比べれば」 **species** [spíːʃiːz]「種；種類」 **902. rebél**「反抗する」 **observe**「観察する」 **preaching**「説教」 **practice**「実行；実際」 **903. general**「一般的な」 **tendency**「傾向」 **indivídual**「個人」 **uniformity**「一様性」 **regimentation**「組織化」 **dictator**「独裁者」 **collective**「集合的な；全体的な」 **904. imply**「(暗に)意味する」 **formal**「形式的な」 **adult**「おとな」 **mold**「形造る」 **personality**「個性」 **primitive**「原始時代の」 **gap**「隔たり」 **make an issue over**「～を問題にする」 **for life**「生涯の」 **tribal**「部族の」

§ 115. as it is

(1) I wish I could read French, but **as it is**, I must have this letter translated.

(2) Unless I had had a previous engagement, I would have accepted the invitation. **As it was**, I declined it.

■ **(1)**　フランス語が読めればいいんだが。でも実のところは［読めないので］この手紙を訳してもらわなければならない。

■ **(2)**　先約がなければ，招待に応じていたでしょう。しかし，実際には［先約があったので］断りました。

解　説　　as it is は仮定的な文に続いて，「実は［そうでないので］」「実際は」の意を表わす。この場合 it は常に it であるが，be 動詞は (2) のように was になることもある。ただしこの熟語表現以外で as it is の形をとることもあるが，その場合は代名詞が指す先行詞により複数形にもなる。

Leave the matter **as it is**.　（その問題はそのままにしておきなさい）

Take things **as they are**.　（物事をあるがままに受け入れなさい）

§ 116. what one is

(1) His diligence made him **what he is**.

(2) The true wealth does not consist in what you have, but in **what you are**.

■ **(1)**　彼が今日あるのは勤勉のおかげです。

■ **(2)**　真の富は財産ではなく人柄にある。

解　説　　what one is は「人が現在そうであるところのもの」が直訳であるが，文脈により「現在の自分；人柄」その他適当に訳す。

He is not **what he used to be**.　（彼は以前の彼ではない）

Take things for **what they are**.　（物事はあるがままに受け入れなさい）

I'm not **what** you think I am.　（僕は君が考えているような人間じゃない）

Reputation is **what you seem**; character is **what you are**.

　　（評判とは人のうわべの姿であり，人柄は人そのものなのである）

||||||||| EXERCISE |||||||||||||||||||||||||||||||||||||||| 解答 423・424 ページ

▨ A ▨

905. If I had more experience I might not mind it so much, but *as it is*, I am terrified.

906. We are usually not satisfied with things *as they are*.

907. A great deal of *what I am* and what I achieved I owe to him.

908. What men do makes them *what they are*; how they do what they do determines the quality of *what they are*.

▨ B ▨

909. Under ordinary circumstances he would have tried to be polite. *As it was* he could hardly bring himself to give them a civil word of welcome.

910. The artist does not give us the natural truth *as it is*, but he purposely omits very much of it and changes that which he sees.

▨ C ▨

911. When I look back upon my early days <u>I am disturbed by the thought of the number of people whom I have to thank for what they gave me or for *what they were* to me.</u> At the same time I am haunted by a consciousness of the little gratitude I really showed them while I was young. How many of them have said farewell to life without my having made clear to them what it meant to me to receive from them so much kindness or so much care !

(早 大)

▨語句▨ 905. experience「経験」 mind「気にする」 terrify「こわがらせる」 **906.** sátisfy「満足させる」 **907.** achieve「成しとげる」 owe 〜 to …「〜を…に負う；〜は…のおかげだ」 **908.** determine [ditə́:min]「決定する；決心する」 quality「質」 cf. quantity (量) **909.** ordinary「ふつうの」 circumstances「事情」 políte「ていねいな」 bring oneself to「〜する気になる」 civil「礼儀正しい」 **910.** purposely「故意に；意図的に」 omit「省く」 **911.** disturb「乱す；邪魔する」 haunt「つきまとう」 consciousness「意識」 gratitude「感謝」 say farewell to「〜に別れを告げる」 mean「意味する」

§ 117.　A is to B what C is to D.

(1)　Air **is to** us **what** water **is to** the fish.
(2)　**What** salt **is to** food, wit and humor **are to** conversation and literature.

■ (1)　空気はわれわれにとって，ちょうど魚に対する水のようなものだ。
■ (2)　機知とユーモアは会話と文学にとって，塩と食物のような関係にある。

解　説　上例のように「AのBに対する関係＝CのDに対する関係」を表わす形式は，(1) 主節が前にくる場合と，(2) 後に置かれる場合とがある。

(1)　Leaves **are to** the plant　**what** lungs **are to** the animal.
　　└────主節────┘　　╰────従節────╯
(2)　**What** lungs **are to** the animal　leaves **are to** the plant.
　　└────従節────┘　　╰────主節────╯

これは，「植物に対する葉の関係」を，他の二つのものの関係を引合いに出して述べる形式で，従節の *what*-Clause は主節の補語になる名詞節で，

Leaves are [*what lungs are to the animal*] to the plant.

　　（葉は植物にとって [肺が動物に対するようなもの] である）

という文の語順が変わったものである。したがって，これは，

He is [*uncle*] to me.　（彼は私にとって [おじ] に当たる）

のような文と同じ構文で，[ ] 内の補語が名詞節であるだけの違いである。

◆この構文の訳し方は，上の≪訳≫例以外に次のような形式も多く用いる。
　┌「葉と植物の関係は，肺と動物の関係と同じである」
　└「葉の植物におけるは，肺の動物におけるがごとし」

◆この関係は as を用いて次のように表わされることもある。

Leaves *are to* the plant **as** lungs *are to* the animal.

As lungs *are to* the animal, **so** leaves *are to* the plant.

■注意■　A is to B what C is to D. の be 動詞以外の動詞や to 以外の前置詞を用いて，似た関係を表わすこともある。

Love **does** *to* woman **what** the sun **does** *to* flowers.
　　（恋が女性に及ぼす作用は，太陽の花に対する作用に似ている）

Jupiter* *was* **among** gods **what** the lion *is* **among** beasts.
　　（ジュピターは神々のあいだで，ちょうどライオンが動物のあいだで占めているのと同じ地位を占めていた）　[* ローマ神話の主神]

▦▦▦▦ **EXERCISE** ▦▦▦▦▦▦▦▦▦▦▦▦▦▦▦▦▦▦▦▦▦▦▦▦▦▦▦ 解答 424 ページ

▦ A ▦

912. Reading *is to* the mind *what* exercise *is to* the body.

913. *What* rest *is to* the body, peace *is to* the mind.

914. Culture *is to* a man *what* beauty *is to* a woman.

915. A nurse stands to a patient *as* a mother does to a child.

▦ B ▦

916. Liberty *is to* the collective body *what* health *is to* every individual body. Without health no pleasure can be tasted by man; without liberty no happiness can be enjoyed by society.

917. Society is like a building, which stands firm when its foundations are strong and all its timbers are sound. The man who cannot be trusted *is to* society *what* a bit of rotten timber *is to* a house.

918. *What* sunshine *is to* flowers smiles *are to* humanity. They are but trifles, to be sure; but scattered along life's pathway, the good they do is inconceivable.

▦ C ▦

919. Facts *are to* the scientist *what* words *are to* the poet. The scientist has a love of facts, even isolated facts, similar to the poet's love of words. But a collection of facts is not science any more than a dictionary is poetry. Around his facts the scientist weaves a logical pattern or theory which gives the facts meaning, order, and significance.　　　（北　大）

▦語句▦　**913. rest**「休息」 **peace**「平和；平安」　**914. culture**「教養；文化」　**915. patient**「患者」　**916. liberty**「自由」 **collective**「集合的な」 **body**「体；団体」 **indivídual**「個々の」 **taste**「味わう」 **society**「社会」　**917. firm**「堅く；しっかりと」 **foundátion**「土台」 **timber**「木材」 **trust**「信用する」 **rotten**「腐った」 **918. humánity**「人類」 **trifle** [tráifl]「ささいなこと」 **scatter**「まく」 **inconceivable**「想像できない」　**919. poet**「詩人」 **isolated** [áisəleitid]「孤立した」 **símilar to**「～に似た」 **collection**「収集［物］」 **weave**「織る」 **lógical**「論理的な」 **páttern**「模様」 **theory** [θíəri]「理論；説」 **meaning**「意味」 **order**「秩序」 **significance**「意義」

§ 118. so that / so (such) … that

(1) He stepped aside **so that** she might enter the room.

(2) He is **so** honest **that** he is trusted by everybody.

(3) Love has **such** power **that** it will overcome every difficulty.

(4) We should **so** act **that** we shall have nothing to regret.

(5) *No* man is **so** old **that** he has nothing more to learn.

(6) I don't care who does it **so that** it is done.

■ (1) 彼女が部屋に入れるように，彼はわきに寄った。 〔目的〕

■ (2) 彼は非常に正直なので，皆に信頼されている。 〔結果〕

■ (3) 愛は非常に大きな力を持ちあらゆる困難を克服する。

                〔結果・程度〕

■ (4) われわれは後に悔いを残さないように行動すべきである。〔様態〕

■ (5) もう何も学ぶことがないほど年をとった人はいない。 〔程度〕

   どんなに年をとっても必ずまだ何か学ぶことがある。

■ (6) それがなされさえすれば，誰がしようとかまわない。 〔条件〕

解　説 これらの構文は (1)～(3) のように「目的」〔→p.188〕や「結果」〔→p.190〕を表わすのがふつうであるが，(4) のように，so のあとにくるものが（形容詞や副詞ではなく）動詞である場合には「～であるように」という「様態」の意を表わす。

 We are **so** *made* **that** we can't live forever.

   （人間は永遠に生きていることができないように作られている）

 (5) のように前に否定詞がある場合は「～ほど…ではない」の意を表わす。

 { I'm **so** poor **that** I can't buy it. （貧しいので買えない） 〔結果〕

 { I'm *not* **so** poor **that** I can't buy it. （買えないほど貧しくはない）〔程度〕

■注意■ 次のような such … as, such … that の構文を区別する。

 { (a) His eloquence was *such* **as** was rarely heard.

 { (b) His eloquence was *such* **that** they were deeply moved.

  (a) 彼の雄弁はめったに聞くことができないようなものだった。

  (b) 彼の雄弁はたいしたものだったので皆が深く心を動かされた。

  (a) では as が関係代名詞で was の主語になっている。(b) は「結果・程度」を表わす such (so) … that の構文で that は接続詞。次のように書換えられる。

  (b)′ He was *so* eloquent **that** they were deeply moved.

||||||||| **EXERCISE** ||||||||||||||||||||||||||||||||||||||||||||||||||||||||| 解答 425 ページ

▨ A ▨

920. She is not *so* young and inexperienced *that* she cannot understand this.

921. *Such* was his joy *that* he thought that this world was simply made for him.

922. There is nothing *so* difficult *that* it does not become easy by practice.

923. Selfish people don't care whom they deprive of enjoyment, *so that* they can obtain it.

▨ B ▨

924. Human beings are *so* constituted *that* they forget the things they would like to remember, and remember the things they would prefer to forget.

925. The world is *so* made *that* it probably never happens that a person lives who has not, or has never had, anyone to love him. There is the love of parents, of brothers and sisters, of relatives and companions. （東京電機大）

▨ C ▨

926. Japan will not necessarily be a world power in the old-fashioned sense that it will have command of vast military forces in being. It is, besides, *so* placed geographically *that* the choice that it eventually makes must inevitably exercise a profound influence on the whole of Asia; and this is where more than half the world's population lives. （九　大）

▨語句▨　**920. inexpérienced**「経験のない；未熟な」　　**921. simply**「ただ」　　**922. practice**「練習」　　　**923. selfish**「利己的な」　**deprive ～ of ...**「～から…を奪う」　**924. be cónstituted**「構成されている；作られている」　**925. it happens that ...**「…ということが起こる；たまたま…する」　**relative**「親戚」　**companion**「仲間；友達」　**926. not necessarily**「必ずしも～でない」〔部分否定→p. 156〕　**old-fashioned**「旧式の；古い」　**sense**「意味」　**military forces**「軍隊」　**in being**「存在している」　**geographically**「地理的に」　**evéntually**「最終的に」　**inévitably**「必然的に」　**exercise influence on**「～に影響を与える」　**profóund**「深遠な」

§ 119. too ～ to / enough to

(1) This book is **too** difficult for me **to** read.
(2) No one is clever **enough to** excel without effort.
(3) She is *not* **too** proud **to** ask questions.
(4) This is **too** great an honor *not* **to** excite their envy.

▨ (1) この本は私が読むにはむずかしすぎる。
　　　この本はむずかしくて私には読めない。
▨ (2) 努力しないで秀でることができるほど頭のよい者はいない。
▨ (3) 彼女は人にものを尋ねないほど気位が高いということはない。
▨ (4) これは非常に大きな名誉なので彼らは羨望を感ぜざるをえない。

解　説　これらは「程度」を表わす不定詞構文で, so (such) ～that ...〔→ p. 258〕を用いた節の形式に書換えられる場合が多い。たとえば:

(1) ＝This book is **so** difficult **that** I cannot read it.
(2) この enough の構文の, 書換え方と訳し方をよく知っておくこと。

　　⎰ He was kind **enough** to show me the way.　　　（彼は親切に<u>も</u>道を
　　⎱ He was **so** kind **as to** show me the way.　　　　案内してくれた）
　　　＝ He had the kindness to show me the way.

◆(3) *not* too ～ to と (4) too ～ *not* to の意味関係を間違えないようにする。
　　He is **not too** foolish **to** understand this.
　　　〔＝ He is *not so* foolish *that* he cannot understand this.〕
　　　　　　　（彼は〔おろかすぎてこれが理解できないということはない→〕
　　　　　　　　これが理解できないほどおろかではない）
　　He is **too** wise **not to** understand the reason.
　　　〔＝ He is *so* wise *that* he can understand the reason.〕
　　　　　　　（彼は〔その理由が理解できないには賢すぎる→〕賢いのでその
　　　　　　　　理由が理解できる）

■**注意**■　形の上で too と to が並んでも, 別の意味関係を表わす場合がある。
　I am only **too** glad **to** do it.　〔誤〕私はただ嬉しすぎてそれができない。
　　　　　　　　　　　　　　　　　　　　〔正〕私は喜んでそれをいたしましょう。
　She is **too** ready **to** find fault.　（彼女は何かと言えばすぐにけちをつける）
　We are **too** apt **to** think so.　　（われわれはえてしてそう考えがちだ）
　　これらの too は強意（＝very）で, to ～はそれぞれ形容詞（glad, ready, apt）を修
飾する。

▥▥▥ **EXERCISE** ▥▥▥▥▥▥▥▥▥▥▥▥▥▥▥▥▥▥▥▥▥ 解答　425・426 ページ

▨ **A** ▨

927. （ a ） He is *too* selfish *to* help these miserable people.

　　（ b ） He is *not too* selfish *to* help these miserable people.

　　（ c ） He is *too* kind *not to* help these miserable people.

928. （ a ） He was sensible *enough to* keep it to himself.

　　（ b ） He was sensible *enough not to* tell it to others.

▨ **B** ▨

929. The professional politician has *too* much *to* do to have leisure for serious reading, even on politics.

930. It's important to say "no" to someone who wants you to do wrong. But what's even more important is to be *sufficiently* strong-willed *to* say "no" to yourself.

931. The political freedom we have today will never be *too* easy *to* preserve. It came out of struggle, and it may still demand struggle. It came out of wisdom and patience.

▨ **C** ▨

932. <u>One's own face is *too* much part of one's being, *too* closely</u> <u>identified with the emotions of one's private life, *for* any</u> <u>objective judgement *to* be made on it.</u> There seems to be a barrier within the mind which makes it impossible for one to look at a portrait or a photograph of oneself, still less a reflected image in a mirror, dispassionately.　　　　（阪　大）

▨語句▨　**927. selfish**「利己的な」**miserable**「みじめな；気の毒な」　**928. sensible**「分別のある；賢い」　**keep ～ to oneself**「～を人に話さないでおく；～を秘密にしておく」　**929. proféssional**「職業的な」**leisure** [léʒə, líːʒə]「余暇」**serious**「まじめな」**pólitics**「政治 [学]」　**930. do wrong**「間違ったことをする」**sufficiently**「十分に」(＝enough) **strong-willed**「意志の強い」**931. preserve**「保持する」**struggle**「闘争」**demand**「要求する」**patience** [péiʃəns]「忍耐」**932. being**「存在」**identify**「同一視する；一体化させる」**emotion**「感情」**objective**「客観的な」**bárrier**「障害」**reflected image**「映った姿」**dispassionately**「冷静に；客観的に」

§120.　so as to / so ～ as to / such［～］as to

(1)　He goes to bed early **so as to** get enough sleep.

(2)　His work was **so good as to** make him internationally famous.

(3)　Your stupidity is **such as to** fill me with despair.

■ (1)　彼は十分に睡眠をとる<u>ために</u>早く就寝する。

■ (2)　彼の研究は<u>非常に</u>すぐれていた<u>ので</u>彼は国際的に有名になった。

■ (3)　お前の愚かさは<u>あまりにひどいので</u>僕は絶望を感じる。

解　説　　(1)　so as to ～ は **in order to ～** と同じく「目的」を表わす。「否定目的」には so as not to ～ を用いる。

He left early **so as** *not* **to** be late.　（遅れないように早く出かけた）
= He left early **so that** he *might not* be (*or* **lest** he *should* be) late.

(2)　so ～ as to は「程度」または「結果」を表わし，二通りに訳せる。

He is **so** weak **as to** be unable to work.

(a)　彼は働けない<u>ほど</u>体が弱い。　〔程度〕
(b)　彼は<u>とても</u>体が弱くて働けない。〔結果〕

(a)　= He is **too** weak **to** work./He is not strong **enough to** work.
(b)　= He is **so** weak **that** he cannot work.

(3)　such［～］as to は so ～ as to と同じく「程度」または「結果」を表わす。

He was in **such** poor health **as to** be obliged to resign.

(a)　彼は辞職しなければならない<u>ほど</u>健康がすぐれなかった。
(b)　彼は<u>ひどく</u>健康がすぐれず辞職しなければならなかった。

(b)=He was in **such** poor health **that** he was obliged to resign.

◆ **not so (such) ～ as to** の場合は「程度」を表わす訳し方になる。

He is *not so* foolish *as to* believe it.　（彼はそれを信じる
He is *not such* a fool *as to* believe it.　<u>ほど</u>愚かではない）

■**注意**■　① 不定詞が打消されると次の形になる。

He is not **such** a fool **as not to** realize his error.

（彼は自分の間違いを悟ら<u>ない</u>ほどのばかではない）

② これらの形式は「様態」の意味を表わすこともある。

Houses should be built **so as to** admit plenty of light.

（家は光が十分に入る<u>ように</u>建てなければならない）

▨▨▨▨▨ **EXERCISE** ▨▨▨▨▨▨▨▨▨▨▨▨▨▨▨▨▨▨▨▨▨▨▨▨▨▨ 解答 426 ページ

▨ A ▨

933. (**a**) He ran fast *so as to* catch up with her.

(**b**) He ran *so* fast *as to* catch up with her.

934. Books are now *so* cheap *as to* be within the reach of almost everyone.

935. His illness is not *such as to* cause anxiety.

936. He listened attentively *so as not to* miss a single word.

937. He appeared to be *so* ill *as to* require medical attention.

▨ B ▨

938. How pleasant to be *so* well clad by nature *as not to* have to get up and dress! The owl has only to make up his mind to go out.

939. One of the hardest things to learn is that the greatest lives are made up of trifles. Emergencies, great things, occur rarely in our lives. It is the steady stream of little things, trifles, unimportant events, experiences *so* small *as to* scarcely leave a trace behind, which make up the sum total of life.

▨ C ▨

940. Everyone ought to try to keep abreast with his time, *so* far at least *as not to* be ignorant of the general movements of the world. Of these the more knowledge you have the better, so long as you do not scatter your efforts in *such* a way *as to* neglect your own occupation. 〔大阪府大〕

▨語句▨ **933. catch up with**「〜に追いつく」(=overtake) **934. within the reach of**「〜の手の届く範囲に」 **935. cause**「生じさせる」**anxiety** [æŋzáiəti]「心配」 **936. atténtively**「注意深く」**miss**「とりそこなう；聞き落とす」 **937. appear**「〜のようにみえる」(=seem) **require**「要求する」 **938. clad**=clothed. **owl** [aul]「ふくろう」 **939. be made up of**「〜から成る」**trifle**「ささいなこと」**emérgency**「緊急の事態」**occúr**「起こる」**trace**「跡」**sum total**「総計」 **940. keep abreast with**「〜に遅れないでいる」**movement**「動き」**scatter**「まき散らす」**neglect**「おろそかにする」**occupation**「職業」

§ 121. There is no 〜ing / It is no use 〜ing

- (1)　**There is no** accounting for tastes.
- (2)　**It is no use** trying to persuade him to stay.

■　(1)　趣味を説明することはできない。（たで食う虫も好きずき）

■　(2)　彼にとどまるように説得しようとしてもむだだ。

解　説　　(1) **There is no 〜ing** は「〜することは不可能」の意を表わし，次のように書換えることができる。

> { *There is no* deny*ing* the fact.　（事実を否定することはできない）
> { *It is impossible to* deny the fact. / *We cannot* deny the fact.

(2) **It is no use 〜ing** は「〜してもしかたがない」の意で，It is no *good* 〜ing ということもある。同じ意味を表わす，次の類似形式を区別：

> { *There* is no use *in* crying.　（泣いたってむだだ）
> { What's the use *of* crying？　（泣いてどうなる→泣いてもむだだ）

§ 122. cannot help 〜ing / cannot but 〜

- (1)　I **couldn't help** *laughing* when I heard the story.
- (2)　I **cannot but** *be* surprised at his ignorance.

■　(1)　その話を聞いたとき，私は笑わないではおれなかった。

■　(2)　彼の無知さ加減には驚かざるをえない。

解　説　　両方とも「〜しないわけにはいかない」の意を表わすが，cannot help の後には動名詞を，cannot (help) but の後には原形を用いることに注意する。否定詞は no や hardly であることもある。

No one **can help** *pitying* her.　（誰でも彼女に同情せざるをえない）

注意　この表現における help は avoid（避ける）の意で，動名詞を目的語とする以外の場合にも，用いられる。

It **cannot be helped**.　（それはやむをえない）

One **cannot help** one's nature.　（自分の性質はどうしようもない）

Do*n't* spend *more than* you **can help**.　（やむをえない以上は使うな。／必要以上は使うな。／なるべく使うな）

　＊これが cannot とならないことを I can *no more* help loving her *than* you **can** [**help**].「君［が彼女を愛さざるをえないの］と同じく僕も彼女を愛さざるをえない」[→p. 234] の従節で cannot help とならないのと同様注意する。

IIIIIIIIII **EXERCISE** IIIIIIIIIIIIIIIIIIIIIIIIIIIIIIIIIIIIIIIIIIIIIIIIIIIIIIIIIIIIIIIII 解答 427 ページ

▨ A ▨

941. *There is no stopping* women from talking.

942. He makes it a rule never to look at a bad picture if he *can help* it.

943. *It is no use crying* over spilt milk, as they say; for *there is* really *no undoing* what is once done.

944. *No* one *can help influencing* others, however little he may wish to do so or is conscious of what he is doing.

▨ B ▨

945. As a boy, I *could scarcely help feeling* hostile to any one who was indifferent to the things about which I was enthusiastic in politics and literature.

946. *There is no hiding* the fact that Western civilization, including American, confronts not only problems with which its science can cope but troubles for which more than science seems required.　　　　　　　　　　　　　　　　　　(早 大)

▨ C ▨

947. The millions of people from different parts of the world, who have settled in America, have all contributed something to American English. <u>Though in the main conforming to the new ways of life they found in the new country, they *could not help leaving* some mark of their language on English.</u> In drawing upon these many elements which go to make up American culture, Americans have made their kind of English a melting pot in miniature.　　　　　　　　　　(明治大)

───────────────────────────────

▧語句▧ **942.** make it a rule to「～することにしている」　**943.** spilt「こぼれた」 undo「もとどおりにする」　**944.** conscious of「～を意識する」　**945.** As a boy「少年のころ」 hóstile「敵意をいだく」 indifferent to「～に無関心な」 enthusiástic「熱心な；熱中している」　**946.** hide「隠す」 confront「直面する」cope with「～に対処する」　**947.** settle「移住する」 contribute to「～に貢献する」 in the main「主として」 conform to「～に合わせる；～に順応する」 way of life「生活様式」 draw upon「～から引き出す；～をもとでにする」 go to「～に資する」 make up「構成する」 melting pot「るつぼ」 míniature「縮図」

§ 123. one thing ～ another / some ～ others

---

(1) To know is **one thing** and to teach is quite **another**.

(2) There are pupils and pupils. **Some** are diligent and **others** lazy.

■ (1) 知っているということと，教えるということは全く別のことだ。

■ (2) 生徒にもいろいろいる。勤勉な者もいれば怠け者もいる。

解　説　(1) 二つのことがらが，異なった別のものであることを述べる形式で，次のように言い換えることができる。

To know and to teach are two quite different things.

(2) others の代りに some を用いることもあるが，ふつう「ある者は～で，他の者は～だ」のように訳さず，「～もあれば，～もある」のように訳す。

Some like tea and **others** (*or* **some**) prefer coffee.

（紅茶が好きな人もいれば，コーヒーのほうが好きな人もいる）

* (2)第1文の「複数名詞 and 複数名詞」の意味も間違えないように：

There are **books and books**. （本にもいろいろある。／本にもピンからキリまである）

---

§ 124. this ～ that / the one ～ the other

---

(1) The dog is more faithful than the cat; **this** attaches itself to places, and **that** to persons.

(2) Homer was a genius, Virgil was an artist. In **the one** we admire the man; in **the other**, the work.

■ (1) 犬は猫よりも忠実である。猫は場所になじみ，犬は人になじむ。

■ (2) ホーマーは天才で，ヴァージルは芸術家であった。前者ではわれわれはその人品を賞賛し，後者ではその作品を賞賛する。

解　説　(1) this は近いほうをさすので「後者」(＝the latter), that は遠いほうで「前者」(＝the former) を表わす。(2) the one～the other はふつう「前者」～「後者」をさすが，文脈により逆のこともある。

My affection for you must not be judged by the number of letters, and though **the one** lessens, **the other**, I assure you, does not. （私のあなたに対する愛情は手紙の数によって計られるべきではない。手紙の数〔＝後者〕が減っても，愛情〔＝前者〕が減じることは決してない）

▨▨▨▨▨ **EXERCISE** ▨▨▨▨▨▨▨▨▨▨▨▨▨▨▨▨▨▨▨▨▨▨▨ 解答 427・428 ページ

▨ A ▨

948. It is *one thing* to own a library; it is quite *another* to use it wisely.

949. Work and play are both necessary to health; *this* gives us rest, and *that* gives us energy.

950. Reading is an easy matter, and thinking is hard work but *the one* is quite of no use without *the other*.

▨ B ▨

951. There is no more dangerous experiment than that of attempting to be *one thing* before a man's face and *another* behind his back.

952. People differ in the color of skin, eyes, hair, in stature, bodily proportions, and in many other traits. *Some* of us have blue and *others* brown eyes, *some* have prominent and *others* flat noses, *some* are tall and *others* short.

▨ C ▨

953. Everything that for good or evil has entered into the making of our nation's life has also entered into the structure of its literature. Ordinary English history is our nation's biography; its literature is its autobiography; in *the one* we read the story of its actions and practical achievements; in *the other* the story of its intellectual and moral development. （明治学院大）

─────────────────────────────

▨語句▨ **948. own**「所有する」 **library**「蔵書」 **949. energy** [énədʒi]「精力」 **951. experiment**「実験；試み」 **attempt**「～しようとする」(=try) **952. skin**「皮膚」 **stature** [stǽtʃə]「身長」 **proportions**「大きさ」 **trait**「特徴」 **prominent**「突き出た；目立った」 **953. for good or evil** [íːvl]「良かれ悪しかれ」 **making**「構造；素質」 **structure**「構造；構成」 **biógraphy**「伝記」 **autobiógraphy**「自叙伝」 **practical**「実際的な」 **achievement**「業績；成果」 **intelléctual**「知的な」 **moral**「道徳的な」 **development**「成長；発達」

§ 125. by (for, in, of) oneself

(1) Studying has to be done **by oneself**.
(2) Students must learn to think **for themselves**.
(3) Knowledge is necessary, but it is not an end **in itself**.
(4) I didn't put out the light; it went out **of itself**.

■ (1) 学問は<u>独りで</u>なされなければならない。
■ (2) 学生は<u>自分で</u>ものを考えるようにならなければならない。
■ (3) 知識は必要であるが，知識<u>そのもの</u>が目的なのではない。
■ (4) 僕がろうそくを消したのではない。<u>ひとりでに</u>消えたのだ。

解 説　　　(1) **by oneself** は「独りで」の意。ただし「独りで」の意味は (a)「ひとりぼっちで」（=alone) と，(b)「独力で」の場合がある。

{ (a) I like to travel **by myself**.　（旅は<u>独りで</u>するのが好きだ）
{ (b) I can't move it **by myself**.　（それは<u>僕独りでは</u>動かせない）

(2) **for oneself** は　(a)「自分で」の意を表わす場合と，　(b)「自分のために」の意を表わす場合とがある。

{ (a) You must decide **for yourself**.　（<u>自分で</u>決めなければいけない）
{ (b) I need the money **for myself**.　（<u>自分のために</u>その金が必要なのだ）

(3) **in oneself** は「（他と関係なく）それ自体；～そのもの；本質的に；本来」の意を表わす。

A thing good **in itself** may become harmful by its use.
　　　　（それ自体は良いものでも使い方によっては有害になることがある）

(4) **of oneself** は「（他に原因がなく）自然に，ひとりでに」の意。

Things do not happen **of themselves**, but are brought about by the will and intention of big groups of men and women.　（物事は<u>ひとりで</u>に起こるのではなく，大勢の人々の意志や意向によって生じる）

■注意■　① by oneself は all によって強められることがある。
The children were **all** by themselves when I called.
　〔誤〕私が訪れたとき子供たちは皆自分たちだけでいた。
　〔正〕私が訪れたとき子供たち<u>だけ</u>でほかにはだれもいなかった。
② これらの表現は以上のような熟語的な意味でのみ用いられるとは限らない。
　　The faults are largely **in themselves**.　（落度は主に<u>彼ら自身［の中］に</u>ある）
　　He knows nothing **of himself**.　（彼は<u>自分のことを</u>何も知らない）

▦ EXERCISE ▦ 解答 428 ページ

▦ A ▦

954. No man can live *by* and *for himself.*

955. I didn't call him; he woke up *of himself.*

956. These substances are not poisonous *in themselves.*

957. It is most important that young people should learn to find out the truth *for themselves.*

958. If you want money you must make it *for yourselves* as I did.

▦ B ▦

959. To obtain the greatest portion of happiness *for himself* is the object of every rational being.

960. When we are not too anxious about happiness and unhappiness, but devote ourselves to the strict and unsparing performance of duty, then happiness comes *of itself.*

961. Letters *in themselves* are not language, but merely symbols which are used for the sounds of which language is composed.

（東京学芸大）

▦ C ▦

962. Surely the only sound foundation for a civilization is a sound state of mind. Architects and contractors will never, *by themselves*, build a new world. They must be inspired by the proper spirit, and there must be the proper spirit in the people for whom they are working.

（早　大）

▦語句▦ **956. substance**「物質」 **poisonous** [pɔ́iznəs]「有毒な」 **957. learn to do**「～することを学ぶ；～できるようになる」 **959. obtain**「得る；手に入れる」 **portion**「部分」 **rational**「理性的な；合理的な」 **being**「存在；生き物」 **960. be anxious about**「～を心配している」 **devote oneself to**「～に身を捧げる；～に専念する」 **strict**「きびしい；厳密な」 **unsparing**「骨身を惜しまない；容赦しない」 **performance**「遂行」 **961. letters**「文字」 **symbol**「記号」 **be composed of**「～から成る」 **962. sound**「健全な」 **foundation**「土台」 **architect** [ɑ́rkitekt]「建築家」 **contractor**「土建業者」 **inspire**「鼓舞する；霊感を与える」 **proper**「正しい；適当な」

§ 126. beside (to, between, in spite of) oneself

(1) Don't take any notice of what he says. He is **beside himself** with anger.

(2) He has the large room **to himself.**

(3) **Between ourselves,** he is not much of a scholar.

(4) The judge laughed out **in spite of himself.**

■ (1) 彼の言うことは気にしないで。怒りで<u>逆上</u>しているのです。

■ (2) 彼はその大きな部屋を<u>自分だけで</u>使っている。

■ (3) <u>ここだけの話だが</u>，彼は大した学者ではない。

■ (4) 裁判官は<u>つい思わず</u>吹き出してしまった。

解　説　　(1) beside oneself (with〜) は「(〜で) 我を忘れて」の意で，ある感情のために自制できない状態にあることを表わす。

She was **beside herself** with joy [grief, excitement].
　　　（彼女は喜びで有頂天になって［悲しみのため気も狂わんばかりになって，興奮して我を忘れて］いた）

(2) **to oneself** は，これだけなら「自分［だけ］に」の意であるが，結びつく動詞によっていろいろな場合がある。

They *left* her **to herself.** （彼女を<u>ひとりに</u>［<u>そっと</u>］しておいた）

Keep this fact **to yourself.** （このことは<u>自分だけの胸にしまって</u>［<u>口外しないで</u>］おきなさい）

Soon she *came* **to herself.** （まもなく彼女は意識をとりもどした）

◆ **among 〜selves** は 3 人以上の人が「お互いのあいだで；お互いどうし」の意を表わす場合である。

They quarrelled *among themselves.* （彼らは仲間争いをした）

Let's keep it *among ourselves.* （これは我々だけの秘密にしておこう）

■**注意**■　① 上の beside oneself に対して <u>besides</u> oneself を区別する。

There was, **besides myself,** only one passenger in the bus.
　　　（バスには，<u>私のほかは</u>，乗客が一人しかいなかった）

② **say to oneself**（自分に言う）はふつう「心の中で思う」ことを表わし，**talk to oneself**（自分に話す）は「独りごとを言う」の意である。

He often *talks to himself* when he is alone.
　　　（彼はそばに人がいないとき，よく独りごとを言う）

IIIIIIIII **EXERCISE** IIIIIIIIIIIIIIIIIIIIIIIIIIIIIIIIIIIIIIIIIIIIIIIIIIIIIIIIIIIIIIIII 解答 428 ページ

▨ A ▨

963. His parents went out, so he was left *to himself*.

964. *Between ourselves*, he won't live long.

965. The news of her son's death reaching her, she was quite *beside herself* with grief.

966. Everybody was down on the beach, out of sight, out of hearing. She had the garden *to herself*; she was alone.

▨ B ▨

967. We don't want the news to leak out to the press, so I'll ask you to keep this knowledge *to yourself* for the moment.

968. The selfish man loves himself only, and nobody else. So in case he is given anything, he is not willing to share it with others, but will have it all *to himself*.

▨ C ▨

969. All along, all through the years of homesickness and even after I had come back to America, I had never said to anyone that the country I was born in was one of the beautiful spots of the earth. I had kept the belief *to myself*, a little out of shyness, a little because there were times when I, myself, had doubts, knowing that all too often when later in life you revisit scenes you have known and loved as a child, something strange has happened to them.　　　(阪 大)

▨語句▨　**965. grief**「悲しみ；悲嘆」　**966. out of sight**「見えないところに」*cf. in* sight（見えて）　**out of hearing**「聞こえないところに」*cf. within* hearing（聞こえるところに）　**967. leak**「漏れる」**the press**「（集合的に）新聞」**knowledge**「知識；知っていること」**for the moment**「しばらく；当分のあいだ」*cf.* for *a* moment（一瞬；ちょっとのあいだ）　**968. selfish**「利己的な」**in case**「〜する場合」**willing to**「喜んで（進んで）〜する」*cf.* reluctant（気が進まない）　**share 〜 with ...**「〜を…と分かち合う」　**969. all along**「ずっと」**homesickness**「郷愁；ホームシック」**out of shyness**「内気さのために；はにかんで」　**doubt** [daut]「疑い」**revisit**「再び訪れる」**scene**「景色」**as a child**「子供のころ」

§127. have＋O＋原形 / have＋O＋過去分詞

(1) You mustn't expect to **have** everyone **understand** you.
(2) You had better **have** your bad tooth **pulled** out.
(3) He **had** his pocket **picked** in the crowded train.

■ (1) すべての人が自分を<u>理解してくれる</u>ことを期待してはならない。
■ (2) 君は虫歯を<u>抜いてもらった</u>ほうがいいだろう。
■ (3) 彼は混んだ電車で懐中を<u>すられた</u>。

解　説　　この形式は，まず原形と過去分詞の場合の基本的な意味関係をはっきり理解し，その上で文脈により適当に訳すようにする。

> 「have＋O＋原形」——「目的語<u>が</u>～するようにする（なる）」
> 「have＋O＋過去分詞」——「目的語<u>が</u>～されるようにする（なる）」

訳し方は，**(a)** <u>主語の意志によって</u>そうする場合には「～させる；～してもらう」，**(b)** <u>主語の意志によらないで</u>そうなる場合は「～される」という表現が一般に当てはまるが，その他，文脈に応じて適当な訳を施せばよい。

(a) 　I'll **have** my son **carry** the luggage.　　（息子に荷物を運ばせよう）
　　　I'll **have** the luggage **carried** by my son. （荷物を息子に運ばせよう）
　　I would **have** you **know** this.　　（君にこのことを知ってもらいたい）
　　He **had** his watch **repaired**.　　（彼は時計を修理してもらった）

(b) He **had** his wife **die** last year.　　（彼は昨年奥さんに先立たれた）
　　I **had** a strange thing **happen** to me. (ふしぎな事が私の身に起こった)
　　It's very sweet to **have** people **love** us.　（人に愛されることは楽しい）
　　He **had** his hat **blown** off by the wind.　（風に帽子を吹きとばされた）
　　He **had** his legs **injured** in the accident. （事故で足をけがした）
　　He **had** his salary **raised** last month.　（彼は先月昇給した）

■注意■　① 関係詞構文などで，この have と過去分詞が隣接することがある。
　The servant announced a visitor, whom I **had shown** into my study.
　　〔誤〕召使いが来客を告げたので，私はその客を書斎に通してしまった。
　　〔正〕召使いが来客を告げたので，私はその客を書斎に通させた。
すなわち，後半は and I **had shown** him into my study という過去完了構文ではなく，and I **had** him **shown** into my study の関係を表わす文である。
② 「have＋O＋現在分詞」は「Oが～している状態をもつ」が基本的な意味関係：
　I can't **have** him **wasting** his time.
　　（彼に時間を浪費させておくわけにはいかない）

▟▟▟▟ **EXERCISE** ▟▟▟▟▟▟▟▟▟▟▟▟▟▟▟▟▟▟▟▟▟▟ 解答 429 ページ

▓ **A** ▓

970. He *had* his hair *cut* at the barber's.

971. I don't like to *have* people *come* when I'm busy.

972. Do to others as you would *have* others *do* to you.

973. She *has* her husband *doing* the shopping.

974. I don't like to *have* somebody else *tell* me I ought to do this thing and that.

975. I *had* what few books I had *burned* in the fire.

976. He applied whatever strength he *had left* to the task.

▓ **B** ▓

977. Keep your curiosity alive and don't allow it to be dulled by the stupid people around you. Find things out for yourself instead of *having* a parent or a teacher *tell* you.

（お茶の水女大）

978. Instead of *having* everything *done* for him, the child should be allowed to try to do things himself; instead of *having* all his decisions *made* for him, he should be given an opportunity to make his own decisions and encouraged to think for himself.

（中央大）

▓ **C** ▓

979. The parents must not be surprised if the youth refuses to take their advice. I should far rather *have* my son *reject* my advice and find out for himself that it was right than accept it against his judgement just because I said so. He must learn to think for himself.

（明治大）

▟語句▟ **970. the barber's**＝the barber's shop（床屋）**975. what few books I had**「わずかだが持っていたすべての本」〔→p.128〕**976. apply 〜 to ...**「〜を…に向ける（注ぐ）」**whatever strength he had left**「残っていたすべての力」（＝*all the* strength *that* he had left）〔→p.132〕**977. curiósity**「好奇心」**allow** [əláu]「許す」**dull**「鈍らせる」**for oneself**「自分で」**instead of**「〜のかわりに；〜しないで」**978. decision**「決心；決定」**opportunity**「機会」（＝chance）**encourage**「励ます；促す」**979. the youth**「若い人々」**refuse**「拒む；拒否する」**reject**「拒絶する」

§ 128.　have　to　do　with

(1)　The weather **has** a great deal **to do with** our health.

(2)　Poetry **has** primarily **to do with** the expression of feeling.

■ (1)　天候はわれわれの健康と大いに関係がある。

■ (2)　詩はまず第一に感情の表現と関係がある。

解　説　　have to do with ～ は「～と関係がある」の意を表わし，ふつう have の後に次のような語を置いて，関係の程度を表わす。

$\begin{cases} \text{have } \textit{much} \, (\textit{something}) \text{ to do with} \sim （\sim と大いに[いくらか]関係がある） \\ \text{have } \textit{nothing} \, (\textit{little}) \text{ to do with} \sim （\sim と全然 [ほとんど] 関係がない） \end{cases}$

§ 129.　have　to / have　only　to

(1)　We **have to** abolish forever the danger of nuclear war.

(2)　You **have only to** travel with a man for a week *to* know him.

■ (1)　われわれは核戦争の危険を永久になくしてしまわねばならない。

■ (2)　人を知るためには，その人と1週間旅行してみるだけでよい。

解　説　　(1) have to ～ は「～ねばならない」(＝must), (2) have only to ～ [to ...]は「[…するためには]～しさえすればよい」の意から，「～しさえすれば [… できる]」と訳すことも多い。次のように書換えられる。

$\begin{cases} \text{You } \textbf{have only to} \text{ apologize.} \quad （君は謝りさえすればいいんだ） \\ \text{All [that] you } \textbf{have to do} \text{ is to apologize.} \quad （　〃　　） \end{cases}$

　　　（＜君がなすべきすべてのことは謝ることだ）

■**注意**■　関係詞節中で have と to が隣接しても別の構文である場合がある。

Love is one of the greatest things that life **has to** offer.

　　　〔誤〕愛は人生が提供しなければならない最大のものの一つである。

　　　〔正〕愛は人生が与えてくれる最もすばらしいものの一つである。

　これは次のような文の目的語が関係代名詞で前に出た形式である。

Life **has** many great things **to** offer.　（人生は提供すべき多くのすばらしいものを持っている→多くのすばらしいものを提供する）

I listened to what he **had to** say.　（私は [彼が言うべく持っていたこと→] 彼の言い分に耳を傾けた）

▓▓▓▓▓ EXERCISE ▓▓▓▓▓▓▓▓▓▓▓▓▓▓▓▓▓▓▓▓▓ 解答　429・430 ページ

▓ A ▓

980. Smoking *has* something *to do with* cancer.

981. You *have only to* act on his advice.

982. If science *has to do with* things, literature *has to do with* thoughts.

983. You *have only to* have a look at her *to* see that she is ill.

984. Like all the other good things in life, what the great books *have to* offer is hard to get.

▓ B ▓

985. We need not read other books more than once to get all that they *have to* say. But we can always go deeper into great books.　　　　　　　　　　　　　　　　　　　　　（同志社大）

986. I have always wondered at the passion people *have to* meet the celebrated. The prestige you acquire by being able to tell your friends that you know famous men proves only that you are yourself of small account.　　　　　　　（お茶の水女大）

▓ C ▓

987. Love is necessary food for the young; <u>one *has only to* watch the efforts of children who are starved of love to gain atten-tion somehow by any method, *to* realize how desperate is their need,</u> for starved affections are as much a tragedy as starved bodies. The simple truth is that no one can grow fully as a person without this basic nourishment.　　　　　　　（駒沢大）

▓語句▓　**980. cáncer**「がん」　**981. act on**「～に基いて振舞う；～に従う」　**advice**「忠告」　**982. literature**「文学」　**986. wonder at**「～に驚く」　**passion**「情熱；熱意」　**the célebrated**「有名人」　**prestige**「名誉」　**acquire**「得る；獲得する」　**prove**「証明する」　**of small account**「重要でない」　**987. be starved of**「～に飢えている」　**attention**「注意」　**method**「方法」　**desperate**「必死の；絶望的な」　**affection**「愛情」　**tragedy**「悲劇」　*cf.* comedy (喜劇)　**basic**「基本的な」　**nourishment** [nʌ́riʃ-, nə́rriːʃ-]「滋養物」

§ 130. cannot ～ too

(1)　You **cannot** be **too** careful in the choice of your friends.

(2)　It is **impossible** to **overemphasize** the importance of health.

■ (1)　友人の選択は<u>どんなに慎重にしてもし過ぎることはない</u>。

■ (2)　健康の重要性は<u>どんなに強調してもなお足りない</u>。

解　説　cannot ～ too は「いくら～してもし過ぎることはない」の意を表わすが，not と too の要素には次のような語も用いられる。

never / hardly, scarcely /		enough, sufficiently /
impossible / difficult	～	overestimate, exaggerate

{ We can **hardly** praise him **too** much.

{ =We **cannot** praise him **enough**. =We **cannot overpraise** him.

（どんなに彼をほめてもほめ足りないくらいだ）

§ 131. never (cannot) ～ without ...

(1)　He **never** speaks **without** saying something disagreeable.

(2)　**No** one **can** read this book **without** being moved to tears.

■ (1)　彼は，<u>ものを言えば必ず</u>何か不愉快なことを言う。

■ (2)　この本を<u>読めば</u>だれでも<u>必ず</u>感動して涙を誘われる。

解　説　この形式は「…することなしに～することはない」という意味から「～すれば必ず…する」のように訳すことが多い。もちろん不自然でなければ，たとえば (2) を「いかなる人も，感動して涙を誘われる<u>ことなしに</u>，この本を読む<u>ことはできない</u>」のように直訳してもよい。

■**注意**■　この形で without が条件（～しなければ）を表わす場合がある。

{ (a) You can **never** master anything **without** working hard. 〔条件〕

{ (b) I **never** pass there **without** thinking of her.

　(a) <u>一生懸命努力しなければ</u>，なにごとももものにすることはできない。

　(b) 彼女のことを思う<u>ことなしに</u>そこを通ることはない。（そこを通ると必ず彼女のことを思い出す）

書換えれば { (a) = You can never master anything **unless** you work hard.

{ (b) = I never pass there **but** I think of her. 〔→p. 242〕

{ 　　= **Whenever** I pass there, I think of her.

railway EXERCISE railway 解答 430 ページ

▨ A ▨

988. I *cannot* thank you *enough*.

989. The only thing in the world which one can *never* receive or give *too* much is love.

990. *No* one can live in our world *without* depending on others.

991. Happiness is perfume you *cannot* pour on others *without* getting a few drops on yourself.

992. The selection of a place of residence is a matter so important that one can *hardly exaggerate* the consequence.

▨ B ▨

993. Concentration is the ability to keep your thoughts and attention on one fact until you know it thoroughly. It is a habit that *cannot* be learned *too* early. I *can't* emphasize the importance of this *too* strongly.

994. You *cannot* have a man handle paints or language *without* instantly waking in him a pleasure in the very paints or language, a sense of exploring his own activity. This sense lies at the heart of creation. (京都女大)

▨ C ▨

995. The relationship of biography and history is clear. We *cannot* understand the life of a man *without* having knowledge of the world in which he lived and the great events of his time. For this information, the biographer will often turn to the historian to provide a detailed setting for the biographical study. (横浜国大)

▨語句▨　**989. receive**「受け取る」　**990. depend on**「～に依存する」　**991. pérfume**「香水」　**pour**「注ぐ」　**992. seléction**「選択」　**résidence**「住居」　**exaggerate** [igzǽdʒəreit]「誇張する；過大視する」　**cónsequence**「結果；意義；重要性」　**993. concentration**「集中」　**ability**「能力」　**attention**「注意」　**émphasize**「強調する」　**994. handle**「扱う」　**instantly**「即刻」　**wake**「目ざめさせる」　**the very**「まさに～；～そのもの」　**explore**「探検する」　**creation**「創造」　**995. biógraphy**「伝記」　**turn to**「～のほうを向く；～に頼る」　**provide**「供給する」　**detailed**「詳細な」　**setting**「背景」　**biográphical**「伝記的な」

§ 132.　not only ～ but also / neither ～ nor

(1)　The book is **not only** interesting **but also** instructive.
(2)　The book is **neither** interesting **nor** instructive.

■　(1)　その本はおもしろい<u>ばかりでなく</u>，ために<u>もなる</u>。
■　(2)　その本はおもしろく<u>もなければ</u>，ために<u>もならない</u>。

| 解　説 | (1)「AばかりでなくBも…」の意。 only の代りに merely, solely なども用いる。次も同じ関係を表わす。 |

  { The book is **both** (*or* **at once**) interesting **and** instructive.
  { The book is instructive **as well as** interesting.

  ＊ このように not only A but also B = B as well as A となり，A, B の順が逆になり，as well as では強調される要素Bが前に置かれることに注意。

(2)「AもBも～ない」と両方の要素を打消す。次の形式も同じ。

  { The book is **not** interesting, **nor** is it instructive.
  { The book is **not** interesting, **and** it is **not** instructive, **either.**

§ 133.　it is true ～ but

(1)　**It is true** he is rich, **but** he is not content with his lot.
(2)　He is a great scholar, **to be sure, but** he is not a good teacher.

■　(1)　<u>なるほど彼は金持だが</u>，自分の境遇に満足していない。
■　(2)　<u>確かに彼はえらい学者だが</u>，りっぱな教師ではない。

| 解　説 | 一般に「たとえ～であろうとも」という「譲歩」の意味を表わす基本的な接続詞は though〔→p. 178〕であるが，上例のように相 |

関的な形式を用いる場合も多い。相関語句にはほかに次のようなものがある。

Indeed (*or* **No doubt** *or* **Certainly**) he is old, **but** he is full of vigor.
　　　（なるほど彼は年をとっているが，まだぴんぴんしている）
Time may be precious, **yes, and yet** it is not so precious as health.
　　　（確かに時は貴重であるが，健康ほど貴重ではない）

▨▨▨▨▨ **EXERCISE** ▨▨▨▨▨▨▨▨▨▨▨▨▨▨▨▨▨▨ 解答 430・431 ページ

▨ A ▨

996. *Neither* argument *nor* entreaty moved him.

997. Education means development, *not only* of the brain *but* of the whole body.

998. You are poor and hungry, *to be sure, but* that does not give you the right to lie so shamelessly.

▨ B ▨

999. Wealth does not bring contentment. If there are people in the world who are *at once* rich *and* content, they are content because they know how to be so, and not because they are rich.

1000. As scientists keep insisting, there is *neither* good *nor* bad in any scientific discovery; it is the use to which it is put which makes it beneficial or dangerous. (新潟大)

▨ C ▨

1001. Science became possible when man learned that these regular occurrences are governed by principles that have little or no relation to man's feelings about them. If he is to manage nature at all, he must view natural events and the principles he finds in them with detachment. <u>*True*, science also puts nature to use, *but* nature, to be put to use, must be comprehended,</u> and this comprehension must be of nature as it is and not as human desire would like nature to be.

(同志社大)

▨語句▨ **996. argument**「議論」**entreaty**「懇願」 **997. education**「教育」**mean**「意味する」 **development**「発達；育成」**brain**「頭」 **998. right**「権利」**lie**「うそをつく」**shamelessly**「厚かましく」**999. wealth**「富」**contentment**「満足」**at once 〜 and ...**「〜と同時に…も」 **1000. insist**「主張する」**use**「利用［の仕方］」**put 〜 to use**「〜を利用する」**beneficial**「有益な」 **1001. regular**「規則的な」**occurrence** [əkʌ́rəns, əkə́r-「出来事」 **govern**「支配する」 **principle**「原理；原則」**relation**「関係」 **manage**「制御する」 **at all**「少しでも」〔→p. 268〕 **view**「眺める」 **detachment**「分離；公平；客観性」**comprehend**「理解する」**comprehension**「理解」 **as it is**「あるがままの」

§ 134.　nothing (anything, all) but

---

(1)　He talks big, but he is **nothing but** a coward.

(2)　He is **anything but** a genius.

(3)　The bottle was **all but** empty.

- ▨ (1)　彼は大きな口をたたくが，臆病者にすぎない。
- ▨ (2)　彼は決して天才などではない。
- ▨ (3)　そのびんはほとんど空っぽだった。

| 解　説 | これらの表現における but は，本来「～以外は」（= except）の意を表わす前置詞である。 |

(1)　**nothing but**―「ただ～だけ；～にすぎない」〔= only〕

　　　I desire **nothing but** peace.　（私は平和以外は何も望まない；私はただ平和だけを望む）

(2)　**anything but**―「決して～ではない」〔= far from〕

　　　「～以外なら何でも」という原意から，「他の何であれ～でだけはない →～では決してない」となる。

　　　He is **anything but** honest.　（彼は正直なんてものじゃない）

　　　I'll do **anything but** that.　（それ以外のことなら何でもする；それだけは絶対にしたくない）

(3)　**all but**―「ほとんど～」〔= almost〕

　　　「～以外のすべて」という原意から，「～ではなくともそれ以外は全部 →～そのものではないがそれに近い →もう一歩で→→ほとんど～」となる。

　　　He's **all but** finished the work.　（ほとんど仕事を終えてしまった）

　　　He's **all but** dead.　（彼は死んだも同然だ）

■注意■　① **all but** は上のように形容詞・動詞を修飾するときは「ほとんど～」であるが，名詞・代名詞の前では「～を除いてすべて」の意を表わす。

　　　All but him agreed to the plan.　（彼以外は皆その案に賛成した）

　　　He is a king in **all but** name.　（彼は〔名前以外のすべての点で王→〕事実上の王だ）

② **anything but** の前に否定詞がある場合はそのまま「決して～ではない」とは訳せず，not ～ anything but → nothing but の関係が成り立つ。

　　⎧ He **doesn't** want **anything but** money.　（彼は金以外は何も欲しがらない。／
　　⎩ =He wants **nothing but** money.　　　　　彼が欲しいのは金だけだ）

‖‖‖‖‖‖ **EXERCISE** ‖‖‖‖‖‖‖‖‖‖‖‖‖‖‖‖‖‖‖‖‖‖‖‖‖‖‖‖‖‖‖‖‖‖‖‖‖ 解答　431・432 ページ

▨ A ▨

1002. He does *nothing but* read all day.

1003. He looked *anything but* sorry at the bad news.

1004. The scandal *all but* ended his political career.

1005. No one could speak *anything but* soft and sweet words when the blind child was by.

1006. People always exaggerate the value of the things they haven't got. The poor think they need *nothing but* riches to quite be happy and good.

▨ B ▨

1007. They never pretend that curiosity is *anything but* an evil.

1008. The more carefully nature has been studied, the more widely has order been found to prevail, while what seemed disorder has proved to be *nothing but* complexity. 　　　（多摩美大）

1009. To be properly enjoyed, a walking tour should be gone upon alone. If you go in a company, or even in pairs, it is no longer a walking tour in *anything but* name. 　　（早　大）

▨ C ▨

1010. The materialist outlook continues to dominate western society and one unfortunate result is that the pace of life is constantly accelerating. Inside or outside of the business community it is *all but* impossible to find anyone who will admit to being *anything but* extremely overworked. 　　（慶　大）

■語句■　**1004. end**「終らせる」 **political**「政治的な」 **career** [kəríə]「経歴；職業」 **1005. soft**「柔らかい；やさしい」 **by**「そばに」 **1006. exaggerate** [igzǽdʒəreit]「誇張する；過大視する」 **válue**「価値」 **the poor**「貧しい人々」(＝poor people) **need**「必要とする」 **1007. pretend**「ふりをする」 **curiósity**「好奇心」 **1008. the more ～, the more …**「～すればするほど…」〔→p. 228〕 **order**「命令；秩序；注文」 **prevail**「行きわたる」 **while**「いっぽう…」 **disorder**「無秩序」 **prove to be**「～であることがわかる」 **complexity**「複雑さ」 **1009. walking tour**「徒歩旅行」 **in a company**「人と連れだって」 **in pairs**「二人連れで」 **1010. matérialist**「物質主義者[的な]」 **outlook**「見方；眺望」 **dóminate**「支配する」 **accélerate**「加速する」

§ 135. far from / free from

> (1)　The result is **far from** satisfactory.
> (2)　No man is **free from** faults.

■ (1)　結果は<u>決して</u>満足すべきもの<u>ではない</u>。
■ (2)　欠点の<u>ない</u>人間はいない。

| 解　説 | (1) **far from ～** は「～からほど遠い」の意から「決して～ではない; ～どころではない」という強い否定を表わす。〔→p. 160〕 |

⎧ He is **far from** satisfied.　　/ He is **not at all** satisfied.
⎨ He is **anything but** satisfied. / He is **not in the least** satisfied.
⎩ He is **by no means** satisfied.　（彼は決して[全然]満足していない）

[So] **far from** being grateful, he blamed me in angry words.
　　　　（感謝するどころか, 彼は腹立たしげに私を責めた）

(2) **free from ～** は「～から解放されている」の意から「～がない」となる。
He is **free from** ambition in the ordinary sense of the word.
　　　　（彼はふつうの意味での野心は抱いていない）

§ 136. to one's surprise

> (1)　**To their joy,** he succeeded in winning the prize.
> (2)　He found, **to his surprise,** that nobody believed him.

■ (1)　彼らが喜んだことには, 彼は首尾よく賞を獲得することができた。
■ (2)　<u>彼が驚いたことに</u>, 誰も彼の言うことを信じなかった。

| 解　説 | この表現における to は「結果」を表わし, one's に相当する要素が名詞である場合は次の形式となる。 |

He failed again **to the** *disappointment* **of** his parents.
　　　　（両親<u>が失望したことに</u>, 彼はまた失敗した）

◆「非常に～したことには」の意を表わす場合の much の語順に注意:
⎧ *To his* **great** *delight*, his son returned safe and sound.
⎩ **Much** *to his delight*, his son returned safe and sound.
　　　　（彼が非常に喜んだことに, 彼の息子は無事元気で戻った）

▒ A ▒

1011. He is *free from* worldly care but *far from* content.

1012. On opening the box he found, *to his surprise*, a broken mirror.

1013. We can not solve this problem *to* everyone's satisfaction.

1014. He worked too hard *to* the ruin of his health.

1015. April is *far from* being an ideal month in England, but the metropolis is perfectly *free from* fog in that month.

▒ B ▒

1016. The man who loses his temper often thinks he is doing something rather fine and majestic. On the contrary, *so far is this from* being the fact, he is merely making an ass of himself.　　　　　　　　　　　　　　　　　　　　　　　（大阪府大）

1017. *To the great annoyance of* many readers a considerable portion of the space in any papers is occupied by advertisements. It is of course the revenue from these which enables papers to be sold at a price which represents only a fraction of the cost.　　　　　　　　　　　　　　　　　　　　（関西大）

▒ C ▒

1018. The laws of any civilized country are so numerous and so complicated that no one man can ever be fully acquainted with all of them. Everyman, however, is supposed to know the law, and if he breaks it he cannot be *free from* punishment by saying that he was ignorant.　　　　　　　　　　　（早　大）

▒語句▒　1011. **worldly**「世俗的な」　**content**「満足して」　1012. **mirror**「鏡」　1013. **solve**「解く」**satisfaction**「満足」　1014. **ruin**「破滅」　1015. **idéal**「理想的な」**metropolis**「大都市；首都」**perfectly**「完全に」**fog**「濃霧」　1016. **lose one's temper**「かんしゃくを起こす」**majestic**「堂々たる」**on the contrary**「それとは反対に；それどころか」**merely**「ただ単に」**make an ass of oneself**「ばかなまねをする」　1017. **annoyance**「困惑」**portion**「部分」**space**「空間；紙面」**occupy**[ákjupai]「占める」**advértisement**「広告」**révenue**「収入」**represént**「表わす」**fraction**「分数；小部分」　1018. **cívilized**「文明化した」**númerous**「数多い」**complicated**「複雑な」**be acquainted with**「～を知っている」**ignorant**「無知な」

§ 137. as many (much) / so many (much)

(1) He made five mistakes in **as many** lines.

(2) He earned some money by toil, but lost **as much** in gambling.

(3) The boys climbed up the tree **like so many** monkeys.

(4) He regards all his efforts **as so much** labor lost.

- ▨ (1) 彼は<u>5行</u>に五つの誤りをした。
- ▨ (2) 彼は苦労して幾らか稼いだが，<u>そっくり</u>賭博ですってしまった。
- ▨ (3) 男の子たちは<u>まるで</u>猿のように木に登った。
- ▨ (4) 彼は自分の努力を<u>すべて</u>骨折り損とみなしている。

解　説　　many, much は単独には「多く」の意であるが，as や so が前にある場合は文脈で示された数量と「同数」「同量」を表わす。(1)「五つの誤りをそれと同数の行で」の意。(3) かりに少年が5人いたとすると「5人の少年がそれと同数（＝5匹）の猿のように」の意で，「さながら；まるで」の訳が生じる。(4)「彼の努力をそれと同量のむだ骨折りとみなす」が直訳。次のような表現は慣用化している。

- **a)** I thought **as much**.　（そんなことだろうと思った）
- **b)** She told him **in so many words** that she despised him.　（彼女は彼を軽べつしていると［それと同じ語数で→］<u>はっきりと</u>告げた）
- **c)** He stared me in the face **as much as to say**, "Are you crazy?"　（彼はまるで「気でも狂ったのか」<u>と言わんばかりに</u>私の顔を見つめた）

◆ (3) (4) のように like, as の後では as many (much) ではなく so many (much) を用いる。ただし，これは like, as の後だけで用いるわけではない。

He spoke to his birds as if they were **so many** children.

（彼は飼っている鳥に，<u>まるで</u>子供ででもあるかのように話した）

■注意■　上の so many, so much がよく「非常に多くの」と誤訳される。文脈により
① 「それと同じ数(量)の」，② so が強意で「非常に多くの」，③ so が指示的に「それだけ」，④ 「いくらいくら」の意を表わす場合を区別する。
- ① The lights shone like **so many** stars.　（あかりはさながら星のように輝いた）
  So many men, **so many** minds.　（十人十色）〔ことわざ〕
- ② **So many** people think so.　（非常に多くの人々がそう考えている）
- ③ **So much** for today.　（今日はこれまで）
- ④ They work for **so much** a week.　（彼らは1週間いくらで働いている）

ⅢⅢⅢ EXERCISE ⅢⅢⅢⅢⅢⅢⅢⅢⅢⅢⅢ 解答 433 ページ

▩ A ▩

1019. They are not all the books I have. There are *as many* more upstairs.

1020. I was not in the least surprised, for I had fully expected *as much*.

1021. I was kept waiting in the drawing-room for twenty minutes, but they seemed *as many* hours to me.

1022. He regarded these misfortunes *as so many* blessings in disguise.

1023. *Like so many* politicians, he thought about nothing but getting votes.

1024. To my wonder, not a man of them moved, but all sat staring at me *like so many* sheep.

▩ B ▩

1025. Liberty proved anything but a blessing to the people. They were so helpless *as so many* children turned loose upon the world. They had so long been accustomed to rely upon the rulers for defence as well as for government that they knew not how to set about either.

▩ C ▩

1026. I shall always be grateful for the opportunity of working here in the orphanage. It is more wonderful than anything you can imagine to feel the love and confidence these children give you, and the knowledge that you are needed. They may not say thank you in *so many* words but the way they come to take you for granted and trust you——as they would their own parents——means much more. (東 大)

■**語句**■ 1020. **not in the least**「全然〜ない」　　1021. **drawing-room**「客間」
1022. **in disguise** [disgáiz]「変装した」　　1023. **nothing but**「〜だけ」　**vote**「票」
1025. **anything but**「決して〜でない」　**helpless**「無力な」　**turn loose** [luːs]「解き
放つ」　**set about**「〜にとりかかる」　　1026. **grateful**「感謝している」　**orphanage**
[ɔ́ːfənidʒ]「孤児院」　**come to do**「〜するようになる」　**take 〜 for granted**「〜を当
然のことと考える」

§ 138.　may well ～/ may as well ～ [as …]

(1)　He **may well** be proud of his son.

(2)　Now that we are here, we **may as well** have a swim.

(3)　You **may as well** be alone **as** in mean company.

(4)　You **might as well** throw away your money **as** lend it to him.

▨ (1)　彼が息子を自慢する<u>のももっともだ</u>。

▨ (2)　せっかくここに来たんだから，一泳ぎする<u>のも悪くなかろう</u>。

▨ (3)　つまらない連中と一緒にいる<u>くらいなら独りでいたほうがましだ</u>

▨ (4)　彼に金を貸す<u>くらいなら</u>，捨ててしまった<u>ほうがましなくらいだ</u>。

<u>解　説</u>　　(1) may well ～ は「～するのももっとも」の意で, well は「当然」(= with good reason) を表わす。次のように書換えられる。

　(1) = He **has good reason to** be proud of his son.

　＊ この文で, may の代りに might（仮定法過去）を用いることもあるが，その場合は，断定を避ける，控え目な気持や不確実さが強められる。

　(2) **may as well ～** は「（どうせなら）～してもいいだろう；（しないでいるなら）～したほうがいいだろう」の意。後に as not を伴うこともある。

　　We **may as well** begin at once [*as not*].　（[始めないでいるくらいなら→] どうせのことなら，すぐ始めたっていいだろう）

　(3) (4) may (might) as well ～ as … は「…するくらいなら～したほうがましだ」の意を表わす。実際には行われないような仮定的な行為を述べる場合は might のほうを用いる。((4)「実際に金を投げ捨てはしないが」を含意)

　　One **may as well** not know a thing at all **as** know it imperfectly.

　　（物事を不完全に知るくらいなら全然知らないほうがましだ）

■注意■　might as well A as B は，B（彼に金を貸すこと）の非妥当性を，明らかに不当・不可能なA（金を投げ捨てること）を引合いに出して示す形式で「彼に金を貸す<u>のは</u>金を投げ捨ててしまう<u>ようなものだ</u>」のようにも訳せる。明らかに非な例（B）を引合いに出して，ある事（A）を打消すもう一つの構文 no more A than B [→p.234] と似ている。書換えればA・Bが逆になることに注意。

　(a) You **might as well** call a *horse* a fish **as** call a *whale* one.

　(b) You can **no more** call a *whale* a fish **than** call a *horse* one.　(one＝a fish)

　　(a) 鯨を魚と呼ぶのは馬を魚と呼ぶようなものだ。

　　(b) 馬を魚と呼べないように，鯨を魚と呼ぶことはできない。

▐▐▐▐▐ EXERCISE ▐▐▐▐▐▐▐▐▐▐▐▐▐▐▐▐▐▐▐▐▐▐▐▐▐▐▐▐▐ 解答 433・434 ページ

▨ A ▨

1027. You *may* say so.

1028. You *may well* say so.

1029. You *may as well* say so.

1030. There is nothing for us to do here, so we *may as well* go home.

1031. You *might as well* go to a tree for fish *as* go to him for help.

1032. No doubt the economist will put blame upon the politicians, and *well* he *may*.

1033. You want to prevent a woman from talking; you *might as well* try to turn the course of the Danube.

▨ B ▨

1034. We *might as well* close the shop *as* keep it open for the few customers we are likely to get.

1035. Have you ever reflected on the impossibility of learning history from a collection of its bare facts in the order in which they actually occurred? You *might as well* try to gather a knowledge of London from the pages of the telephone directory.

▨ C ▨

1036. If they could see the real situation in Japan, I think they *might well* agree with me that prosperity gained at such a cost in human discomfort, social decay and world-wide ill-will is a prosperity simply not worth having.　　　　（九州歯大）

▧語句▧ **1031. go to a tree for fish**「魚をとりに木のところへ行く」**1032. no doubt** [daut]「疑いもなく；きっと」**ecónomist**「経済学者」**put blame upon**「～を責める；～のせいにする」**1033. prevent ... from ~ing**「…が～するのを妨げる」**the Danube** [dǽnjuːb]「ダニューブ川」　**1034. customer**「(店の)客」**be likely to**「たぶん～する」　**1035. reflect on**「～についてよく考える」　**bare**「はだかの；ありのままの」**telephone directory**「電話帳」　**1036. prosperity**「繁栄」**cost**「費用；犠牲」**discomfort**「不快；不便」**decay**「衰退；堕落」**ill-will**「悪意」

§ 139.　much more / much less

(1)　Everyone has a right to enjoy his liberties, **much more** his life.

(2)　I can*not* afford to buy daily necessities, **much less** luxuries.

■ (1)　人は皆自分の自由を享受する権利を有する。生命を享受する権利<u>はなおさら</u>のことである。

■ (2)　私は，ぜいたく品<u>はもとより</u>，日常必需品を買う余裕<u>もない</u>。

| 解　説 | (1) much more ~ は still more ~ とも言い，「まして~はなおさらだ」「いわんや~」「~はもとより」の意を表わす。 |

(2) much less ~ は still less ~ または far less ~ とも言い，否定内容を受けて「まして~でない」「いわんや~でない」の意。

◆ただし，much less ~ に比し，much more ~ の用法はまれである。なお，let alone ~ も，ふつう否定のあとに用いて，同様の意味を表わす。また to say nothing of ~ 〔→次項〕などは肯定・否定いずれのあとでも用いられる。

He cannot speak English, **let alone** French.

〔＝much less / to say nothing of〕

（彼は英語が話せない，フランス語はもとよりだが）

§ 140.　not to say / to say nothing of

(1)　The task is very difficult, **not to say** impossible.

(2)　He has no knowledge of English, **to say nothing of** French.

■ (1)　その仕事は，不可能<u>とは言わないまでも</u>，きわめて困難だ。

■ (2)　彼は，フランス語<u>は言うまでもなく</u>，英語の知識もない。

| 解　説 | 独立用法の不定詞〔→p.78〕で，混同しやすいので注意する。 |

to say nothing of ~ は次のような独立不定詞と同意である。

He seldom reads novels, $\begin{cases} \text{to say nothing of} \\ \text{not to speak of} \\ \text{not to mention} \end{cases}$ poetry.

（彼は，詩は言うまでもなく，小説もめったに読まない）

◆ mention ~（~について述べる）＝ speak of ~ である。これらの後にくるのは名詞だけであるが，not to say の後には名詞以外の要素もくる。

░░░░░░ **EXERCISE** ░░░░░░░░░░░░░░░░░░░░░░░░░░░░░░░░░░ 解答 434 ページ

░ A ░

1037. You cannot understand your own country, *still less* any other, unless you know something of its history.

1038. Culture is not an ornament to decorate a phrase, *still less* to show off your knowledge.

1039. Civilization has furnished mankind with a great many noble ideas and wonderful facilities, *to say nothing of* a thousand daily comforts.

░ B ░

1040. As a matter of fact, all great discoverers worthy of the name have at one time or another been regarded as dreamers, *not to say* madmen.　　　　　　　　　　　　　　　（工学院大）

1041. It is a familiar saying that the only school in which fools learn is the school of experience. If the lessons of experience are profitable to foolish pupils, *much more* must they be to the wise.

░ C ░

1042. The soul of a journey is liberty, perfect liberty, to think, feel, do, just as one pleases. <u>We go on a journey chiefly to be free of all impediments and of all inconveniences; to leave ourselves behind, *much more* to get rid of others</u>. It is because I want a little breathing space to muse on indifferent matters.　　　　　　　　　　　　　　　（愛知学院大）

░語句░ **1038. culture**「教養；文化」 **órnament**「飾り」 **décorate**「飾る」 **phrase**「句；言葉づかい」 ░**show off**「見せびらかす」 **1039. furnish ~ with ...**「~に…を与える」 **facility**「便宜；（*pl.*）便利なもの」 **1040. as a matter of fact**「実際；実のところ」 **worthy of**「~に値する」 **regard ~ as ...**「~を…と見なす」 **madman**「狂人」**1041. familiar**「なじみのある；よく知られた」**saying**「ことわざ」**experience**「経験」 **profitable**「利益のある；有益な」 **1042. soul**「魂；精髄」**liberty**「自由」**free of**「~を免除される；~がない」 **impédiment**「障害；妨害」 **inconvénience** [-vír-]「不便」 **get rid of**「~を取り除く」 **muse on**「~について冥想する」 **indifferent**「無関心な；どちらでもよい」

§ 141. on ～ing / in ～ing

(1)　**On learning** the fact, he gave up his original plan.

(2)　**In learning** a language, you must advance step by step.

■ (1)　事実を<u>知って</u>，彼は当初の計画を断念した。

■ (2)　言語を<u>学ぶときは</u>，一歩一歩着実に進まなければならない。

解　説　　on ～ing は「～したらすぐに；～すると」の意を表わし，as soon as ～ または when ～ で書換えることができ，in ～ing はある行為について一般的に述べ「～するときは；～するに際しては」の意。

(1) = **As soon as** (*or* **When**) he learned the fact, he gave up ...

(2) = **When** you learn a language, you must advance step by step.

■**注意**■　「on＋名詞」の形が，on ～ing と同じ意味を表わすことがある：

{ **On** his **arrival** there, he went to see her.　　（そこに着くとすぐ彼は

{ **On arriving** there, he went to see her.　　　　彼女に会いに行った）

§ 142. as soon as ～ / hardly ～when

(1)　**As soon as** he left home, it began to rain.

(2)　**Hardly** (*or* **Scarcely**) had he left home **when**(*or* **before**) it began to rain.

(3)　**No sooner** had he left home **than** it began to rain.

■ (1)　彼が家を出る<u>やいなや</u>，雨が降り出した。

■ (2)(3)　彼が家を出る<u>か出ないうちに</u>，雨が降り出した。

解　説　　いずれも「～するとすぐに」の意を表わすが，(1) の従属節で過去時制が用いられているのに対し，(2)(3) では過去完了時制が用いられ，否定の副詞が前にでているために *had* he left と倒置されていることに注意する。(2) と (3) は次の語順になることもある。

(2) = He had **hardly** left home **when** it began to rain.

(3) = He had **no sooner** left home **than** it began to rain.

■**注意**■　これらは公式的に「～するやいなや」と訳されるが，たとえば hardly ～ when を not ～ when〔→p. 196〕とくらべ，原意と訳の由来を認めておく：

{ He had **not** gone a mile **when** he met her.　（1哩も行かないうちに彼女に会った）

{ He had **hardly** gone a mile **when** he met her.

　　（1哩も行くか行かないうちに彼女に会った）

▨▨▨▨▨▨ **EXERCISE** ▨▨▨▨▨▨▨▨▨▨▨▨▨▨▨▨▨▨▨▨▨▨▨▨▨▨▨▨▨ 解答 435 ページ

▨ **A** ▨

1043. *On hearing* the news she turned pale.

1044. You cannot be too careful *in choosing* your friend.

1045. His wife had *hardly* died *before* he got married again.

1046. *As soon as* a man begins to love his work, he will begin to make his progress.

1047. *As soon as* she had left the room again he resumed the tale, but *no sooner* had he begun *than* she returned.

▨ **B** ▨

1048. *In considering* love we must not leave out hate, for in one sense love and hate are the positive and negative aspects of the same thing, the primary emotional reaction to another individual.

1049. The speed with which scientific appliances are delivered to the public is well known to us all. We *hardly* pay the bill for one clever novelty *before* we are persuaded to buy another, apparently twice as clever.

▨ **C** ▨

1050. When one has been without a certain pleasure for a number of years, <u>one is accustomed to finding *on returning* to it that it is not quite so delightful as one has imagined.</u> In the years of abstinence one had built up too glowing a picture, and the reality turns out to be something much more commonplace. Pleasant, yes; but, after all, nothing out of the ordinary.

（同志社大）

▨語句▨ 1043. **turn pale**「青くなる」　1044. **cannot ～ too ...**「いくら…しても～すぎることはない」　1045. **get married**「結婚する」　1047. **resume** [rizjúːm]「再び始める；また続ける」　1048. **leave out**「省く；除外する；無視する」**pósitive**「積極（肯定）的な」　**négative**「消極（否定）的な」　**áspect**「面」　**primary**「第一の；主な」**emotional**「感情的な」　**reaction**「反応」　1049. **appliance**「器具」　**deliver**「届ける」**nóvelty**「新しい物」　**appárently**「一見；明らかに」　1050. **be accústomed to ～ing**「～することに慣れている」　**ábstinence**「控えること；断つこと」　**glowing**「赤く輝く；鮮やかな」　**commonplace**「ありふれた；平凡な」

§143. as (so) far as / as (so) long as

(1) He will help you **as far as** he can.

(2) **As (So) far as** I know, he is a reliable man.

(3) I shall never forget your kindness **as long as** I live.

(4) Any book will do **as (so) long as** it is interesting.

■ (1) 彼は力の及ぶ<u>かぎり</u>あなたを援助してくれるでしょう。

■ (2) 私の知る<u>かぎりでは</u>，彼は信頼できる人間です。

■ (3) 生きている<u>かぎり</u>御親切は決して忘れません。

■ (4) おもしろい本で<u>あれば</u>どんな本でもかまわない。

解　説　(a) far や long が文字通りに「(距離・程度が) 遠く」および「(時間が) 長く」の意味を保存し，これが原級比較 as ～ as と結びついた意味を表わす場合は as を用い〔(1)(3)〕，(b)「範囲」「条件」を表わす接続詞句として用いられる場合は as, so のいずれも用いる。〔(2)(4)〕

　　*ただし (a) の意味でも，否定詞の後では so も用いる。

　　　He did *not* go **as (so) far as** you did.

　　　（彼は君ほど遠くまで行かなかった）

{ (1) **as far as** ～ ──「～ほど遠く；～だけ；～かぎり」

{ (2) **as (so) far as** ～──「～の範囲内では；～かぎりでは」

　(1) Read *as far as* you can in five minutes. (5 分間で読める<u>だけ読め</u>)

　(2) *As (So) far as* I am concerned, I have no objection to it.

　　　（私に関する<u>かぎりでは</u>，別に異存はありません）

{ (3) **as long as** ～ ──「～ほど長い間；～する間；～かぎり」〔＝while〕

{ (4) **as (so) long as** ～ ──「～であれば；～かぎりは」〔＝provided〕

　(3) Stay here *as long as* you like.　（好きな<u>だけ長く</u>ここにいなさい）

　(4) You may stay here *as (so) long as* you keep quiet.

　　　（静かにしている<u>なら</u>ここにいてよろしい）

■**注意**■　① **as far as** ～ は前置詞句としては「～まで」の意：

　　He walked *as far as* the park.　（彼は公園<u>まで</u>歩いて行った）

② **go so far as to** ～ は「～のような [極端な] ことまでする」の意：

　　He *went so far as* to hit her.　（彼は彼女をなぐり<u>さえもした</u>）

③ **so far** は副詞句として「今までのところは」の意を表わす。〔＝ up to now〕

　　So far there's been no word from him.　（<u>今までのところ</u>彼から音沙汰がない）

▚▚▚▚▚ **EXERCISE** ▚▚▚▚▚▚▚▚▚▚▚▚▚▚▚▚▚▚▚▚▚ 解答 435・436 ページ

▨ A ▨

1051. *As long as* there is life, there is hope.

1052. *As far as* the eye can reach, nothing is to be seen but sand.

1053. *So far as* food goes, I have nothing to complain of.

1054. You shall want for nothing *as long as* I live.

1055. It matters little what a man eats, *so long as* he does not eat too much.

▨ B ▨

1056. A little learning is not dangerous *so long as* you know that it is little. Danger begins with thinking you know much more than you do.

1057. The literature of the past is only of value *in so far as* it has significance today, just as history is only of use if it can throw light upon the contemporary scene.

1058. Societies appear to remain vigorous only *so long as* they are organized to receive novel and unexpected——and sometimes unpleasant——thought. （神戸大）

▨ C ▨

1059. Science, *in so far as* it consists of knowledge, must be regarded as having value, but *in so far as* it consists of technique the question whether it is to be praised or blamed depends upon the use that is made of the technique. In itself it is neutral, neither good nor bad. （大阪商大）

▚▚▚▚ **語句** ▚▚▚▚ **1052. nothing but**「～以外は何もない；～だけ」 **1053. complain**「不平を言う」 **1054. want for**「～に不自由する」 **1055. matter little**「ほとんど問題にならない」 **1056. a little learning**「わずかな学問」 **1057. literature**「文学」 **of value**「価値がある」（＝valuable） **in so far as** ～「～であるかぎりにおいて」 **significance**「意義」 **of use**「役に立つ」（＝useful） **contémporary**「現代の」 **1058. appear**「～のように思われる」 **vigorous** [vígərəs]「元気な；活力に満ちた」 **organize**「組織する」 **novel**「新しい」 **unexpected**「予想しない」 **1059. consist of**「～から成る」 **regard** ～ **as** ...「～を…とみなす」 **technique** [tekníːk]「技術」 **make use of**「～を利用する」 **in itself**「それ自体は」〔→p. 268〕 **neutral**「中立の」

§ 144. It is not until ~ that ...

(1) **It was not until** he warned me **that** I became aware of the danger.

(2) **It will not be long before** he regrets what he has done.

■ (1)　彼が警告してくれてはじめて私はその危険に気がついた。

■ (2)　やがてまもなく彼は自分のしたことを後悔するだろう。

解　説　(1) は I did *not* become aware of the danger *until* he warned me. （彼が警告してくれるまで私はその危険に気がつかなかった）の強調構文で，「～してはじめて…する」と訳し，強意を表わすのがふつう。次の (a) も同意。強意は (b) のような倒置によっても表わされる。

(a) **It was only after** he warned me **that** I became aware of it.

(b) **Not until** then did I become aware of the danger.

　　（そのときになってはじめて私はその危険に気がついた）

(2) は **Before long** he *will* regret what he has done. のように書換えることができる。〔→p. 196〕

§ 145. not ~ because ...

(1) I can**not** buy it [,] **because** it is too expensive.

(2) A thing is **not** valuable **because** it is expensive.

■ (1)　それは値段が高すぎるので，僕には買えない。

■ (2)　物は，高価なるがゆえに価値があるのではない。

解　説　(1) はふつうの否定関係で，not は can buy it だけを打消している（＝それを買うことができ―ない）が，(2) では not は is valuable because it is expensive という内容全体を打消している（＝値段が高いから価値がある―のではない）。したがって (1) の関係を表わす文では because の前にコンマが置かれることもあるが，(2) では置かれることはない。

■**注意**■　(2) の関係を表わす文で，否定詞が no である場合や because が前に出ることともある：

There is **no** particular worth in a thing just **because** it is modern.

　　（ある物がただ新しいというだけで，特に価値があることにはならない）

Because he is learned, it does **not** follow that he is wise.

　　（彼が博識であるからといって彼が賢明であることにはならない）

‖‖‖‖‖ **EXERCISE** ‖‖‖‖‖‖‖‖‖‖‖‖‖‖‖‖‖‖‖‖‖‖‖‖‖‖‖‖‖‖‖‖‖‖‖‖‖ 解答 436 ページ

▨ A ▨

1060. *It was not long before* her cherished dream came true.

1061. *It was not till* I came to school *that* I remembered leaving the book at home.

1062. A book is *not always* a good book *because* it is written by a famous writer.

1063. These two persons had been on very bad terms with each other, so *it was long before* they became reconciled.

▨ B ▨

1064. *Because* you have a fine library, it does*n't* necessarily prove that you have a mind enriched by books; it proves nothing more than that you were rich enough to buy them.

1065. Opinion obeys the same law as the pendulum. If it goes beyond the centre of gravity on one side, it must go as far beyond on the other. *It is only after* a time *that* it finds its true resting-place and becomes settled.

▨ C ▨

1066. In my youth I had read a great deal, not because I supposed that it would benefit me, but from curiosity and the desire to learn: I travelled because it amused me and to get material that would be of use to me; it never occurred to me that my new experiences were having an effect on me, and *it was not till* long afterwards *that* I saw how they had formed my character.　　　　　　　　　　　　　（島根大）

▨語句▨　**1060.** cherished「胸にいだかれた」 come true「実現する」　**1063.** be on bad terms with「～と仲が悪い」 reconcile [rékənsail]「和解させる」　**1064.** library「書斎；蔵書」 not necessarily「必ずしも～でない」(部分否定) enrich「豊かにする」 nothing more than ～「～だけ；～しか；～にすぎない」　**1065.** obey「従う」 law「法律；法則」 pendulum「振り子」 gravity「重力」 resting-place「休息所；静止点」　**1066.** benefit「利益を与える」 curiosity「好奇心」 desire「欲望」 amuse「楽しませる」 material「材料；素材」 of use「役に立つ」 it occurs to one that ...「人に…という考えが浮かぶ」 effect「影響」 form「形成する」 character「性格；人格」

§ 146. in (with, *etc.*) which to do

(1)　He had only three minutes **in which to make** up his mind.

(2)　She had no one **with whom to share** her joy.

■　(1)　彼には決心するのに3分しかなかった。

■　(2)　彼女には自分の喜びを分かちあう人がいなかった。

解　説　「前置詞+which+不定詞」が名詞を修飾して「～すべき；～できる」の意を表わすが，単なる不定詞句または関係代名詞節に書換えることができる。

(a)　These children have no place *in which to play*.

(b)　These children have no place *to play in*.

(c)　These children have no place *in which they can play*.

　　　　（その子供たちは遊ぶ場所がない）

(a)　I have no dress *in which to go out* this evening.

(b)　I have no dress *to go out in* this evening.

(c)　I have no dress *in which I should go out* this evening.

　　　　（今夜外出するのに着るドレスがない）

§ 147. so / neither / nor

(1)　He is against the plan, and **so** *am* I.

(2)　His father does**n't** play golf. **Neither** *does* my father.

■　(1)　彼はその案に反対しているが，私もそうだ。

■　(2)　彼のお父さんはゴルフをやらない。僕の父も同様です。

解　説　前の文の内容を受けて，「～もまたそうだ」という場合，肯定内容であれば so を，否定内容であれば neither, nor を用いる。

{ (1) = ... and I *am* against the plan, **too**.

{ (2) = My father does*n't* play golf, **either**.

■**注意**■　So が倒置を伴わないときは，「その通り；たしかにそうだ」の意:

{ (a) I am fond of the bottle. —— **So am** I.

{ (b) I hear you are fond of the bottle. —— **So I am**.

　　(a)「僕は酒に目がない」——「僕もそうなんだ」

　　(b)「君は酒に目がないんだってね」——「おっしゃる通りだ」

▓▓▓▓ **EXERCISE** ▓▓▓▓▓▓▓▓▓▓▓▓▓▓▓▓▓▓▓▓▓▓▓▓▓▓▓ 解答　436・437 ページ

░ A ░

1067. I am to blame for it, but *so are* you.

1068. It's raining hard outside. —— *So* it *is*.

1069. I have not asked for help, *neither do* I desire it.

1070. You've spilled coffee on your dress. —— Oh dear, *so* I *have*.

1071. Hobbies give a man something to love and something *in which to find* freedom.

░ B ░

1072. One who thinks for himself possesses the compass *with which to find* the right course.

1073. If the Englishman's home is his castle, *so* to an almost unsociable extent *is* his mind.　　　　　　　　　　(東　大)

1074. In the course of human living no one can tell what new circumstances may arise *nor can* one predict the moment of their arrival.　　　　　　　　　　　　　　　(明治大)

░ C ░

1075. The books that children meet at school will probably be the ones which have the greatest influence on their lives. Therefore it is essential that they provide for all the varying moods and tastes of the moment, and for different levels of attainment as well. With a small range, the chances are that a child will like everything, or dislike everything. <u>If children are to learn to discriminate in their reading, as in everything else, then they must have around them *as* great a variety of books *as* possible from which to choose.</u>　　(京　大)

▓語句▓　**1067. be to blame for**「〜に対して責められるべきだ」　　**1069. ask for**「〜を求める」　　**1070. spill**「こぼす」　　**1072. think for oneself**「自分で考える」　**compass** [kʌ́mpəs]「羅(ら)針盤」　　**1073. castle** [kάːsl, kǽsl]「城」　**unsociable**「非社交的な」 **extént**「範囲；程度」　　**1074. in the course of**「〜のあいだに」 **arise**「起こる；生じる」 **predict**「予言する」　　**1075. have influence on**「〜に影響を与える」　**provide for**「〜に必要なものを与える；〜に備える」　**vary**「変化する」　**with**「もし〜であれば」 **discríminate**「識別する」 **a variety of**「さまざまな」(＝various)

§148.　**at all**

(1)　Do you know him **at all**?――No, I don't know him **at all**.

(2)　Whatever is worth doing **at all** is worth doing well.

- ▨ (1)　いったい君は彼を知っているのか。――いや，<u>全然</u>知らない。
- ▨ (2)　<u>いやしくも</u>やる価値のあることはりっぱにやる価値がある。

解　説　**at all** は強意表現で，その基本的な意味は「少し[で]も」であるが，この意味を表わす訳文には，次のようなものが用いられる。

(a)　否定文で――「少しも（～ない）；全く（～ない）」

(b)　疑問文で――「少しでも；いったい；そもそも」

(c)　条件文・肯定文で――「少しでも；いやしくも；ともかく；どうせ」

　　(a)　There is no doubt **at all**. 〔= whatever〕（疑いは<u>全く</u>ない）

　　(b)　Do you love her **at all**? （<u>そもそも</u>君は彼女を愛しているのかね）

　　(c)　Do well if you do **at all**. （<u>どうせ</u>やるならりっぱにやれ）

　　　　I'm glad to have passed **at all**. （<u>ともかく</u>合格して嬉しい）

§149.　**on the contrary / to the contrary**

(1)　He is not stupid; **on the contrary**, he is very intelligent.

(2)　You say he is innocent, but there are a lot of proofs **to the contrary**.

- ▨ (1)　彼はばかではない。<u>それどころか</u>非常に聡明だ。　　　　　　「る。
- ▨ (2)　君は彼が無実だというが，<u>そうではないという</u>証拠がたくさんあ

解　説　(1) **on the contrary** は「それとは反対に；それどころか」の意。(2) **to the contrary** は名詞を修飾し「それとは反対の～；そうではないという～」の意を表わす。

■**注意**■　次のような，前文に否定詞がある場合とない場合の，to the contrary の表わす具体的な内容を区別する。

{ (a) He is dead, in spite of the rumor **to the contrary**. 〔=that he is **not** dead〕

{ (b) He is **not** dead, in spite of the rumor **to the contrary**. 〔=that he is dead〕

　　(a)　彼はそうではない（＝死んでいない）という噂があるが，死んでいる。

　　(b)　彼はそうではない（＝死んでいる）という噂があるが，死んでいない。

▥▥▥▥ **EXERCISE** ▥▥▥▥▥▥▥▥▥▥▥▥▥▥▥▥▥▥▥▥ 解答　437・438 ページ

▨ A ▨

1076. Do you believe him *at all*?

1077. The question is not when he will come but if he will come *at all*.

1078. You may think I have an easy life now, but, *on the contrary* I'm busier than ever.

1079. I do hope you will remember that what is worth having *at all* comes at the cost which corresponds to its worth.

▨ B ▨

1080. If you would distinguish yourself in the world *at all* you should be prepared to overcome any obstacle which stands in your way.

1081. Nothing in the world seems easier than to get happiness out of money, but the richest in the world testify *to the contrary*.

▨ C ▨

1082. I do not think —— in spite of their reputation *to the contrary* —— that Americans or English are less fond of order than the Germans. But they like a different kind of order.

（学習院大）

1083. The gift of speech and a well-ordered language are characteristic of every known group of human beings. No tribe has ever been found which is without language, and all statements *to the contrary* may be dismissed as mere folklore.

（岡山大）

▦語句▦　**1079. do** 強意用法の do.　**worth ~ing**「~する価値がある」　**cost**「費用」　**correspond to**「~に相当する」　　**1080. distinguish**「区別する；目立たせる」　**be prepared to**「~する準備（覚悟）ができている」　**overcome**「克服する」　**obstacle**「障害」　**in one's way**「邪魔して」　*cf.* **on** one's way（途中で）　　**1081. testify**「証言する」　**1082. reputation**「評判」　**1083. gift**「才能」　**well-ordered**「よく整理された；秩序のある」　**characteristic of**「~の特徴となる」　**tribe**「部族」　**statement**「陳述」　**dismiss**「解雇する；却下する」　**folklore**「民間伝承」

§150. if ever (any, not, at all)

(1)　He *seldom*, **if ever**, makes mistakes.

(2)　There is *little*, **if any**, difference between them.

(3)　A young man's friends can have great, **if not** decisive, influence on his life.

(4)　His life is *little*, **if at all**, better than a dog's.

■　(1)　彼はまずめったに間違いはしない。

■　(2)　それらのあいだには，かりにあっても，ほとんど違いはない。

■　(3)　若い頃の友人は，決定的ではないにせよ，大きな影響を人生に与えることがある。

■　(4)　彼の生活は，犬の生活とほとんど全く選ぶところがない。

解　説　　(1) **if ever** は seldom や rarely（めったに～ない）などの否定詞と用いて，「かりにそうすることがあっても」の意を表わし，否定を強める。肯定文の中では「もしあるならば」の意を表わす。

He is a genius, **if ever** there is one.

　　　　（かりに天才なるものがあるとすれば，彼こそまさにそうだ）

　(2) **if any** は little や few（ほとんどない）などの否定詞と用いて「かりにあるとしても」の意で，否定を強める。肯定文では「もし少しでもあれば」の意。

{ There are few, **if any**, errors.　（間違いはまずほとんどない）
{ Correct errors, **if any**.　（間違いを，もしあれば，訂正せよ）

　(3) **if not** はふつう，共通構文〔→p. 214〕の形式で「～ではないにせよ」という譲歩の意を表わす。ただし，文脈により条件を表わすこともある。

It may be his, **if not** yours.　（君のでなければ彼のかもしれない）

　(4) **if at all** は否定や条件の意を強める言い方。〔→p. 298〕

Do it thoroughly, **if at all**.　（いやしくもやるなら徹底的にやれ）

■**注意**■　**if anything** は（a）多く比較表現とともに「[もし]どちらかといえば」〔＜条件〕，（b）否定表現を強め「[かりに]少しでもあるとして」〔＜譲歩〕の意である。

{ (a) The patient is, **if anything**, a little *better* today.
{ (b) They both love music, but they share *little*, **if anything**, else.

　(a) 患者は，どちらかといえば今日は少しいいようです。

　(b) 彼らは二人とも音楽を愛好するが，その他は共通点はまず皆無といえる。

||||||||| **EXERCISE** ||||||||||||||||||||||||||||||||||||||||||||||||||| 解答 438 ページ

▨ A ▨

1084. He seldom, *if ever*, keeps late hours.

1085. This one is little, *if at all*, inferior to that one.

1086. A good many, *if not* most, people think otherwise.

1087. It is difficult, *if not* impossible, to accomplish the task.

1088. True greatness has little, *if anything*, to do with rank or power.

1089. She seemed the same as before, even stronger and more lively *if anything*.

1090. Most of us would rather be found fault with, *if at all*, to our faces.

▨ B ▨

1091. Old people grow kinder in their judgement of others. They are able to comprehend, even *if not* to pardon, the sins and faults of others. 　　　　　　　　　　　　　　　　　　（長崎大）

1092. Many people now have twice the earnings they had before the war, but they are very little, *if any*, better off because of the rise in the level of price. 　　　　　　　　　（大阪学芸大）

▨ C ▨

1093. We have a tendency to rush from knowing to doing without pausing for reflection. <u>Technology, *if not* science, has sometimes involved penalties when it has taught us how to do things better left undone</u>. This fact was seldom noted even by a few until quite recently. 　　　　　　　　　　（奈良県医大）

▨語句▨　**1084. keep late hours**「夜ふかし朝寝坊する」　　**1085. inferior to**「～に劣る」　　**1086. a good many**「かなり多くの」　**otherwise**「違うふうに」　　**1087. accomplish**「成し遂げる」　　　**1088. have little to do with**「～とほとんど関係ない」　**rank**「地位」　　**1089. lively** [láivli]「生き生きした」　　**1090. find fault with**「～にけちをつける」　　**1091. pardon**「許す」　**sin**「罪」　　**1092. earnings**「かせぎ；所得」　**well off**「暮し向きがよい；豊かな」　　　　**1093. tendency**「傾向」　**rush**「突進する」　**pause**「立ち止まる」　**reflection**「反省；熟考」　**technology**「科学技術」　**involve**「巻き込む；伴う」　**penalty**「罰」　**note**「注目する；認める」

●マーク!!● 解釈で誤る"名詞・動詞"

▨ A **democracy** has a popular **rule**.

〔誤〕民主主義は人気のある**ルール**を持つ。

〔正〕民主国家は人民による政治が行われる。

▨ Freedom is the **test** of a **people's** culture.

〔誤〕**人々**の文化の**テスト** 〔正〕一国民の文化をはかる尺度

▨ A **work** of this **nature** can never be complete.

〔誤〕この**自然の仕事**は… 〔正〕この種の作品は…

▨ I was tempted to hold my **peace**.

〔誤〕平和を保ちたいと思った。〔正〕沈黙していたいと思った。

▨ *a*. It is *in* **the interest(s)** of the students. (学生の利益になる)

b. It is *of* **interest** to the students. (学生に興味がある)

▨ *a*. There is a large **literature** relating to the subject. (文献)

b. The country has a great **literature** of its own. (偉大な文学)

▨ They made **room** for us. (場所をあけてくれた)

▨ He wants your **company**. (きみとのつきあいを望んでいる)

▨ It is their duty to keep **order**. (治安を維持するのが彼らの務め)

▨ I have never **suspected** that there is such joy in life.

〔誤〕人生にこんな喜びがあることを疑ったことはない。

〔正〕人生にこんな喜びがあると思ったことはなかった。

▨ Please **see** it's properly locked.

〔誤〕ちゃんとかぎがかかっているかどうか調べてください。

〔正〕かならずちゃんとかぎをかけておいてくださいよ。

▨ He needed no **reminding**. 〔誤〕彼は思い出す必要はなかった。

〔正〕彼に思い出させる必要はなかった。

▨ He **knows** **no** **better**.

〔誤〕少しもよく知らない。

〔正〕愚かにもそんなことをする。

▨ [It] **serves** him right. (いい気味だ / ざまあみろ)

▨ He **outlived** his sense of shame. (年とって恥を感じなくなった)

増　補　編

―英文解釈のキーワード／句読点の用法―

　この増補編では，次のような項目に分けて，英文解釈の重要語について，その必修ポイントや誤りやすい点，他では教えてくれない盲点などを，効果的にマスターすることができるように，系統的にまとめてある。また，最後の項目では，（話される英語に対して）書かれた英語の文意を成り立たせるうえで，基本的な役割を果たす"句読点"の用法を，わかりやすくまとめてある。

1. 間違えやすい基本語・誤訳しやすい重要語

　基本語はたいてい多義語であるが，そのどの意味・用法に注意しなければならないか，学習者にはわからない。たとえば arms race を，arm を「腕」と思い込んで「腕ずもう」などと訳してしまう。また，たとえば辞書により Thunder accompanies lightning. と Lightning accompanies thunder. という二つの要素が逆になった文が示されているが，accompany の正用はどうなのか。

2. 混同しやすい重要類義語・類形語

　たとえば admit も approve も recognize も訳は同じ「認める」だが，意味は全く異る。同じ「疑う」でも doubt と suspect は疑い方が逆である。

3. 接頭辞で区別できる重要語

　たとえば compose, expose, impose, oppose, propose といった語をばらばらに覚えるとなるとたいへんだ。しかし，共通項 -pose の語源的意味がわかり，一通りの接頭辞の知識があれば，連鎖記憶で5語が頭に定着する。

4. 接尾辞で区別すべき重要語

　たとえば respectable man と respectful man の区別は？ -able のほうは「尊敬できる→尊敬に値する，りっぱな」，-ful のほうは「敬意に満ちた→丁重な」の方向で考えれば，文脈に応じた適当な訳も考えられる。

5. 句読点の用法

　たとえば Isn't she pretty という文は，話し言葉では抑揚などにより異なった文意が明らかであるが，書き言葉には文末の"句読点"がなければ二つの大切な意味が区別できない。また(,), (;), (:) の違いはどうなのか。

1. 間違えやすい基本語・誤訳しやすい重要語

名　詞

■ **air**

「空気, 大気」のほか「様子, ((複))気どり」などの意味に注意。

I don't like people who put on **airs**.

　　（気取った態度をとる人は苦手だ）

cf. This drama will be on the air tonight.

　　（この劇は今夜放送される）

Strange rumors are in the **air**.

　　（不思議なうわさが広まっている）

■ **arm**　　　「腕」のほか, 複数形で「武器」の意味がある。

an **arms** race 〔誤〕腕ずもう　〔正〕軍備拡張競争

■ **art**

「芸術」と「技術, 人工」などの意味を区別する。

nature and **art** （自然と人工）

cf. natural （自然の）←→ artificial （人工的な）

There is a certain **art** in reading.

　　〔誤〕読書の中には確かな芸術がある。

　　〔正〕読書にはある技術がある。

　　　　　　　〔certain については ⇨ p. 319〕

■ **calling**　　　callの動名詞としての意味のほかに「職業」の意味がある。

「職業」を表わす語には occupation, profession, career その他があるが, callingは「天職」の意で用いられる。

A genuine **calling** ranks above the loftiest office.

　　（真の天職は最高位の職よりもなお上に位する）

■ **capital**

「首都」のほか, 「資本金」の意も大切。次の文はこの二つの意味をかけた pun（だじゃれ）の例である。

I understand the richest country in the world is Ireland because its **capital** is always Dublin.

　　(直訳：アイルランドは世界一の金持国だそうですね，その首都が常に
　　　　ダブリンなので)

　この capital を「資本」と解し，Dublin [dʌ́blin] を doubling [dʌ́bliŋ] と読み
かえると，後半は「その資本が常に倍増しているので」の意になる。なお
working **capital** は「運転資本」である。

■ cause

　　cause は effect （結果）に対する「原因」の意味が大切であるが，また
「主義，大義」の意味も忘れないように。

　　I hate the idea of dying for a **cause**.
　　〔誤〕私はある不特定の原因で死ぬという考えを憎む。
　　〔正〕私はある主義のために死ぬ(大義に殉じる)という考えが嫌いだ。

■ chance

　　「機会」「偶然」「見込み，可能性」などの意味を区別する。

　　Nobody can be optimistic about our **chances** of survival in a nuclear war.
　　　(核戦争においてわれわれが生残る可能性については何人 (なんびと)
　　　も楽観することはできない)

■ circle

　　「円」や「仲間，〜界」などのほか，「循環」の意味もある。日本語の
「サークル」で処理しないように。

　　a vicious **circle**　　〔誤〕　悪い仲間，暴力団，悪質な同好会
　　　　　　　　　　　　　〔正〕　悪循環

■ confidence

　　「自信」のほかに「内密」の意味もある。形容詞も cónfident は「自信
たっぷりの」，confidéntial は「秘密の，ないしょの」

　　He spoke **with confidence**.　　　　〔＝ confidently〕
　　　(彼は自信をもって話した)

　　He told me the truth **in confidence**.　〔＝ confidentially〕
　　　(彼はないしょで真相を話してくれた)

■ consequence

「結果」と「重要性」の意味を区別する。

She was found guilty, and lost her job *in* **consequence** [of it].

　　(彼女は有罪を宣告され，その結果失職した)

It is a matter *of* great **consequence**. 　　(非常に重要な問題だ)

■ constitution

「構成」の意から，人の「体質」，国の「憲法」を表わす。

She is delicate by **constitution**.

　　(彼女は体質的に〔→生まれつき〕体が弱い)

The patriotic Americans have great respect for their country's **constitution**.

　　(愛国心に富むアメリカ人は自分の国の憲法を大いに尊重する)

■ culture

civilization　(文明) に対して，culture は「文化」であるが，「教養」や「修養」の 意味も大切である。

A person of **culture** appreciates good music and art.

　　(教養のある人はすぐれた音楽や芸術がわかる)

Moral **culture** is no less important than intellectual **culture**.

　　(徳育は知育に劣らず重要である)

■ design

「デザイン，図案」のほかに，「意図；たくらみ」の意に注意。

We didn't know if it was done by accident or by **design**.

　　(それが偶然なされたのか，意図的になされたのかはわれわれにはわ
　　　からなかった)

■ effect

effect は cause　(原因) に対する「結果」や，「効果，影響」〔⇨ p. 305〕が代表的な意味であるが，「趣旨」の意も忘れてはならない。

He said something **to the effect that** even a good end doesn't justify a bad means.

　　(彼は，たとえ良い目的であっても悪い手段を正当化することはでき
　　　ないといった趣旨のことを述べた)

■ end

　「端」「終り，最後」とともに，means（手段）に対する「目的」の意味
が大切。（前項 "effect" の例文も参照のこと）

　　The great **end** of life is not to be learned but to be good and noble.

　　　　（人生の大切な目的は，学識を身につけることではなく，正しく高潔
　　　　に生きることである）

■ fashion

　「流行」のほか，way や manner と同じく「やり方」の意味で用いられ
る。in a ～fashion (way, manner)（～なやり方で）は，その～で表わされて
いる形容詞を副詞にした形と同意である。

　　He did it **in a systematic fashion** (**way, manner**).

　　　　（彼はそれを組織的に行なった）　　　〔= systematically〕

■ fine

　形容詞の意味のほかに，名詞・動詞として「罰金［を科する］」の意味で
用いられる。したがって次の文は二通りの解釈が成り立つ。

　　He is a fine clerk.

　　　　(a)　彼はりっぱな事務員だ。　　　〔発音：He is a fíne clérk.〕
　　　　(b)　彼は罰金係だ。　　　　　　〔発音：He is a fíne clèrk.〕
　　　* ふつう「形容詞＋名詞」では名詞のほうが強く，「名詞＋名詞」では前の名
　　　　詞のほうが強く発音される。「現在分詞＋名詞」では名詞のほうが強く，
　　　　「動名詞＋名詞」では動名詞のほうが強く発音されるのも同様である。

　　　　　　a slèeping báby　　　　　（眠っている赤ん坊）
　　　　　　a sléeping càr　　　　　　（寝台車）

■ industry

　índustry は「産業，工業」（形容詞は indústrial）と「勤勉」（形容詞は
indústrious）を区別しなければならない。

　　I attach more importance to **industry** than to mere cleverness.

　　　　（私は単なる頭の良さよりも勤勉のほうを重視する）

■ interest

「興味，関心」と「利益，利害」の区別〔⇨ p. 302〕のほか，「利子」の意味も大切である。

If you lend me some money, I will pay it all with **interest** in a year.

　　　（いくらか貸してくれたら，1年後に利子をつけて全部返すよ）

■ library

「図書館；書斎」のほか「蔵書」の意味も大切である。

A man is not always well-informed because he has a large **library**.

　　　（人は多くの本を持っているからといってかならずしも博識であるとはかぎらない）

■ means

単・複同形語として species [spíːʃi(ː)z] などとともに大切だが，end（目的）に対する「手段」のほか，「資力，資産」の意味も区別しなければならない。

It is not the greatness of the **means** which a man possesses that makes him independent so much as the smallness of his wants.

　　　（人を自立させるのは，その人がもっている資力の大きさであるよりもむしろその人の欲求の少なさである）

　　　＊この文は it is ～ that …の強調構文と〔⇨ p. 222〕not ... so much as の構文〔⇨ p. 226〕が結びついた形を正しく把握し，内容が理解されなければならない。

■ measure

「尺度」「程度」「対策」などの意味の区別を正しく。

Pain is a **measure** of joy.

　　　（苦痛は喜びの尺度である［苦しみが大きければそれに伴う喜びもまた大きい］）

Everyone is entitled to a **measure** of protection.

　　　（だれでもある程度の保護を受ける権利がある）

Measures have been taken to cope with the situation.

　　　（事態に対処するために策が講じられてきた）

■ might

might は助動詞としての用法のほか，名詞としては「力」の意。

Might is right. （力は正義；勝てば官軍）〔ことわざ〕

■ moment

「瞬間」のほか「重要性」の意味も大切。

The good teacher can reveal his opinions on matters **of moment**.

（すぐれた教師は重要な問題について自分の意見をはっきりと表明することができる）

cf. matters **of the moment** （目下［現下］の問題）

■ party

「会，パーティ」「政党」のほか，「一行」「当事者」「相手方」などの意味での用法に注意する。

Your **party** is on the line.

（「相手の方が」お出になりました）〔電話で〕

a search **party** （捜索隊）　an interested **party** （利害関係者）

■ reason

「理由」に対して「理性」を区別する。

He had to rely less on **reason** than on emotion.

（彼は理性よりも感情に頼らなければならなかった）

■ reflection

「反射」と「反映」と「反省，熟考」の意味を区別しなければならない。

Things worth thought and **reflection** cannot be taken in at a glance.

（思考と考察に値することは，さっと目を通しただけで理解できるものではない）

Her smile was a **reflection** of her happiness.

（彼女の笑顔は彼女の幸せの反映であった）

■ rest

「休息」のほか「残り」の意味での用法に注意する。

If they do not learn to read well, the **rest** of their education will be impaired.

（読書がうまくできるようにならなければ，彼らが受けるそれ以外の［すべての］教育が阻害されることになるだろう）

■ secret

「秘密」とともに「秘訣」の意味でもよく用いられる。

I've discovered the great **secret** of happiness and that is to live in the present.

(私は幸せになるための大切な秘訣を発見したが，それは現在に生きるということである)

■ sense

「感覚」「意識」「分別」「～感」「意味」などの意味も区別しなければならない。

common **sense** (常識), **sense** of responsibility （責任感)

sense of values （価値感), **sense** of direction （方向感覚)

sense of humor （ユーモアのセンス，ユーモアを解する心)

sense of time （時間の観念), in a **sense** （ある意味では)

come to one's **sense** （意識をとりもどす，生気にもどる)

What you say makes no **sense**.

(君の言うことはなんのことかさっぱりわからない)

What is the **sense** of protesting if nothing ever comes out of it?

(なんの成果も生まれないのなら，抗議をすることになんの意味があるのか [抗議をしてなんになるのか])

He is not a man of letters in the strict **sense** of the word.

(彼は厳密な意味での文人ではない)

■ society

「社会」「協会，～会」のほか，「交際，付合い」の意味に注意。

I enjoy his **society**. 〔= company〕

〔誤〕　私は彼の社会を楽しむ。

〔正〕　私は彼といっしょにいると楽しい。

■ species

「種（しゅ）」の意で，[spíːʃi(ː)z]という発音に注意しなければならないが，the species だけで the human species (= mankind) （人類)を表わすことがある。

Throughout history, it has been the doubters who have moved the **species**.

(歴史を通して，人類を進歩させてきたのは [自分が正しいと信じる人々ではなく] 疑問をいだく人々であった)

■ term

「期間」「学期」「間柄」「語，用語」「条件」などの意味を区別。特に **in terms of ～**，**in ～ terms** （～の立場から，～の点で，～によって，～に換算して；～の言葉で）はよく用いられる。

She is on good **terms** with them. （彼女は彼らと仲がいい）

He thinks of everything in **terms** of money.

　　（彼はものごとをなんでも金本位に［金という点から］考える）

Petrol prices are quite high in international **terms**.

　　（石油の価格は国際的に言えば［国際的な観点からすれば］かなり高い）

Stated in the simplest **terms**, science is but a sense of curiosity about life.

　　（最も簡単な言葉で言えば，科学とはすなわち生についての好奇心にすぎない）〔but = only〕

■ want

「必要」「欲求」〔⇨ p. 308 "means" の項の例文〕とともに「欠けていること，欠如 (= lack)」の意味も忘れないように。

Want of respect for the feelings of others usually originates in selfishness.

　　（他人の感情を尊重する気持ちの欠如は，ふつう，自己本位に由来する［他人の気持を尊重しないということは，ふつう，自分のことだけしか考えないということがその原因になっている］）

■ will

「意志」のほか「遺言」の意味も大切である。

She survived because of her **will** to live.

　　（彼女が生き残れたのは生きようとする彼女の意志のためだ）

He left everything to his wife in his **will**.

　　（彼は遺言ですべてを妻に残した）

動 詞

■ accompany

「～に同行する」とともに「～に伴う」の意味での用法も正しく理解して

おくこと。日本語の「〜に伴う」と「〜を伴う」の区別を間違えないように
しなければならない。

　　Thunder **accompanies** lightning.
　　　〔誤〕　雷はいなずま**を**伴う。
　　　〔正〕　雷はいなずま**に**伴う。　（いなずまに続いて雷鳴が聞こえる）
　　　＊このような前後関係は他の語で表わせば次のようになる。
　　　　　{ (a) Thunder **follows** (or **succeeds**) lightning.
　　　　　{ (b) Lightning **precedes** thunder.
　　　　　　(a) は「AがBに続く」　(b) は「AがBに先行する」〔⇨ p. 333〕いず
　　　　　れも，「まずぴかりと光って，それからごろごろと鳴る」という順序
　　　　　を表わす。accompany の「〜について行く」という場合の主従関係も
　　　　　同様である。

　　I **accompanied** her to the church.
　　　　　これを「私は彼女といっしょに教会へ行った」と訳してもよいが，具
　　　　　体的には「彼女について（彼女に従って）行った」のであって，「彼
　　　　　女をつれて（彼女を従えて）行ったのではない」
　　　　　《注》　場合によっては「前後」関係を正確に念頭に置かず，「Aが起
　　　　　こればBもいっしょに起こる」ぐらいの意味で用いることもあり，その
　　　　　場合は上のような例文において thunder と lightning が入れ替わること
　　　　　もあるが，本来の意味関係は正しく理解しておかなければならない。

■ add

　　add 〜 to … （…に〜を加える）の形をとる場合と，add to 〜 （〜を増す）
の形で用いられる場合を区別する。

　　We **added** this amount **to** the bill.　（請求書にこの金額を加えた）
　　These changes **added to** the confusion.　〔= increased〕
　　　　（これらの変更が混乱をさらに増した）

■ appear

　　「現れる」（同意語は emerge, 反意語は disappear, vanish）の場合と，「〜
のように見える」（同意語は look, seem）の場合の文型上の区別〔⇨ p. 12,
26〕を正しく。また名詞 **appearance** についても，それぞれ対応する「出
現」と「様子」の意味を，動詞と関連づけて区別する。

■ **appreciate** [əprí:ʃieit]

語源的には語幹は price を表わし，「～の価値を［正しく］認める」の意から「感謝する」「認識する」「鑑賞する」などの訳になる。「感謝する」の意では thank の用法と区別する。[thank は「人」を目的語にとる]

> I **thank** you *for* your kindness. （ご親切ありがとう）

> I **appreciate** your kindness. （ご親切とてもありがたく思います）

> 　＊それぞれ形容詞を用いれば次の形をとる：

> > I am **thankful** (= **grateful**) *to* you *for* your kindness.
> > I am **appreciative** *of* your kindness.

■ **become**

「～になる」と「～に似合う」の場合の文型的区別を正しく。〔⇨ p. 6〕

> It doesn't **become** you to speak like that.
> 　（そんな話し方をするのはあなたにふさわしくない）

■ **believe**

believe ～と believe in ～は日本語では両方とも「～を信じる」ですませることも多いが，両者の意味は正しく区別されなければならない。believe ～は「～の言うこと信じる」であり，believe in ～は「～の存在（能力，正しさ，良さ，効能，価値）を信じる」である。

> Nobody **believes** you. （だれも君の言うことを信じない）

> I **believe in** you. （僕は君を信じる［信頼する］）

> Some people **believe in** ghosts. （幽霊がいると思っている人もいる）

> I **believe in** early rising. （早起きはいいと思う）

■ **count**

他動詞の「数える」に対して，自動詞の場合は「数に入る」の意から「大切である，重要である (= matter; be important)」

> Every vote **counts**. （一票一票がみな価値をもつ）

> We must make every moment **count**.
> 　（一瞬一瞬を大切に活かさなければならない）

■ **fail**

いわゆる「成功・失敗」という意味での「失敗する」に対して，fail to do

の場合は「～しない，～できない，～しそこなう」といった訳が当たる。名詞も failure to do の形をとるときは「失敗」ではない。〔⇨ p. 161〕

> He **failed to** keep his promise. （彼は約束を守ら〔守れ〕なかった）
>
> His **failure** to keep his promise disappointed me.
>
> 　　（彼が約束を守ら〔守れ〕なかったので私は失望した）

■ fast

fast には「断食する」の意味があることに注意。

> Solitude is to the mind what **fasting** is to the body, fatal if it is too prolonged, and yet necessary.
>
> 　　（孤独は精神にとって，肉体に対する断食のようなものであり，長く
> 　　続け過ぎると命にかかわるが，ぜひ必要なものである）

■ help

「避ける」（= avoid）の意味で用いられる場合に注意。慣用表現の cannot help ～ ing（～することを避けることはできない，～せざるをえない）がその代表的な例である。

> I cannot **help** it.　〔誤〕　私はそれを助けることができない。
>
> 　　　　　　　　　　〔正〕　それはやむをえない（どうしようもない）。
>
> He didn't speak to anybody if he could **help** it.
>
> 　　（彼はそうせずにすむなら〔できることならなるべく〕だれとも話さ
> 　　ないようにした）
>
> Don't spend more money than you can **help.**
>
> 　　（〔使わないでいることができる以上の金を使うな→〕やむをえない
> 　　だけの金しか使うな／必要以上の金はなるべく使うな）

■ hold

hold は「～と考える，～と思う（信じる）」の意で用いられる。

> We **hold** that these truths are self-evident.
>
> 　　（われわれはこれらの真理を自明のものと考える）
>
> We **hold** him to be responsible.　（私たちは彼に責任があると考える）

■ observe

「観察する；述べる」（名詞形は observation）と「遵守する，守る」（名詞形は observance）の意味を区別しなければならない。

You are expected to **observe** these school regulations.

　　（君たちは当然これらの校則を守らなければならない）

■ prove

　　他動詞としての「証明する」，自動詞としての「～であることがわかる」
（= turn out）の意味と文型の区別を正しく。〔⇨ p. 6, 7〕

　　The information has **proved** useful.

　　　　（その情報は役に立つことがわかった［役に立った］）

■ pay

　　「支払う，払う」のほか，「引き合う，もうかる，得になる」の意も大切。

　　Some think that honesty does not always **pay.**

　　　　（〔"Honesty is the best policy."（正直は最良の策）などということ
　　　　わざもあるが〕正直は必ずしも引き合わないと考える人もいる）

　　It doesn't **pay** to economize on essentials.

　　　　（基本的に必要なものを節約するのは得にならない）

■ remain

　　完全自動詞としての「残る」と，不完全自動詞としての「～のままでい
る」の用法の区別を正しく。〔⇨ p. 6, 12; p. 316 "stand" の項の例文〕

　　The fact **remains** that ...

　　　　（〔…という事実は残る→〕…ということは依然として事実である
　　　　［…が事実であるということにかわりはない］）

　　The problem **remains** unsolved.

　　　　（その問題は未解決のままだ［まだ解決されていない］）

　　　　＊これは The problem **remains** to be solved.（直訳的な意味は「その問題はまだ
　　　　解決されるべきままの状態にある」）の形でも表わせる。

■ result

　　result *in* ～ （～という結果になる）と result *from* ～ （～の結果生じる）
の区別を正しく。

　　｛ His carelessness **resulted** *in* the accident.
　　　The accident **resulted** *from* his carelessness.

　　　　両方とも「彼の不注意がもとでその事故が起こった」の意になる。

■ run

「立候補する」と「経営（運営）する」などの意味も大切である。

He will **run** for President.〔= **run** *for* the Presidency〕

（彼は大統領に立候補するだろう）

Who's **running** this hotel?

（だれがこのホテルを経営しているのか）

■ search

search 〜 と search for 〜 を正しく区別しなければならない。

{ **search** a house（家［の中］を捜索する）
{ **search for** a house（家［の所在］を捜す）

{ **search** a man（［所持品を確かめるため］人を身体検査する）
{ **search for** a man　（人［の行方］を捜す）

■ sleep

sleep（眠る）と **go to sleep**（寝入る）（＝ fall asleep）と **go to bed**（就寝する）と **be asleep**（眠っている）などを正しく区別しなければならない。

{ (a) Go to **bed** now, it's late.
{ (b) Go to **sleep** now, it's late.

　　(a)　「もう遅いから，寝なさい（＝就寝しなさい）」

　　(b)　「もう遅いから，寝なさい（＝眠りなさい）」

　　　(a) はまだ寝床についていない人に，(b) は床の中にいる人に。

I **sleep** late on Sundays.　　〔誤〕　僕は日曜日は夜ふかしする。

　　　　　　　　　　　　　　　〔正〕　僕は日曜日は朝寝坊する。

■ stand

「耐える，我慢する」の意を表わす語句には **bear, endure, tolerate, put up with** などがあるが，stand もこの意味での用法が大切である。また，「〜の状態にある，〜のままでいる（＝ remain）」の意にも注意。

He cannot **stand** being kept waiting.（彼は待たされることに我慢できない）

The great problems of philosophy **stand** unsolved, and will no doubt **remain** so.

　　（哲学の大きな問題はまだ未解決のままであり，今後もきっとその状態が続くだろう）

■ succeed

succeed in ～ing は「（首尾よく）～できる」の意で，manage to do （［なんとかやっと］～できる）と「できる」の意味を区別する。これに対応する「～できない」の意を表わすのは fail to do である。〔⇨ p. 313〕

He **succeeded** *in getting* the job.

（彼は首尾よくその仕事につくことができた）

In spite of these insults, she **managed** not *to get* angry.

（こんな侮辱を受けながらも，彼女はなんとか怒りを押えた）

■ suggest

(a)「提案する（= propose），～してはどうかと言う」の意と，(b)「示唆する（= imply），～ではないだろうかと言う」の意をはっきりと区別しなければならない。(a) では that 節の中で仮定法現在（= 人称や主節の時制にかかわらず原形）または should を用いる。(b) では文脈に応じて動詞の形は任意である。

(a) I **suggested** that $\begin{cases} \text{he } should \text{ wait.} \\ \text{he } wait. \quad [\times \text{ he } waits, \text{ he } waited\,] \end{cases}$

（彼が待つことを提案した［待ってみてはどうかと言った］）

(b) I **suggested** that it *would* be quicker to travel by train.

（私は列車のほうが早いんじゃないかと言った）

All evidence **suggests** that he *is* guilty.

（すべての証拠が彼が有罪であることを示唆している）

■ take

「要する，必要とする（= require）」の意味での用法に注意。

It **takes** wisdom to direct power for man's betterment.

（人類の向上のために力を用いるには英知を必要とする）

It **took** a lot of courage to admit my mistake.

（自分の間違いを認めるには非常な勇気が必要だった）

■ wonder

(a) wh- 節や if- 節を伴う場合は「～かしら［と思う］」，(b) that- 節を伴う場合は「驚く，不思議に思う」の意。

(a)　I **wonder** *whether* they will arrive on time.

　　　（彼らは時間どおりにやって来るだろうか）

(b)　I **wonder** *that* you were not killed.

　　　（君はよく死ななかったね［君が死ななかったことを僕は不思議
　　　に思う］）〔＝I **am surprised** *that* you were not killed.〕

＊ I wonder if ... は依頼などをするときに，控え目な気持を表わすのに用いられる。

　I was wondering if ... の形をとればもっと丁寧な表現になる。

　　I **wonder if** you don't mind closing the window.

　　（窓を閉めていただけないかしら）

　　I **was wondering if** you could come to our party.

　　（パーティにおいでいただけませんでしょうか）

形容詞

■ afraid

　be afraid *of doing* と be afraid *to do* は特に区別をしないで用いることも多い
が，区別する場合は次のように訳し分けるのがふつうである。〔⇨ p.104〕

　She is **afraid to go** alone.

　　（一人で行くのがこわい／こわくて一人で行けない）

　You should not be **afraid of making** mistakes.

　　（間違えることを恐れてはならない）

　I hope「that」～ が望ましいことを述べるときに用いるのに対して，I'm
afraid「that」～ は望ましくないことを述べる場合に用いる。だから直訳的
に「～であることを恐れる」などとは訳さない。

　　◎ これは I'm sure ［that］～ を「私は～と確信する」などと訳さず
　　　「きっと」ぐらいでその気持を表わすのと同じで，このように陳述の
　　　内容に対する話者の気持をこのような形で表わすのは，日本語と比較
　　　した場合の英語の特徴的な表現の一つである。

　I **hope** [that] he'll be in time. (He'll be in time, I **hope**.)

　　（間に合えばいいんだが／間に合うだろうよ）

　I'**m afraid** [that] he'll be late. (He'll be late, I'**m afraid**.)

（遅れるんじゃないかな／遅れそうだね）

> * **I fear** [that] ～も同じように，懸念されることを述べるのに用いるが，I'm afraid のほうがくだけた口語的な表現である。

■ bad

「悪い」「へたな」「不適な」などの意味が区別されるが，go bad（悪くなる，腐る），feel bad（気分が悪い；後悔している）などのほか，次のような直訳できない場合も注意。

He is a **bad** loser.

〔誤〕 彼は悪い敗者だ。／彼はひどく負けた。

〔正〕 彼は負けっぷりが悪い。／あいつは負け惜しみばっかり言う。／往生（おうじょう）ぎわの悪いやつだ。

> * 反対に「いさぎのよい敗者，負けて悪びれない人」は a **good** loser である。

■ certain

(a) 「確かな」と (b) 「ある～」の意を区別しなければならない。

(a) There is no **certain** cure for this disease.

（この病気に対する確実な治療法はない）

(b) She did not come for a **certain** reason.

（彼女はある理由で来なかった）

> * certain は叙述的に用いられる場合はすべて「確かな」の意。
>
> $\begin{cases} \text{It is } \textbf{certain} \ (\times \text{ sure}) \text{ that he will win.} \quad （彼はきっと勝つ） \\ \text{I'm } \textbf{certain} \ (= \textbf{sure}) \text{ that he will win.} \quad （\quad \text{〃} \quad） \\ \text{He is } \textbf{certain} \ (= \textbf{sure}) \text{ to win.} \quad （\quad \text{〃} \quad） \end{cases}$
>
> 　限定的に（＝名詞の前に置いて）用いられる場合は，「確実な」の意を表わす場合はむしろ少なく，「ある～」の意を表わすことが多い。
>
> $\begin{cases} \text{my } \textbf{certain} \text{ conviction} \quad （私の確固たる信念） \\ \text{a } \textbf{certain} \text{ amount of money} \quad （ある金額） \end{cases}$

■ cunning

これは「ずるい」の意であり，日本語の「カンニング」の意味はない。

He is as **cunning** as a fox.　（彼は非常にずる賢い）

> * 「カンニングした」は He **cheated** in the exam. のように「だます，ごまかす，

不正行為をする」の意を表わす動詞 cheat を用いる。

■ disabled

able に打消しの接頭辞が付く語には二通りある。

$\begin{cases}《形》 & \textbf{un}able （〜できない）　－　《名》 \textbf{in}ability （無能）\\ 《形》 & \textbf{dis}abled （障害のある）－　《名》 \textbf{dis}ability （身体障害）\end{cases}$

Disability does not mean **inability**.

（障害があるということは無能であるということではない）

> ＊動詞 en able （〜できるようにする）に対して，打消しの接頭辞を付けた動詞
> は dis able で，これは「〜できないようにする」と「身体障害者にする」の
> 両方の意味に用いる。

■ disinterested

uninterested は「関心（興味）がない」であるのに対し，disinterested は「利益，利害関係の意味を打消して）私心のない，公平な」

A judge should be **disinterested**, but he should never be **uninterested**.

（裁判官は　公平でなければならないが，決して無関心であっては
ならない）

■ infamous [ínfəməs]

famous （有名な）の反対語は unknown （無名の）であって infamous ではない。infamous は「不名誉な；悪名高い」の意であって，disgraceful（不名誉な）や notórious （悪名高い）に近い。

an **infamous** murderer （恥じ知らずな人殺し）

■ learned

形容詞として「学問のある，博学な」の意を表わす learned は（-ed で終る他の形容詞，たとえば naked [néikid], wicked {wíkid} などと同じく）[lə́:nid] と発音され，動詞の過去・過去分詞として用いられた場合と，発音も正しく区別しなければならない。

I **learned** [-d] this from a **learned** [-id] man.

（私はこのことをある学者から教えてもらった）

> ＊ a **learned** man = a man of **learning** （学問のある人）

■ mean

　動詞としての mean は「意味する」, means は「手段」, meaning は「意味」であるが, mean は形容詞としては「けちな；卑劣な」の意。

She's very **mean** and never shares her sweets.

　　（彼女ったらとてもけちで, 絶対にお菓子を分けてくれないのよ）

How **mean** of you to do that!

　　（そんなことをするなんて, 君はなんと意地悪なんだ）

■ mental

　mental は mind （心, 精神；頭, 知脳）の形容詞であるので, 「精神的な」の訳が当てはまる場合が多いが, 「頭の」の意味を表わす場合には訳も区別しなければならない。また, spiritual も「精神的な」の訳が当てはまるが, これももとの名詞 spirit （精神, 霊）の意味を考えて, 用法を区別しなければならない。

mental state　（精神状態）

mental ability　（知的能力, 知能, 知力）

mental age　（精神年齢, 知能年齢）

spiritual love　（精神的な愛）

　　* mental の反意語は bodily, physical （肉体の, 肉体的な）であり, spiritual の反意語は material （物質的な）と physical （肉体的な）である。

　　physical beauty （肉体美） // **material** prosperity （物質的繁栄）

　　cf. **spiritual** welfare（精神的な幸せ） // **physical** desire （肉体的欲望, 肉欲）

　　* 「心」に対する英語は mind と heart があるが, mind は「考える」ほう, すなわち思考作用にかかわり, heart は「感じる」ほう, すなわち感情の中心としての「心」である。

　　mind and body （精神と肉体, 心身）, a sharp **mind** (鋭い頭)

　　heart and soul (全身全霊, 熱心に), a kind **heart** （優しい心）

■ minute

　時間の「分」を表わす名詞の場合（発音は [mínit]）と区別して, 形容詞としては [mainjúːt] と発音され, 「こまかい；詳細な」の意であることに注意。

I remembered in **minute** detail everything that had happened.

　　（私は起こったことの逐一を詳細に思い出した）

■ necessary

(a)「必要な」と (b)「必然的な」(= unavoidable, inevitable) の意味を区別しなければならない。

(a) **necessary** tools （必要な道具）

All **necessary** measures were taken to resolve the problem.

　（その問題を解決するためにあらゆる策が講じられた）

(b) **necessary** conclusion （必然的な結論［帰結］）

There is no **necessary** connection between industrial democracy and productivity.

　（産業民主主義と生産性のあいだには［民主化が高まれば生産性が向

　　上するといった］必然的な関係はない）

　　　* a **necessary** evil は「必要悪」と訳されるが，この necessary は「必要な」と

　　　「やむをえない」という (a)(b) 両方の意味を合わせもっている。

■ popular

「人気のある」のほか，「通俗的な」と「人民の，民衆の　(= of the people)」の意味で用いられる場合に注意する。

　　　popular actor　（人気俳優）

　　　popular science [newspaper]　（通俗科学［大衆紙］）

　　　popular government　（人民の政治，民主政治）

■ smart

日本語で言う「スマート」のうち「からだがすらりとしていてスタイルがよい」という意味で smart が用いられることはない。「みだしなみがよく，きちんとしていて，さっぱりと，しゃれていて，かっこがいい」といった意味では日本語の「スマートな」とほぼ一致する。smart には「頭がいい，利口な，賢い (clever, intelligent)」という大事な意味があることに注意。

(a) a **smart** answer　（頭のいい答え，気のきいた返事）

He is a very **smart** boy.　　〔誤〕　彼はなかなかスマートな少年だ。

　　　　　　　　　　　　　　　〔正〕　彼はなかなか利口な少年だ。

(b) a **smart** hat　（いきな［かっこのいい，しゃれた］帽子）

The boys looked **smart** in their school uniforms.

　　（少年たちは制服を着てスマートに見えた／少年たちの制服姿は

　　かっこよかった）

■ strange

strange は (a)「奇妙な (= odd)，不思議な」の意味と，(b)「今まで見た（聞いた）ことのない，初めての，なじみのない」の意味を区別しなければならない。

Truth is **stranger** than fiction.　（事実は小説よりも奇なり）

This place is **strange** *to* me.

　　〔誤〕ここは私には不思議なところです。

　　〔正〕ここは初めてだ。（私はこのあたりを知らない）

　　* (b) の strange は familiar（なじみのある，知っている）の反対語であること
　　　を念頭に置いて意味を考えればよい。

　　　⎰ This place is **familiar** *to* me.　（ここはよく知っている）
　　　⎱ = I am **familiar** *with* this place.

　　　主語により前置詞が異なることに注意。次の例における違いに類する。

　　　　　This place is **well-known** *to* me.

　　　　　I am **well-acquainted** *with* this place.

■ well

well は，副詞なら「よく，うまく」であるが，形容詞の場合は「健康な，元気な」の意である。

I feel **well**.　（私は［健康で，元気で］気分がいい）

cf. I feel **good**.

　　（私は［楽しくて；幸せで；満足して；元気で］気分がいい）

　　* well の場合は「健康な」状態における"気分のよさ"に限られるが，good の
　　　場合は文脈によるいろいろな状態における"気分のよさ"を表わす。

┌──────┐
│ 副　詞 │
└──────┘

■ indeed

「まったく，ほんとうに（そのとおりだ）」のほかに，「いや実は，それどころか」の意味で用いられる場合に注意する。**in fact** にも同じ用法がある。

I don't mind. **Indeed**, I'm delighted to help.

　　（かまいませんよ。いや［それどころか］，喜んでお手伝いします）

■ naturally

　「自然に」対して，文修飾副詞として「当然のことながら」の意を表わす場合を区別しなければならない。

- (a) I expect you to behave **naturally**.

　　（私は君が自然に振舞うものと思っている）

- (b) I expect you to behave, **naturally**.

　　Naturally, I expect you to behave.

　　（当然のことながら，私は君が行儀よく振舞うものと思っている）

　　〔behave はそれだけで「行儀よく振舞う」の意〕

naturally は (a) では behave という動詞を修飾する『語修飾副詞』であるが，(b) では文全体を修飾する『文修飾副詞』の働きをしている。したがって，それぞれ次のように言いかえてみることができる。

- (a) = I expect you to behave **in a natural way**.
- (b) = **It is natural that** I [should] expect you to behave.

　　＊ このほか **wisely**, **clearly**, **safely**, **justly**, **rightly** なども文修飾副詞として用いれる。〔⇨ p. 220〕

■ only

　only がどの要素を修飾するのかを間違えないようにしなけれはならない。

　The world **only** looks flat.

　　〔誤〕世界は平らにしか見えない。

　　〔正〕世界は平らに見えるだけなんだ。

　〔誤〕では only は flat を修飾する訳になつているが，正しくは looks を修飾する。次の場合も混同しないように。

- (a) He is an **only** child. （彼はひとりっ子だ）
- (b) He is the **only** child in the room. （部屋の中で子供は彼だけだ）
- (c) He is **only** a child. （彼はほんの子供にすぎない）

　(a), (b)の only は「ただ一つ（一人）の」の意で形容詞用法，(c) が副詞用法である。

　　◎ only が，修飾する要素と隣接しないで，離れた位置に置かれることもよくある。その場合の修飾関係を間違えないように。

You can **only** do it if you vote.

　　〔誤〕もし投票したら，それを実現することしかできない。

　　〔正〕投票することによってのみ，それを実現することができる。

　only は隣接する do ではなく，if を修飾する (= You can do it **only if** you vote.) が，語調などの関係で上の語順をとることが多い。

　　＊　なお，if only 〜 と only if 〜 を間違えないように。

　　If only I could see her.　〔= I wish 〜　「願望」を表わす〕

　　（彼女に会うことができればなあ）

　　You can have it **only if** you ask for it.　〔強い「条件」を表わす〕

　　（君が求める場合にかぎり，君にそれをあげよう）

■ practically

　「実際的に」と「事実上〜，〜も同然 (= virtually)」の意味を区別する。

　You must think **practically**.　〔= in a practical way〕

　　（実際的にものごとを考えなければならない）

　The work is **practically** finished.〔= virtually〕〔⇨ p. 75 (193)〕

　　（仕事は終ったも同然だ）

　　＊　practically は all, every, no などと結びついた場合は「事実上〜」の意味を表わす。

　　He knew **practically** no English.

　　〔誤〕彼は実際には英語を全然知らなかった。

　　〔正〕彼の英語の知識は皆無も同然だった。

前置詞・接続詞

■ about

　「〜に関して」の意味から，「関与，かかわり」を表わし，それが大切な要素であることを示す場合がある。頻出用法であるが，辞書などであまり説明されていないので，注意しなければならない。

　Life is **about** sharing.

　　（〔人生は分かち合うことにかかわる→〕人生とは分かち合うことなのだ／人生の意義は分かち合うことにある）

Academic learning is what college is all **about**.

（〔学問は大学がかかわるすべてのことだ→〕学問こそが大学の存在
目的なのだ／大学は学問するためにある）

■ and

二つ（またはそれ以上）のものを結びつける際に，andが表わす意味はた
だ「～と…」や「そして」という訳語ですませられない場合が多いが，次の
ような場合に注意しなければならない。

(a) Things got *worse* **and** *worse*. （事態はますます悪化した）

He *knocked* **and** *knocked*. （彼は何度もノックした）

She walked *on* **and** *on*. （彼女はどんどん歩いた）

The fighting went on for *hours* **and** *hours*. （戦闘は何時間も続いた）

このように，同じ語がandで結ばれると，漸増・反復・継続などの
意味を表わす。上はそれぞれ結ばれる語が形容詞・動詞・副詞・名
詞の場合を示している。その際，日本語では，たとえば「彼は走り
に走った」というような場合を除き，ふつうは「ノックしそして
ノックした」のようにその語を繰り返す直訳はせず，副詞的に強調
することになる。

(b) There are books **and** books.

〔誤〕本また本がある。／多数の本がある。

〔正〕本といってもピンからキリまである。

◎ このように複数名詞をandで二つ結びつけた場合は「多様」を表わ
すが，三つ以上であれば「多数」を表わす。

There are *doctors* **and** *doctors*.

（医者にもいろいろいる）

There were *dogs* **and** *dogs* **and** *dogs* all over the place.

（その辺はいたるところ，やたらに犬が多かった）

(c) The book was written by a scholar **and** novelist.

〔誤〕その本は学者と小説家によって書かれた。

〔正〕その本は学者でかつ小説家でもある人によって書かれた。

◎ 両方の名詞に冠詞が付き a scholar **and** a novelist であれば，別人で
ある「学者と小説家」の共著ということになる。

(d)　You are a teacher, **and** you don't know such a thing.

　　　〔誤〕あなたは先生であり，そしてこのようなことを知らない。

　　　〔正〕あなたは先生なのに，こんなこと知らないの。

　　◎ ただ二つの事実を述べる節を並列するのではなく，結び付ける際
　　　に，「～でありながら，それなのに…」という and によって表わさ
　　　れる気持ちを訳文にも表わさなければならない。

(e)　Come **and** see me tonight.

　　　〔誤〕今夜来て私に会ってください。

　　　〔正〕今夜会いに来てください。／今夜遊びに来てね。

　　　Be sure **and** see him.

　　　〔誤〕確かめてから彼に会いに行きなさい。

　　　〔正〕かならず彼に会いなさいよ。

　　◎ それぞれ Come *and* see = Come *to* see，Be sure *and* see = Be sure *to* see
　　　で，and 用いたほうがくだけた言い方である。

(f)　This room is nice **and** warm.

　　　〔誤〕この部屋はすてきでしかも暖い。

　　　〔正〕この部屋はほどほどに暖い。

　　◎ nice and = nicely　（ちょうどいい程度に）

(g)　You cannot eat your cake **and** have it.

　　　〔誤〕あなたはケーキを食べることも持つこともできない。

　　　〔正〕ケーキは食べればなくなる。

　　◎ よく引用されることわざで，「ケーキを食べておきながら同時にそ
　　　れを持っていることはできない」（二つながらによいことはできな
　　　い）の意。cannot は <eat your cake <u>and</u> have it>（ケーキを食べかつ
　　　持っていること）という内容をまとめて打ち消すのであって，「食
　　　べることはできず，そして持つこともできない」というふうにそれ
　　　ぞれの動詞を別々に打ち消すのではない。

(h)　A man may talk like a wise man, **and** yet act like a fool.

　　　〔誤〕人は賢い人のように話すかもしれないが，しかし愚か者のよ
　　　　　　うに行動する。

　　　〔正〕人は賢者のごとく語りながら愚者のごとく振まうこともある。

◎ この場合も may は < take ... and yet act > （話しながら［それでい
　て］振舞う）というまとまった内容を修飾している。〔⇨　p. 246
　§110 ■注意■ ②〕

■ if

　『条件』を表わす「〜ならば」がふつうであるが，「〜でも」 (= even if,
although) という『譲歩』の意味を表わす場合を区別しなければならない。

　　If I am dull, I am at least industrious.

　　　（私は［たとえ］頭は良くなくても，少くとも勤勉である）

　　If you have great talents, industry will improve them; **if** you have but moderate
　abilities, industry will supply their deficiency.

　　　◎ （あなたがすぐれた才能を持っていれば，勤勉はそれをいっそうす
　　　　ぐれたものにするだろう。あなたがたとえ凡庸な能力しか持ってい
　　　　なくても，勤勉はその足りないところを補ってくれるだろう）

　　　＊ 最初の If を「持っているとしても」のように解することもできる。このよう
　　　　に，文脈により，「もし〜ならば」「もし〜だとしても」の両様の訳し方が
　　　　可能な場合もある。

■ in case

　(a) 「［〜する場合には→］もし〜ならば」 (= if) と (b) 「［〜する場合の
ことを考えて→］〜するといけないので」 (= for fear that) の二通りに用いら
れるので，文脈により区別しなければならない。

　　What would you do **in case** fire broke out at home?

　　　（もしも家から火が出たらどうするかね）

　　Take an umbrella **in case** it rains.

　　　（雨が降るといけないので傘を持って行きなさい）

　　I've got the key **in case** we want to go inside.

　　　〔誤〕中に入りたければ鍵があるよ。

　　　〔正〕中に入れるように鍵を持っている。

　　　＊ 具体的には「われわれが中に入りたいと思う場合に備えて私は鍵を持ってい
　　　　る」

　　Let's get a bottle of wine **in case** Mike comes.

〔誤〕マイクが来た場合にはぶどう酒を一本買おう。

〔正〕マイクが来るかもしれないからぶどう酒を一本買っておこう。

＊ アメリカ英語では in case は (b) の意味でのみ用いるのがふつう。(a)の意味
で用いるのは主としてイギリス英語においてである。

■ save

動詞としての用法のほかに，前置詞として「〜を除いて，〜以外は」の意
で用いられる。

Everyone **save** (= but, except) you knows this.

（君以外はみなこのことを知っている）

No visitors are allowed **save** (= except) in the most exceptional cases.

（きわめて例外的な場合以外は面会は許されない）

＊ この文の場合のように，前置詞句の前などでは but はふつう用いられない。

There is no freedom **save** that which is based upon descipline.

（規律に基づく自由以外に自由はない／規律に基づかない自由はない）

■ while

「時」を表わして「〜しているあいだ」の意で用いられる場合のほかに，
(a) 『譲歩』を表わして「〜だけれども，〜ではあるが」（ = although ）の意
と， (b) 『対照』を表わして「（…であるのに対して）一方〜だ」の意で用
いられる場合に注意する。

(a) **While** I like the color of the hat, I don't like its shape.

（その帽子の色は好きだが，形は気に入らない）

(b) Fred gambled his money away **while** Julia spent hers all on dresses.

（フレッドはバクチで金をすり，一方ジュリアは金をすべてドレスに
つぎ込んだ）

We might say that history is about men in general, **while** biography is about men
in particular.

（歴史は一般の人間に関するものであり，一方伝記は特定の人間に関
するものであると言ってもいいだろう）

◎ **when** も「〜であるのに」の意で用いられる場合に注意する。

How can I get a job **when** I can't even read or write.

（読み書きさえもできないのにどうして就職できるの）

2. 混同しやすい重要類義語・類形語

adapt : adopt　　adapt は「適合させる」, adopt は「採用する, 用いる」

She couldn't **adapt** herself to the new circumstances.
　　（彼女は新しい環境に順応できなかった）
He **adopted** a new method of teaching.
　　（彼は新しい教授法を採用した）

admit: approve : recognize　いずれも「認める」という日本語の訳が当てはまるが, admit は「（事実として）認める」, approve は「（よいと）認める, 是認する」, recognize は「（実体・正体を）認める」。**acknowledge** も admit と同じように用いる。
He **admitted** that he was guilty. （自分が有罪であることを認めた）
She **approved** our plans. （われわれの案を承認［認可］した）
I **recognized** him by his voice. （声で彼であることがわかった）

affect : effect　　**influence** は「影響［を及ぼす］」の意で名詞と動詞の両方に用いられるが, **affect**は動詞で「影響を及ぼす」, **effect** は名詞として「影響」の意で用いられる。
It had an adverse **effect** (= influence) on her health.
It **affected** (= influenced) her health adversely.
　　（それは彼女の健康に逆の［悪い］影響を及ぼした）

allow : forgive　　同じ「許す」という訳が当てはまるが, allow は「許可, 許容」の意を表わし permit に近く, forgive は「赦免」の意を表わし pardon に近い。
He **allowed** me to take a week's vacation.
　　（彼は私が1週間の休暇をとることを許してくれた）
Forgive me for not keeping the promise.
　　（約束を守らなかったことを許してください）

change : vary　　両方とも「変化する」という訳が当てられているが, vary は主に「変化がある, さまざまに異なる」の意で用いられる。
Opinions [Prices] **change**. （意見［値段］は変化する）
Opinions [Prices] **vary.** （意見［値段］はさまざまだ）

confess : profess　confess は「告白する，白状する」, profess は「公言する，明言する」

He **confessed** his crimes. （彼は罪を自白した）

He **professed** his belief in my innocence.

（彼は私の無実を信じているとはっきり言った）

decease : disease　decease [disíːs] <de + cease> は「死亡」, disease [dizíːz] <dis + ease> は「病気」

the **deceased** （死者［単・複両方に］，故人）

the **diseased** part （患部）

decent : descent　decent [díːsənt] は「品のある；まともな」で名詞は decency。**descent** [disént]「下り，下降」で反対語は **ascent** である。同じような類形語として **recent** [ríːsənt]（最近の）と re-sent [rizént]（立腹する）も正しく区別する。

doubt : suspect　両方とも「疑う」という訳が当てはまるが，doubt は「〜に疑問をいだく，〜ではないと思う」, suspect は「〜に嫌疑をかける，〜だろうと思う」の意。

I **doubt** *if* this is true. （事実がどうか疑わしく思う；事実だろうか）

I **doubt** *that* this is true. （［真実性を疑う→］事実じゃないと思う）

I **suspect** *that* this is true. （事実らしいと思う，たぶん事実だろう）

　＊doubt は if, whether を伴えば「〜かどうかしら」という "疑念" を，that を伴えば「〜じゃないと思う」という "不信" を表わす。

idle : lazy　両方とも「怠惰」という訳が当てられるが，idle は基本的には「何もしていない」状態を表わして "悪い" 意味を含まず，**lazy** は望ましくない「怠けている」状態を表わす。ただし idle を lazy の意味で用いることもある。

idle hours [machines] （何もしないで過ごす時間［遊んでいる機械］）

an **idle** (= **lazy**) fellow （怠け者）

insist : persist　「主張する」という訳が共通しているが，insist は「〜だと言う，言い張る」の意であり〔⇨ p. 162〕, per-sist は「あくまで〜する，固執する」の意である。

She **insisted** *on* paying the bill. （自分が払うと言ってきかなかった）

She **persisted** *in* thinking so. （あくまでその考えをいだき続けた）

　＊persist は必ずしも主語の意志によってその行為をし続けるとはかぎらない。

　　He **persists** in mispronouncing that word.

　　（彼はいつまでたってもその単語を間違って発音する）

3. 接頭辞で区別できる重要語

意味	接頭辞	例
「非」 「不」 「無」 [打消し]	un-, dis-, in- (im-, il-, ir-), non-, a-, ig- （in- は m, p の前では im-, l の前では il- r の前では ir- になる）	**un**fortunate（不幸な），　**dis**appear （消える），　**in**justice（不正）， **im**mortal（不滅の），　**il**legal（非合法の）， **ir**regular（不規則な）， **non**sense（たわごと），　**a**pathy（無感動）， **ig**noble（不名誉な）
「中」	in- (im-), intro-	**in**come（収入），　**im**port（輸入）， **intro**duce（導入する）
「外」	ex-, out-, extra-	**ex**port（輸出），　**out**come（結果）， **extra**ordinary（並はずれた）
「上」	over-, sur-, super-	**over**come（打勝つ），　**sur**face（表面） **super**ficial（表面的な）
「下」	de-, sub- (suc-, sup-), under-	**de**scend（降りる），　**sub**mit（服従する）， **under**go（経験する）
「前」 「先」	pre-, pro-, fore-	**pre**dict（予言する），　**pro**gress（進歩）， **pro**phesy（予言する），　**fore**tell（予言する）
「後」	post-	**post**pone（延期する），　**post**war（戦後の）
「共」	co-, con- (com-, col-, cor-), syn- (sym-)	**co**operate（協力する），　**com**bine （結合する），　**sym**pathy（共感）
「反」	ant[i]-, ob- (op-), contra-	**anti**pathy（反感），　**ob**ject（反対する）， **contra**ry（反対の）
「再」	re-	**re**build（建直す），　**re**action（反応）
「間」	inter-	**inter**action（相互作用）

■ compose: expose: impose: oppose: propose

《 -pose は "put"（置く）の意 》**com**pose「（いっしょに置く→）　構成（作文，作曲）する」，**ex**pose「（外に置く→）さらす　暴露する」，**im**pose「この in- は "on" の意で，上に置く→）課する，押し付ける」，**op**pose「(op- は "against" の意で，対して置く→）反対する」，**pro**pose「（前に置く→）提案する」

■ conform: inform: perform: reform: transform: uniform

《 -form は "form"（形）の意 》**con**form「（形をいっしょにする［合わせる］→）順応する」，**in**form「（中に形をつくる）知らせる」，**per**form「(per- は "through" の意で，すっかり形をつくる→）やりとげる」，**re**form「（形をつくりなおす→）改革する」，**trans**form「（trans- は "across" の意で，形を他に移す→）変形する」，**uni**form「(uni- は "one" の意で，形が一つ）制服；一様の」

■ exceed: precede: proceed: recede: succeed

《 -cede も -ceed も "go" の意 》**ex**ceed「（外へ行く→）越える，超過する」，**pre**cede「（～の前を行く→）～に先行する」，**pro**ceed「（前に行く→）進む，前進する」，**re**cede「（またもと来たほうへ行く）後退する」，**suc**ceed「（後を行く→）～のあとを継ぐ」

Effort usually (○ **precedes** × **proceeds**) success.
　　　（ふつう努力が成功に先行する／成功は努力に伴うのがふつうだ）

cf. Spring **precedes** summer. = Summer **succeeds** spring.
　　　（春は夏の前に来る＝夏は春のあとに来る）

■ express: impress: depress: oppress: suppress

《 -press は "press"（押す）の意 》**ex**press「（押して外に出す→）表現する」，**im**press「（中に強く押しつける→）印象づける，感銘を与える，痛感させる」，**de**press「（押えてへこませる→）落ちこませる，不景気にする」，**op**press「（反対の圧力をかける→）圧迫する，抑圧する」，**sup**press「（下に押えつける→）鎮圧する，抑圧する」

■ inspect: prospect: respect: perspective

《 spect は "look" の意 》**in**spect「（中を見る→）調べる」，**pro**spect「（前を見る→）予想，見込み」，**re**spect「（ふたたび見る→）尊敬する」，**per**spective「（per- は "through" の意で，全体を見通す→）広い視野」

4. 接尾辞で区別すべき重要語

■ comparable : comparative

cómparable は「比較できる, 匹敵する」, compárative は「比較の, 比較的
な」〔relative（相対的な, 比較的な）に近い。⇔ absolute（絶対的な）〕

There was a period of (× comparable ○ comparative) calm.
（比較的平穏な時期があった）

■ comprehensible : comprehensive

comprehend は「理解する (= understand); 包含する (= include)」の意であ
り, そこから comprehensible は「理解できる」, comprehensive は「包括的
な, 総合的な」の意。

■ considerable : considerate

considerable は「相当な」, considerate は「思いやりのある」

He is always (× considerable ○ considerate) of [to] others.
（彼は常に他人に対して思いやりがある）

■ contemptible : contemptuous

contemptible は「軽べつすべき」, contemptuous は「軽べつ的な」

a **contemptible** man [deed]（軽べつすべき人間［行為］）
a **contemptuous** look [sneer]（侮べつ的な目つき［せせら笑い］）

■ desirable : desirous

desirable は「望ましい」, desirous は「（～を）望んでいる」

We are all **desirous** of peace.（われわれは皆平和を望んでいる）
It is **desirable** that he [should] go. （彼が行くことが望ましい）

■ economic : economical

economic は「経済［上］の」, economical は「経済的な, 節約する」。名詞
economy は「経済；節約」, economics は「経済学」

an **economic** policy（経済政策）　an **economical** car（経済的な車）

■ enviable : envious

enviable は「羨望に値する, うらやましい［ような］」, envious は「羨望を
いだいている, うらやましそうな」

an **enviable** success（うらやましいような成功）
an **envious** look（うらやましそうな顔つき）

■ historic : historical

historic は「歴史的な，歴史上有名な」，historical は「歴史［上］の」

a **historic** event（歴史的な事件）　　　a **historic** site（史跡）

a **historical** event（歴史上の出来事）　　a **historical** fact（史実）

■ imaginable : imaginary : imaginative

imaginable は「想像できる」，imaginary は「想像上の，架空の」，imaginative は「想像力に富んだ」

every **imaginable** means（考えうるかぎりのあらゆる手段）

an **imaginary** animal（架空の動物）

an **imaginative** writer（想像力豊かな作家）

■ industrial : industrious

índustry には「産業」と「勤勉」の両義があるが，indústrial は「産業の，工業の」，industrious は「勤勉な」（= diligent）

Japan is an **industrial** nation.（日本は工業国だ）

The Japanese are an **industrious** people.（日本人は勤勉な国民だ）

■ literary : literal : literate

literary は「文学の，文学的な」，literal は「文字通りの」（*cf.* literally は「文字通りに，逐語的に」），literate は「読み書きできる」（*cf.*「文盲の」は illiterate）

a **literary** work（文学作品）　　a **literal** translation（逐語訳）

■ respectable : respectful : respective

respectable は「尊敬に値する，りっぱな」，respectful は「敬意に満ちた，ていねいな，（〜を）尊重する」，respective は「それぞれの」

respectable citizens（りっぱな市民）

respectful manners（丁重な態度）

■ sensible : sensitive : sensual

sensible は「分別のある，賢明な」，sensitive は「感受性のある，敏感な」，sensual は「肉体的な，官能的な」

It was（○ sensible　× sensitive）of you to remain silent.

（黙っていたのは賢明だった）

■ tolerable : tolerant

tolerable は「我慢できる」，tolerant は「寛容な」

a **tolerable** pain（なんとか我慢できる痛み）

He is **tolerant** of other people's faults.（他人の欠点に対して寛容だ）

5. 句読点の用法

　話し言葉では，区切り (Pause) や抑揚 (Intonation) や強勢 (Stress) などが文の意味を正しく伝えるのに役立つが，書き言葉では句読点を用いること (Punctuation) がこれと同じ働きをする。

〔A〕句読点の種類と用法 ━━━━━

名　称	符号	用　法	用　例
Period (終止符)	.	Full Stop とも言う。 文末に置き，文と文 を区切る。略語にも。	Love is blind. / Sorry. 〔平叙文〕 Don't complain. / Relax. 〔命令文〕 a.m. / B.C. / Co. (= Company)
Question Mark (疑問符)	?	疑問文の文末に置く。	What do you mean? Really? (ほんと？)
Exclamation Mark (感嘆符)	!	感嘆文の文末に。 感嘆詞のあとに。また， 強意にも。	What a cute baby [she is] ! Oh, my! / Good luck! You don't say ! (まさか！)
Comma (コンマ)	,	文中の語・句・節や 挿入要素を区切る。	a soft, warm bed He is, as you know, is a genius.
Semicolon (セミコロン)	;	コンマより大きく， ピリオドより小さな区 切りを示す。	He took great care; even so, he made a few errors. (注意した， がそれでもいくつか間違えた)
Colon (コロン)	:	例を示したり，具体 的に列記する場合に。 「すなわち …」	There were three reasons for his failure: laziness, ill health, and lack of training.
Dash (ダッシュ)	—	語句を挿入したり， 付け加えたりするとき に。	Jack was there — and George. His wife — I don't know why — refused to go.
Parentheses (丸かっこ)	( )	挿入的または付加的 な要素をかこむ。	Citrus fruits (oranges, lemons, limes) are rich in Vitamin C.
Quotation Mark (引用符)	" "	引用される文や語句 の前後に置く。	He said, "I'm going now." . "I'm going now," he said.
Apostrophe (アポストロフィ)	'	所有格をつくる。省 略符として。文字・数 字などの複数形に。	the boy's father // It's hot. / in '96 (= 1996) // the three R's (読み書き算数) / in 1990's (1990年代に)
Hyphen (ハイフン)	-	合成語をつくる。語 を音節に区切る。	mother-in-law (義母)，family- oriented (家庭本位の) co-op-er-a-tion

〔B〕句読点の主な働き ═══════

句読点は，大別すれば，次の二つの主な働きをする。

(1) 語や文の区切りを示す

(a) 語を区切る

ハイフン[-] によって，① 音節の区切りを示す。〔例：sym-pa-thet-ic〕② 接頭辞の付く語で，まだ熟しきっていない語の接頭辞を区切る。

〔例：anti-war〕

* ① 行末で単語の一部を次の行に送るときには，たとえば，この establish-ment のように音節で区切ってハイフンを置く。

② 接頭辞の付いた語が，完全に熟して一語になり切っているかどうかの判定は，英・米により，また辞書により異なる場合も多い。　たとえば同じ anti- の付いた語でいえば anti[-]social（反社会的な）は辞書によりハイフンを付けたものも付けないものもある。

(b) 続いて並ぶ要素を区切る

①ハイフンによって複合語 (Compound [Word]) の語と語を区切る。

〔例：up-to-date（最新の），forget-me-not（忘れな草）〕

②ピリオド［．］で文と文を区切る。

③セミコロン［；］で節と節を区切る。

④コンマ［，］で，語・句・節などを区切る。

(c) 挿入要素の前後を区切る

コンマや，ダッシュ［—］や，パーレン［（　）］によって，句や節を挿入する。

(2) 語句や文の意味関係を示す

①アポストロフィ［’］によって『所有格』〔例：dogs（複数）に対して dog's（単数の所有格），dogs'（複数の所有格）〕や『縮約』(Contrac-tion) などを示す。〔例：he'll (<he will), he'd (<he had, he would)〕

my mother tongue（私の母国語）
my mother's tongue（私の母の舌）

that woman doctor（あの女医者）
that woman's doctor（あの女がかかっている医者）

the university problem（大学問題）

the university's problem（その大学がかかえる問題）

②ピリオド，疑問符(?)，感嘆符(!)によって，それぞれ「平叙文」，「疑問文」，「感嘆文」であることを示す。

He's already gone.（もう行ってしまった）

He's gone already?（もう行ってしまったの？）

He's already gone!（もう行っちゃったんだ！）

〔C〕注意すべき句読点の用法━━━━━━━

コンマ

　コンマは，文意を正しく伝えるために置かれる区切りを示すが，その用法については次のような点に注意する。

(1) 語句を並べる場合

　いくつか並んだ語句を区切るとき，最後に置かれる and の前には，短い語句ではふつうコンマを置かず，長い要素を区切る場合はコンマを置く。

　　I took bread, butter, tea [,] and salt with me.

　　　（パンとバターと茶と塩を携行した）

　　I spent yesterday playing cricket, listening to jazz records, and talking about the meaning of life.

　　　（きのうはクリケットをしたり，ジャズのレコードを聞いたり，人生の意味について語り合ったりして過ごした）

　▨ 次のような場合は，and の前のコンマの有無により意味が異なる。

　　He writes and sing ballads.（バラッドを作り，歌う）

　　He writes, and sing ballads.（著述もし，バラッドも歌う）

(2) 副詞句とコンマ

　ふつうはコンマで区切らないで文中の後のほうに置かれる副詞句が，文頭に置かれるとコンマで区切られる。

　　Only ten came to the party instead of the expected twenty.

　　Instead of the expected twenty, only ten came to the party.

　　　（パーティにやって来たのは，予想された20人ではなく，たったの10人だった）

(3) 副詞節とコンマ

　副詞節が前に置かれる場合はコンマで区切られることが多く，主節の後に置かれる場合はコンマで区切らないのがふつうである。

If you're ever in London, come and look me up.
Come and look me up if you're ever in London.

　　（ロンドンに来られることがあれば，ぜひお寄りください）

　　＊ただし（前述の(1)のandの前のコンマと同じく）コンマの有無は，区切られる要素の長短にもより，長いときにはコンマで区切りを示したほうが文意が正しく伝わりやすいので，この場合も主節が前に出た形でもその長さによってはコンマで区切られることもある。

(4) 関係代名詞の用法とコンマ

　関係代名詞が制限的用法であればコンマは用いず，非制限的用法の場合はコンマで区切る。〔⇨ p.116〕

(a) The boys **who** were tired went to bed early.〔制限的用法〕
(b) The boys, **who** were tired, went to bed early.〔非制限的用法〕

(a) 疲れている少年たちは早く就寝した。
(b) 少年たちは，疲れていたので，早く就寝した。

(5) 共通構文において

　共通構文〔⇨ p.214〕においては，コンマを用いることによって共通関係がはっきり示される。

Tom likes, but Peter hates, Susan.

　　（トムはスーザンが好きだが，ピーターはスーザンがきらいだ）

　　＊Susan は likes と hates という二つの動詞の共通目的語。

(6) 同格語句とコンマ

　同格語句はふつうコンマによって区切られる。〔⇨ p.204〕

That's Mr. Cohen, the new French teacher.

　　（あれが新しいフランス語の先生，コーエン先生だ）

George Lamb, your old school friend, has just telephoned.

　　（君の学校時代の友達のジョージ・ラムから今電話があったよ）

(7) 接続副詞とコンマ

　接続副詞〔＝先行する文との接続関係を示す副詞，例をあげると，however（しかしながら），therefore（したがって），moreover（そのうえ），besides（そのうえ），nevertheless（それでもやはり），など〕は，ふつうコンマで区切ら

れる。

> However, there may be some exceptions.
> There may, <u>however</u>, be some exceptions.
> There may be some exceptions, <u>however</u>.
> 　　（しかしながら，例外はいくつかあるかもしれない）

(8) 挿入

区切られる挿入要素は，語・句・節のいずれの場合もある。

> His ideas, <u>however</u>, are scarcely valid.
> His ideas, <u>as a matter of fact</u>, are scarcely valid.
> His ideas, <u>I agree</u>, are scarcely valid.
> 　　（彼の考えには，（上）しかしながら／（中）実際／（下）おっしゃ
> 　　るとおり，ほとんど妥当性がない）

▨ 挿入には，コンマのほかダッシュやパーレンも用いられる。

London, <u>according to Jack</u>, is far too crowded.

　　（ロンドンは，ジャックによれば，余りにも人が多すぎる）

John (<u>or perhaps his wife</u>) will collect the parcel.

　　（ジョン（または彼の奥さん）が荷物を取りに行くだろう）

His sister — I don't know why — refused to leave.

　　（彼の姉さんは — なぜだかわからないが — 去るのを拒んだ）

　　＊どの符号をどの場合に用いるかについては，はっきりした決まりはなく，他
　　の符号で代えられる（たとえば，コンマのかわりにダッシュ，ダッシュの代
　　りにパーレン）場合もあるが，典型的には，①（既述の例に見られるよう
　　に，副詞句や同格語句や非制限節といった）文を文法的に構成する要素の一
　　部をくぎるときはコンマを，②補足や付加説明を囲むにはパーレンを，③前
　　後と構文的関係をもたない，ふと思ったことを差し挿んだり，言い足したり
　　するときにはダッシュが，多く用いられる。

◆ コンマの有無と意味の違い

コンマがあるかないかによって，構文や意味関係がまったく違ってしまう
ことがあるが，次のような場合の区別が正しくなされなければならない。

(1) 不定詞

> (a)　He left us **to pay** the bill.
> (b)　He left us, **to pay** the bill.

(a) 彼は［自分が払おうとしないで］われわれに勘定を払わせた。

(b) 彼は勘定を払うためにわれわれのもとを離れた。

＊(a) は leave ～ to do（～が … するままにしておく，～が … するに任せる）の形，(b) ではこれと区別するためにコンマを置き，to pay は so as to (*or* in order to) pay と同じく「目的」を表わす。

> (a) She went to the shop **only to discover** how expensive the dress was.
> (b) She went to the shop, **only to discover** the dress was too expensive.

(a) 彼女はただそのドレスがどれくらいの値段なのか知るために店に行った。

(b) 彼女は店に行ったが，そのドレスがあまりにも高価なのがわかっただけだった。

＊(a) は「ただ～するために」の意で「目的」を表わす副詞用法，(b) は「結局～するだけに終った」の意で「結果」を表わす不定詞。

(2) 分　詞

> (a) He introduced us to a lady **smiling** broadly.
> (b) He introduced us to a lady, **smiling** broadly.

(a) 彼は，にこやかに微笑んでいる婦人に，われわれを紹介した。

(b) 彼は，にこやかに微笑みながら，われわれをある婦人に紹介した。

＊(a)では，smiling は名詞 (lady) を修飾する形容詞用法の現在分詞で〔⇨ p. 84〕，(b) では「分詞構文」に用いられた副詞用法の現在分詞で，文の動詞 (introduced) を修飾し，「付帯状況」を表わす。〔⇨ p. 88〕

> (a) She is very busy **being** a teacher.
> (b) **Being** a teacher, she is very busy.

(a) 彼女は先生の仕事でとても忙しい。

(b) 先生なので，彼女はとても忙しい。

＊(a) は be busy ～ ing（～するのに忙しい）の形，(b) は「分詞構文」で「理由」を表す。

(3) 文修飾副詞

> (a) I don't know him **personally**.
> (b) I believe him, **personally**. / **Personally**, I believe him.

(a) 彼を個人的には (= 直接に，じかに) 知らない。

(b) 個人的には (= 一個人としては，自分としては) 彼を信じる。

＊ (a) の personally は動詞 know を修飾する「語修飾副詞」であるが, (b) では
文全体を修飾する「文修飾副詞」である。

$\left\{\begin{array}{l}\text{(a)} \quad \text{He was speaking } \textbf{frankly}. \\ \text{(b)} \quad \textbf{Frankly}, \text{ I don't trust him.}\end{array}\right.$

(a)　彼は率直に話していた。

(b)　率直に言って, 私は彼を信用していない。

＊ (a) の frankly は「語修飾」で in a frank manner の意を表わし, (b) は「文修飾」
で, 独立用法の不定詞句 To be frank 〔⇨ p. 78〕や慣用的な分詞構文
Frankly speaking 〔⇨ p. 94〕に言換えられる。〔なお, clearly, wisely, justly
などの「文修飾」用法については ⇨ p. 220〕

(4) 「結果」を表わす節

$\left\{\begin{array}{l}\text{(a)} \quad \text{We turned up the radio } \textbf{so that} \text{ everyone could hear.} \\ \text{(b)} \quad \text{We turned up the radio, } \textbf{so that} \text{ everyone could hear.}\end{array}\right.$

(a)　皆が聞こえるようにラジオの音を大きくした。

(b)　ラジオの音を大きくしたので, 皆が聞えた。

＊ (a) のようにコンマがないときはふつう「目的」を表わし, (b) では「結果」
を表わす。

(5) 挿　入

$\left\{\begin{array}{l}\text{(a)} \quad \text{He says she is a fool.} \\ \text{(b)} \quad \text{He, says she, is a fool.}\end{array}\right.$

(a)　彼は, 彼女はばかだと言っている。

(b)　彼はばかだ, と彼女は言っている。

$\left\{\begin{array}{l}\text{(a)} \quad \text{There's no teacher I know whom you can trust.} \\ \text{(b)} \quad \text{There's no teacher, I know, whom you can trust.}\end{array}\right.$

(a)　僕が知っている先生で君が信頼できる先生はいない。

(b)　確かに（私は知っているが）君が信頼できる先生はいない。

＊ (a) は「二重制限」〔⇨ p. 124〕で, There's no teacher **that** I know **whom** you
can trust. の前の関係代名詞が省略された形。(b) のように, 話者の認識・考
え・気持などを表わす I think, I believe, I hope, I'm afraid, I'm sure などを添え
る言い方がよく用いられるが, 文頭に置かれたときはコンマで区切らず, 文
中・文尾ではコンマで区切る。

$\left\{\begin{array}{l}\textbf{I believe} \text{ he was the first man to invent it.} \\ \text{He was the first man, } \textbf{I believe}, \text{ to invent it.} \\ \text{He was the first man to invent it, } \textbf{I believe}.\end{array}\right.$

（それを最初に発明したのは<u>確か</u>彼だった）

(6) その他

- (a)　She is a **pretty** intelligent girl.
- (b)　She is a **pretty**, intelligent girl.

　　(a)　彼女はなかなか頭のいい少女だ。
　　(b)　彼女はかわいい，頭のいい少女だ。

　　＊(a)では pretty は「かなり」の意の副詞で intelligent を修飾する。

- (a)　Did he do it **then**?
- (b)　Did he do it, **then**?

　　(a)　彼はその時それをしましたか。
　　(b)　それでは，彼はそれをしたんですか。

- (a)　I haven't seen him **since** he left.〔時〕
- (b)　I haven 't seen him, **since** he left.〔理由〕

　　(a)　彼が行ってしまってからずっと会っていない。
　　(b)　彼には会っていない。行ってしまったんだから。

- (a)　She wanted to talk, **instead of** reading.
- (b)　She wanted to talk, **instead, of** reading.

　　(a)　彼女は，読書じゃなくて，おしゃべりをしたがった。
　　(b)　彼女は，そのかわりに，読書について話したがった。

　　＊(b)は「前の文で述べられていることをするのではなくて，読書について話すことを望んだ」の意で，instead は however, therefore などと同じように前の文の内容との接続関係を表わす「接続副詞」である。

- (a)　He is not a coward **like you**.
- (b)　**Like you**, he is not a coward.

　　(a)　彼は君のような臆病者ではない。
　　(b)　君と同じく，彼は臆病者ではない。

　　＊(a)では「あなた」は臆病者であるが，(b) では「あなた」は臆病者ではない。

セミコロン

　　セミコロンはピリオドよりも小さく，コンマよりも大きな区切りを示す。

(1) セミコロンは，ピリオドのように「節」(Clause) を切り離して別個の独立した「文」(Sentence) にしてしまわないで，節と節を区切る。ふつう，

節は接続詞などを用いて結びつけるが，接続詞（この場合は等位接続詞）を用いないで節を並べるときにセミコロンを用いる，と考えればよい。したがって節と節の間には，等位接続詞が表わすような，次のような意味関係を認めることができる場合がある。

① 前の節で述べられていることに引続いて起こることを述べたり，記述や描写を前の節に続けて並べる場合。〔"and" に類似する〕

　　The umpire blew his whistle; the players trotted onto the field.
　　　（審判が笛を吹き，選手が競技場に出てきた）

② 前の節の内容と対照的なことを述べる場合。〔"but" に類似する〕

　　I like swimming; my sister hates it.
　　　（僕は水泳が好きだが，妹は水泳が大きらいだ）

③ 前の節の内容に対する説明を述べる場合。〔"for" に類似する〕

　　She is doing without chocolate; she is dieting.
　　　（彼女はチョコレートを断っている。ダイエット中なんだ）

④ 前の節の内容に伴う結果を述べる場合。〔"so" に類似する〕

　　The evidence is there; you can't deny your guilt.
　　　（ちゃんと証拠があるんだ。罪を否定することはできないぞ）

▧ セミコロンは節と節を「区切る」という面からと，接続詞のように「結びつける」という面からの，両方の働きを認めることができる。

▧ セミコロンが区切る（もしくは，結びつける）節は，典型的には，長さや比重においてほぼ対等であることを特徴とする。

　　He is out of work; he needs financial help.
　　　（彼は失業している。経済的な援助が必要だ）

▧ 上で，セミコロンの表わす意味を接続詞の場合と比べてみたが，常にこのように分類できるわけではない。観点を変えれば，セミコロンは，接続詞によって具体的に接続関係を示さないで節を並べるときに用いられるとも言える。

(2) セミコロンは，コンマを含む文において，コンマより大きな区切りを示す場合に用いる。

　　She wanted to be successful, whatever it might cost; to achieve her goal, whoever might suffer as a result.
　　　（彼女はいかなる代価を払おうと，成功したいと思った。だれがそのために苦しむことになろうと，自分の目的を遂げたいと思った）

▧ 接続副詞 (however, therefore など) はコンマで区切られるので〔⇨　p.

339〕，前の節との区切りにはセミコロンを用いる。

We have financial problems; **nevertheless**, we'll carry on.

（われわれは財政的問題をかかえている。でもやはり，このまま続行
する）

　＊セミコロンを用いないで，ピリオドで切離すこともある。

We won the game; **however**, our star pitcher was injured.

We won the game. **However**, our star pitcher was injured.

cf. We won the game, **but** our star pitcher was injured.

（試合には勝った。しかし，わが方の花形投手が負傷した）

◆ セミコロンとコンマとピリオド

いくつかの要素を並べる場合，その区切り方もしくは結びつけ方は，一通
りに限定されない場合も多い。

  (a) To err is human; to forgive, divine.

  (b) To err is human, to forgive divine.

    （誤ちは人の常，赦すは神の業）

　＊一般には，省略箇所はコンマで示すことが多いので，節の連結にはセミコロ
ンをもちいた (a) の形が考えられ，これでもよいが，ことわざとしてふつう用
いられている形は (b) である。

  (a) The girl is pretty. You will like her.

  (b) The girl is pretty; you will like her.

  (c) The girl is pretty, and you will like her.

    （その子はきれいだよ。君の気に入るだろう）

　＊ (c) では，節が短いので，and の前にコンマを置かないこともある。

  (a) She sang now; quietly, easily, and happily.

  (b) She sang now, quietly, easily and happily.

  (c) She sang now. Quietly. Easily. Happily.

    (a) 彼女は今歌った。静かに，のんびりと，そして楽しそうに。

    (b) 彼女は今，静かに，のんびりと，楽しげに，歌った。

    (c) 彼女は今歌った。静かに。のんびりと。幸せそうに。

　＊ふつうの文では (b) のように，動詞と副詞的修飾句のあいだをコンマで区切
り，三つの副詞をコンマと and で並べる形が標準的である。

コロン

　　コロンは，その前の節で述べたことについて，その例や内容や説明などを
具体的に示す場合に用いる。"that is"（すなわち）と考えればよい場合が多
い。

(1) 具体的に列挙する場合

　　　　three R's: reading, writing and arithmetic

　　　　　　（三つのR，すなわち，読み・書き・算術）

　　　　We need three kinds of support: economic, political and moral.

　　　　　　（われわれは三種類の支援を必要とする。すなわち，経済的，政治
　　　　　　的，道徳的支援を）

(2) 具体的に言換える場合

　　　　Just one person is making trouble: you.

　　　　　　（一人だけ厄介者がいるんだ。つまりお前だよ）

　　　　It was just as I thought: he had stolen the money.

　　　　　　（思った通りだった。あいつが金を盗んだんだ）

(3) 具体的に事情・理由を説明する場合

　　　　We decided not to go on holiday: we had too little money.

　　　　　　（休暇はとらないことに決めたんだ。手もと不如意だったのでね）

　　　　We must sell this property: maintenance costs are far too high.

　　　　　　（この建物を売らなければならない。管理費があまりにも高すぎる）

(4) 対照的なことを述べる場合

　　　　God creates: man destroys.（神は創造し，人は破壊する）

◆ コロンとセミコロンとコンマとピリオド

　　コロンのあとに列記されるものが「節」であれば，その節のあいだはセミ
コロンで区切られ，その節のなかに「語［句］」が並ぶときはその語［句］の
あいだはコンマで区切られ，最後にピリオドを置いて文全体を区切る。

　　　　We hold these truths to be self-evident : that all men are created equal ; that they
　　　　are endowed by their Creator with inalienable right; that among these are life, lib-
　　　　erty and the pursuit of happiness.

　　　　　　　　　　　　　　　　　— Thomas Jefferson: *The Declaration of Independence*

（われわれは以下のことを自明の真理と考える。すなわち，すべての人間は平等につくられ，各人は神により侵すべからざる権利を授けられ，その権利のなかには生命と自由と幸福の追及が含まれる，ということを）

ダッシュ

　ダッシュの用法は，挿入要素の前後に置かれる場合と，追加要素の前に置かれる場合とに大別される。これらの要素は語句のことも節のこともある。

(1) 挿入する場合

There are many differences — aside from physical ones — between men and women.　（男女のあいだには — 肉体的な相違とは別に — いろいろな相違がある）

In August last year — I was with my family at the time — I had a serious accident.　（昨年の八月 — その頃は家族と暮らしていたのだが — 由々しい事故に会った）

(2) 付け加える場合

He's very ignorant — or incredibly careless.

　　（彼はひどく無知だ — あるいは信じられないほど不注意だ）

We'll be arriving on Monday — at least, I think so.

　　（私たちは月曜日に着くだろう — 少くとも，私はそう思う）

▨ ダッシュはまた，いくつか並べたものを総括する場合にも用いる。

People collect postage stamps, coins, matchboxes, seashells — in short, anything that is interesting or curious.

　　（人々は切手でもコインでもマッチ箱でも貝殻でも — つまり，興味深いものや珍しいものは何でも — 収集する）

◆ ダッシュとコロン・セミコロン・パーレン

　句読点の用法には，絶対的なものと相対的なものがある。文末に置かれる終止符や疑問符などは，他の句読点で代えられない絶対的なものである。一方，文中の要素を区切る句読点のなかには，文体的意図や他の句読点との相関性などにより，厳密に特定されない場合もあり，類似した働きをする他の句読点で置き代えられるものもある。たとえば，次のようなダッシュは，それぞれコロン・セミコロン・パーレンなどで置き代えられる。

①コロン［ : ］で。〔「すなわち」の意で，具体的に列挙する場合〕

There are three things I can never remember — names, faces, and I've forgot-
ten the other.　（私がどうしても覚えられないものが三つある — 名前と顔
　　と，もう一つは忘れてしまった）

②セミコロン［ ; ］で。〔接続詞を用いないで節を並べる場合〕

We had a great time in Greece — the kids really loved it.

　　（ギリシャはすばらしかったよ — 子供たちがすっかり気に入っ
　　ちゃってね）

③パーレン［ ( ) ］で。〔挿入する場合。次の例ではコンマも用いられる〕

My mother — who rarely gets angry — really lost her temper.

　　（母は — ふつう腹を立てることなんかめったにないんだが — まさ
　　に怒り心頭だった）〔⇨ p. 340「挿入」〕

終止符・疑問符・感嘆符

　同じ語が並んだ同形の文でも，文の種類が異なり，違った意味を表わす場
合がある。話し言葉では，アクセントやイントネーションによって意味の違
いが示されるが，書き言葉では，文末の句読点でその違いが示される。

　　You'll stay here till five. (⌒↘)　（5時までここにいなさい）
　　You'll stay here till five? (⌒↗)　（5時までここにいるって？）

　　＊上の文は「君は5時までここにいるだろう」という，ふつうの平叙文の意に
　　　解することもできるが，You'll が「指示・命令」を表わすことも多い。

　　Are you lucky ? (⌒↗)　（君はついてるかい）
　　Are you lucky ! (⌒↘)　（君はなんて運がいいんだ）
　　Isn't she beautiful ?(⌒↗)　（彼女は美しくないかね）
　　Isn't she beautiful !(⌒↘)　（彼女はなんと美しいことか）

　　＊同様に Does he ever work hard ? ならば「彼が一生懸命働くことなんてあるの
　　　か」の意であるが，My, does he ever work hard ! (⌒↗) であれば「まあ彼
　　　のよく働くことよ」の意になる。

　　Don't you trust girls ? (⌒↗)（女の子を信用しないのか）
　　Don't you trust girls. (⌒↘)（女の子なんて信用するんじゃないぞ）

EXERCISE 解答

第 2 章

1. 幸福は満足にある。

2. 草の上のそこここに星のように美しい花が咲いていた。

> ≪注≫ 副詞句が文頭に置かれ，また主語が長いので，語調とサスペンスの効果のため，動詞 **stood** が主語の前に出る倒置形式をとっている。ふつうの語順は Beautiful flowers like stars *stood* here and there over the grass. である。like stars は文尾に置けば副詞句になる。

3. 世俗的な成功は多くの場合世間の評判に左右される。

4. この世には依然として多くの不合理なことが存在している。

> ≪注≫ There を文頭に置かなければ Many unreasonable things still *exist* in the world. の語順になる。

5. われわれの争いの裏には不安感がひそんでいる。

> ≪注≫ 「われわれは，不安をいだいているのでそれがもとでいざこざが起こる」という意味。主語は sense。**at the base of**「～の基礎に」: Misunderstanding is *at the base of* most troubles. (たいていの争いは誤解がもとで起こる) **sense**「～感」: the *sense* of responsibility [duty] (責任 [義務] 感)

6. われわれは環境を制御することによって生き残り，制御は情報によって可能になる。

> ≪注≫ 後半の受動態の直訳は「…可能にされる」。「情報」は「知識」でもよい。

7. 幸福は境遇そのものよりもむしろ自分の境遇をどのように見るかにかかっている。

> ≪注≫ one's way of ～ing「その人の～の仕方; どのように～するか」

8. 忠告は冬の雪のごとし。静かに降るほど，心に長くとどまり，深く沁(し)み込む。

> ≪注≫ the more ～ the more ～ the more と比較級が三つ並ぶ形式では，従節と主節の区別を間違えないこと。[→p. 230] この文では **the softer it falls**（静かに降れば降るほど）が従節であり，**the longer ～, and the deeper ～**（心にますます長くとどまり，ますます深く沁み込む）が主節である。**the mind** は二つの主節の動詞に伴う前置詞 (stays) *upon* と (sinks) *into* の共通目的語 [→p. 214] である。

9. 物事は少し離れて見れば，その欠点は姿を消し，魅力だけが残る。

> ≪注≫ **from a distance**「少し離れたところから」*cf.* at *a* distance (少し離れたところに)，in *the* distance (遠方に) a の場合は「不定のある距離」，the では「遠方」を表わす。

10. 私が年をとるにつれて最も強い感銘を受けたことの一つは，教えることに対する兄のすぐれた才能であった。兄は最も複雑な問題を解明する能力を持っていたばかりでなく，今振り返ってみてはっきりわかるのだが，むずかしい事柄を説明することにおける無限の忍耐力も備えていた。

　　≪注≫　下線部の主語は gift で動詞は was。この文は倒置形式をとっている
　　　　　が，次のような文と同じ構文である。
　　　　　　　He is *among* the greatest of scientists.　（彼は最も偉大な科学者
　　　　　　　　の [あいだにいる→] 一人である）
　　　　not only ～ but also ...「～ばかりでなくまた…」　**making clear**
　　　　the most intricate subjects「最も難解な問題をはっきりわかりやす
　　　　くさせる」subjects が make の目的語で clear は目的補語であるか
　　　　ら普通の語順は making the most intricate subjects *clear* であるが，
　　　　目的語が長いので後に置いたもの。

11. 良薬口に苦し。

12. その実験が成功したとき，彼の夢は実現した。

13. 彼が死んだといううわさは事実でないことがわかった。
　　≪注≫　**The rumor of his death**＝The rumor that he had died

14. 彼は娘が重病にかかったときほとんど気も狂わんばかりになった。

15. 彼女はあいかわらずその事実に気がついていなかったが，夫のほうはうすうす気がつ
　　いているようだった。

16. 自分の考えを表明する自由はいかなる人にも否定されてはならない権利であると私は
　　信じる。ある考えが今日いかに危険でばかげているように思えても，おそらく，2, 3 年
　　もすればそれが正しいことがわかるだろう。
　　≪注≫　**sound**「～のように聞こえる；～のように思われる」

17. 真に科学的な社会科学は，社会現象をもっと正しく予言し制御できるようになると同
　　時に，個人の尊厳と品位を保持することができるように，社会と個人の相互関係の過程
　　――社会的関係の本質と力学――を理解しようと努めるであろう。この基本目標の中に
　　内在しているのは，社会の安定は，人間の安定と尊厳を離れては，たとえ不可能ではな
　　いにせよ無意味であるという前提である。
　　≪注≫　**so it can**＝so that it may（～することができるように）**valid**「正
　　　　　当な；有効な」**integrity**「誠実さ；高潔；正直さ」下線部は倒置形式
　　　　　をとっているが，要素は the assumption (S) is (V) inherent (C)（前
　　　　　提が内在している）である。**independent of**「～から独立して」

18. 空の器(うつわ)は最も大きな音を立てる。（中味が空っぽの人間にかぎって多弁でにぎや
　　かだ）

19. 凡人は自分に理解できないものをけなす。

20. 努力を通してのみ人は創造の喜びを見いだす。

21. 言語を学ぶには，学ぶ人に無限の忍耐と努力が要求される。

22. 偉大なことをなしとげた人はその失敗を踏み石とした。恥ずべきは倒れることではな
　　く，倒れるたびに起き上がらないことである。
　　≪注≫　**make ～ of ...**：He *made* a doctor *of* his son.（彼は息子を医者
　　　　　にした）He *made* a fool *of* me.（彼は僕をばかにした）

23. 今日われわれは，自分たちが複雑なさまざまの機械にとり囲まれて暮らしているとい
　　う事実を，当然のこととして受け入れている。
　　≪注≫　**accept** の目的語 the fact が同格節を伴うために，後に置かれてい
　　　　　るが，単に the fact だけならば accept *the fact* as a matter of
　　　　　course の語順になる。**in the midst of**「～のまん中に」

24. 書物を通して人類は過去との接触を保ち，書物を通して人類は遠い国の仲間と手を触

れ合う。

≪注≫ **does** は Through books という副詞要素が強調されて文頭に出たために、ふつうなら humanity retains となるところが、*does* humanity retain と倒置形式をとり前に出たもの。

25. 医者の話によると、入院している患者のなかにはただ病気に負けてしまうために死んでしまうものがあり、また一方、ただ強い意志を持ち続けて屈伏しないために回復するものもいるという。<u>それほど大きな力を精神は肉体に対して及ぼすのである。</u>

≪注≫ **simply because** ...「ただ…という理由だけで」**while**「一方…」対照的なことを述べるのに用いる接続詞。**Such power** ... という下線部は倒置文。Such power (O) has (V) the mind (S) ....

26. 彼は私が困っているときにはいつでも援助を申し出てくれる。

27. 子供は皆、親には答えられない多くの質問を親にする。

28. 自分がひとかどの人物になりたいと思う者は、自分に対して高い目標を定めなければならない。

≪注≫ **make himself somebody**「自分をひとかどの人物にする」somebody は目的補語。

29. 怠惰はやがていかなる代償を支払わなければならないかを教えてくれる。

≪注≫ 「なまけているとそのうちどれほど大きな償いをしなければならないかを思いしらされることになる」のような訳し方をしてもよい。**in time**「間に合って;（ここでは）やがて;いずれそのうち」

30. 市民に教育を施そうとしない国家は、自分の個性を十分に伸ばす手段を市民に拒否していることになる。

≪注≫ 最初の denies の間接目的語は名詞 (its citizens) でやや長いので後に置かれているのに対し、後の denies の間接目的語は短い代名詞 (them) なので直接目的語の前に置かれている。

31. 人々は自分の考えていることを表現できる必要がある。だが彼らは社会が彼らにそうすることを認めなければそうすることができないのであって、<u>彼らに最も多くの自由を与える社会が民主国家なのである。</u>

≪注≫ **democracy**「(不可算名詞では)民主主義;（可算名詞としては）民主国家;民主政体」

32. 医学の進歩で寿命は大幅に延びた。しかし科学者は、老齢の重荷を軽くするにはどうすればよいかはわれわれにまだ教えてくれない。

33. 私は今日の女子大学の教育的価値を軽んじる気持は毛頭もっていない。<u>出身家庭もさまざまに異なる大勢の女子学生が一しょに学べば、互いに大いにためになることもあろうし、3年間高い水準の学問に接することも女子にとって決して害にはなるまい。</u>私はまた試験の有用性を否定しようとも思わない。

≪注≫ 第一文は「〜価値を軽んじていると一瞬たりとも思われたくない」が直訳。**do a world of good to**「〜に多大の利益を与える」**be exposed to**「〜にさらされる;〜を経験する」**Nor would I dare to 〜.** ＝And I wouldn't dare to 〜, either. （あえて〜する気もない）

34. 彼らはその男の子を祖父にちなんでリチャードと名づけた。

35. 彼は自分がその事故に対して責任があると感じた。

36. いかなることも、その結末を見届けるまでは、不幸と呼んではならない。

37. 彼らは所有している本の数のほうがその質よりも大切だと考えている。

38. 遺伝と進化の法則が生物の世界を現在のようなものにし，将来の姿を決めることになる。

> ≪注≫ **what it now is**「(それが今日あるところのもの→) 今日の姿」〔→p.254〕この名詞節は目的補語。**what may yet be**「(これからなるかもしれないところのもの→) 将来の姿」

39. 今まで読んでいたことをよく考えてみることによって，しっかりと自分のものにしてしまうまでは，別の本を手にしないほうが，いや，たぶん次のページにも進まないほうがよいでしょう。

> ≪注≫ **might**「(断定的に述べるのを控えて) たぶん～でしょう」 **make ～ our own**「～を自分のものとする；～を身につける」この部分は *have made* that which we have just been reading *our own*（読んでいたものを自分の身につけてしまう）のように目的語の節の後に目的補語の our own を置くと，目的語が長くて文のバランスがとれないので，that の後に our own を置いたもの。

40. 確かに，世界中で用いられる共通語があれば，それは国々を互いにいっそう近づけることに，大いに役立つことであろう。世界をあちこち移動することがますます容易にできるようになっているが，われわれが互いに意思を伝達し合う能力を欠くために，数多くの誤解が生じ，国籍の異なる人々のあいだの真の接触が不可能になっている。

> ≪注≫ **would** は仮定法過去で，主語に含まれる仮定的な意味を具体的に訳すのがよい。下線部の主語 **inability** は「無生物主語」〔→p.42〕の例で，直訳すれば「伝達し合うことができないことが数々の誤解を生み，異なる国籍の人々のあいだの真の接触を不可能にする」となる。

41. 彼女はお母さんが朝食の準備をするのを手伝った。

42. あなたは彼女がいくつだと思いますか。

43. 突然，彼らは足の下の大地が激しく揺れるのを感じた。

44. このめがねをかければ，あなたは黒板の文字が読めるでしょう。

> ≪注≫ 無生物主語をそのままにして訳せば「このめがねは君が黒板の文字を見ることを可能にしてくれるだろう」となるが，やや不自然なので上のように訳す。〔→p.42〕

45. 新聞のおかげでわれわれは世の中で起こっている出来事に通じていることができる。

> ≪注≫ これも無生物主語のまま訳せば「新聞はわれわれを世の中の出来事に通じさせておいてくれる」となる。

46. 若い者に喫煙や飲酒をするようにしむけてはならない。

47. 容易に手に入るようになったので，書物は以前ほど尊重されなくなっている。

> ≪注≫ 直訳：「書物を手に入れる容易さが，書物がかつてそうであったよりも少ししか大事にされないようにならせている」

48. 登山は，自分でそれを楽しまない人々には，それを楽しむ人々の動機や気持が全く理解できない，おそらく唯一のスポーツである。

> ≪注≫ 直訳：「登山は，それを楽しまない人々を，それを楽しむ人々の動機と精神状態について，全く途方に暮れさせてしまう，たぶん唯一のスポーツであろう」 **leave ～ bewildered**「～を当惑した状態にさせておく；～を当惑させる」 cf. *leave* the door *unlocked*「戸に鍵をかけないままにしておく」

49. 日本語は, 日本人自身にとってさえもむずかしい言語である。それならば, 気の毒にも外国人にとって, 日本語の実用的な知識を身につけられるという見込みは, いったいどれほどあるだろうか。しかし, 忍耐強く努力するものにとっては, 報い豊かな結果が得られる。<u>ある程度堪能に話せれば, しばしば相手の日本人は, こちらが実際よりもはるかによく日本語を知っていると想像する。</u>

　　　　≪注≫　**What chance ...?** はいわゆる修辞疑問〔→p. 216〕で,「いかほどの可能性があろうか→可能性はない」の意。下線部の直訳:「まあまあと言える程度の熟達は, しばしば, あなたが話しかけている日本人に, あなたが実際に知っているよりもはるかに多く知っていると想像させる」

50. 外国語を知らない者は自国語をも知らない。

51. 相手の観点を理解しようと努めることは, 交友において守るべき正しい規則である。

52. 若い頃に読む本はわれわれの人生に対する態度に強い影響を与える。

53. 言うまでもないことであるが, 自分の努力によって自活することができ, 他の誰にも頼らないで生きている人間でなければ, 自主独行の人となることを望むことはできない。

　　　　≪注≫　**no one but** ～「～以外は誰も(…ない); ～だけが(=only)」*that*-Clause の中の主語は no one, 動詞は hope である。

54. 私の幸福感の奥底から生じて, 私の中で徐々に大きく育っていったのは「私たちは自分の生命がただ自分のためにだけあるものとして扱ってはならない」というキリストの言葉に対する理解であった。

　　　　≪注≫　文の主語は understanding である。**that** は saying の内容を述べる同格〔→p. 204〕の名詞節を導く接続詞。

55. われわれ自身の生活とは全く異なった生活を送っている周囲の人々について活発で好意ある好奇心を抱くことにより, われわれ自身の生活にも興味と豊かさが加わる。たとえ個人的な友情をはぐくみたいという気持は特に持っていなくても, それでもなお, 彼らの生き方や抱負を理解することにより, 発展しつつある, 他人ばかりのこの人口過剰の国におけるわれわれすべての生活が, ずっと暮らしやすいものになることが可能になる。

56. 彼が彼女にほれているなんて思いもよらなかった。

57. 大勢を占める意見に敢然と対抗することは常に困難なことである。

58. 彼と議論してもむだだ。正気じゃないんだから。

59. この機会を利用しないのは愚かなことだ。

　　　　≪注≫　**would** は仮定法過去。不定詞に条件が含まれ「利用しなかったならば, それは愚かなことだろう」の意。

60. ある人が善良であるからといって, その人が賢明であるということにはならない。

　　　　≪注≫　**Because** が否定詞とともに用いられた注意すべき場合。〔→ p. 294〕

61. 人間を幸せにするのが何であり, 自分が幸せになるために何をすることができるかということを考えてみるのは, 価値あることである。

　　　　≪注≫　最初の **It** が to consider 以下を表わす形式主語。二番目の **it** は強調構文の it である。〔→p. 222〕

62. 現代社会が行なってきた努力をあまり自慢するよりもむしろ, 遠い昔の "文明化以前の" 社会でなされていた努力に匹敵するだけのことでさえも, はたしてわれわれはしているのかどうかを考えてみるほうが賢明であろう。

　　　　≪注≫　この文での「努力」とは「障害者のための努力」のことである。

63. 自分が他の者より頭がいいか悪いかということではなく, 自分の持っている才能で最善を尽くしたかどうかということが, 学生にとっては問題なのである。

≪注≫　**not ～ but** ...（～ではなく…）を，「～ではない，しかし…」のように
　　　　に訳さないこと。[→p. 152]

64. 若い人には偉大な書物の特質はとうてい読んですぐにわかるものではない。多くの場
　　合，そのような書物に含まれているすべてのことを知るのに，人類は幾百年もかかって
　　いるということを忘れてはならない。しかし，その本が読者に新しい意味を表わすこと
　　になるかどうかは，その読者の人生についての知識と経験にかかっている。

65. この絵を見れば私はいつも楽しい学校時代を思い出す。
　　　　≪注≫　**remind** は「思い出させる」，**remember** は「思い出す」。この文は
　　　　　　　「人」を主語にし remember を用いて次のように書換えられる：When
　　　　　　　I see this picture, I always remember my happy school days.

66. 彼女は内気だったので人と知合いになることができなかった。
　　　　≪注≫　「人」を主語にすれば：As she was shy, she couldn't make
　　　　　　　acquaintances.

67. 彼には英語の知識があったのでフランス語を楽に学ぶことができた。
　　　　≪注≫　「人」を主語にすれば：As he knew English, he could learn French
　　　　　　　with ease.

68. びっくりしたために少女はほとんど口をきくことができなかった。
　　　　≪注≫　「人」を主語にすれば：The girl was so astonished that she could
　　　　　　　hardly speak.

69. この写真を見れば，私がどんなところに住んでいるかよくわかるでしょう。
　　　　≪注≫　「人」を主語にすれば：If you look at this picture, you will have
　　　　　　　a good idea of where I live.　**idea** をこのような場合「考え」などと
　　　　　　　訳さないこと：I have no *idea*.（僕にはわからない）

70. 夜ごとに彼女はこつこつ仕事に精を出した。

71. もっと詳しく調査するためには，少なくとも一月はかかるだろう。

72. 境遇に恵まれていたために彼は長いあいだ世間の現実に気がつかなかった。

73. 彼は英語を話すことができなかったので，国際会議に出席したときに不利な立場に置か
　　れた。
　　　　≪注≫　「人」を主語にすれば：As he was not able to speak English, he
　　　　　　　was put at a disadvantage ...

74. 人間についてさまざまな経験をしたので，私はただ頭がいいことを重んじなくなり，
　　勤勉と体力をますます重視するようになった。
　　　　≪注≫　**lead ～ to** ...「～が…するようにならせる」　**set a value [up]on**
　　　　　　　「～を評価する」　**physical endurance**「肉体的な耐久力；体力」

75. 今日人々が外国語を学ぼうとするとき，彼らはただその外国語を話すことだけに関心
　　を持っているのではない。<u>一つの言語を習得すれば，その人は，多くの重要な文献や，</u>
　　<u>現在刊行されている多数の出版物を利用することができるようになる。</u>

76. 急いでしたことは決してうまくできない。（せいては事を仕損じる）

77. 彼がなぜそうしたのか私にはわからない。

78. われわれが軽べつしているものが，われわれに立派で大切であるようにみえるものよ
　　りも重要であることがよくある。

79. 教育のある人は教育のない人より幸せであるということは，決して自明の事実ではな
　　い。

80. 生活の貴賤(きせん)は，いかなる職業についているかではなく，いかなる精神でそれを行

うかによって決まる。

81. 科学の進歩がすばらしいものであったということは否定できないが，そのことだけで，われわれが古今を通じて最も高度に文明化した国民であるとみなす権利をもつことにおのずからなるということには，少なくとも疑問の余地がある。

82. 文明の質を測る最も確かな尺度は，その余暇の質である。<u>ある国の国民が，必要に迫られて何かをしなければならないときに何をするかということではなく，自由に何でもできるときに何をするかということが，その国民の生活の質を判断するための基準になる。</u>

83. 今日の生活の中に，過去のすべての日々の努力と闘いの結果がある。
　　　　≪注≫　主語は results。

84. これらの現象は非常にありふれているので，人々に気づかれることがめったにない。
　　　　≪注≫　phenomena（現象）の単数形は phenomenon。

85. 以前にも増して，このような人々に対する需要はその供給を上まわっている。
　　　　≪注≫　倒置されないふつうの語順にすれば：The demand for such men is in excess of the supply more than ever before.

86. 適切な時に適切な友に出会う人は幸せである。適切な時に適切な敵に出会う人もまた幸せである。

87. 不幸は必ずしも不満をもたらさないし，不満の程度が不幸のそれに正比例するわけでもない。

88. (1) <u>大学教育の目標の中には知識の習得が含まれなければならないが</u>，(2) <u>それよりはるかに重要なのは知的好奇心の育成と，知識の習得は楽しいものであるという認識である</u>。なぜならば，これらのものを育てることは，知識の習得が大学卒業後も続けられることを保証することになるからである。
　　　　≪注≫　of far greater importance＝far more important（はるかにもっと重要な）　下線部(2)の主語は development（育てること）とrealization（悟ること）である。

89. 君は辞職するのが一番いいと思う。

90. その知らせを彼女に伝える気になれなかった。
　　　　≪注≫　break は「悲しい知らせ」などを伝える場合にのみ用いる。

91. 赤ん坊が無事であるように注意してください。

92. 約束のあるときは，いつも時間より5分前に着くようにしている。

93. 彼が困難を克服することができたのは，ひとえに本人の努力のおかげです。

94. 勉強に注意を集中することができるようになることを第一の目標にしなさい。
　　　　≪注≫　hold your attention「注意をじっとその事だけに注ぐ」

95. われわれは，人類が毎年，毎日，毎時間進歩をとげることをほとんど当然のことと考えている。近代科学の歴史を一目見れば，進歩が人間生活の法則の一つであることが，容易に理解できるだろう。
　　　　≪注≫　make it easy to see ... は「…であることを理解するのを容易にする」が直訳。

96. 念入りに正直に文章を書く人は文体について気を使う必要はない。言語を使用することに熟達するにつれ，自分の文体が現われてくる。これは自分という人間が文に現われてくるからであり，こうなったとき，<u>自分と他の精神，他の心とを隔てている障壁を打ち破ることがますます容易になってくるだろう</u>——それこそが，言うまでもなく，ものを書くことの目的であり，同時にまたその主な報いでもある。

≪注≫ **will find it easy to break through** 〜「（人は）〜を打ち破ることが容易であると見いだすだろう」が直訳であるが，「（人にとって）〜 を打ち破ることが容易になるだろう」程度の訳にしてよい。A **as well as** B はふつう「BばかりでなくAも」（＝not only B but also A）の関係を表わすが，コンマで区切られて付加的にBが述べられる場合もあり，その場合は訳し下げてよい。

97. 彼はそのパーティに出席した。

98. 彼女は自分の美貌を自慢している。

99. 彼は聴衆に話しかけた。

　　　≪注≫ He addressed the audience. としても同意である。

100. われわれはこの機会を利用しなければならない。

101. ひとりぼっちにされて，赤ん坊は泣き寝入りしてしまった。

　　　≪注≫ read oneself to sleep ならば「本を読みながら眠り込んでしまう」

102. 子供は自分たちが両親によって平等に愛されていると感じることが大切である。

103. 私はこのような問題について彼女と議論する気になれない。

104. 人は他人のことを考えて自分を彼らの立場に置き，何が彼らを喜ばせ，何が彼らを傷つけるかをよく考えなければならない。

105. 人間は多かれ少なかれ自分が置かれている環境に自分を適合させなければならない。

106. 科学者は類似性を探究することによって，自然が呈する姿の中に秩序を求める。というのは，秩序はひとりでに表にあらわれるものではないからである。たとえ秩序が存在するといえるとしても，ただ見ただけでそこにあるというようなものではない。それを指さしたり，それにカメラを向けたりすることはできない。秩序は発見されなければならず，また，深い意味では，創造されなければならない。われわれが見るものは，それが目に映るままの姿では，無秩序にすぎない。

107. われわれは過去は知ることができるが，未来はただ感じることしかできない。

108. われわれは，最も苦労して手に入れたものは，最も長いあいだ失わないで持っている。

109. その人が何のことを言っているのかは私には理解できなかった。われわれはこちらの案を提示したが，それを彼は直ちに拒否した。

110. 自動車を持っている者は，20マイル以内に住んでいる人はだれでも隣人と見なすことができる。

111. 母が死んだとき私は4歳でした。母を失ったことが，いかに私の成長期を貧しいものにし，また私の性質に深い影響を与えたかは，知るすべもありません。

112. 恋している女性に恋人の気持を知らせないでいることは，音楽に人の心を動かさないようにさせることと同じくらい困難なことである。

　　　≪注≫ 「音楽を聞けば心が動かされないではおれないように，恋する女は恋人の気持を知りたいと思わないではおれない」の意。**keep A from B**（AをBから隠しておく）のAに当る knowledge が修飾語を伴っているので，後に置いた形。**knowledge:** いわゆる「知識」ではなく「（…を）知ること」の意。cf. *Keep* the fact *from* his *knowledge.*（この事実は彼には知らせないでおきなさい）

113. 戦後しばらくのあいだ，紙不足はきわめて深刻であった。新聞や週刊誌の大きさは制限され，出版社は割当てに従ってその出版部数を制限しなければならなかった。このようなわけで，損をしないために，出版社は当然のことながら，概して，若い無名の

作家による新刊の本よりも，定評ある著者の間違いなく売れる作品や，昔人気のあった本の再版のほうを好んで出版した。

114. 私は自分に愛想が尽きる。眠りにおちて，目がさめてみたら別人になっていて，記憶も新しくなっている，ということになればいいのにと思う。

　　　　≪注≫　**wake up a different person**「別人として目がさめる；目がさめたら別人になっている」person が主格補語。

115. 彼らは相変らず互いに敵意を抱きあっているようだ。

　　　　≪注≫　**to remain** が appear の補語で，**hostile** が remain の補語になっている。

116. 彼は，人間の性質は互いにいかに似ていないものであるかということを知っていた。

　　　　≪注≫　human natures are *very unlike* という文が感嘆文の形式になり補語が前に出たもの。

117. 正邪の区別をただわきまえているだけではそれ自体ほとんど価値がない。

118. 親が自分の子供に対して最も切実に願うことは，子供が自分の持っている素質をできるかぎり伸ばすことである。

　　　　≪注≫　*that*-Clause が文の補語になっており，補語節（＝従節）の中では，**all that he is capable of being**（直訳：彼がなることができるすべてのもの）が becomes の補語になっている。

119. 自分が有名人と知り合いであることを人に話すことによって自分を偉く見せようとすることは，結局，自分自身は取るに足りない人間であるに過ぎないことを示すようなものである。

　　　　≪注≫　**To try ... is ... to show ...** という，主語と補語が be 動詞で結びつけられた形。*cf. To see* her is *to love* her.（[彼女を見ることは彼女を愛することだ→] 彼女を見れば愛さないではいられない）

120. 知識が今日ほど進んでいない時代には迷信に過ぎないとか無益のものと考えられていた非常に多くのものが，今日よく調べてみれば，実は人類にとってきわめて大きな価値をもっていたことがわかる。おそらく，なんら社会的価値を持たない迷信というものは存在したためしはないであろう。また，一見最も嫌悪すべきものや最も残酷に思われるものでさえ，最も貴重な価値をもっていたことがわかることもよくある。

　　　　≪注≫　**prove to have been ...** では to have been が prove（～であることがわかる）の補語で，**of immense value** が to have been の補語になっている。**turn out to have been** では to have been が turn out の補語である。

121. 部屋にその少女がいることが，少年をとても幸せにした。／その少女が部屋にいたので，少年はとても嬉しかった。

122. 心配のため彼女は一晩中眠れなかった。(＜心配が彼女を一晩中目ざめさせておいた)

123. おまえをぶらぶらさせておくわけにはいかない。

124. 私が信頼していた人が，その信頼に値しないことがわかった。

　　　　≪注≫　直訳：「私が信頼していた人が，自分がその信頼を受けるに値しないことを示した」

125. 科学は宇宙旅行が可能になるほど進歩した。

　　　　≪注≫　**so far ～ as to ...**「…するほどまで～」ここは so ～ as to の形式であるが〔→p.262〕，so far は熟語として「今までのところ」という意味を表わすこともある。

126. 良書を読むときは，理解できない語を決してそのまま読み過ごしてはならない。読む語はすべて，必要なときに自分が使えるように，自分のものとして身につけてしまうように努めなさい。

127. 世界がますます狭くなっていくので，世界で最も広く用いられる言語の実用的な知識を身につけることが，実業家や学者や，旅行者にとってさえも，ぜひ必要なことになっている。

　　　≪注≫　直訳：「ますます縮んでいく世界は，最も広く用いられる言語の実用的な知識を，実業家や学者，それに旅行者にとっても，欠くことのできないものにした」

128. たしかに，現代の教育において，若者が学ばなければならないことのできるだけ多くを，彼らにとって容易で興味深いものにしようとすることは，賞賛に値する努力である。しかしながら，この方針が，やさしく興味深くしたもの以外は何も子供たちに学ぶことを要求しないという点まで押し進められたならば，教育の主要な目的の一つが犠牲にされることになる。

　　　≪注≫　not requiring them to learn anything but ～（～以外は何も彼らに学ぶことを要求しない）は not と anything を nothing にし，requiring them *nothing* but ～（～だけを学ぶことを彼らに要求する；～しか彼らに学ぶことを要求しない）としても，意味関係は変らない。

129. （a）私はアメリカ人がこの言葉を用いるのを聞いたことがない。
　　　（b）私はアメリカ人がこの言葉を用いるということを聞いたことがない。

130. （a）なぜ彼は彼女を憎むのか。
　　　（b）なぜ彼は［人に］憎まれるのか。

　　　≪注≫　直訳：「（a）何が彼に彼女を憎ませるのか。（b）何が彼を人に憎まれるようにするのか」

131. この薬を飲めばあなたは気分がよくなるでしょう。

132. 彼女は彼に4時間ごとに薬を飲ませた。

133. 子供たちにあまり甘いものをたくさん食べさせてはいけません。ほかの食べなくてはならない食べ物に対する食欲を失わせることになるでしょう。

134. 「どうぞ」というのはほんのちょっとした言葉だが，この言葉は，それを使わなければ乱暴に聞こえる多くの頼みごとを快く響かせる。

　　　≪注≫　makes ～ sound pleasant「～を快く聞こえるようにさせる」without it「この言葉がなかったならば」これが条件を表わすので would という仮定法過去を用いてある。〔→ p. 174〕

135. われわれはみな，何が起こるかわからないときに，えてして最悪の事態を予想しがちである。したがって，われわれは自分の問題や困難をあまり実際以上に大きなものに見えさせないために，どんなに注意してもし過ぎることはない。

　　　≪注≫　be careful not to ～「～しないように注意する」

136. 自分が言うことやすることがすべての人に理解されることを期待してはならないということを，なるべく早く知っておいたほうがよい。相手がだれであれ，すべてのことについて自分に同意することを求めたり期待したりしてはいけない。大切なことは，必ず家族であれ友人であれ自分を愛してくれる人にできるだけ理解されるようにすることである。

　　　≪注≫　those who love you understand as nearly as you can make them understand の直訳：「あなたを愛する人々が，あなたがその人

　　　　　　たちに理解させることができるかぎり，[あなたを]理解する」

137. 私は金が彼のいざこざの原因だと思った。

138. 私は彼の言ったことは重要でないと思います。

139. 絶望が彼を自殺に追いやった。／絶望のため彼は自殺した。

140. 彼の金銭欲が彼にその罪を犯させた。

　　　　≪注≫　lead ～ to do ...「～に…するようにならせる」

141. 健康が回復したので，彼は研究を続けることができた。

142. 私はあなたにそんな悪党とつき合わないようにしてほしいと思う。

　　　　≪注≫　should prefer＝should like（～したいと思う）

143. 今日テレビについて問題となる点は，ただ何を見るかということではなく，いかに見るかということでもある。子供たちのテレビの見方は子供たちを受動的にならせてしまい，また，このようなテレビの見方は幼い子供たちの頭脳の発達に影響を及ぼすことさえもあるかもしれないということを示す証拠もある。

144. もしわれわれが永続する平和を確保したいと思うならば，相互の理解のための最大の手段である新聞の自由が抑圧されて，暴力と侵略の武器に変えられてしまうことを二度と許してはならない。

　　　　≪注≫　freedom of the press「新聞（出版・報道）の自由」this greatest instrument は the press の同格。(to be) perverted into「ねじ曲げて～に変えられてしまう」

145. 本当の笑いは，相手に危害を加えようという気持を完全に欠いている。<u>われわれは，自分がおもしろいと思う人や物が今とちがった状態になることを望むことはできない。</u>われわれは，それらの人や物を変えることは望まず，ましてや傷つけたり破壊したりすることは望まない。いきり立った危険な群衆は，彼らをうまく笑わせることができる演説家によって，無害なものにされてしまう。本当の笑いは常に，いわゆる「和やかな」ものなのである。

　　　　≪注≫　wish ～ to be ...「～が…であることを望む」we find amusing は people or things を修飾する関係詞節であることに注意する。other than ～「～と異なった；～以外の」far less ～「（否定文を受けて）まして～ではない」（＝still less）〔→p. 288〕is rendered harmless「無害にされる」rendered＝made. orator「雄弁家；演説家」succeed in ～ing「首尾よく～する」as we say「（われわれがそう言うように→）いわゆる」disarming「武装解除させるような；和やかな気持にさせる」

146. ある事がうまくなされるのを望むならば，自分でやらなければならない。

147. 彼は正直だったので主人に信頼された。

　　　　≪注≫　直訳：「彼の正直さが，彼が主人に信頼されるようにした」

148. 自分が人から尊敬されるようにしなければならない。

149. 彼らはあらゆる手だてを尽して真相を発見しようとした。

　　　　≪注≫　cf. leave no means untried（[いかなる手段も試みないではおかない→]あらゆる手段を講じる）

150. 私は大声で助けを求めたが，交通の騒音のため私の声は人に聞こえなかった。

　　　　≪注≫　直訳：「私の声が人に聞かれるようにすることができなかった」

151. 私は多くの本を読んだが，読書は下手である。読むのが遅く，とばし読みもうまくできない。どんなにつまらない退屈な本でも，途中でなげだすことがなかなかできない。

≪注≫ 後半の直訳：「私には本を，たとえどんなに悪書で，どんなに私を退
屈させようと，読み終えないでおくことは困難である」

152. ほかの人が好きだと言うからといって，ただそれだけの理由で，自分が好きでもな
いものを好きだと言ったりすべきではないということを，子供たちには教えてもらいた
ものだ。

153. もし民主主義が人民による政治か社会的な平等を意味するならば，英国は民主国家
でないことは明らかである。しかしながら，英国はヒットラーの台頭以来この民主主義
という語が持つようになった第二義的な意味においては民主的である。まず第一に，少
数派も自分の考えを相手に聞かせる発言力を持っている。しかし，なお大切なことだ
が，世論が自らを表明しようと望むとき，それを無視することはできないのである。

≪注≫ **the secondary sense which has attached itself to that word**
「それ自体をその語にくっつけたところの第二義的な意味」というの
は「その語が帯びるようになった第二義的な意味」の意。**power of making
themselves heard** は「自分の言うことを相手に聞かれるようにする
力」が直訳。

154. 彼は機械を始動させた。

155. 彼は少年が宝石を盗んでいる現場を押えた。

156. 彼の最期の望みは，娘が自分にほほえみかける姿を見ることであった。

157. 彼が行ってみると，彼女は，いつものようにソファーに横になっていないで，窓辺
に立っていた。

158. 少し年をとるにつれて，かつて学校で学び，もう忘れてしまったと思っていた詩の
幾節かが，突然記憶の中からよみがえり，人生をいっそう楽しく興味深いものにするこ
とでしょう。

≪注≫ **find passages ... thrusting up**「幾節かが突然よみがえってくるの
がわかる」thrusting が目的補語。**making** は付帯事情を表わす分詞構
文〔→p. 92〕の用法。

159. 現代は，無力な困惑感が支配的な気分になっている時代である。われわれは，ほと
んどだれも望んでいない戦争に向かって自分たちがただよい流されていくのを見ている
だけである。

≪注≫ **one** は a time（時代）を表わす。

160. 時計の中の一つの歯車が，自分の立場からみれば誤って間違った方向に回転してい
るように思われるもう一つの歯車の動きを，いわれのない軽べつの気持を抱いて眺めて
いる図を想像するのはむずかしいことではない。どちらの歯車も，反対の方向に回転し
ている二つの歯車がなければ時計は存在しえないということがわからないであろう。

≪注≫ **imagine one wheel ... viewing ... the running**（一つの歯車が動
きを眺めているのを想像する）で viewing が目的補語の現在分詞。**two
wheels turning in the opposite directions** の turning は wheels
を修飾する現在分詞（反対の方向に回転している二つの歯車）の用法。

161. 彼は死んだ妻の影が木立ちの中を動いているのが見えるとよく空想した。

≪注≫ saw *the figure* ... moving ...（姿が動くのを見た）がふつうの語順。
目的語（figure）が修飾語を伴い長いためと，後に置くことによってサ
スペンスの効果をあげるために，目的語が後置されたもの。

162. 彼は，彼らがそのことについて率直な意見を述べるのを聞いた，唯一の人であった。

≪注≫ they heard *him* express（彼らは彼が述べるのを聞いた）の him が

関係代名詞になって前に出た形。

163. 当然怒るべきときにだけ怒る人を，短気な人間とは呼ばない。

164. われわれはなすべきでないことをし，当然なすべきであったことをしないでおきながら，健康が失われたことを不思議に思うのである。
　　≪注≫　leave *those things* … undone というふつうの語順が，目的語に修飾語がついて長いためにこれを後に置いたもの。*those* things *which* … のように関係代名詞の先行詞を指示する those はそのまま「それらの」と訳出しない。〔→p. 120〕

165. 現代の建築家が，建築物を，それらが奉仕しなければならない必要にいっそう密接に関係づけることに特に関心を払っているからといって，彼らが建築の実用的な面にのみ関心を抱いていると考えるのは誤りである。彼らは，自分たちが芸術を実践しているのであり，したがって美の追求にたずさわっているということを自覚している。<u>しかしながら建築家は，美そのものと，われわれが習慣的に美と結びつけている単なる因襲的形式との相違を，はっきりさせてしかるべき時であると感じている。</u>
　　≪注≫　the needs [that] they have to serve〜「それら（＝建築物）が奉仕しなければならない必要」　it is time we made clear 〜「われわれが〜を明らかにすべき時だ」made は仮定法過去であり「明らかに<u>した</u>時」ではなく「当然明らかにしてしかるべき時」の意。made clear the difference はふつうの語順は made *the difference* clear であるが，difference に長い修飾語がつくので後に置いたもの。　forms that habit has made us associate with it は直訳すれば「習慣がわれわれにそれ（＝美）と結びつけさせた形式」である。

166. あなたは勉学に専念しさえすればよいのです。
　　≪注≫　All you have to do is to 〜「（あなたのなすべきすべてのことは〜 →）あなたは〜するだけでよい」（＝You have only to 〜）

167. 彼はよい考えを持っているかもしれないが，それをいかに表現すべきかを知らない。
　　≪注≫　how to 〜「いかに〜すべきか；〜のしかた」

168. そんなに短期間に外国語をものにするのはほとんど不可能に近い。

169. ある言葉の語源を知ることは，その言葉の現在の意味をいっそう明らかにし，またいっそう忘れがたいものにする。

170. 手をこまねいて事態をなりゆきにまかせていると，悪いことがいっそう悪化してしまうことになる。
　　≪注≫　直訳：「手をこまねいて物事をなりゆきにまかせることは，一つの悪をいっそう大きな悪に変えることである」

171. 自分がどのような人生を送りたいと思っているのかを本当に決めることは，あなたが思っているほど容易なことではない。そうするためには，明晰な頭と，自主的な思考と，人生の無限に多様な善と価値が何であるかについての認識が必要である。
　　≪注≫　so 〜 as you may think「あなたが考えている[かもしれない]ほどに〜」really do want「本当に望む」do は強意用法で，in fact や really などと併用することも多い。the infinite variety of: a variety of＝various（多様な）の関係になるので，形容詞的に「無限に多様な」（＝infinitely various）と訳せばよい。

172. 歴史を研究するということは，自分を現在から連れ出して過去の中に入り込み，頭の中で過去の時代のある国民のあいだで生活し，その人々の外貌や家屋や風習や一般的

な状況を知り，彼らの見地から物事を見，このようにして，彼らの長所や欠点について正しい評価を下すことである。

  ≪注≫ **in spirit**「(現実に生きることはできないが) 精神的に；頭の中で」の意。**a people**: people が可算名詞の場合は「国民；民族」という集合名詞であり，「(世間の) 人々」ではない。

173. 愛し愛されることはこの世で最も大きな幸せである。愛を知らないことは人生で最も大きな不幸である。

174. 彼は仕事をすることを望んでおり，仕事をするのが当然であると感じている。自分が人から必要とされないということは，彼に屈辱感を与える。

  ≪注≫ **ought to** の to は代不定詞で to *work* の代りに用いたもの。**to be wanted**「自分が人から望まれること；人が自分を必要とすること」

175. 彼の忠告を求めたほうがよかったでしょう。

  ≪注≫ **to have asked for ～** は完了形の不定詞が条件の意味を含む場合〔→ p. 70〕で，*if you had asked* for ～ と書換えられる。(彼の忠告を求めていたならば，そのほうがよかったでしょう)

176. イギリス人は人に見られることを嫌う。たとえどんなことがあっても，イギリス人にベランダに座る習慣をつけさせることはできないだろう。

  ≪注≫ **Nothing would ～**「いかなることも～しないだろう」主語 Nothing に仮定の意味が含まれ，それに対して would という仮定法過去を用いたもの。

177. 失敗するのはつらい。しかし成功しようと努力したことがないのはなお悪い。この世では，努力しなければ何も得られない。現在努力する必要がないということは，とりもなおさず，過去において努力が蓄積されているということを意味しているのである。

  ≪注≫ **never to have tried**「いままでに試みたことがないこと」否定詞 never が完了不定詞を打消している場合。**we get nothing save by effort**(努力によらないでは何も得られない)は we get *anything* only by effort (いかなるものも努力によってのみ得られる) と表わすこともできる。

178. 旅行はその文化的ならびに実用的な目的のために，今日なお大きな価値を認められている。というのは，今日言語を学ぶ者は各種の教授法——外国にある期間在住することを不必要にしてしまったと思われるほどさまざまな教授法——の中から選ぶことができるが，言語を学ぶ最良の方法はそれが話されている国に行って住むことであることにやはり変わりはないからである。

  ≪注≫ **has a variety of teaching techniques to choose from**「その中から選ぶことができる各種の教授法がある」(＝has a variety of teaching techniques *from which he can choose*) **might be thought to have rendered ～**「～にしてしまったと思われるかもしれない；～にしてしまったと思えるほどの」

179. (**a**) 彼は事務所を最後に出た。
  (**b**) 彼は決して約束を破るような人間ではない。

  ≪注≫ (**a**) は He was the last man *who left the office*. のように表わしても同じ。(**b**) **the last ～** が「「最後に～する→最後まで～しない→」決して～しない」という強い否定を表わす場合。〔→ p. 160〕

180. 彼には面倒をみてあげる人も，面倒をみてくれる人もいなかった。

≪注≫　関係代名詞を用いて次のように書換えられる：He had no one *whom* he should look after, nor anyone *who* looked after him.

181. この問題を克服しようとする多くの試みがいままでになされてきた。

≪注≫　**to overcome** は attempts を修飾する。

182. 学ぶべきことが非常にたくさんあり，それを学ぶ時間が非常にわずかしかない。

≪注≫　**so little time to learn it in** は so little time *in which* to learn it と表わすこともできる。

183. 教養とは，腹を立てたり自信を失ったりしないで，ほとんどいかなることにも耳を傾けることができる能力である。

184. 民主主義は，人間には，理性を働かせ，自分にとって何が最善であるかを知り，それに従って行動する精神的能力が十分に備わっているということを前提としている。これが当てはまる人もいるが，また当てはまらない人も大勢いる。すべての人間が理性的に判断できるわけではない。

≪注≫　**While** は「一方において…であるが」という対照的なことを述べる場合であって，「…しているあいだ」という「時」を表わす場合と区別する。

185. 試験は学校においてのみ行われるものではない。それは，合格すべき重要な面接といった形をとるにせよ，したためるべき大切な手紙，演説すべき会合，求婚すべき乙女といった形をとるにせよ，幾度も繰返し起こる人生の一特色なのである。これらの危機の大部分に際して，ノートを携えていくことはできず，頭脳を置きわすれてはならない。したがって，試験に合格する習慣は，若い頃に身につけ，受けずにすませる可能性のあるときでも，絶えず訓練しなければならない習慣である。

≪注≫　**in the form of**「～という形をした」**acquire**「身につける」**keep ～ing**「～し続ける」**do without**「～なしですませる」

186.（**a**）仕事に精を出すことができるためには，丈夫でなければならない。
　　　（**b**）そんなに仕事に精を出すことができるなんて，あなたはよほど丈夫にちがいない。

≪注≫　（**a**）は不定詞が「目的＋条件」（～するためには）の意を表わし，（**b**）は「判断の根拠」（～するとは；～であるなんて）〔→p.76〕を表わす。

187. 彼の青白い顔を見れば，だれでも彼が病気だと思うだろう。

188. 彼女が台所に入ってみると，そこには誰もいなかった。

≪注≫　不定詞は「結果」を表わし，次の書換えができる：She came into the dining-room *and found* it empty.

189. 決して病気にならないほど幸せな人もいる。

190. われわれはこれと似たような経験を何度もしているので，こんなごまかしにだまされたりはしない。

≪注≫　不定詞は「程度」を表わし，次のような複文への書換えができる：We've had *so* many similar experiences *that* we are *not* deceived by such a trick.

191. 自由が存続し成功することを確実ならしめるためには，いかなる代償も支払い，いかなる重荷をも負い，いかなる味方をも支持し，いかなる敵にも反対する。

192. 生計を立てるためには，自分のまわりにあるものを何でも利用しなければならない。実際，人生における成功の鍵は，たまたま自分が持ち合わせているものを，いかにして十分に活用するかにあるといえよう。

≪注≫　**whatever**＝anything that. **happen to**「たまたま～する」

193. テニスの試合をしているときには，常に少なくとも二つのゲームが行われている。コートの上のゲームと頭の中のゲームである。<u>経験豊かな選手で，コートの上の試合では事実上勝っていながら，頭の中の試合と最終スコアでは結局敗れてしまうという経験をもたない人は一人もいない</u>。テニスはよくチェスにたとえられるが，それはほとんど無限ともいえる作戦上の選択肢と，作戦により試合を進めていくときにつのるものすごい精神的圧迫のゆえである。

　　　　　≪注≫　（There's not ~）alive は強意で「この世に（~は）現存し（ない）」。
　　　　　　　　 hasn't は "practically won the game ... in the final score" の内容全体を打消し「"事実上試合に勝っていながら結局頭の中と最終的な得点で敗れる" という経験をしたことがない」となる。〔⇨p. 327 "and" (g)〕

194. （a）（イ）それは約束するのがむずかしい。／それは約束しにくい。〔It が特定の「そのこと」をさし，to promise は difficult を修飾する形容詞用法の場合〕
　　　　　　（ロ）約束するということはむずかしいことです。〔It が形式主語で，to promise はその内容を表わす名詞用法の場合〕
　　　（b）それを約束することはむずかしい。〔最初の It は形式主語，後の it は特定の「そのこと」を指し，to promise は名詞用法。この文は（a）の（イ）の場合と同じ内容を表わす〕

195. あんな振舞いをするなんて，彼は紳士ではありえない。
　　　　　≪注≫　to behave は「判断の根拠」を表わす。

196. こんなわかりきった間違いに気がつかないとは彼はなんとばかだろう。

197. あなたのお役に立てて幸せです。

198. 彼は職を失う危険を冒すことも辞さなかった。
　　　　　　　≪注≫　be ready to「すすんで~する；いつでもすぐ~できる状態にある」
　　　　　　　　　　 to run は ready という形容詞を修飾する。

199. 彼は見た目にはこわく，気むずかしそうにみえるが，心はやさしく，つき合いやすい人間です。
　　　　　　　≪注≫　いずれも不定詞はその前の形容詞を修飾する。hard to please「よろこばせるのがむずかしい；気むずかしい」difficult to get along with「仲よくやっていくのが困難；つき合いにくい」

200. 本の中で述べられている場所ほど，見物するのに興味深いところはありません。
　　　　　　　≪注≫　interesting to look at「見るのに興味深い；見物しておもしろい」

201. 今は退屈に感じられたりむずかしく思われたりする本が，自分がもっと知的に成熟してみると，理解しやすく，読んでとても楽しく感じられるようになることがよくある。

202. ギリシアの政治の最も著しい特徴は，国が，それぞれが独立した政府をもち地域的な特色をもった数多くの小国家に分割されていたことである。これは地理的な条件によって余儀なくされたことである。それぞれの地域は，<u>互いに隔てられ，自足し，外部から支配するのが困難であったので</u>，おのおの独自の生活や習慣を生み出した。
　　　　　　　≪注≫　the division of ~ into ...「~を…に分けること；~が…に分かれていること」

203. 手短かに言えば，いくらか貸してほしいのです。

204. 公平に言って，彼には長所がいくつかないわけではない。

205. 彼はとても給料が安いので，ぜいたく品はもとより，日常必需品でさえ買うことができない。

206. 富や名誉は言うまでもなく，食物や衣服でさえも，身を粉にし額に汗しなければ手

に入れることはできない。

≪注≫ **are not to be**=cannot be

207. 貧乏は人生のいかなる立場においても大きな悪である。しかし貧乏のきびしさが一番身にしみるのは、よく用いられる表現を借りれば、「かつては羽振りがよかった」人人である。

≪注≫ **have seen better days**「昔は盛んだった [が今は落ちぶれている]」

208. なるほど、われわれの多くは、自分の収入が必要のすべてをまかなうのに十分ではないということを、いやというほどよく知っている。しかし、「収支を相償わせる」ためのこのような不断の苦闘にもかかわらず、われわれはふつう、なぜ自分の給料がもっと高くないのかとか、はたして自分たちは給料を賢明に使っているのだろうかといったことについて、真剣に検討するのを怠っている。

≪注≫ **to be sure ～ yet ...**「なるほど～だが、しかし…」(=it is true ～ but ...) [→p. 278]

209. 問題はますます複雑になってきたので、われわれは最後まで黙っているのが一番いいと考えた。

≪注≫ **we judged it best for us to remain ...** =we judged that it was best for us to remain ...

210. あなたが犠牲を申し出てくださるのはとてもりっぱなことですが、私がそれをお受けするのは卑劣でいやしむべきことでしょう。

≪注≫ **it would be** は不定詞に含まれる仮定的な意味 (もしお受けしたならば) に対して、would という仮定法過去形を用いたもの。

211. 矯正が成功するためには、若者はまずその悪い環境から移されなければならない。

≪注≫ **For ～ to ...** の不定詞は副詞用法。

212. 親が子供に与える良い教育からあらゆることを期待するのは、教育に対する過信である。また、全く何も期待しないで、なおざりにするのも、同様に大きな誤りである。

≪注≫ **For ～ to ...** の不定詞は名詞用法。**an excess of confidence**=*excessive* confidence (過度の信頼)

213. 他の生物は世代ごとに新しく学び直すが、人間は、過去の知識を保存し伝えることを主な機能の一つとする文化の中に生まれてくる。人間の身体的な特徴を前提とすれば、実際、人間が温帯で生き残るために必要なだけの限られた範囲の技術や知識だけでも、これを世代ごとに新しく生み出すとなると、むだが大きいばかりでなく恐らく致命的なことになるだろう。

≪注≫ **that has as one of its principal functions the conservation ...**「その主要な役割の一つとして…の保存を持っている」が直訳。has の目的語 (the conservation ...) が長いので後に回した形。**for him to reinvent** (人間が改めて作り出すこと) の不定詞は形式主語 it の内容を表わす名詞用法。**(required) for such a species to survive**「このような種 (=人間) が生き続けるために (必要な)」不定詞は動詞の過去分詞 required を修飾する副詞用法。

214. 先生にも学生たちにもこのことに対して責任はない。

≪注≫ **are to** は「義務・当然」(=should) を表わす。**are to blame [for ～]** の blame は、能動形の不定詞が受身の意味 ([～に対して] 責められるべきである) を表わす場合。

215. われわれは死んだあとどうなるのだろうか。

　　　≪注≫　**is to** は「運命」を表わす。

216. 科学的真理はただ観察と論理によって得られるものではない。

　　　≪注≫　**is to** は「可能」(=can)を表わす。

217. 健康を保つためには規則正しい運動が必要です。

　　　≪注≫　別訳:「健康でいようと思えば規則正しく運動しなければならない」

218. 私たちは5月に結婚することになっていたが、6月まで延期しなければならなかった。

219. ある本は味をみるだけにし、他の本はまるのみにし、ある少数の本はかんで消化しなければならない。すなわち、ある本は部分的に読むにとどめるべきであり、他の本は読んでも入念には読まず、ある少数の本は全部を、熱心かつ丹念に読まなければならない。

　　　≪注≫　**some ～ others** ...「～ものもあれば…ものもある」[→p. 266] **with attention**=attentively(注意深く)

220. 教師によって表明される考えが一様であることは、求められるべきではないばかりでなく、できれば、避けられるべきである。なぜなら、教師のあいだの意見の多様性は、健全な教育にとって不可欠のものだからである。世間の人々の意見が分かれている問題について、一方の側の考えしか聞いていない者は、教育を受けた人間として通用しないのである。

　　　≪注≫　(is) **not only** (not to be sought) **but** (is to be avoided)「(求められるべきでない)ばかりでなく(避けられるべき)だ」**as to**「～について」

221. 待つ身には時間のたつのが遅い。

　　　≪注≫　直訳:「見守られた鍋は決して煮えない」ある事が起こるのを今か今かと待っているとなかなかその事が起こらないことを述べることわざ。

222. 一度身についた習慣はなかなかぬけない。

223. 若い頃に読んだ本は一生人に影響を与えることがある。

　　　≪注≫　**read** [red]「読まれた」(=which was read) **one**「(一般に)人」**through life**「生涯を通じて」

224. 核兵器の開発は、国際関係を支配している要因を完全に変えてしまった。

225. 子供は、言葉を話す習慣を身につけるのとちょうど同じように、自分を取り巻いている社会で一般に受け入れられている考えを正しいと思う習慣を身につける。

　　　≪注≫　**believe in**「～の正しさ(価値・存在・力量など)を信じる」believe「(人の言うことを嘘でないと)信じる」

226. これらの国の政治を動かす人々は、かつていかなる個人または集団も所有したことがないほど大きな権力を持っている。

　　　≪注≫　直訳:「これらの国々の政策を指導している人々は、今までにいかなる個人または集団によって所有されたものをも越える権力を持っている」

227. 科学とは、観察と、それに基づく推論によって、まず、世界についての個々の事実を、そして次に事実を互いに結びつけ、うまくいけば将来の出来事を予測することを可能ならしめるような法則を、発見しようとする試みである。

　　　≪注≫　**Science is the attempt to discover** ... **facts** ... **and laws**(科学は事実と法則を発見しようとする試みである)がこの文の骨組み。**connecting** と **making** が laws を修飾している。**in fortunate cases**「運のよい場合には」

228. われわれは皆世界の問題が早く解決されることを望んでいる。

229. われわれは太陽が山のうしろに沈むのを眺めた。

230. 子供たちは近づいてくる列車を見ながら立っていた。

231. 空腹が感じられ始めた。
　　　≪注≫　直訳：「空腹がそれ自体を感じられるようにし始めた」

232. ほかの人が自分の意見を述べるのを妨げてはいけない。
　　　≪注≫　直訳：「他人が自分の言うことが人に聞かれるようにしようとするの
　　　を妨げてはならない」

233. すべての子供は，自分が人に求められ愛されていると感じるようにしてやらなけれ
ばならない。

234. われわれは皆，自分が人に関心をいだかれる立派な人間であるように感じさせてく
れる人々とつき合うのを好む。感情を害されるのを好むものはだれもいない。
　　　≪注≫　**make us feel interesting** 「われわれに（自分が他人にとって）興味
　　　深い人間だと感じさせる」make us feel *interested* ならば「われわれ
　　　に興味をいだかせる」の意。
　　　cf. $\begin{cases} \text{He is } interesting. \text{（彼は興味深い人間だ）} \\ \text{He is } interested. \text{　（彼は興味をいだいている）} \end{cases}$

235. 実際，このような部屋の中に座って，外で遊んでいる学生の声を聞いていると，外
国から来た初老の紳士が講義をするのに耳を傾けながら座っているよりも，外の運動場
に出て遊んでいるほうが，たぶん，いっそう詩的なことであると私には感じられる。
　　　≪注≫　**sitting** と **hearing** は動名詞で主語。すなわち「座っていることと
　　　聞いていることが私に…と感じさせる」が直訳。**playing** (outside)は
　　　students を修飾する限定用法。(to be sitting) **listening** は「耳を傾
　　　けながら（座っていること）」で主格補語。(*listening* to an elderly
　　　gentleman) **giving** (a lecture)は「（初老の紳士が講義）している（の
　　　に耳を傾ける）」で知覚動詞の目的補語。

236. われわれは自分が冷徹な現実主義者だと思っているが，(1) <u>何でも，特にテレビで，
宣伝されているのを見るとそれを買ってしまう傾向がある。</u>　(2) <u>われわれは，製品の
品質や価値を考えて買うのではなく，ただそれが宣伝されるのを何度聞いたかによって
買ってしまう。</u>製品についての全くばかばかしくて話にもならないような面が，全く問
題にされないのである。
　　　≪注≫　**buy anything** [that] **we see advertised**「宣伝されているのをわ
　　　れわれが見るものを何でも買う」が直訳。(＜we see a thing *adver-*
　　　tised「あるものが宣伝されるのを見る」) **directly as a result of the**
　　　number of times we have heard it mentioned「それの名前が述
　　　べられるのをわれわれが聞いた回数の直接の結果として」が直訳。

237. 自分が間違いを犯したことを知っていたので，彼はそれを率直に認めた。
　　　≪注≫　**Knowing** ... =*As* he knew ...　分詞構文は「理由」を表わす。

238. 自分が間違っていることを知っていたが，それでも彼は息子を責めた。
　　　≪注≫　**Knowing** ... =*Though* he knew ...　分詞構文は「譲歩」を表わす。

239. 読書は人間の英知を養い，多くの面でその生活を豊かにする。
　　　≪注≫　**enriching** ... =and enriches ...「付帯事情」を表わす。

240. 彼女は，どこへなぜ行くのかを父に知らせるメモだけを残して，人に気づかれない
でこっそり立ち去っていた。

241. 空気と水は太陽熱を吸収・保持し，昼はその強さを和らげ，夜はそれがあまり早く逃げないようにし，ほとんど地球の全表面にわたって，植物や動物が必要とするような温度を保つのである。

242. <u>愛は本質的に非利己的なものであるから，本質的に所有欲とは無縁のものである。</u>愛は，愛する人に対して，その人が与えたいと思っているもの以外には，何も求めはしない。

> ≪注≫ **being essentially unselfish**＝*as* it is essentially unselfish. **make a claim on ～ for** ... 「～に対して…を要求する」 **anything save that which** ... ＝anything except what... (…もの以外は何も) **he or she:** 愛する人は男女いずれの場合もあるので「彼または彼女が」と表わしたもの。

243. 改革者は，能率的な社会組織と完成された機械がきびしい長時間の労働の必要性をなくし，すべての人々が今日少数の特権者だけが享受しているようなかなりの余暇を持つことができるようになる時代がくるのを，待ち望んでいる。

> ≪注≫ **making possible for all men and women an amount of leisure:** make の目的語は an amount of leisure で可目的補語は possible である。ふつうは目的補語は目的語のあとに置かれるが，目的語に長い修飾語がついているので後回しにしたもの。**an amount of ～**「かなりの量の～」 **such as ～**「～のような」

244. 以前に一度そこに行ったことがあるので，彼の家はすぐに見つけることができた。

> ≪注≫ **Having been there**＝As I had been there

245. 若い頃の友人のことは忘れ去り，また自分がその友人たちに忘れ去られてしまって，彼はその村で静かに暮らしている。

246. 彼は農場で暮らしたことがないので，動物を理解しない。

> ≪注≫ **Never having lived**＝As he has never lived

247. 機会に恵まれれば，彼はりっぱな先生になるだろう。

248. なにしろ丘の上にあるので，彼の家はすばらしい景色が見晴らせる。

249. 最も簡単な言葉で述べれば，科学とは人生についての好奇心にほかならず，宗教とは人生に対する驚異の念であり，芸術とは人生に対する受好の気持である。

> ≪注≫ **Stated**＝If it is stated

250. 制御されなければ，自然力は危険で破壊的なものであるかもしれないが，ひとたび制御されたならば，それは人間の意志と欲望に従わせることができる。

> ≪注≫ **Uncontrolled**＝If they are uncontrolled

251. 他のいかなる10年間におけるよりも，今日若い人々と年とった人々とのあいだに対立がみられ，若者たちは自分たちが社会の側の大きな矛盾の犠牲になっていると感じている。<u>親たちは，自分自身が持つことができなかった機会を子供たちに与えておきながら，こんどは子供たちが享受している自由を見て羨望を感じている。子供たちに自主的に物事を考えるように教えておきながら，子供たちが親の言いなりにならないことに懸念を感じているのである。</u>

> ≪注≫ **opportunities [that] they never had:** 関係代名詞の省略に注意。**parents now envy the freedom [that] they watch their children enjoy** の省略された関係代名詞はもちろん (enjoy の目的語になる) freedom で，「親たちは今，彼らが自分の子供たちが享受しているのを見る [ところの] 自由をうらやましく思う」が直訳。**anxious about**

「～について心配する」 cf. anxious for（～を切望する）

252. 彼はよく，編み物をしている奥さんのそばで，声を出して本を読んだものだった。
　　　≪注≫ his wife knitting by his side は「付帯事情」を表わす独立分詞構文で，「そのときそばで奥さんが編み物をしている」ことを表わす。

253. 彼は敗れたが，彼らの信頼を失わなかった。
　　　≪注≫ Though defeated＝Though he was defeated

254. 彼女は夫と向かい合って，ドアにもたれかかって立っていた。
　　　≪注≫ with ～ing は「付帯事情」を表わし，「そのとき夫が彼女と面と向かい合っている状態で」の意。

255. 私は楽観しているわけではないが，希望は捨てていない。
　　　≪注≫ While not being optimistic＝While I am not optimistic. while は「～しているあいだ」という「時」を表わす場合ではなく，「一方において～であるが」という「対照・反意」を表わす場合。

256. 天気が悪く，さらにもっと悪くなりそうだったので，私たちはうちにいた。
　　　≪注≫ threaten to「（何か望ましくないことが今にも）起こりそうである」

257. ほかの事が同じであれば，費用の違いが決定的なものになる。
　　　≪注≫ Other things being equal＝If other things are equal. should「当然～だ」

258. 理論はわれわれが現実を眺める窓のようなものであって，どのような眺めが得られるかは，どのような窓を通して見るかにかかっている。
　　　≪注≫ 後半の直訳：「われわれが得る眺めは，われわれがそれを通して見る窓の種類に左右される」 the view we get depending on ～＝and the view [that] we get depends on ～

259. 知識は，いかなる技芸・学問においても，常に観察や研究や実習の所産であるので，その範囲と有用性に比例して，尊敬を受ける正当な資格をその所有者に与える。
　　　≪注≫ Knowledge ..., being always the fruit..., gives ...＝Knowledge ..., as it is always the fruit ..., gives ...

260. 今日，社会や経済や地域社会の問題において，年寄りが重要な役割を果たすことを期待されることはめったにない。人口に占める高齢者の数が急速に増えていくにつれ，彼らが威厳と尊敬を失わずに社会に参加することができるように，彼らに提供される機会を大幅に増やし改善しなければならない。
　　　≪注≫ With the number ... increasing「付帯状況」を表わすが，訳では「数が増加しつつあるので；数の増加に伴い」などともなり，As the number increases（数が増えるにつれ）のようにも書換えられる。

261. （a）彼の風采から判断すれば，きっと彼は非常な金持にちがいない。
　　　（b）人を見かけで判断することはきわめて危険なことである。
　　　≪注≫ （a）は慣用的な分詞構文，（b）は動名詞構文で，動名詞が主語になっている。

262. 辞書と言えば，私はいろいろな辞書の恩恵を受けている。

263. 彼の言うことは認めても，私は彼の行為を許すことができない。

264. あらゆる事情を考慮すれば，彼の試みはどうも成功しそうにない。

265. 友達を選ぼうという意志はあるとしても，選択の範囲はなんと限られていることだろう。

266. 民主政治は国民の生命と財産を大事にし，他人に対するフェア・プレイの意識を増

し，したがって，比較的に言って，平和な世界の基礎を築く政治であると言える。

267. 民主主義は，歴史的に言えば，ごく最近生まれたものである。それはまず第一にひとりひとりの人間がいちばん大切なものであるという信念——国家や，国富の総量や，その他いかなるものよりも大切なものであるという信念である。第二にそれは平等に対する信念——人間はみな同じように似ているとか等しい才能を備えているとかいう意味においてではなく（そんなことは明らかに事実に反するが），すべての人間はある基本的な機会を有すべきであるという意味における平等に対する信念である。
　　　≪注≫　what matter most「最も重要なもの」what は関係代名詞。belief in 「～を信じること；～に対する信念」which の先行詞は前文の内容（everybody is alike or equally gifted）である。

268. 脚の傷のため私は歩くのに困難を感じた。
　　　≪注≫　直訳：「私の脚の傷が歩行を困難にした」

269. 精一杯勉強して，空費した時間を取りもどすつもりです。

270. 彼は盗まれた宝石のことは何も知らないと言った。

271. ベッドに横になっているだけでは生きているとは言えない。
　　　≪注≫　直訳：「ベッドに横たわっていることを生きることとは呼ばない」

272. 学ぶということは空(から)の容器でいることではない。
　　　≪注≫　「学ぶということは，ただ教えられることを頭に入れるだけのことではない[積極的に問いかけなければならない]」が具体的な意味。

273. 旅行の価値は，そのなかば以上が，新しい人々に会いその人たちの考え方や人生観を学び取ることにある。

274. 自分を本当に愛していなければ他人を愛することはできない。理由があろうとなかろうと，自分を軽んじると，その気持は周囲の人々に対するあなたの態度に反映することになるだろう。
　　　≪注≫　Having ... は動名詞で主語。「自分を卑下することは…態度に反映する」

275. 悪の元凶はわれわれの教育にあると思われる。われわれは子供たちを規格化している。われわれは子供たちが本来の彼ら自身——新しい先覚者や教師，あるいはこの世界という荒野における新しい冒険家——になるように教えないで，彼らをわれわれ自身と同じような人間にすることを目的としている。われわれは子供たちの頭から彼らの考えを引きだすよりも，むしろわれわれの考えを彼らの頭に教え込むことに関心をいだいており，彼らを知識は豊かだが知恵のとぼしい人間にしてしまっているのである。
　　　≪注≫　succeed in ～ing「～することに成功する；首尾よく～する」これに対し「やっと～する」は manage to do である。

276. （a）窓を開けていただけませんか。
　　 （b）窓を開けてもかまいませんか。

277. 彼が試験に合格したということは彼が平素勤勉であることを示している。

278. 急いで読むと，学習者は読んだことの半分も忘れてしまうことになる。

279. 私は他人が車を運転することには別に反対しないが，私自身は絶対に運転しない。
　　　≪注≫　one＝a car

280. 貧乏であったということは必ずしも不幸であったことを意味しないように，金をこつこつため込んだということは必ずしも人が幸せであったということを意味しない。
　　　≪注≫　not always「必ずしも～しない」（部分否定）

281. 学校で教えられるべきことの一つは，証拠を比較考量する習慣と，正しいと信ずべ

き理由のない事柄に全面的に同意しないという習慣でなければならない。

> ≪注≫　**which there is no reason to believe true:** which は believe
> の目的語になる目的格の関係代名詞。すなわち there is no reason to
> believe *them* true(それが真実であると信じるべき理由はない)の them
> (=propositions) が関係代名詞として前に出た形。

282. われわれは学問の自由の必要性を当然のことと考える習慣があまりにも身について
しまっているので，学問の自由の尊重が単に口先だけのものになってしまう危険があ
る。学問の自由に対する脅威を防ぐためには，大学自身が自由であることを望んでいる
ことと，もしその自由が奪われてしまえば，国家にとってもその自由を脅かすものにと
っても大学の有用性が減じてしまうということを示す必要がある。

> ≪注≫　**our respect for it becoming mere lip-service:** it は academic
> freedom を表わし，動名詞 becoming の意味上の主語は respect で，
> 「学問の自由に対するわれわれの敬意が単に口先だけのものになってし
> まうこと」の意。**if deprived of their freedom**=if *they are* de-
> prived of their freedom「大学が大学の自由を奪われたならば」

283. すべてを運命にゆだねるのは無益である。人間は冒険家であり，決して冒険を放棄
してはならない。

284. この世においては静止していることはできない。前進するか，さもなければ後退し
なければならない。

285. 彼らは同意か決定に達するためにその問題について話し合った。

286. ふつう，人が運命と呼んでいるものは，自ら紡いだ糸で，自ら織り出す織り物であ
る。

> ≪注≫　**that which**「…ところのもの」(=what)

287. 'たまたま出くわす'書物しか手に取って読もうとしない人は，きっと，知る価値の
ある書物にはわずかしか出会うことはないだろう。

> ≪注≫　**He who...**=A man who .... **come across**「偶然に出会う」行き当
> たりばったりに読書する人のことを述べている。**be pretty certain to**
> ~ =be pretty sure to ~ (ほぼ確実に~する)

288. 調べなければならないことになるかもしれない書物がすべて精読に値するなどと思
ったりはしないだろう。もし物事を徹底的に行うということが養われるべき美徳である
とすれば，それにもまして時間は節約されるべきものである。「する価値のあることは
なんでもりっぱにする価値がある」という古いことわざは，みかけほどの真実性はなく，
多くの人々に嘆かわしいほど時間の浪費をさせてきた。わずかな時間と努力によってか
なりじょうずにできるなら　する価値はあっても，多くの時間と努力を注がなければ徹
底的にできないのなら　徹底的にやる価値のないことがたくさんある。

> ≪注≫　**consult**「(本などを)調べる；(医者に)みてもらう；相談する(with)」
> **Many things are worth doing ..., which are not worth doing**
> **thoroughly:** Many ~ や Some ~ が主語になっている文は，英語の
> 語順のまま「多くのことは~する価値がない」の形式で訳すよりも「~
> する価値のないことが多くある」のように訳したほうがよい場合が多
> い。〔→p.151〕**which are not worth doing** 以下の直訳は「そうす
> ることが多くの時間と努力を要するならば徹底的にやる価値はない」で
> あるが，英語では後にあらわれる so to do の部分が，訳では前にくる
> ので，さきに具体的に訳しておかないと，「そうする」が表わす内容(=
> 徹底的にする)があいまいになる。

289.　(**a**) 彼らは富と権力を手に入れることに成功しようと一生懸命努力した。
　　　　(**b**) 彼らは富と権力を手に入れるために成功しようなどと努力することはほとんど
　　　しなかった。
　　　　　　≪注≫　(**a**) succeed in ～ing「～することに成功する；うまく～できる」と
　　　　　　(**b**) succeed to ～「～するために成功する；～するために出世する」
　　　　　　の両者における succeed の意味を区別する。(**b**) で to get は「目的」
　　　　　　を表わす不定詞用法。

290.　彼は家に侵入したことは認めたが、金は盗まなかったと言った。

291.　英国の法律は警官が拳銃を携帯することを禁じている。

292.　私は彼らがここで泳ぐのを許すことに反対せざるをえない。

293.　健康がすぐれないので彼女はもう一度やってみる のをあきらめることに同意しなけ
　　　ればならなかった。
　　　　　　≪注≫　直訳：「不健康が彼女に再び試みるのを断念することに同意すること
　　　　　　を余儀なくさせた」

294.　彼女は最初の小説を出版してもらえなかったが、作家になろうという気持を捨ては
　　　しなかった。
　　　　　　≪注≫　直訳：「彼女の最初の物語を出版してもらえなかったことは、作家に
　　　　　　なろうと望むことを彼女に思い止まらせはしなかった」

295.　もしあなたが日本人に対して、彼に理解できない質問をしたら、彼は愛想よく微笑
　　　するでしょう。なぜなら、その質問が理解できなかったことをはっきり述べれば、あな
　　　たの表現の仕方が不明確であったということを、言外にほのめかすことになるかもしれ
　　　ないからです。
　　　　　　≪注≫　express oneself「自分の考えを述べる」 後半の直訳：「自分が理解
　　　　　　できなかったということを指摘することは、あなたがあなたの質問をあ
　　　　　　いまいに表現したということを暗に意味するかもしれないからです」

296.　英国人は、概して、物事を変えないでおきたいと思う傾向がある。彼らはあらゆる
　　　種類の変化をきらい、新しい現代的な制度を採り入れるよりも、古い制度を、それが効
　　　力を失わずその機能を果たしているかぎりは、保存しておくことを好むのである。
　　　　　　≪注≫　keep things as they are「物事をあるがままの状態にしておく；現
　　　　　　状を保つ」 as long as「～であるかぎりは」

297.　人が何かを研究することを心から愛し、知識の獲得に熱心な愛着をいだくならば、特
　　　別な病気や災難のほかいかなるものも、彼が学究者であることと、彼が研究の手段をあ
　　　る程度所有することを妨げることはない。
　　　　　　≪注≫　prevent his being ～「彼が～であることを妨げる」は prevent him
　　　　　　from being～ の形をとることが多い。

298.　(**a**) 彼は彼女をパーティに招待したことを忘れていた。
　　　　(**b**) 彼は彼女をパーティに招待するのを忘れていた。

299.　(**a**) 彼は私たちに学校時代の話を続けた。
　　　　(**b**) 彼は今度はさらに学校時代の話を私たちにした。

300.　(**a**) 他人の言っていることをくよくよ考えるのはやめなさい。
　　　　(**b**) 他人の言っていることをじっくりよく考えてみなさい。
　　　　　　≪注≫　stop to do: 文字通りには「～するために立ち止まる」から、文脈に
　　　　　　より「立ち止まって（よく時間をかけて；じっくりと；わざわざ；いち
　　　　　　いち）～する」などの訳を選ぶ。

301. われわれが日常用いる言葉は，われわれがいちいち考えてみたりしないで，<u>当然の</u>
<u>ものときめてかかりがちなものである。</u>しかし，言語というものについていざ考え始め
てみるならば，それがわかりきったものであるどころか，まことに神秘的なもの――そ
の起源においても神秘的であり，無限の可能性においても神秘的であるものであること
がすぐにわかる。

≪注≫　**we do begin to think** の do は強意用法で「実際に；いざ」の意。

302. シャーロック・ホームズは上着についたしみから，ある人が朝食に何を食べたかを
知ることができた。多くのこのような観察から，彼はなにゆえいかにある特定の犯罪が
犯されたかについての説を立てた。このような手順は犯罪捜査にはきわめてすぐれたも
のであるが，科学にとっては不十分である。なぜならこのような手順ではある特定の出
来事についてしか知ることができないからである。<u>科学のほうはこれにとどまらずさら</u>
<u>に，ある特定の犯罪ではなく，そもそも犯罪というものがなにゆえいかに犯されるのか</u>
<u>を問うであろう。</u>科学は事実によって一般論を吟味し，一般論によって特定の事実に
ついて予見するのである。

≪注≫　**tell**「わかる；知る」**it yields only knowledge of**「～について
の知識だけを生む」が直訳。ここでは knowledge はいわゆる「知識」
ではなく「知ること」であるから，「～について知ることしかできない」
のような訳がよい。**Science uses facts** 以下の直訳：「科学は一般論
をテストするために事実を用い，特定の事実について予言をするために
一般論を用いる」

303. 天は自ら助くるものを助く。（ことわざ）

304. 夫に先だたれた女性は未亡人と呼ばれる。

≪注≫　「所有格の関係代名詞」は直訳できない場合が多いので，適当に日本
語らしく訳す。

A child **whose** *parents* are dead is called an orphan.
（両親が死んだ子供をみなし子と言う）

The house **whose** *roof* you see over there is our teacher's.
（向こうに屋根が見えるのがわれわれの先生の家だ）

The French are a people **whose** *minds* are easily excited.
（フランス人は興奮しやすい精神を持った国民です）

305. いちばん理解しにくい人は，しばしば，自分の家族である。

306. まったく素性のわからぬ人を軽々しく信用してはならない。

≪注≫　You should not easily trust a man＋you know nothing of *his*
past の his が関係代名詞 whose になって結びついた形。

307. 個人として，われわれの成長は生涯のあいだにどのような人々にめぐり会うかにか
かっている。

≪注≫　関係代名詞の部分は直訳すれば「生涯のあいだに出会う人々にかかっ
ている」であり，それでもよいが，上のように訳の上では関係詞節を疑
問詞節的に訳したほうがよくわかる場合が多い。

308. 経験によって利益を得たいと思う人はだれでも，人に助けを求めることを決して恥
としないものである。自分がすでに賢明であって人から学ぶことはないと考えている者
は，ためになることも立派なこともすることはできないであろう。

≪注≫　**never be above ～ing** は「～することを決して超越してはならな
い」から「～することを決して恥としない」の意になる。

309. この地球上におけるわれわれの立場は不思議なものである。われわれはみなこの地球を訪れて束の間地上に滞在する――なぜそうするのかはわからないが，ときにはある目的を推測することができるように思われることもある。しかしながら，日常生活という観点からは，われわれが確かに知っていることが一つある。それは，人間は他人のためにこの地上に存在し，とりわけ，その人々の微笑みと幸せにわれわれ自身の幸福がかかっている人々や，その人々の運命とわれわれが共感のきずなによって結ばれている数知れない見知らぬ人々のためにこの地上に存在する，ということである。

310. これこそまさに私が今必要とするものだ。

311. 少年はみな，将来彼がなる人間の萌芽を宿している。

　　　　≪注≫　he is to become の be to は「将来～になる」といういわゆる「運命」を表わす場合。〔→p.82〕

312. 自分の職業を選ぶときに，まず第一に考えなければならないことは，自分がそれに適しているかどうかということである。

313. 健康に留意することは，学生たちが決して真剣に考えようとしないことである。

314. 若者が必要とする教育の量は，彼の能力と興味いかんに依存するところがきわめて大きい。

315. われわれの必要を満たすためにわれわれが必要とするものはすべて，究極的には二つの源――すなわち手に入れることのできる天然資源とこれを利用する人間の能力――から得られなければならない。

316. 人はかならず，自分自身の精神の中に存在する道を自由に歩むようにしなければならない。人類が直面している大きな問題は，各種の委員会が生み出すような妥協や，新聞に目を通しているときやテレビの番組を見ているときに労せずして頭に浮かんでくるような考えからは生まれない解決を要求している。これらの問題は個人の精神がもつ独自の創造力を要求しているのである。

　　　　≪注≫　be free to 「自由に～することができる」 follow the paths that exist in his own mind は，「自分自身の頭で考えて主体的に行動する」ことを述べている。the kind of compromise that committees produce: 問題に対応するのに形式的に委員会を設け，安易な妥協策を考え出して足れりとする傾向に触れている。bubbles to the surfaceは「あわがぶくぶくと水面に浮かび上がる」ように「努力して思考しないで，ふと心に思い浮かぶ」ことを述べている。

317. 幸福はわれわれの手の届くところにあるが，われわれはそのことに気がついていないのです。

　　　　≪注≫　which の先行詞は前の節の内容全体である。

318. われわれがその言語を学んでいる外国の地理と歴史を研究することが大切です。

　　　　≪注≫　whose language (we are learning) は the language of which (we are learning) のように表わすこともできる。

319. 唯一の有用な知識とは，善を求め悪を避ける方法をわれわれに教えてくれるものである。

　　　　≪注≫　that which はこの場合は一般的な what に置き換えられる用法ではなく，the knowledge which を代名詞 that を用いて表わしたもの。

320. 本を読むときに，はじめは正確な意味がつかめなかった文章が，声を出して読むといっそうはっきりと理解できるようになることがよくあります。

　　　　≪注≫　the exact meaning of which は whose exact meaning と言い

換えることができる。

321. ごく最近生まれた種類の政治理論は，従来より人間性に関心を払っていないが，そのような政治理論は，人間性を，最も望ましいと考えられるいかなる政治形態にも適合するようにいつでも作り直すことができるものとして扱う傾向にある。

≪注≫ **which it is inclined to treat as ~:** which (=human nature) は treat の目的語になる関係代名詞で，it は The kind of political theory を指す。「それ（人間性）をそれ（政治理論）は～と見なす傾向にある」**whatever political form is regarded as ~** =*any* political form *which* is regarded as ~（～と見なされるいかなる政治形態も）〔→p. 128〕

322. 科学者としては，事実を発見し，技術を発明し，手段を考案するのが彼の仕事である。これとは対照的に，あらゆる科学的事実と技術的知識を利用して実現を目指すべき目的を人類が決定するのを手助けするのが哲学の仕事である。というのは，哲学は物事の価値とかかわりを持ち，また存在するものばかりでなく存在すべきものにもかかわりを持つからである。

≪注≫ **... those ends ... as means:** ... those ends＋all scientific facts and knowledge of techniques ought to be used as means toward the realization of those ends（それらの目的を実現するためにあらゆる科学的事実と技術的知識が手段として用いられなければならない）の those ends が関係代名詞になって下線部が前に出た形。**concern itself with**「～と関係（かかわり）を持つ；～を扱う」does は強意用法で「科学はそうではないが，哲学のほうは確かに…」の意を表わす。

323. （a）彼は自分が約束したことを忘れてしまっている。
　　　（b）彼は自分がそれを約束したということを忘れてしまっている。

324. 人間の価値はその財産よりもむしろその人柄にある。

≪注≫ **not so much ~ as ...**「～よりもむしろ…」〔→p. 226〕

325. 彼は事業に失敗し，さらに悪いことには，奥さんが病気になってしまった。

326. 彼はすぐれた学者だが，いわゆる常識に欠けている。

327. 書物で学ぶことは，経験によって学ぶことと同じ影響を子供の性格に与えることはできない。

328. まじめな固い書物を読むヨーロッパ人の大部分は勤め人であり，その人たちは概して，アメリカならばまだ若いとみなされる年齢で退職する。

≪注≫ **retire at what in America is regarded as an early age** は retire at (*what in America is regarded as*) an early age「若い年齢（とアメリカではみなされるようなもの〔→…ような年頃〕）で」のように挿入節をかっこでくくってまず意味をとり，それに挿入要素を加えて適当に訳す。

329. 彼は，感受性に富んだ人間ならだれでも当然感じるべきことであるが，貧乏は借金や負債よりも担うのにずっと軽い荷物であると感じた。

≪注≫ **what** は後に続く内容を先行詞として挿入節を導き，「そのこと（ここでは次の *that*-Clause の内容）は…なのですが」の意を表わす。

330. もしある人が，最も広い意味で用いた場合の紳士というものの本質的な特徴を定義するように求められれば，おそらく次のように答えるだろう。すなわち，他人の身になって考え感じようとする意志，自分が避けたいと思うような立場に他人を追い込むこと

に対する嫌悪，<u>他人が何と言い考えようともそれを怖れないで自分に正しいと思われる</u>
<u>ことをする力</u>，であると。

> ≪注≫ **put himself in the place of others** は「自分自身を他人の立場に
> 置く」が直訳。**force**「無理に～させる」**what others may say or**
> **think** の what は関係代名詞で「人が言い考えるかもしれないこと」
> が直訳であるが，疑問詞として「他人が何と言い考えるだろうかという
> こと」の意を表わすとも解せられる。

331. 例外のない規則はない。

> ≪注≫ この文は There is no rule without exceptions. と言い換えるこ
> とができる。

332. 誤ちを犯さないものがいようか。誤ちを犯さないものはだれもいない。

> ≪注≫ 前半は「修辞疑問」[→p. 216]と呼ばれる反語的な疑問文で「～がい
> ようか―いや，だれもいない」の意を表わす。

333. 彼女はやってきた子供たちをみな歓迎した。

334. 若者にはよくあることだが，彼はその誘惑に抗することができなかった。

> ≪注≫ **as** は後にくる文の内容を先行詞とし「そのことはよくあることだが」
> の意味を表わしている。

335. さすが学生だけあって彼はよく勉強する。

> ≪注≫ 直訳：「[それは]学生に期待されるかもしれないことだが，彼はとて
> も勤勉だ」

336. 習慣は――特に悪い習慣は――身につきやすい。

337. 彼は持っているだけの力を人類のために用いた。

> ≪注≫ **for the benefit of**「～の[利益の]ために」**as** は such と相関的
> に用いられる関係代名詞で，possessed の目的語になる目的格。
>
> - (a) He worked with **such** deligence **as** was a wonder to
>   everyone.
> - (b) He worked with **such** diligence **that** everyone was
>   surprised.
>
> (a) 彼は皆が驚くほど勤勉に働いた。
>
> (b) 彼はとても勤勉に働いたので皆驚いた。
>
> (a) の as は such と相関的に用いられる主格の関係代名詞。(b) の
> that は such と相関的に用いられ「非常に～なので…」という結果の
> 副詞節を導く接続詞。[→p. 190]

338. 古来，卓越した政治家で勤勉でなかった人はいない。

> ≪注≫ **of eminence**=eminent（傑出した）**of industry**=industrious（勤
> 勉な）*cf.* industrial（産業の）

339. どんなに些細な事実でも，注意深く解釈されたならば，何らかの役に立つものであ
ることがわかる。

> ≪注≫ 「役に立たない事実はない」という二重否定のままで訳すと全体をま
> とめにくい場合は，このように〈二重否定→肯定〉の関係を利用して，
> 肯定的に訳してもよい。

340. 子供時代の楽しみは，主として，子供がある程度の努力と創意によって環境から自
分で引き出すようなものでなければならない。

341. 墓に片足を突っこんでいないものがいないようなパーティに招かれるのは確かに気

の滅入ることである。ばかは年を取ってもばかでなくなることはないし，年取ったばかは若いばかよりも計り知れないほど退屈なものである。

342.（ a ）最善を尽した生徒は試験に合格した。

（ b ）その生徒たちは，最善を尽したので，試験に合格した。

（ c ）その生徒たちは，最善を尽したが，試験に失敗した。

　　　≪注≫　非制限的用法の関係代名詞は「接続詞＋代名詞」に置き換えてみることができることが多く，その場合，接続詞は文脈に応じて and, but, for などを用いるが，ここは挿入節になっているので（b）**who**＝*as* they，（c）**who**＝*though* they にそれぞれ置き換えることができる。

343.（ a ）重傷を負った乗客はほとんどいなかった。

（ b ）乗客はほとんどいなかったが，彼らは重傷を負った。

　　　≪注≫　（a）は「他にもいた乗客のなかで重傷を負った者は」と限定する制限用法，（b）は **who**＝*and* they に置き換えられる非制限用法。

344.（ a ）彼は彼女を怒らせるようなことは何も言わなかった。

（ b ）彼が黙っていたら，彼女はそれに腹を立てた。

　　　≪注≫　（a）の **which** の先行詞は anything で，「他にも何か言ったが，彼女を怒らせるようなことは言わなかった」，（b）の **which** の先行詞は前文の内容で，「彼が何も言わないでいたら，そのことが彼女を怒らせた」で which＝*and* it に置き換えられる。

345. われわれは全世界的な軍備撤廃を達成しなければならない。というのは，それがこのミサイル時代においては安全保障への唯一の道だからである。

　　　≪注≫　**which**＝*for* it

346. 数多くの人生の目的のなかで，たぶん最も普通なものは自分が幸福になることを求めることであろう。個人的な福利を得ようとする努力は，これを幸福の追求と言いかえてもよいが，人生にとって基本的なものである。

　　　≪注≫　**that of seeking** ～ ＝ the aim of seeking ～（～を求めるという目的）

347. すべての人間の生涯において，あらゆる国家の生涯において，平時には生活の正しい秩序と行動の基盤になっている単純な諸真理が，感情の興奮に支配されややもすれば忘れられ無視されてしまいがちな瞬間がある。これらの平凡な真理のあるものを今敢えて私はあなたがたに思い起こさせようと思うが，それは，これらが普段にもましてこの非常時において銘記されなければならないことだからである。

　　　≪注≫　**the simple truths ...disregarded** の部分には二つの関係詞節が含まれているので構文をはっきりさせておくこと。

　　　　　the simple *truths*〔**which** in common times are the *foundation*（upon **which** the right order and conduct of life depend）〕are apt to be forgotten and disregarded.　「〔平時においては（人生の正しい秩序と行動が依存している）土台である〕単純な真理が忘れられ無視されがちである」

348. あなたはただ結果を待っていればよい。

　　　≪注≫　**All you have to do is to** ～ 「〔あなたがなすべきすべてのことは～だ→〕あなたは～しさえすればよい」（＝You have only to ～）

349. 手に入れることのできないものはなんでも，すでに持っているものよりもよく見える。

350. 本の中の唯一の重要なものは，その本があなた自身に対して持つ意味である。

351. もしそれらの書物を読んでいなかったならば，私は今のとおりの人間にはなっていなかっただろうと思う。

> ≪注≫ not quite 〜 は部分否定で，「まったく〜というわけではない」の意。したがってこの文を全体否定のように「今の私とまったく違った人間になっていただろう」などと訳さないこと。quite the man [that] I am「私が今そうであるとおりの人間；このとおりの私」

352. ある人がどんな人間であるかはその人が何を賛美するかによってかなり正しく知ることができよう。彼の賛美の対象は，彼がどのような人間になりたいと思っているかを示している。

> ≪注≫ what he admires の what は関係代名詞で「彼が賛美するもの」が直訳。the kind of person も「（彼がなりたいと思う）種類の人間」であるが，what kind of person ... ぐらいのつもりで上のように訳せばよい。

353. 言葉は意味ばかりでなく語感をも伝えるので，書き手は自分の言葉が与える語感が，読者に理解させたいと思う意味に適するように，用いる言葉を選ばなければならない。

> ≪注≫ the impression と the meaning の後に関係代名詞が省略されている。

354. 変化をもたらす，そしてわれわれの観点からするならば，破壊をもたらす大きな原因は実は機械であった。なるほど機械は人間に多くの利益をもたらしたが，(1) それは昔ながらの生活様式を破壊し，また，それが伴う絶え間ない急速な変化のために，新しい生活様式が育つのを妨げてきた。その上さらに，(2) 機械が大量生産によってわれわれにもたらす利益は，単なる物質的商品の領域の外においては，個々の人間の画一化や水準低下を伴う結果となっている。

> ≪注≫ (1) the continual rapid change [that] it involves ...，(2) the advantage [that] it brings us ... という関係代名詞の省略に注意する。

355. （a）トルストイは世界中のほとんどすべての国で愛されてきた数少ない作家の一人です。

（b）エミリーは家族のなかで古典音楽を好まないただ一人の人です。

> ≪注≫ （a）では who の先行詞は writers であって one ではなく，（b）では that の先行詞は family ではなく one である。（a）ではただ one，（b）では the only one となっていることに注意する。

356. 規則正しい仕事は，肉体に健康を与える傾向があるばかりでなく，さらに重要なことには，精神に安らぎを与える傾向がある。

357. 努力と苦労を代償としないもので価値のあるものはこの世に何も存在しない。

> ≪注≫ which の先行詞は nothing. この文は nothing ... no という二重否定の形になっているが，肯定的に表わせば「この世で少しでも価値のあるものはどんなものでも，それを手に入れる代価として労働と骨折りを必要とする」となる。

358. 自分の性格のなかで友人にいやがられる点は，自分では全く意識していないものであることを，熟知していたほうがよい。

> ≪注≫ It is advisable to do 〜「〜するのが望ましい；〜したほうがよい（＝You had better do 〜）」which の先行詞は直前の individuality

（個性）ではなく the things であるので，「あなたの友人を困らせるあなたの性格のなかのもの」のように直訳すると，訳文では先行詞が「性格」なのか「もの」なのか，あいまいになってしまうので注意する。

359. 芸術家が独創的であればあるほど，<u>その媒体との闘い――この闘いからのみ最高の芸術が生まれるのであるが――は熾烈(れっ)になる</u>。長い間にわたる練習によってのみ，人は自分の言わんとすることを，明確に，魅力的に，偽りなく表現することができるようになる。

> ≪注≫　**medium** 「（伝達・表現の）媒体」とはこの場合は「言語」のこと。**from which … is born** は struggle を先行詞とする関係詞節。上の訳例では文意がわかりやすいように挿入的に訳してあるが，英語では制限的用法であるから，たとえば「最もすぐれた芸術を生み出す唯一のものである，媒体との闘いが激しくなる」のほうが英語の構文により忠実な訳である。

360. ふだん，われわれは人間は平等でないことを固く信じている。ところが，民主国家においてわれわれが政治的に考えたり行動したりするときは，人間は平等であるということを同様に固く信じている。あるいはとにかく――<u>これは実際には同じことになるのだが</u>――人間が平等であることを確信しているかのごとく振舞っている。

> ≪注≫　**which** は後に続く we behave … の内容を指している。**as though** ＝as if（あたかも…であるかのように）

361. ほかのどんな仕事も，自分が従事している仕事よりはよく思われるものである。

362. 彼が断固として計画をやり遂げるさまに私は感嘆した。

> ≪注≫　この文は I wondered at the determination＋he carried out his plan *with determination* を関係代名詞で結びつけた形であるから，with determination＝determinedly（決然として；断固として）の関係から訳を導くことができる。

363. 新聞は世間の人々が日々の出来事についての知識を得る源である。

364. 産業革命までは，人々の生活様式の変化はきわめて緩慢であった。

> ≪注≫　**the way in which** …「…の仕方」（＝the manner in which …）直訳：「人々の生活の仕方は非常にゆっくりと変化した」

365. この国の文化の将来は，どの程度までこの国がヨーロッパの伝統の最もすぐれたものを吸収し，それを自分のものとすることができるかにかかっている。

> ≪注≫　**the extent to which** …「…する程度」は，訳文を作るうえでは to what extent … [*or* how far …]（どの程度まで…するか）に置き換えてみることができる。

366. 偉人の伝記を読むとき，われわれは，それ自体は偶然であり，あるいはきわめて不利であるようにさえ思われるあらゆる種類の経験が，長い目で見れば結局は有効に生かされているさまに，感銘を受けざるをえない。

> ≪注≫　**the manner in which** … ＝the way in which …（…するそのやり方）

367. <u>教育は特定の社会組織の中で，また特定の社会組織のために行われるものであるが，あたかもその社会組織と無関係であるかのごとくに教育の諸問題が論じられることがしばしばある</u>。これが，そのような議論から得られる解答が不満足なものであることに対する，最もありふれた理由の一つなのである。ある教育制度は，ある特定の社会組織の中においてのみ，なんらかの意味を持つのである。

≪注≫ the social system *in which* and *for which* the education is carried on「その中で，またそのために教育が行われるところの社会組織」が直訳。the commonest reasons for the unsatisfactoriness of the answers＝the commonest reasons *why the answers are unsatisfactory*（その答が不満足である最もありふれた理由）It is 〜 that ... は強調構文。〔→p. 222〕「ある教育制度がなんらかの意味を持つのはある特定の社会組織の中においてのみである」が直訳。

368. あなたが欲しいものでまだ持っていないものがありますか。

   ≪注≫ you want の前に that が省略されている。

369. 君にできることで僕がまだやってしまっていないことはなにもない。

370. 手に入れる価値のあるもので，努力しないで得られるものは何もない。

   ≪注≫ worth having という形容詞句は *which is* worth having という形容詞節と同じ働きをするので，二重制限の関係が成り立つ。

371. 残っている金で，特にだれのものでもない金は君がとっておきなさい。

   ≪注≫ the money のあとに関係代名詞が省略されている。この関係詞節の部分は There is *some money* left.（いくらか金が残っている）の some money が関係代名詞として前に出た形である。

372. ときどき勇気ある行為として通っているもので，実は勇気ある行為などではまったくなく，軽べつにしか値しないようなものがある。

   ≪注≫ that で一重に制限し，which 〜 and which という並列された二つの関係詞節によって二重に制限されている形。

373. 「意志あるところ道あり」ということわざがある。合理的に望みうる目的で,正直と勤勉と不抜の努力によって手に入れることのできないものは，この世にはほとんどない。

   ≪注≫ Where there is a will, there is a way.「精神一到何事か成らざらん」という訳を当てることも多い。we can reasonably desire の意味は裏から「望んでも不当でない」のように訳してもよい。

374. 私が訪れたヨーロッパ諸国における英語教育にとって有利な要素で，日本はいかんともしがたいものが二つある。第一は，これらのヨーロッパ諸国の言語は英語と語族的に関係があり，両者の相違は日本語と英語の相違に比べれば小さいものである。第二の要素は，これらヨーロッパ諸国のほうが地理的にも英語の発生地に近い位置にあるということである。これら二つの要素はきわめて有利な条件であり，これらヨーロッパの小国で英語の教育が非常に成功している決定的な理由にさえなっているかもしれない。

   ≪注≫ the source of the English language：英語は世界中で用いられているが，その発生地といえば英国のこと。smaller countries：特定の比較対象を示さない，いわゆる「絶対比較級」（Absolute Comparative）の例。特定のどの国より小さいというのではなく，ヨーロッパにおける国々のなかで，小さいほうに属する国々のこと。

375. 彼のお父さんだと私が思った人は赤の他人だった。

376. 私の作文にいくつ間違いがあったと先生は言われましたか。

377. あなたはなぜ私が聞きたくないと知っていることを私に話されるのですか。

378. 詩人は将来何をすべきだとこのエッセイの筆者は考えているとあなたは思いますか。

   ≪注≫ What は（should）do の目的語。この文は連鎖関係が二重になっている。すなわち，

   What *does the author of this essay think* a poet should do ... ?

　　　　（詩人は将来何をすべきだとこの随筆の筆者は考えていますか）
　　　という連鎖形式に，さらに do you think が挿入されたもの。
　　　　　What（*do you think*［*the author of this essay thinks*］）a poet
　　　should do ...?
　　　となったもの。

379. たいていの若い人々があまりにも取るに足りないと考えているように思われる物事
　も，私にとっては些細すぎるということはいまだかつてなかった。
　　　　≪注≫　筆者は，どんなに些細なことも軽んじないで，細心の注意を払ってき
　　　　　たことを述べている。

380. この二人は両方とも暴力を肯定しない平和愛好者であった。彼らはしばしば，正し
　くないと自分たちが感じる法に従うことを拒んだ。

381. 多くの良書に対して抱かれる関心は，ある一定の歴史上の時期に限定されている。
　それらの書物は，あらゆる時代と場所において人間が直面する根本的な問題を，あらゆ
　る時代と場所の人々が理解できるように扱うことから生まれるような，普遍的に訴える
　力を持っていない。偉大な書物は，これに反し，その誕生の地域的境界を超える。それ
　らは常に世界の文学として存在する。偉大であるとわれわれが確信するような書物は，
　あらゆる国の人々が幾世紀にもわたって繰返し繰返し繙（ひもと）く書物なのである。
　　　　≪注≫　*good* books（良書）と *great* books（偉大な書物）との違いを述べた
　　　　　文。**The interest ... history.** は「並みの良書の多くはある一定の時代
　　　　　の人々にだけしか関心を抱かれない」がくだいた訳。**in a way that ...**
　　　　　「…するような仕方で」これは dealing を修飾する副詞句で，that は
　　　　　関係副詞用法。**remain as ～**「ずっと～のままでいる」

382. 彼は経済学を研究しているが，経済学の知識は今日非常に重要である。

383. われわれはロンドンまでいっしょに旅行し，そこで別れた。

384. 彼は私になるべく急ぐように言った。
　　　　≪注≫　この文は He told me to make *as much* haste *as* I could. と言
　　　　　っても同じである。

385. 彼はどんな拒否を受けようと覚悟はできていた。
　　　　≪注≫　「彼は受けるかもしれないどんな拒否に対しても覚悟ができていた」
　　　　　が直訳。

386. 及ばずながらできるだけお役に立ちたいと思って参りました。
　　　　≪注≫　「私は私に提供できるだけの奉仕をするために来ました」が直訳。

387. 当地の私の友人は数多くはありませんが皆とても親切にしてくれました。

388. 彼がする約束はどんな約束でも当てにすることができる。
　　　　≪注≫　You can rely on *any* promise *that* he may make. と書換えられ
　　　　　る。

389. 英語を書くことはたのしい。といって，それが容易であるというのではないが，そ
　れはクリケットに劣らず大きな楽しみを与えてくれることがあり，そしてこの競技にと
　てもよく似ているのである。
　　　　≪注≫　**it can be ～ as cricket**「それはクリケットと同じだけ喜びの源に
　　　　　なりうる」「可能性」を表わす can は sometimes で表わされる意味
　　　　　にほぼ近い意味を表わす：
　　　　　　$\Big\{$　It *can* be dangerous.　　（直訳：それは危険でありうる）
　　　　　　　＝It is *sometimes* dangerous.　（それは危険なこともある）

390. 不節制は人が陥るかもしれない最も危険な習慣の一つである。それは自制心の欠如から生まれ，わずかながらまだ残っているかもしれない自制心を破壊してしまう。

391. 私は，若い頃に読書を指導してくれる良識のある人がだれかいてくれればよかったのにとつくづく思う。私にとってあまりためにもならなかった本にいかに多くの時間を費したかを思うとき，ため息がでる。ささやかながら私が得た指導はすべて，私が下宿していたロンドンの家庭に住むようになった青年から受けたものである。

> ≪注≫ when I reflect on the amount of time I have wasted は「私が浪費した時間の量を考えるとき」が直訳。were of no great profit to me＝were not very profitable to me（私にとってあまり利益にはならなかった）What little guidance I had I owe to a young man：owe の目的語が前に出た形で，普通の語順は I owe *what little guidance I had* to a young man で，「わずかながら私が受けた指導のすべてを青年に負っている（…のすべては青年のおかげである）」が直訳。

392. 私の言葉どおりになる時がすぐにやってくるでしょう。

> ≪注≫ 文のバランスの関係で，関係副詞節が先行詞（time）と離れて後に置かれた形式。

393. そこが私があなたに同意できない点です。

> ≪注≫ That's *the point* where I can't ... のように先行詞を補うことができる。

394. 彼があなたの申し出を拒否した理由は明らかです。

> ≪注≫ The reason *why* he refused ... の関係副詞 why が省略された形。

395. 彼女は，彼が彼女の同情をいちばん必要としているときに彼を見捨てた。

396. われわれがちょうど結論に達しようとしているとき，ベルが鳴った。

> ≪注≫ when は「するとそのとき」（＝and then；at which time）という意味を表わす継続的用法。

397. 正直は得策でない場合がある。

398. 女性の理屈は男性と異なる。

> ≪注≫ that は in which に置き換えられる関係副詞用法。「女性は男性と同じように物事を考えない」が直訳。

399. それを実行してはいけない理由がわからない。

400. 非常に多くの人々がその理想を実現することができない理由は，彼らが理想を実現するために最善を尽そうとしないことにある。

401. 芸術は常に，物事の現実の姿ばかりでなく，人々の物事に対する感じ方とも同様にかかわり合いを持っている。ふつう，知識と感情の両方が絵を作りあげるのに貢献しているのである。

> ≪注≫ as much 〜 as ...「…と同じ程度に〜；…に劣らず〜」as it is with は as it（＝art）is *concerned* with の省略表現。the way things really are「物事が実際に存在するそのしかた」が直訳で，ふつう「物事の実際の姿；現実の状態」などと訳す。なお the way things really are が副詞節として用いられる場合は「現状では」（＝as things really are）の意を表わす。

402. 昔の人間は非常に弱く，自然は非常に強かったので，人間はほとんど自然の奴隷になっていた。したがって，人間が，人間と自然の相互の立場が逆になる未来，人間が主人になり自然が奴隷になる時を夢見たのは当然であった。われわれはすでに，人間が強

制的に自然にさせることができないことはほとんど何もなくなった段階に達したが，一方では，自然を奴隷にすれば必ず人間も奴隷になってしまうということを，痛い目にあったうえで，悟りつつある。

≪注≫ **so strong as to make man almost her slave**: この as to は man was *so* **weak** の so とは関連せず，直訳すれば「(自然は) 人間をほとんど自分の奴隷にしてしまうほど強かった」となる。**a future in which** は a future *when* と関係副詞を用いて書換えられる。**cannot ～without ...**「…することなしに～することはできない；～すれば必ず…する」[→p. 276]

403. だれであろうとそんなことを言う者はうそつきだ。

≪注≫ **Whoever**＝Anyone who

404. どれでも自分が正しいと思う道を選んでよろしい。

≪注≫ **whichever course**＝*any* course *that*. **whichever course *you think* is right** は連鎖形式 [→p. 126]，「正しい (とあなたが考える) いかなるコースでも」

405. たとえ何をしようとも，勤勉であることがとても大切です。

≪注≫ **Whatever**＝No matter what

406. この世においてわれわれが行うことは何でも準備を必要とする。

≪注≫ **Whatever**＝Anything that

407. 金だけでは幸せになれないということは全く疑いのないことです。

≪注≫ **whatever**＝at all（少しも）

408. あなたの服は破れていますね。いったい何をしていたのです。

≪注≫ **Whatever**＝What on earth（いったい何を）

409. 私たちはみな，どこに住んでいようと，何をしていようと，何者であろうと，日記をつけるようにすべきです。それによって得られる報酬は，はらわれる努力に十分値するものです。

≪注≫ **～ever** はそれぞれ no matter where (what, who) に置き換えられる譲歩の副詞節を導く。

410. オートメーションの時代は，画一性の時代であることをまったく必要としない。余暇の目的は，人々が持っているどんな才能や興味でも伸ばすことができる機会を人々に与えることに尽きる。

≪注≫ オートメーションによる大量生産のため画一化がもたらされ，また人手が省かれて余暇が増加することについて述べられた文。**The whole purpose is to give**「すべての目的は…」と訳さない。「目的のすべては～を与えること→目的は～を与えることに尽きる」

411. 若い子供たちを扱わなければならない人はだれでも，同情しすぎることは誤りであることを悟る。子供たちは，時には厳格であるおとなが，自分たちにとって一番ためになることをすぐに理解する。子供たちには，自分が愛されているかいないかが本能的にわかる。そして，自分を愛していると感じる人からならば，自分の正しい成長を純粋に願う気持ちから生まれるいかなる厳しさにも，子供たちは我慢するものなのである。

≪注≫ **Whoever**＝Anyone who. **those whom they feel to be affectionate** ＜ they (＝children) feel *those* to be affectionate（彼らはその人たちが自分に対して愛情をいだいていると感じる）**whatever strictness results from genuine desire**＝*any* strictness *which* results from genuine desire（純粋な気持ちから生まれるどんな厳しさ〔にも我慢する〕）

412. 娘たちは母親に劣らず魅力があり、また母親以上に知性的である。

413. 彼は読書をしているとき以上に幸せなときはない。
≪注≫ この文は He is *happiest* when he is reading.（彼は読書をしているときがいちばん幸せだ）と最上級を用いて書換えることができる。

414. 暗さに劣らず静かであった。
≪注≫ 「静かさの程度は暗さの程度と同じくらいであった」こと，すなわち「暗いことも暗かったが，それに劣らず静かだった」ことを述べる文。

415. 人類は過去においてこのように大きな危険に直面したことはかつてなかった。
≪注≫ **scarcely ever** は訳の上では almost never（ほとんど決してしてない）に置き換えて考えてよい。ちょうど scarcely any は almost no と考えていいように。

416. 彼女は私をまるで自分の子供のように可愛がってくれた。

417. 本当に物事を考える人は，自分の成功から学ぶのと同じだけ多くを失敗からも学ぶ。

418. あなたの友人が親切にもあなたの欠点を教えてくれたならば，その言葉を快く，また感謝して受け入れなさい。賢明で助けになる友人ほど貴重な宝はほとんど存在しない。そのような友人のみがわれわれに自分の欠点を気づかせてくれるのである。

419. 努力は苦痛を伴う。非常に大きな苦痛を伴うこともあろう。しかし，努力をしているとき，われわれは，努力そのものが，それが生み出す結果に劣らず，あるいはたぶん結果以上に，尊いものであることを感じる。
≪注≫ **the work it results in:** 関係代名詞が省略されている。it の先行詞は effort。result in ～（～という結果になる）と result from（～の結果生じる）の関係から次のように書換えられる。
the work that the effort *results in*
（=the work that *results from* the effort
（努力の結果生じるもの；努力がもたらす結果）

420. われわれの大部分は，生涯のあいだに，独創的な考えを持つことはきわめてまれである。独創的な考えはたいてい，われわれが若くて無経験な時代にいだかれるものである。そしてわれわれのなかには，同じ考えをもっとうまく表現しようとすることや，それらの考えはかつてそう思われたほど独創的なものでは決してないという事実に直面することに，もっぱらその後の歳月を費しているものがいる。
≪注≫ **devote our later years to trying … or to facing ～**（われわれのその後の歳月を…しようとすることや～に直面することに捧げる）のつながりを間違えないようにする。

421. 彼女はこの上なく幸せだ。

422. 彼はあいかわらず忙しそうだ。

423. 英語は，いかなる言語にも劣らない，思考伝達のすぐれた手段です。

424. 彼の小説は，過去百年間に書かれたいかなる小説にも劣らず，後世に残る確かな見込みがある。

425. 小さなことを研究することによってこそ，できるだけ不幸を少なくし，できるだけ多くの幸せを得る偉大な術を獲得することができる。
≪注≫ **It is by studying ～ that …** は It is ～ that …（…なのは～だ）の強調構文〔→p. 222〕によって，by studying ～ という副詞句を強め

た形。

426. いくつかの説明が提出された場合，より単純なものがまたより正確に近いという原則に従う。より複雑な説明を選ぶことは，西隣りの家に行くのに東回りに地球を一周するのと同じように愚かなことである。

≪注≫ **as sensible as** 〜「分別の程度は〜と同じくらい」比較対象の程度が高い場合には「〜に劣らず分別のある」と訳せばよいが，この文では比較対象の程度が低いので「〜と同じ程度の分別しかない；〜と同じくらい賢明でない」のように訳さなければならない。

427. すぐれた小説はわれわれに，自分自身や自分と他人との関係について教えてくれる。(1)それはまた，他人もわれわれがいだいているのと同じように正当であり尊重されるべき考え方を持っているということを示してくれる。(2)それは，現代生活において大人ばかりでなく子供にとっても同様に現実的な二つの面である，選択と葛藤という問題に対していかに対処すべきかを如実に示してくれる。それは，われわれに著者の経験を共有させることによって世の中に対するわれわれの認識を増してくれる。それはわれわれの想像力を伸ばし，われわれの信じる力を強めてくれる。(3)これらのことのいずれでもすることができる小説は，いかなる教科書や啓蒙書にも劣らず真に「教育的」なのである。

≪注≫ **should be respected** の主語は which であって，others ではない。**any of these things**: any であるから「これらのうちどれ [か一つ]でも」であって，「これらのすべて」ではない。

428. 自分が守れないような約束をしないように注意しなさい。

≪注≫ 「あなたが守れる以上のことを約束しないように注意しなさい」が直訳。

429. 人間はその環境に対して今までに持ったことのない大きな支配力を持っている。

≪注≫ **man** は無冠詞の場合は「人間一般」を指す。比較部分は「かつて持ったことがある以上に大きい力を持っている」が直訳。

430. 教育とは，ただ教えるということとは非常に異なった，それよりももっと高いものである。

431. 人間の価値は社会的地位よりもその人格によって判断されなければならない。

432. 運動も，度を過ごせば，有害無益になる。

≪注≫ **if carried to excess**＝if *it is* carried to excess. **do more harm than good**「益よりも害が大きい」

433. われわれは生きるために食べ，眠らなければならないが，生きるということはただそれだけのことではない。生きがいを感じるためには，われわれは人から愛され，求められ，受け入れられなければならない。

≪注≫ **there is more to 〜 than** ...「〜には…以上の要素がある；〜はただ…だけのことではない」

434. イギリス人は，どんな職業・分野の人でも，しろうととしての自分の地位に常に誇りをいだいてきた。彼は，物事をだれかほかの人にもっと能率的にしてもらうよりも，自分でするほうを好む。

≪注≫ **prefer A to B**「BよりAを好む」では，Aに不定詞を用いることもあるが，Bには不定詞を用いられず動名詞を用いる。**have them**（＝things）**done**「それらをさせる；それらをしてもらう」[→p. 58] **for him**「自分のために；自分にかわって」

435. われわれ人類は,愚かな意見が絶えずそうであると主張しているほどには物質主義的では決してない。私が人間について今まで知ったことから判断して,<u>人間は, 世の中の表面に表われているよりもはるかに多くの理想主義的な力を備えている</u>と確信する。

> ≪注≫　**asserting it to be**＝asserting it（＝our humanity）to be *materialistic*（人類は物質主義的であると主張している）**there is far more in them of idealistic power:** of idealistic power は in them を隔てて more を修飾する。「理想主義的な力がはるかにたくさん彼らの中にある」の意。

436. この動物は世界の暖いほうの地域に住んでいる。

437. 彼は嫌われるというよりもむしろ軽べつされているのです。

438. 彼は彼女の親切に対して十二分に報いた。

439. 彼は財産の大半を投機で失ってしまった。

440. 彼女は親切以上であった。実際,ねんごろそのものであった。

> ≪注≫　**hospitality**「(もてなしの)ねんごろさ; 愛想のよさ」 **In fact**「実際; それどころか」

441. 運について,いやむしろ,偶然について理解し,それがたいていわれわれの内面的個性によって左右されるものであることを悟ることが大切である。

> ≪注≫　**better** は still better とも言い,挿入的に用いて,「それ（次に述べること）のほうが望ましいのであるが」の意を表わす。**more often than not**「そうでないよりはそうであることのほうが多い」から「しばしば; たいてい」（＝quite frequently）の意を表わす。

442. 英語にせよ他のいかなる言語にせよ,国際語として用いられるようになるということはまことに疑わしいので,そんなことはありえないと言ってもいいだろう。

> ≪注≫　**ever** が未来制時と用いられる場合は「将来いつか」の意を強意的に添えるが,逐語的に訳出すると不自然になる場合は特に訳さないでよい。

443. ある角度から見れば,現代は個人の成長にとって先例のないほど機会に恵まれた時代である。<u>物質的な生活水準が今日ほど高かったことはない</u>。公共施設も今日ほど完全ですべてに行き渡っていた時代はない。教育の機会（したがって職業を選ぶ機会）がこれほど多様で豊かに存在したこともなかった。しかしながら,これは現状の一面にすぎない。反対の角度から見れば,今日の世界は多くの点において個人の積極性を殺(そ)ぎ,消極性や順応性を促している。<u>選択の機会も有名無実であることが多い</u>。

> ≪注≫　**Looked at**＝If it（＝our age）is looked at. our age is の次の **one**＝an age. **Material standards of living were never higher** [*than they are now*]. という自明の比較対象が省略されている。同様に **Public services were never *so* complete and comprehensive** [*as they are today*]. と意味上補う。**the picture**「情況; 情勢」**in many ways**「多くの点で」**more apparent than real**「現実に存在するというよりも見かけだけの」

444. 彼は私の先生というより友人です。

> ≪注≫　この文は He is *not so much* my teacher *as* my friend. と同意。

445. 年ごとに,大陸を横断するのに要する時間が減り,勤め先にたどりつくのに要する時間が増えていく。

446. 君は僕が思っていたほどばかではない。

> ≪注≫　訳し方を変えれば「君はもっとばかだと思っていたよ」となる。

447. 仕事は生存の必須条件なので，仕事をするかどうかということより，いかに仕事をするかが問題なのです。

448. 現代の世界では，移動できる速度がはやまっているので，人々は地理的に最も近い隣人に以前ほど頼らないですむようになっている。

449. 人が多量の知識を持っていても，もし自分でよく考えることによって身につけたものでなければ，それは十分に考えて得たはるかに少ない知識よりも，ずっとわずかな価値しか持たないことになる。

450. 欠点というものは，それを根絶やしにするよりも，美徳を身につけることによって徐々にその息の根をとめてしまうほうが容易であることがわかるでしょう。他人の欠点はもとよりであるが，自分の欠点は考えないようにするがよい。身近に接する人の中に美点や長所をさがし求めなさい。それを賞賛し，祝福し，そしてできるかぎり真似するように努めなさい。そうすれば，あなたの欠点は，時がくれば，枯葉のように落ちてなくなるでしょう。

451. こんなに美しい花は今までに見たことがない。
　　　　≪注≫　＝This is the most beautiful flower that I have ever seen.

452. 絶えず心配していることほど健康に有害なことはない。

453. 読書をして何時間も過ごすことほど私の好きなことはない。

454. 彼に会うことほど私がしたくないことはない。
　　　　≪注≫　すなわち「彼に会うのは他の何よりもいやだ；私のいちばんしたくないことは彼に会うことだ」の意。

455. こんなことをしようというつもりは毛頭ありません。
　　　　≪注≫　「こんなことをすることほど私の意図から遠く離れていることはない」が直訳。

456. 彼は何よりも名誉を重んじ，何よりも権力を望まない人間です。

457. 時ほど貴重なものはないが，時ほど大切にされないものもない。

458. 礼儀より安いものはない。（ことわざ）
　　　　≪注≫　このことわざは Courtesy costs nothing. （ていねいに振舞うのに金はかからぬ；おじぎしても損はしない）ともいう。

459. 彼らの関係がこれほどうまくいっていたことはなかった。
　　　　≪注≫　「彼らの関係はそのとき最高の状態にあった」ことを表わす。

460. われわれのタイミングがこれ以上悪いことはありえなかっただろう。
　　　　≪注≫　「われわれのタイミングは最悪だった」ことを述べている。

461. 彼が私を愛していようといまいと私はいっこうにかまいません。
　　　　≪注≫　**couldn't care less**「これ以上に気にしないことはありえない；気にする程度がこれ以下であるということはありえない」という意味関係から，「全く無関心」の意になる。

462. 彼女は彼に対して全く無関心だ。実際，彼女は彼に対してひとかけらの愛情もいだいていない。
　　　　≪注≫　**she couldn't love anyone less** [than him] は「彼女はいかなる人をも彼以下に愛することはできないだろう」が直訳で，「だれよりも彼を愛していない」の意。逆に she couldn't love anyone *more* ならば「いかなる人をも彼以上に愛することはできないだろう」，すなわち「だれよりも彼を愛している」ことになる。

463. （イ）私は全く死を予想していなかった。

（ロ）私は死を当然のことと予想していた。

≪注≫ （イ）**less** が副詞で expected を修飾する場合。「死よりも少ししか予想しないものはなかった → 何よりも死を予想しなかった」, すなわち more であれば「死よりも多く予想したものはない→何よりも死を予想した」となるが, その反対の意味関係を表わすと考えればわかりやすい。

（ロ）**less** が形容詞で nothing を修飾する場合。「死以下のものは何も予想しなかった→死くらいのことは予想した」

464. 世の中で最も楽しいことの一つは旅に出ることである。 しかし, 私は独りで出かけるのを好む。私は屋内で人との交際を楽しむことができる。しかし, 戸外では自然が私にとって十分な伴侶となってくれる。<u>戸外では独りでいるときに最も孤独を感じないのである。</u>

≪注≫ 最後の部分は「私はそのとき（＝戸外では）独りでいるときよりも孤独を少ししか感じないときはない」が直訳。 ことわざに A wise man feels never less alone than when alone. （賢者は独居して孤独を感ぜず）がある。 賢人は独りでいても有意義な時間の費し方を知っているので孤独を感じないわけである。

465. この辞書には少なくとも5万語は載っている。

466. そのテストに合格した生徒はせいぜい10人ぐらいだった。

≪注≫ 「10人いるかいないかだった」と訳してもよい。

467. 彼が自殺したというのは単なるうわさにすぎない。

468. 食物がわれわれの肉体にとって必要であるのに劣らず, 読書はわれわれの精神にとって必要である。

≪注≫ Reading is *as* necessary to our mind *as* food is to our body. と書換えられる。

469. 彼は真実をすべて知らなければ満足しないだろう。

≪注≫ 「真実全体以下のいかなるものにも満足しない」から「真実全体を知ることのみに満足する」となり, **nothing less than** はここでは nothing but と同意になる。

470. すぐれた文章は言葉を節約する。 すぐれた文章家は自分の考えや気持ちを正しく表現するのに必要なだけの言葉しか使わない。

471. 肉体労働を蔑視(べっし)するのは悪いことであると同時にそれに劣らず浅はかなことでもある。なぜなら, 文明の目に見える成果はすべて肉体労働のおかげだからである。

≪注≫ **not less absurd than wicked**「不正であるのに劣らず愚かである」この not less は no less に変えてもほとんど同じである。

472. 自由主義とは何だろう。 それを説明することは容易でないし, ましてや定義を下すことはなおさら容易でない。なぜならば, それは一つの主義であるのとほぼ同じ程度に一つの気分ででもあるからである。

≪注≫ **it is hardly less a mood than** [it is] **a doctrine** は it is *almost as* much a mood *as* [it is] a doctrine と書き換えられる。「主義」ならば定義もできようが, 漠然たる「ムード」では明確に定義づけることはできない, というのが文の含み。

473. 書物は昔大学が果した役割を今日われわれのために果しているとよく言われる。 5世紀前ならば教師の口からしか得られなかったであろう知識が, 今日では印刷されたペ

ージから学ぶことができる。しかしながら，<u>大学は今日，印刷術の発明以前とくらべ，全く不可欠とはいわないまでも，ほとんど同じ程度に有用なのである。</u>

> ≪注≫ **five centuries ago** という副詞句には「もし5世紀前であったならば」(=*if it had been* five centuries ago) という仮定の意味が含まれる。**are scarcely less useful if not quite so indispensable to-day as they were** ... は厳密には are scarcely *less* useful *than* [if not quite *so* indispensable to-day *as*] they were ... と than を補って共通構文が正しく成り立つ。

474. （**a**）私はこの町一番の学者を知っている。
（**b**）私はこの町のたいていの学者を知っている。

> ≪注≫ **a learned man**＝a man of learning（学者）。learned は，過去・過去分詞用法では [ləːnd]，形容詞用法では [lə́ːnid] と発音される。

475. あなたは少なくとも彼の立場を理解しようと努力しなければならない。

476. その会にはせいぜい 50 人しか出席していなかった。

477. 彼女は彼の言葉に少しも腹を立てていなかった。

478. 時間が少ししか残っていないので，できるだけ有効に使わなければならない。

479. 私の知るかぎりでは，彼は決してうそをつくような人間ではない。

> ≪注≫ **To the best of my knowledge**＝So far as I know

480. だれも不平を言っちゃいけない。とくに君はね。

> ≪注≫ 肯定的な意味での「とりわけ」は *most* of all であるのに対して，否定的な意味では *least* of all を用いる。

481. 最も賢い人でもせいぜい知りうるのは自分は無知であるということだけである。

> ≪注≫ **The most [that] the cleverest can know** は「最も賢い人が知りうる最大限→最も賢い人でもせいぜい知りうるのは」となるが，たとえば I want to know *the most* [that] I can [know]. では「できるだけ多くを知りたい」である。**the cleverest** はこの文では *even* the cleverest men（最も賢明な人でさえも）の意。

482. 失敗に対する世間の反応は良くて同情，悪くて軽べつである。

483. 人間性は，愛情を最も要求しないようにみえる人々に最も快くそれを与えるようにできている。

> ≪注≫ **human nature**「人間性」 **most** は readily（進んで；喜んで）を修飾する副詞用法。**least** は seem ではなく demand を修飾する副詞用法。

484. ごくふつうの形態の社会においては，甲の薬は乙の毒である。<u>人間の多様性は無数の面において表われ，そしてとりわけ好みの相違にはっきりと表われる。</u>好みについては，とくに愛や宗教や芸術といった神秘的なことがらに関する好みについては，議論で左右することはできないので，合理的な生活などは，たぶん，夢か妄想にすぎないのだろう。

> ≪注≫ **express itself**「[それ自体を表現する→] 表われる」**delusion**「妄想」*cf.* illusion「幻想」**there is no arguing**＝it is impossible to argue（議論することはできない）**mystery**「神秘；なぞ [のように解明できないこと]」**religion**「宗教」

485. この世に新しいものなし。（ことわざ）

> ≪注≫ **under the sun**「太陽の下に」とは「この世に」（＝in the world）。

あらゆることはすでに今までに誰かによって言われ，行われ，作られており，全く独創的なものはこの世に存在しない，の意。

486. 案ずるより生むが易し。(ことわざ)

≪注≫ 「やってみるまでは自分に何ができるかわからない」が直訳。

487. うそつきは本当のことを言っても人に信じてもらえない。

488. 自分の境遇に満足しているものはいない。

489. 僕が何を言っても彼女は喜ばないようだ。

≪注≫ **ever** は seems を修飾する。say を修飾する場合は Nothing I *ever* say の語順になる。この文は態を変えれば She *never* seems to be pleased with *anything* I say. と，ever が never になる。

490. 私の主義は，自分が守るつもりのない約束は決してしないということです。

≪注≫ **never** は不定詞を打消す。

491. 僕は君に助けてもらいたくもなければ助けてもらう必要もない。

≪注≫ **neither ～ nor** ...「～も…もない」

492. (**a**) 来なかった人は多くいた。

(**b**) 来た人は多くなかった。

≪注≫ それぞれ次のように表わすことができる。

(**a**)＝There were many people who did *not* come.

(**b**)＝There were *not* many people who came.

493. 読んだ本の内容について自分独自の考えを述べることができない人は，本当に本を読めるとはいえない。

494. 現代の広告は本質的に不正直なものが多いことは誰も否むことはできない。そして，私的利益のため勝手放題にしじゅう嘘をつくことが，自由な言論の権利の乱用ではないと主張することはまずできないだろう。

495. 本はせいぜい理論しか呈示することはできない。医者は患者を調べなければならないのであって，読書によってすべての知識を得ることはできないのであるが，われわれも人生から学ばなければ書物はわれわれに何も教えることはできない。人間についての知識がなければ，小説すら楽しむことができない。

≪注≫ **theory**「理論」はその対照語である practice（実際）を念頭において解釈する。**neither can books teach us anything** は倒置形式をとっているが，書換えれば books can*not* teach us anything, *either* となる。

496. この景色の美しさはとても言葉で言い表わすことができない。

≪注≫ この文は The beauty of the scene is *beyond description.*（筆舌に尽しがたい）のように言い換えても同意。

497. 貧乏は人間にとって決して恥ずべきことではない。

≪注≫ **no** は強意で，by no means（決して～でない）に置き換えられる。

498. 悪い友達よりは友達がいないほうがはるかに望ましい。

≪注≫ この **no** は No news is good news.（便りのないのはよい便り）などと同じ用法。

499. 私たちは明日になっても少しも豊かにならないことをよく知っている。

≪注≫ **no** は「少しも」という強意。we will *not* be richer ならばただ「豊かにならない」という普通の否定。

500. 牛を売っておいて牛乳も飲もうったってできない相談だ。

≪注≫　「牛を売り，牛乳を飲むことはできない」のような訳にしないこと。

501. 最も大切なことは参加することであって勝つことではない。

≪注≫　この文は The most important thing is *not* to win *but* to take part.（…勝つことではなく参加することだ）と書換えることができる。

502. 聡明さとは間違いを犯さないことではなく，犯した間違いをいかに償うかをすぐに知ることである。

503. 親しさは決して無作法の口実にはならない。われわれの大部分は口実になると思っているようであるが。

≪注≫　**no** は強意で「決して～ない」の意。この文はくだいて「親しければなれなれしく振舞っていいということには決してならない。大部分の人はそうしてもいいと思っているらしいが」程度に訳してよい。

504. 詩は出世や金もうけの役に立たないということは，詩に無関心であったり詩を軽べつしたりする理由には決してならない。

505. われわれのこの時代は，ナチの強制収容所と，二度の悲劇的な世界大戦と，'一つの世界'の夢を生み出し，また，われわれが知っているような文明に終止符を打つかもしれない核軍備競争と同時に'平和のための原子力'の望みをも生み出した。<u>このような途方もなく大きい相反しあうものに直面し，西欧人が，その手と頭が生んだすばらしい成果とそれに対応する際のみじめなほどの自分の無能さとを隔てる底知れぬ深淵を前に，深い苦悩を感じるのも，まことに当然のことである。</u>

≪注≫　**as we know it**「われわれが知っているような（文明）」〔→p. 252〕**opposites**「対立しあうもの」**Confronted with**「～に直面して」**no wonder**＝*it is* no wonder（少しも不思議ではない）＝it is only natural（しごく当然である）**as he faces**「～に直面して」as は「時」の接続詞。

506. 最近彼にはほとんど会っていない。

≪注≫　see much (nothing) of ～「～とよく会う（全然会わない）」

507. 彼は口数が少ない。めったにものを言わない。

≪注≫　**a man of few words**「寡黙の人」

508. 急ぐ必要はない。まだいくらか時間がある。

509. この本にはまずほとんど誤植がない。

510. 核戦争が起これば人類が生き残る見込みはほとんど全くない。

≪注≫　**scarcely any**＝almost no

511. 外国製品はすべて国産品よりもすぐれていると考えている人が少なからずいる。

512. 学校でりっぱな成績をとるかどうかはあまり問題ではない。大切なことは最善を尽すかどうかということである。

513. 詩人の周囲に存在する自然の美と驚異を正しく享受する者は少ないし，それらを十分に鑑賞する者はまだほとんどいない。

≪注≫　**as we might** [enjoy]「われわれが当然享受してもいいように」が直訳。**as yet**「まだ〔今までのところ〕」**the natural beauties and wonders** は enjoy と appreciate の共通目的語になっている。〔→p. 214〕

514. 愛他的もしくは宗教的な動機によって常に律せられている人はまずほとんどいないし，またそのような動機の影響を全然受けない人もほとんどまたは全くいない。

≪注≫　「終始非利己的な動機によって行動する人はまれであるし，また非利

己的に振舞うことの全くない人もまずいない」という趣旨の文。

515. 現在の世界的なエネルギー危機について奇妙なことは，一時的な緊急の措置を別と
して，浪費の削減や，ずっとわずかなエネルギーで適度に快適に暮らせるような社会の
設計が，ほとんどもしくは全く考えられていないということである。

　　　≪注≫　**waste**「無駄；浪費」**get along**「暮らす」**reasonable**「まあまあ
　　　　　　の；ほどほどの」**comfort**「安楽；快適さ」

516. 理論と実際は必ずしも相伴わない。

517. 同じ原因が同じ結果を生むということには必ずしもならない。

518. すべての人が自分の大望が成就される幸せに恵まれるわけではない。

　　　≪注≫　**happily**「運よく；幸運にも」「すべての人が幸運にも自分の大望が成
　　　　　　就されるのを見ることができるわけではない」のように訳してもよい。

519. 私は彼の小説を両方とも読んだわけではないが，読んだほうの小説から判断すれば，
彼はかなり有望な作家であるように思われる。

520. 自分が所有する本を全部読めるわけではないから，自分に読めるだけの本を所有す
ればそれで十分です。

521. 英国人であればだれでも本当に英語を知っているというわけでもないし，またその
知りかたもみな同じ種類のものであるわけではない。

　　　≪注≫　**nor** が導く節は倒置形式をとっているがこれは，*and knowing is not
　　　　　all of the same kind, either.* と同じである。**knowing** はここでは
　　　　　名詞で the way of knowing の意で用いられている。

522. 何らかの意味において良いもの以外に美しいものはありえないが，良いものはすべ
て美しいということにはならない。

　　　≪注≫　**in some sense or other**「何らかの意味で」some の表わす不特定
　　　　　の意味「ある〜；なにか〜」を or other によって強めた形式：in *some*
　　　　　way *or other* （何らかの方法で）

523. 教育ある人間であることを示す一つのしるしは，すべてのことを知ることはとうて
いできないという事実を素直に賢明に受け入れることができる能力である。

　　　≪注≫　**possibly** は否定を強める用法。「とうてい（〜ない）」

524. 思想のあいだにも生存競争があり，人間社会の変化する条件に適応する思想が勝利
を得る傾向があるということを裏書きするものはたくさんある。しかし，だからといっ
て，勝者となる思想のほうが敗者となる思想よりも道徳的にすぐれているとか，自然の
法則にいっそうかなっているとかいうことには必ずしもならない。

　　　≪注≫　**those** [ideas] ... **which correspond:** 関係詞節が先行詞と離れてい
　　　　　るので注意する。**prevail** は win（勝つ），**fail** は lose（敗れる）で，
　　　　　対照的に用いられている。**true to**「〜と一致する；〜に忠実な」

525. 火のないところに煙は立たない。

526. 僕はかなり苦労してその問題を解いた。

　　　≪注≫　**without difficulty**＝with ease（容易に）not without difficulty
　　　　　「[苦労しないことはない→]かなり骨を折って（＝with some diffi-
　　　　　culty）」

527. この問題の重要性を悟ることができないものはいない。

　　　≪注≫　Everyone is sure to realize ...（だれでも必ず悟る）と言い換えら
　　　　　れる。

528. 解けない問題はない。

529. 住む場所のない人は多くはない。
530. 彼らは真相を知るためにあらゆる手段を尽した。
　　　　leave no stone unturned「どんな石もひっくり返してみないではおかない」
　　　の意から。
531. 人間の生活で今日汚染の影響を受けていない面はほとんどない。
　　　　≪注≫　言い換えれば *Almost every* aspect of human life is affected by
　　　　　　　pollution. という肯定表現になる。
532. 自分がすることを何でも上手にしようとするのは立派な心がけである。この心がけ
　　　はだれでもが持たなければならないものである。
　　　　≪注≫　**whatever**＝anything that. 後半の文は「だれもが持たないでいては
　　　　　　　いけない心がけである」が直訳。
533. 自分と関係のある事柄について意見を述べるときに，自分の得失を考えない人はき
　　　わめてわずかしかいない。
　　　　≪注≫　**their loss and gain**「自分の損得；自分が損をするか得をするか」
534. われわれの精神は決して完全ではなく，それを陶冶(とうや)する機会も恒常性を欠いて
　　　いる。われわれは自分の中に切実な問題をかかえており，また欲深さや残酷さや弱さを
　　　全く持っていない者はほとんどいない。われわれは皆いわゆる善と悪の混合物でありな
　　　がら，善と悪の真の意味については最も漠然とした観念しか持っていない。かつては絶
　　　対的な基準の存在をほぼ信じて疑わなかったが，現在ではそのような基準はいっそう情
　　　況に左右される相対的なものであるように思われる。
535. 彼にまさかそこで会うとは思っていなかった。
536. その実験が成功しなかったのは別に不思議なことではない。
537. 彼はどう使っていいかわからないほどの金を持っている。
538. 彼は患者を治すためにできるかぎりのことをしたが，むだだった。
539. 経験によって学ぼうと思う者は人に助けを求めることを決して恥としてはならない。
　　　　≪注≫　**would**「～しようと思う」意志を表わす。
540. ニュートンの業績はアインシュタインによって覆えされたということをよく耳にす
　　　る。アインシュタイン自身はもちろん決してそのようなことを主張したりしないだろ
　　　う。なぜならば，それはきわめて限られた意味においてしか真実ではないからである。
　　　　≪注≫　**Einstein** (1879～1955)：相対性理論を創始したドイツ生まれの米国の
　　　　　　　物理学者。**would** は仮定法過去で，「かりにアインシュタインならば～
　　　　　　　だろう」の意を表わす。
541. 私は子供のころ自分がどんなに嬉しく思っているかをおもてに表わして両親を喜ば
　　　せるべきなのにそうしないことがしばしばあったが，私の生涯でこのことほど悔まれる
　　　ことは他にないように思う。
　　　　≪注≫　**my frequent failure as a boy to bring delight to my parents**
　　　　　　　… という名詞表現はその内容を節形式で表わせば that when I was a
　　　　　　　boy I frequently failed to bring delight to my parents …（私は
　　　　　　　子供のころ［自分の喜びを態度に示して］両親に喜びを与えることをし
　　　　　　　ないことがよくあった）となる。
542. 人類はキリスト教道徳とそれを昔説いた人々に大きな恩恵を受けているということ
　　　を否定するつもりは私には毛頭ない。しかし，私はこの道徳について，それが多くの重
　　　要な点において不完全で偏っており，もしそれが認めない考えや感情がヨーロッパ人の
　　　生活や性格の形成に貢献していなかったならば，人間社会は現在よりもっと悪い状態に

なっていたであろうということを述べるのにちゅうちょはしない。

≪注≫ **That human beings ... early teachers** という名詞節が deny の目的語。**one-sided**「一方的な」 **formation**「形成」 **human affairs**「人間社会の事柄」

543. （**a**）神が女王を守りたもう。
   （**b**）神が女王を守りたまわんことを。

≪注≫ （**a**）は普通の平叙文。（**b**）は祈願文に仮定法現在を用いた形で, *May* God *save* the Queen. と同意。

544. （**a**）彼は息子は借金を払ったと主張している。
   （**b**）彼は息子が借金を支払うことを主張している。

≪注≫ （**a**）では insists を assert, affirm（言い張る, 断言する）などに置き換えられる。（**b**）は demand（要求する）に近く, この意味では pay という仮定法現在か *should* pay を用い, He *insists on* his son *paying* the debt. の形式に書換えられる。

545. たとえいかなる事態が起ころうとも, 私は希望を捨てない。

≪注≫ **Come what may**＝No matter what may happen. このように文頭に仮定法現在が用いられるのはほぼ固定的な表現に限られている: *Be* the matter as it may（それはとにかく）*Do* what you will（たとえ君がどうしようと）

546. 議長の選出は投票によって行われることを提議します。

≪注≫ **be**＝should be

547. 家族は友人の方々が花などおくられないように望んでいる。

≪注≫ **not send**＝should not send

548. 学生の門限は夜の 12 時と定められている。

≪注≫ 直訳:「学生は夜の 12 時以後に外にいてはいけないという規則になっている」

549. 人はどんなに多くの才能を持っていても, 自信が欠けていれば, その才能を最も有効に生かすことは決してできない。

≪注≫ **use ～ to the best advantage**「～を最も有利に用いる」

550. 英国人は, 教会の礼拝にきちんと出席する人であろうとなかろうと, 社会生活に大切な三つのもの, すなわち謙譲と責任と自制を教えてくれることを宗教の感化力に今なお期待している。

≪注≫ **reverence** は「神や人を敬う気持; 畏敬の念」**the three R's**「R で始まる三つの語」ふつうは reading, writing and arithmetic（読み・書き・算数）を表わす。ダッシュ (—) 以下の同格語は訳をまとめる場合「畏敬, 責任, 抑制という三つの社会的な美徳を教えるのに宗教の力をあてにしている」と前にもってきてもよい。

551. 現代の世界において人間社会の安定と安全を脅かしている主なものは, 物理科学と科学技術の成果と, 社会科学の進歩の遅れとのあいだの甚だしい懸隔である。今や社会科学にとって, 大抵の近代物理科学が達成したのと同じような客観性と正確さを育成することが絶対必要なことになっている。

≪注≫ **physical science**「物質を扱う科学; 物理科学」物理学, 化学, 地学, 天文学など。**develop**＝should develop. 主語が複数なので形の上からは区別できないが, 直説法の現在ではなく仮定法現在である。It is necessary that he *come*(=*should come*). （彼は来る必要がある）など同じ用法。

552. 私はたとえ敵であろうとも困っていたならば助けるだろう。

553. なるべくならこんなひどい天気に外出したくないんだが。
　　　　≪注≫　**if I could help it**「外出しないですむのなら；できればなるべく」

554. たとえ彼がひざまずいて懇願しても，私は彼を許さないだろう。

555. もし重大な危機が生じれば，政府が直ちに措置を講じるだろう。

556. もし私が知っていることをすべてお話ししたら，あなたは私に口をきくことさえしなくなるでしょう。

557. もし私がかりに大臣であったなら私にぺこぺこ頭を下げる人は，私が零落すればまっ先に私に石を投げつけるだろう。
　　　　≪注≫　**pay homage to**「～に敬意を表する」

558. もし人生と幸せが不安定なものであることを絶えず意識していたならば，たちまち病的になり，仕事に対しても遊びに対しても意欲を失ってしまうことになるだろう。

559. もし人間が生まれてからずっと自分で自分の面倒をみることができるならば，まず間違いなく，人間のあいだに家族といったものは存在しないだろう。またたとえもし子供が3歳で親を必要とせずやっていけるならば――これは，寿命の長さの違いを計算に入れれば，だいたい子猫や子犬の場合と同じ状態といえるのだが――それでもやはり現存するような家族は存在しなかったかもしれない。
　　　　≪注≫　**even if children could do ..., there still might not have been ...**：前提節は「一般的事実と反対」のことを表わし仮定法過去が用いられているが，帰結節のほうは「過去において～であったかもしれない」ということを述べるので，*might* not *be* ではなく *might* not *have been* という形をとっている。〔仮定法過去完了 →p. 166〕 **the family as we know it**「われわれの知っているような家族」

560. クレオパトラの鼻がもう少し低かったならば，多くの国々の歴史は違ったものになっていただろう。

561. もし君がそのことを僕に教えてくれなかったならば，私はまだその事実を知らないでいただろう。
　　　　≪注≫　前提節は「過去の事実と反対の仮定」，帰結節は「現在の帰結」を述べている。事実を述べる直説法の形式にすれば As you *told* me about it, I *am* now aware of the fact. （君が話してくれたので今は知っている）となる。

562. 現代の科学が生まれていなかったならば世の中はもっと良く幸せになっているだろうという人さえいる。
　　　　≪注≫　この文も前提は「過去のこと」，帰結は「現在のこと」を述べている。

563. 人生はわれわれが当然そうあるべきだと思うほどに楽しいことはめったにない。楽しい経験に満ちているように思われるのは他人の人生である。たとえ自分の職業が何であり，それに従事していてどんなに幸せであろうとも，何かほかの道を選んでいればよかったのにと思うことがときどきある。
　　　　≪注≫　**It is ～ which ...** は「…なのは～だ」という強調構文。〔→p. 222〕 **No matter what your profession** [may be] の省略要素に注意する。

564. 私はひもじい思いをしたこともなければ，自分が貧乏だと感じたことさえもない。ただ，最初の10年間私の収入は，小学校の先生を続けていたとした場合よりも少しも

多くなく，かえって少ないこともしばしばあったけれど。

> ≪注≫　**no better than**「～よりも少しも良くない」(=as bad as) **than**
> [**it would have been**] **if I had remained**:「比較＋仮定」の例で，
> 直訳すれば「～のままであったならばそれ（＝収入）がそうであったで
> あろうよりは」となるが，英文の方もかっこで囲んだ it would have
> been に相当する帰結部分はしばしば省略され，訳文もふつう「～であ
> ったとした場合よりも」ぐらいにしておく。[→ p. 168]

565. 子供のころ，私は父がとてもこわかった。健康な学童が何を好むべきかについての
父の考えが，私の考えと一致しなかったからである。子供時代になめた苦労が，父の性
格を非常に特殊なふうに形成していたのだった。<u>父を駆りたてる野心は，もし自分の父
が生きていたならばしたであろうと思われることをすることであり</u>，また父は，幼いこ
ろに失った自分の父について心の中でつくりあげた像によって鼓舞されていた。

566. そろそろ仕事をやめる時間だ。

> ≪注≫　it's *high* time ～（当然～すべき時間だ）もよく用いる。

567. 彼にこの欠点がなければ，人々に好かれるだろう。

568. 予想しない緊急事態が生じなかったならば，私は彼を訪問していたでしょう。

569. 彼女はまるで自分の子供のように彼を可愛がった。

570. 私は火にさらされたよりも大きな苦しみをあじわっている。

> ≪注≫　**than if** の省略要素を補うと than *I* would [*suffer*] if I were
> exposed to fire...（火にさらされた<u>としたら苦しむであろう</u>よりも [も
> っと苦しんでいる]）となる。

571. 浪費の防止に高い価値を置く社会に私たちがまた再びならなければならないときが
来ているのです。

> ≪注≫　「<u>今や私たちは，再びまた，浪費の防止を大いに重視する社会になら
> なければならない</u>」ぐらいの訳にしてもよい。

572. 核時代が最初に出現したとき，奇蹟でも起こらないかぎり人類の文明は恐ろしい運
命から救われることはないように思われた。

> ≪注≫　**nothing short of miracle could save**「奇蹟以外のいかなるもの
> も救うことはできない；救うことができるのは奇蹟だけ」

573. もし書物が，もし人間の最も深い思想や最も高い業績の記録がなかったならば，そ
れぞれの世代は，口承の不十分な助けをかりるだけで，自分で過去の真理を発見しなお
さなければならないだろう。

574. 歴史のすべての部分は他のすべての部分と密接に結びつき，いつのまにかそれに溶
け込んでいる。そして<u>そのいかなる部分も，もしそれに先行する部分がなかったとすれ
ば今と全く同じ状態にはなっていないだろう。</u>歴史のいかなる時期も，たとえそれがそ
れよりも前の時代とどんなに異なっていようと，それだけ全く切り離して考えることは
できない。

575. (**a**) 万一君が決心を変えたならば，だれも君を支持しないだろう。
　　　(**b**) 万一君が決心を変えたとしても，だれも君を責めはしないだろう。

576. たとえそれが可能であったとしても，それが果して望ましいかどうかは疑問だ。

577. 広告から得られる莫大な収入がなかったならば，新聞はこんなに安く売られないだ
ろう。

578. いつも仕事ばかりしていないで君の忠告に従って毎日いくらか運動していたならば，
このような病気にかからなかったでしょう。

579. 天気は，もしそれが日曜のことであったならば新聞が公園の記録破りの人出を報じていただろうと思われるようなものだった。
　　　≪注≫　**would have permitted the newspapers to report**「新聞に報道することを許しただろう→新聞に報道させていただろう→新聞が報じただろう」

580. もし，ある法律がわずらわしいからといってそれに従わなかったならば，もし他人の自由を侵害する自分のいわゆる‘権利’を行使するならば，そのために多分罰せられることになるだろう。
　　　≪注≫　**dare to** は文脈によって「あえて（思いきって，ずうずうしくも，よくも）～する」などの意味を表わす。

581. 最も成功した人々の多くは，もし自分で選ぶことができたならば，自分が成功を収めた職業とは全く違った職業を選んでいただろう。彼らは自分がめぐり合わせた運命を好んだわけではない。しかし彼らは勇敢にそれに立ち向かい，精一杯それを生かしたので，それは彼らの掌中で黄金に変じたのである。
　　　≪注≫　**make one's fortune**「成功する；出世する」

582. （**a**）雨天の場合は試合は延期になります。
　　（**b**）雨が降るといけないのでかさを持って行きなさい。

583. （**a**）求めさえすればそれを手に入れることができる。
　　（**b**）求めた場合にのみそれを手に入れることができる。
　　　≪注≫　（**a**）**if only you ask**＝*if* you *only* ask.　（**b**）**only if** ～「～した場合にだけ」　別訳：「求めなければ手に入れることはできない」

584. いかなる成功も，まじめに努力して得られたものでなければ，その名に値しない。
　　　≪注≫　**the name**「その名（＝成功という名）」

585. ひとたび悪い習慣が身につけば，容易にはぬけない。
　　　≪注≫　後半は「それを除くことは決して容易ではない」が直訳。

586. 言うまでもなく現代小説の評価は，過去の偉大な作品の知識に基かなければ，価値のないものである。

587. われわれの人生の一日一日がその日の仕事をもたらし，この仕事はもし正しく処理されなければ翌日には倍に増えてしまう。今日なすべきことを明日に延ばしてはならない。
　　　≪注≫　**unless properly attended to**＝unless *it is* properly attended to.「主語＋be 動詞」が省略された例。**Never ... today**. このことわざは Never put off till tomorrow what *you can do* (or *may be done*) today. などの形をとることもある。

588. 若いころには，世の中に友人をさがし求めるように書物の中から良書をさがし求めなさい。そして，ひとたび友とするに足る書物を見つけ，選び，定めたならば，それらを相手に引きこもらなければならない。

589. 純粋に肉体的な疲労は，それが過度のものでなければ，幸福の一因となる傾向がある。それは熟睡をもたらし食欲を促し，休日に経験しうる喜びを高めてくれる。しかし，度を過ごせば，疲労はゆゆしい悪となる。

590. 彼がもう少しよく考え注意したならば容易に避けることができたような間違いを犯してしまったのは残念です。
　　　≪注≫　**with a little more thought and care:** 節の形式にすれば if he had been a little more thoughtful and careful のように表わせる。

591. 毎日世の中で起こっていることをわれわれに伝えてくれる新聞がなかったならば，

われわれは日常生活において非常に大きな不便を感じるだろう。

> ≪注≫ **But for** はこの文では現在の事実と反対の仮定を表わしているので
> *If it were not for* the newspapers に書換えられる。

592. 高等教育は，凡庸な人間でさえも，それを受けなければできないりっぱなことができるような下地を与えなければならない。

> ≪注≫ **prepare ～ for** …「～を…に対して準備する」**greater things than**
> **they would otherwise have found possible** は直訳すると「さも
> なければ可能であったであろうよりも大きなこと」であるが，「さもな
> ければできなかったであろう大きなこと」のように表わすのが自然。比
> 較級表現は否定的に訳したほうが自然な場合が多い。〔→p. 138〕
>
> He has *more* money *than* he can spend.
>
> 　　（使うことができる以上の金→使いきれないほどの金）
>
> This is *more than* I can understand.
>
> 　　（これは私が理解できる以上のこと→これは私には理解できない）

593. もう少しあきらめずにがんばり，もう少し努力したならば，絶望的な失敗のように思われたことが輝かしい成功に変わるかもしれない。努力をやめてしまうこと以外に失敗というものは存在しない。

> ≪注≫ **A little more persistence, and a little more effort, and** … =
> *If you persist a little more and make a little more effort,* …

594. 歴史がなければ，国家としても個人としても，この地球上におけるわれわれの存在を理解するすべがなく，また，偉人の生涯も，彼らが生きて活動した世界と時代の知識がなければ，正しく認識することができないだろう。

> ≪注≫ **either as a nation or as individuals** は our presence を修飾す
> るのでその関係を厳密に訳すならば「この地球上におけるわれわれの国
> 家としての存在も個人としての存在も理解するのに困る」となる。

595. 友情はほとんど常に一つの心の一つの部分と別の心の一つの部分との結びつきである。人々は部分的に友人なのである。友情はときに，兄弟や学校友達のように，幼いころの思い出を共有することに成り立っているが，<u>彼らはしばしば，共に過ごした古き時代に対する懐旧の情がなければ，たがいにひどく嫌い合い，いがみ合うことになるであろう。</u>

> ≪注≫ **that now affectionate familiarity with the same old days** の
> 直訳：「同じ古き時代との，あの今ではなつかしいものになったなじみ」
> **extremely** [ikstríːmli]「極度に」

596. 彼が話すのを聞けば，えらい学者だと思うでしょう。

> ≪注≫ **To hear** = If you heard

597. 正直な人間ならこんな申し出はためらわずにことわるでしょう。

598. それはその時ならば簡単にできたかもしれないが，今となっては不可能だ。

599. 世界中の富をもってしても友人を買うことはできないだろう。

600. 実現しなかった可能性のことを考えたり，前途に横たわる可能性のことを忘れたりして，人生をむだに過ごさないようにしよう。

> ≪注≫ **what might have been**「ひょっとすればそうなっていたかもしれ
> ない［が実際には実現しなかった］こと」

601. 十分な時間をかければ，人間は人口過密ばかりでなく不健康な環境にも適応できるようになるということを歴史は示している。

602. 科学が人類に与えた恩恵がいかに大きなものであるかを認めなかったとすれば，それは恩知らずというものであろう。科学はごく最近まで少数者の特権であった恩恵や利益を多数の人々の手の届くところにもたらしたのである。

≪注≫　brought の目的語 **benefits and advantages** が副詞句（within the reach of multitudes）の後に置かれていることに注意する。

603. 世代間の争いはあらゆる争いのなかで最も愚かなものであるように思われる。だれでも生きているあいだに若い時期があり，ある程度長く生きているものはだれでも年をとる。その両方を経験するのは同じ人間であり，同じ魂，同じ精神，同じ心なのである。したがって，もし自殺的と呼ぶにふさわしい種類の争いがあるとすれば，この争いこそまさにそれである。あくまで続けられたならば，それは人間社会の存続を不可能にしてしまうだろう。

≪注≫　**it is the same person who is both:** it is ～ who ... の強調構文。「同一の人間がこの両方の状態になる」で「同一の人間」を強めたもの。**Persisted in**＝*If it is* persisted in（固執されたならば）

604. （**a**）もし彼が一生懸命勉強すれば，試験に合格するだろう。
　　　（**b**）たとえ彼が一生懸命勉強しても，試験に合格できないだろう。
≪注≫　（**b**）**If**＝Even if（たとえ～でも）

605. その仕事はたとえ失敗してもやってみる価値がある。

606. 君を信用してはいるが，君の弁明はつじつまが合わないように思われる。

607. われわれが彼にどんなにいろいろ忠告しても，彼はいつも自分の思い通りにする。
≪注≫　**However** much advice＝*No matter how* much advice

608. 結果がどうなろうと，彼はそれをすることを望んでいる。
≪注≫　**whatever the consequences** [may be] のように，かっこ内の部分が省略された形式。

609. たとえどんなに小さなことであっても，何かを毎日することができれば，私はとても嬉しく楽しく感じるでしょう。
≪注≫　**to do** という不定詞に条件の意味が含まれているので，*would* be という仮定法過去形が用いられ「もしできれば～でしょう」の意を表わす。**were it ever so minute:** if が省略されて助動詞などが前に出る形。〔→p. 170〕

610. 考えうるいかなる種類の文化においても，もし人間が，敵や自然の危険から身を守るためであれ，仕事をして生産できるためであれ，生き続けていくことを望むならば，他人と協力し合わなければならない。

611. たいていの人がしなければならない仕事はたいていそれ自体は面白いものではないが，このような仕事でさえもあるいくつかの大きな利点を持っている。まず第一に，それは，自分が何をするかということを決めなくても，一日のかなり多くの時間を埋めてくれる。多くの人々は，自分の思いどおりに自分の時間を過ごす自由を与えられたとき，するだけの価値のある楽しいことを思いつくのに困ってしまう。そしてたとえ何をすることに決めても，何かほかにもっと楽しいことがあっただろうにという思いに悩まされる。

≪注≫　**a good many** は「十分（相当）多くの」の意:
　　　(a *good* many people（かなり多くの人々）
　　　(many *good* people　　（多くの善良な人々）
　　　be left ～「～の状態にしておかれる」**free to do**「自由に～できる」

　　　sufficiently pleasant to be ～＝pleasant *enough* to be ～（～であるほど楽しい）

612.（**a**）夜は暗かったが，私にはなんでもみな見えた。
　　（**b**）夜は暗かったので，私には何も見えなかった。
　　　　　≪注≫　**Dark as the night was：（a）**＝*Though* the night was dark（**b**）＝*As* the night was dark

613. アインシュタインは物理学者・哲学者としてすぐれていたが，人間としてなおすぐれていた。

614. どんなに努力しても，君はその仕事を一日で終えることはできない。
　　　　　≪注≫　**Try as you may**＝However [hard] you may try

615. たとえ彼が善意でそうしたのだとしても，だれも彼の行為を許さなかった。

616. 人はたとえどんなに運がよくても，努力しないで成功することはできない。
　　　　　≪注≫　**Be a man as lucky as he will**＝However lucky a man may be. Be が文頭に出る典型例：*Be* it ever so humble（＝However humble it may be），there's no place like home.（たとえどんなにみすぼらしくても，わが家にまさるところはない）

617. 思考しているか仕事をしている人は，たとえどこにいようとも，常に孤独である。孤独は人とその仲間を隔てる空間的な距離によって測られるものではない。
　　　　　≪注≫　**let him be where he will**＝no matter where he may be. **the miles** …「人とその仲間のあいだに介在する空間のマイル数」が直訳。

618. 言語の研究は仲間の人間を知ることができる最上の手段である。たしかにそれは容易ではないが，報いは豊かである。それはわれわれをわれわれが住んでいる国際社会のよりよい市民にしてくれる。
　　　　　≪注≫　**the best means of enabling us to understand**「われわれに理解することを可能ならしめる最良の手段」＝the best means by which we can understand. 第3文は「それによってわれわれは自分が住む国際社会のよりよい市民になる［ことができる］」のように訳してもよい。

619. 私は愚かにもごう慢であったので，人間の値打ちをその知力と学識によって判断していた。私は論理のないところに価値を認めることができず，学問のないところに魅力を認めることができなかった。今では私は，知性には頭の知性と心の知性という二つの形態が区別されなければならないと考えており，後者のほうがはるかに大切なものであると見なすようになっている。
　　　　　≪注≫　**Foolishly arrogant as I was**＝*As* I was foolishly arrogant. foolishly は「愚かなほど」の意にも解せられる。**intellectual** は power と attainment の両方を修飾する。**that of the brain** と **that of the heart** は two forms of intelligence（二つの形の知性）と同格。that ＝the intelligence

620.（**a**）いろいろ議論をたたかわせたが，意見の一致をみることができなかった。
　　（**b**）結局，彼らは意見の一致をみることができなかった。

621. 私が何度も忠告したが，彼は酒をやめなかった。
　　　　　≪注≫　**In spite of my repeated advice** ＝ Though I advised him repeatedly

622. 彼は思わず吹き出してしまった。

623. われわれを取り巻くさまざまな困難にもかかわらず，人生は生きがいのあるものだ。

624. 君が何と言おうと，私はやはり彼女が好きだ。

625. 彼が死んでいようがいまいが僕の知ったことじゃない。

626. ことによると彼はやさしい心の持主なのかもしれない。

627. 音楽は，抽象的であり一見無意味であるにもかかわらず，感情と深い微妙な関係をもっている。

> ≪注≫ **for all its abstractness and its apparent meaninglessness**
> =though it is abstract and apparently meaningless

628. かりにわれわれが今までに経験したことについてのすべての知識をもって，同じ事件をもう一度生きることができるとすれば，事情は異なるだろう。

> ≪注≫ **It would be ～** の It は特定のものを指示せず，漠然と文脈で述べられている事情を表わす，いわゆる Situation 'it'（状況の it）である。
> **a second time**「もう一度」（=again）

629. この世界は不公平で，しばしば恐ろしいところである。おとなたちが，相手が辟易(きえき)するほど気前よく，若者たちに与えようとしている因襲的な知恵は，今後20年の，ますます複雑化していく問題には，ほとんど役に立たないことが多いだろう。問題は，われわれの社会が不完全であるかどうかということではなく（不完全であるのはわかりきっている），いかにこの社会に処するかということである。この社会がいかにきびしく不合理なものであろうと，それはわれわれに与えられたかけがえのない世界なのだ。

> ≪注≫ **have little to do with**「～とはほとんど関係がない」 **take ～ for granted**「～を当然のことと考える」 **For all its harshness and irrationality**=Though it is very harsh and irrational

630. 人がただ貧乏だからといって見下してはいけない。

631. それは値段が高すぎるので僕には買えない。

632. せっかく当地に来たのだから，見物してもいいじゃないか。

633. 人間は考え話すことができるという点でけだものと異なる。

634. 彼は時間がさけないという理由で来なかった。

635. われわれが忠告したのに君はそれをしたんだから，結果に対しては自分で責任をとらなければならない。

> ≪注≫ **Seeing [that]**=Since（～なのだから）

636. 彼が豊かな学識にもかかわらず人に尊敬されるようになれなかったのは，能力がなかったためではなく，誠実さがなかったためです。

> ≪注≫ **It is ～ that ...** の強調構文〔→p. 222〕を正しくつかむ。 **with all his learning**=though he was very learned

637. ただ正直は最善の策であると教えられたために正直にしている人は，正直は得策でないと考えるようになると多分不正直になるだろう。

> ≪注≫ **Honesty is the best policy.**「正直は最善の策」（ことわざ）

638. 偉大な書物が他の書物より読んで楽しく読みがいがあるのは，それがむずかしいからにほかならない。偉大な書物がわれわれの読書の技術を向上させるのに役立つのは，そのむずかしさがわれわれのこの技術を厳しくためすからにほかならない。偉大な書物がわれわれの批判的能力を育成するのに役立つのは，それがしばしばわれわれの通念化した偏見や既成の考えを問い正すからである。

> ≪注≫ **It is precisely because ～ that ...**「…であるのはまさに～という理由による」 **readable**「面白く読める；興味深い」 **faculty**「能力」

639. 愚かな人間はその無知ゆえに何物をも恐れない。

≪注≫　**because of their ignorance**＝because　they are ignorant（彼ら
が無知なので）

640. 彼は人前で話したことがなかったため不安で落着かなかった。

641. あんなに知識と経験があるんだから彼はきっと成功するだろう。

≪注≫　**he is sure to succeed**＝he will surely succeed

642. 彼は外国の習慣に無知であったために誤解された。

643. 恐ろしい破壊力を持った武器のために，今日では戦争を始めるものはだれでも必ず
自滅の危険を冒すことになる。

≪注≫　**no one could … without　〜ing**「〜することなしに…することは
できない；…すれば必ず〜することになる」〔→p. 276〕

644. 知性と理性は人間に対する神の最も大きな贈り物であるが，あまりにも多くの人々
が，知的に怠惰であるために，自分の思考を他人にかわってしてもらっているのである。

≪注≫　**because of mental laziness**＝because they are mentally lazy.
for them「自分のために；自分のかわりに」

645. 彼は学校では成績は目立たなかったが，そのために落胆する必要はなかったのです。

≪注≫　**on that account**＝on account of that（そのために）**need not
have been 〜**「〜するには及ばなかったのに〔実際には〜してしまった〕」

646. 著述家のなかには，機械の生産性のために，1日1時間仕事をすれば分別ある人々
が当然望む程度の物質的安楽を生産するのに十分であろうという説をなす人もいる。

647. 人間はみなそれぞれ，この他人に助けてもらうことの必要性を，子供のときにきわ
めて痛切に経験する。人間の子供は，必須欠くべからざる機能について，それを自分で
果たすことが事実上不可能なので，他人と連絡を保つことは子供にとって死活の問題と
なる。ひとりだけ取り残されるという可能性は，子供の全生存を左右するゆゆしい脅威
なのである。

≪注≫　**drastically**「根本的に；切実に」**On account of the factual
inability of the human child to take care of itself**＝As the
human child is actually unable to take care of itself（人間の子供
は実際自分で自分の面倒を見ることができないので）**all-important
functions**「非常に重要な機能；基本的に重要な機能」**the child's
whole existence**「子供の存在のすべて；子供の全生存」

648. 彼はその仕事を間に合わせることができるように徹夜で働いた。

≪注≫　**so that** の前にコンマがあれば「徹夜で働いたので，仕事を終えるこ
とができた」という「結果」を表わすことになる。

649. 私は彼を立腹させないように丁重に話した。

≪注≫　**so as not to**＝so that I might not

650. 私は誤解されないために黙ったままでいた。

≪注≫　**for fear of being**＝for fear I should be

651. 彼は金持になるために昼も夜も働いた。

652. 彼は金をためるために酒をやめた。

653. 病人の邪魔にならないように私は静かに歩いた。

654. 短気に支配されないように短気を制御しなさい。

655. 男の子は，書物から学ぶこと以外に多くのほかのことを学ぶために学校にやられる
のです。これらのうちの一つは男らしい独立心なのです。

≪注≫　**that**＝so that

656. 芸術家と普通の労働者との第一の大きな違いは次の点である。すなわち，労働者は自分が作り出したのではなく自分の仕事によって買うことができるものを楽しむことができるよう，金をかせぐために仕事をするのであるが，芸術家は自分が仕事をし続けることができるよう，仕事によって金をかせぐのである。

≪注≫　**so that … can ～** は文脈により（a）「～できるように」（目的），（b）「そのために～できる」（結果）の意を表わし，後者では前にコンマが置かれることが多いが，ここでは「目的」を表わしている。〔→p.190〕

657. 新しく得た力は新しく得た富に似たところがある。<u>それは，たとえばヒットラーがそうなってしまったように，人間が自己の力の犠牲者になってしまうことのないように，厳重に監視されなければならない。</u>自分の力を制御しなければ，それを全人類の幸せのために役立たせることはできない。

≪注≫　**need ～ing** の動名詞は，want の場合と同じく，受身の意味を表わす。〔→p.104〕
　　　　He needs *punishing*.（彼は罰しなければならない〔＜彼は罰せられることを必要としている〕）

658.（**a**）彼は一生懸命働いたのでその仕事を1週間で終えた。
　　　（**b**）彼は1週間でその仕事を終えるために一生懸命働いた。

659. 時間は貴重なものなので，できるだけうまく利用しなければならない。

660. 彼はとても上手に英語を話すのでよく外人と間違えられる。

661. 彼は非常に健康がすぐれなかったので辞職せざるをえなかった。

662. 彼の振舞いはとてもひどいものなので皆にきらわれた。

663. 私の喜びはとても大きかったのでほとんど自分を抑えることができないくらいだった。

664. 爆発力はものすごかったので残ったのは粉々に砕けた石とれんがだけであった。

≪注≫　**broken** は stones と bricks を修飾する過去分詞の形容詞用法。

665. 機械の利点はきわめて明らかでまたきわめて望ましいものであるので，われわれはえてして機械を軽率に利用することに対して払われる代償を無視しがちである。

≪注≫　**their unthinking use** の their（＝machines）は「それらを無思慮に使うこと」という目的関係を表わす用法。

666. 非常に多くの若者は民主主義の利点を自分のしたいことをする個人的自由という点からのみ考えて成長し，民主主義の彼らに対する要求についての認識を全く欠いているので，われわれの教育制度がわれわれの理想を子弟に伝えることと，自由な社会の存続そのものを左右する考え方や義務感を育てる役割を果すことにおいて，いかにゆゆしいほど失敗してきたかということを今日われわれは，明確に認めることができる。

≪注≫　**the claims of democracy upon their service**「民主主義の彼ら若者に対する要求」claim … on ～（～に対する要求）**how seriously** は fail を修飾し「いかに甚だしく～できないかを」が直訳。**educational institutions**「教育施設；学校」**play one's part in**「～において自分の役割を演じる」**depend on ～ for …**「～を…に依存する」

667. 彼は人々をあるがままにではなく彼の目に映るように描く。

668. あの子供はまるで大人のような口をきく。

669. この家は今のままの状態では売れないだろう。

670. 彼はまるでだだっ子のように振舞う。

≪注≫　**a spoilt child**「甘やかされてわがままになった子供」

671. 現状では，物価が下がる見込みはない。

> ≪注≫ **The way things are at present**「物事が今ある状態では；現状では」（＝As things are at present）

672. 偉大な書物の思想というものは流行歌のハミングをおぼえるぐあいに吸収するわけにはいかない。

673. ちょうど個人がその物質的環境によって影響されるのと同じように，国家はその地理的環境による影響を受ける。

674. 自明のことであるが，もしある社会のすべての人が法律を自分の好きなように勝手に解釈したならば，混乱が生じるだろう。

> ≪注≫ **be free to do**「自由に～する」**as he sees fit**「彼が適当と思うように」

675. ごく身近な人々については，われわれは進んでその欠点を容認し美点を強調する傾向があるので，彼らをあるがままに見ることはめったにできない。

> ≪注≫ **because of our readiness to accept**＝because we are ready to accept（われわれは進んで受け入れようとするので）

676. 頭は，体と同じように，努力によってその能力が伸ばされるものである。私の見るところでは，勉学の主な効用はそこにある。体を鍛えなければ運動選手にはなれないし，頭を鍛えなければ大した学者にもなれない。漕ぎ手が全速力で4マイル漕いでもそのこと自体は別にりっぱなことでもなんでもないが，そのコースを持ちこたえる体力は相当な価値があるものと考えられる。

> ≪注≫ **of which the powers**＝whose powers. **That**「それ」の内容は「努力によって伸ばされるものであること」**much of a**～「大した～」cf. something of a ～「ちょっとした～」**to the good**「利益になる；ためになる」**some worth**: some を [səm] と軽く読めば「ある程度の」，[sʌm] と強く読めば「かなりの」の意になる。この文脈では後者にとるのがよい。

677. すべて物事は困難を克服してはじめて容易になる。

> ≪注≫「あらゆる物事は容易である前に困難である」が直訳。

678. 本は5冊必要であるのに3冊しかない。

> ≪注≫ **when**＝although

679. 子供たちは正午まで遊び，それから昼ごはんを食べた。

> ≪注≫ **when**＝and then

680. セールスマンはとめどなくしゃべり続けたので，私はいいかげん悲鳴をあげたくなった。

> ≪注≫ **talked and talked**「べらべら話し続けた」英語では動詞を重ねて「動作の反復・継続」を表わすが，日本語では副詞的に訳すのがふつう。

681. 私が部屋に入ってきたときだれかが私の名前を呼ぶのが聞こえた。

> ≪注≫ この **when** も「私の名前が呼ばれるのを聞いたとき私は部屋に入りつつあった」のように訳さない。

682. 年をとるにつれて，人間の人生観は変わってくる。

> ≪注≫ **outlook on life**「人生に対する見方；人生観」

683. 知識が増すにつれて，人間は自然に対してますます大きな支配力を持つようになった。

> ≪注≫ **As knowledge increased**＝With the increase of knowledge（知

識の増加につれて）

684. 人間は一般的に自分の持っているものを失ってはじめてその本当の価値を認識する。それからそれがないことを残念に思いはじめる。病気になるまでは健康を当り前のことと考えているのである。

> ≪注≫　第一文は「人間は持っているものを奪われる<u>まで</u>そのありがたさがわからない」のようにそのまま「まで」と訳してもよいが not ～ until … は「…するまで～しない」から「…してはじめて～する」のように訳すことが多い。

685. 私は学生時代からずっと，自分の身体的障害は，精神の一部では決してないので，自分の存在の本質的な部分ではないという楽しい確信をいだき続けてきた。

> ≪注≫　**Ever since ～**「～以来ずっと」since they were のほうの since は「～なので」という理由を表わす。**not ～ in any way＝～ in no way**（いかなる点においても［決して］～でない）

686. 老人はその知恵と経験を若者のために役立て，同時に若者の活力と精力と熱意に自由な活動の場を与えるようにしなければならないが，一方若者は年上の人々の業績や分別を尊重し，その体力と活力を，まだ自分が持っているあいだに，存続し続ける社会のために役立てなければならない。相方が，相互の利益のために，お互いに対して，またすべての人間に共通の欠点に対して，寛容でなければならない。

> ≪注≫　**allow the vitality, energy and enthusiasm of youth freedom of scope:** the vitality ～ youth までが間接目的語，freedom of scope が直接目的語で，「～に…を許す；～に…を与える」の意。最初の while は「対照」を表わし「～だが，しかし一方」の意，後の while は「時」を表わし「…しているあいだ」の意。**place ～ at the service of** …「～を…に奉仕させる」のつながりを正しく認める。**mutual**「相互の」**benefit**「利益」**tolerant of**「～に対して寛大である；～を我慢する」**frailty**「弱さ；欠点」

687. まもなく彼はほかの連中に追いついた。

688. 何時間かたってから彼女は意識をとりもどした。

689. 10分も待たないうちに列車が到着した。

690. 結婚してまだ1年にしかならないのに彼らは離婚した。

691. 健康はかけがえのない宝であるが，その価値はそれが失われるまでめったに気づかれない。

> ≪注≫　後半は「その価値はたいていそれが失われてはじめてわかる」のように訳してもよい。

692. 私はロンドンの演劇学校に行った。入学して二週間とたたないうちに，私には芝居ができず，たぶん決してできるようにもならないだろうということが，自分だけでなく学校中の他のすべての連中にも明らかになった。

> ≪注≫　**be able to** の to はいわゆる代不定詞で，act が省略されたもの。

693. まず第一に，子供には正直にしなさい。自分が知らないならば，知らないとはっきり言いなさい。子供の信頼を失う最も確実な方法は本当は知らないのに知っているふりをすることです。一回はうまくいき，二回目もうまくいくかもしれないが，最後にはばれてしまい，子供の信頼をとりもどすのに長い時間がかかることになるでしょう。

> ≪注≫　**when you really don't** [know]「本当は知らないときに→実際は知らないのに」

694. 18世紀の新しい発明や精巧な機械は新しい展望を開いた。しかしこれらの発明は，自然力が与える力を人間の筋肉の代わりに用いることに成功するようになってはじめて，その本領を発揮することができたのである。

≪注≫ **substitute A for B**「Bの代わりにAを用いる」ここではAに相当する目的語は the power であるが provided by …（…によって供給される）という修飾語がついて長いので後に置かれている。

695. こんど彼に会ったときその問題を彼と話しあおう。

696. この写真を見るたびに，私は死んだ父を思い出す。

697. その言葉を発したとたん，私はそれを口にしたことを後悔した。

698. われわれは自分が金づかいを注意しなくてもいいほど金持になったと思うようになったとたんに，破滅への道を歩むことになる。

≪注≫ **we think ourselves rich enough**=we think we are rich enough

699. われわれは，自分だけが支配し，好きなことをし，賢明にも愚かにも振舞え，きびしくすることものんびりすることもでき，しきたりを守ることも風変りな行動をすることも自由にできる，自分だけの王国を持っている。しかし，この王国から一歩外に出た瞬間に，われわれの個人的な行動の自由は他人の自由によって制限を受けることになる。

≪注≫ **a whole kingdom**「一つの王国をそっくり全部」**be wise** は「賢明である」という状態ではなく「賢明に振舞う」cf. Don't *be foolish.* （ばかなことをするな），*Be quick.* （急げ）

700. 読書は一種の習慣である。ひとたびこの習慣を身につければ，それを失うことは決してない。顔を洗ったり呼吸をしたりするのと同じく，読書が毎日きまりきって行われることの一部となるように，幼い時期から，なんとかして，読書の機会に日常さらされるようにしなければならない。

≪注≫ **early enough in life to have it become 〜**「それが〜になるほど十分早い時期に」enough 〜 to …（…するのに十分〜）have it become 〜（それが〜になるようにする）[→p.272]

701. 今日，科学は地球上の全生物を滅ぼしてしまう力を人間の手にゆだねてしまった。今や世界の諸国民は恐ろしい凶器を手にして互いに対峙(たい)している状態にあるので，思慮と寛容と英知，そしてこれらにもまして，愛という美徳が，文字通りの意味において生活の必需品となっている。

≪注≫ **the virtues of 〜**「〜という美徳」of は同格を表わす用法で，prudence, tolerance, wisdom, love の四つを支配する。**far above all these**「これらすべてのものよりはるかに上まわって」above（〜以上に）cf. above all（とりわけ）

702.（**a**）彼はこの国のすべての人々に知られている。

≪注≫ Everyone in the country knows him. の受動態のときは be known *to* になる。

（**b**）彼は博学で有名だ。

≪注≫ **known** が famous, noted と同じように「有名」の意味で「知られている」場合は for を伴う。

（**c**）友達をみればその人間がわかる。

≪注≫ **by** は判断の基準を表わし，「〜によってその人間がどんな人間である

かわかる」の意。

703. （a）彼は大きな財産を所有している。
　　　（b）彼は奇妙な考えにとりつかれている。

704. この問題はただちに処理しよう。

705. そんなことは言わないでおいたほうがよい。

706. 英国人は干渉されることをきらい，隣人とも親し過ぎる交際をしないで暮らすことを好む。

707. われわれの大部分は非難されるならば面と向かってされることを望み，自分がその場にいて弁明できないときに自分について言われることを，とりわけ気にするものである。

≪注≫　would rather ～「むしろ～したいと思う」　sensitive to「～を感じやすい；～を気にする」　defend oneself「自己弁護する」

708. われわれのすべての交際において，われわれに最も大きな満足を与え最も永続的な絆を作りだすのは，おそらく，相手が本当に自分を必要とし自分を求めているという意識であろう。

709. ねたみは，子供たちにも，1歳にもならないうちにはっきり見られるので，すべての教育者は細心の心づかいをもって，この感情を扱わなければならない。<u>乙の子供を犠牲にして甲の子供をひいきする様子がほんのわずかでもみえると，子供はたちまちこれに気がつき腹を立てる</u>。子供を相手にする人はだれでも，分配面での絶対的で厳密で不変の公正さを守らなければならない。

≪注≫　The very slightest appearance「ほんのわずかな様子でさえも」　observe は2箇所で用いられているが，前のほうは「観察する」の意で（名詞形は observation），後のほうは「守る」の意で（名詞形は observance）用いられている。resent [rizént]「立腹する」　distributive「分配的な」　justice「公正さ；正義」　absolute「絶対的な」　cf. relative（相対的な）　rigid [rídʒid]「かたい；厳格な」　unvarying「変化しない」　cf. vary（変化する）　deal with「～を扱う」

710. 彼はわれわれを手伝ってくれるためではなく邪魔しにきたのだ。

711. 精神は過労によって消耗させられるように，怠惰によって破壊される。

712. 飲んだくれたり嫉妬（とう）したりで，彼はすっかり消耗してしまった。

713. 思っていることと口で言うことが異なるのは恥ずべきことである。

714. 評判とは他人が考えているその人の姿であり，人格とはその人の本当の姿である。前者は意見であり，後者は事実である。

≪注≫　what a man is thought to be「ある人間が他人によってこうだと考えられているところのもの；他人がいだいている像」　what a man is「ある人間がそうであるところのもの；その人そのもの」〔→p. 254〕

715. 愛国心とは他国に対する憎しみではない。それは自国の欠点に対しても他国の美点に対しても愛国者を盲目にさせない愛情なのである。

≪注≫　hatred of other countries の of は「他国を憎む気持」という目的関係を表わすof。blind ～ to ...「～に…が見えないようにする」

716. 物事の類似点を知ることは，物事の相違点を知るよりも，さらにいっそう大切なことである。実際，もう少しわれわれが前者に関心をいだかないならば，後者に対する喜びは，単に切り抜き帳に対する喜びに過ぎないようなものになってしまう。

≪注≫　even「さらに」　indeed「実際〔それどころか〕」　scrapbook pleasure

「ばらばらの知識を寄せ集めることに感じるような喜び」

717. 言語とは，書かれたものにせよ話されたものにせよ，言葉による人間の個性の表現である。それは日常生活のありふれた事実や感情ばかりでなく，哲学者の真理追求，およびこの両者のあいだに存在するすべてのものを伝えるための普遍的な媒体である。

≪注≫　whether written or spoken「書かれたものであろうと話されたものであろうと」これは words を修飾する。alike A（＝facts and feelings）and B（＝searchings）and C（＝all）「AもBもCも」〔＝not only A but also B and C〕convey（伝える）の目的語三つを「等しくAもBもCも」と表わしたもの。

718. （a）彼が死んだという知らせは彼女に大きなショックを与えた。
（b）彼がもたらした知らせは彼女に大きなショックを与えた。

≪注≫　(a)の that は同格の名詞節を導く接続詞，(b)の that は関係代名詞。

719. 高名な美術評論家ポール・ジョーンズは昨夜睡眠中に死亡した。

720. あいつは全くばかだね，君のあの友人は。

721. われわれは必要なものはすべて，金も時間も頭も持っている。

722. 彼らは僕が出世したのは金持の娘と結婚したからだと考えている。

≪注≫　「彼らは私の出世を私が金持の娘と結婚したという事実によるものとしている」のように訳してもよい。

723. どうせならば，今ただちに直視したほうがよい一つの事実がある。それは最も容易なことが自分にとって最もためになるということはめったにない，ということである。苦労は人類にとって常に大きな恵みの一つであった。

≪注≫　one fact that 〜 の that は関係代名詞で，後の that が fact と同格の名詞節を導く接続詞。namely「すなわち」（＝that is）

724. 人間自身の事柄を管理するという面における進歩は，科学技術の進歩に遅れをとっており，その結果，人類が物質的道徳的に自滅するかもしれないという気配がただよっている。

≪注≫　with the result that 〜「〜という結果を伴って；その結果〜ということになる」

725. 過労の人間がそもそも完全に肉体的に健康であったかどうかを全く正確に確かめることは，ある場合には困難であるかもしれないが，頭を過度に使うことは肉体の健康にとって有害であり，あらゆる知的労働は肉体を基礎として行われるものであるという事実は動かない。いかなる人も，この事実を忘れ，自分が肉体を考慮する必要のない純粋な精神的存在であるかのごとく行動しては，危険をまぬかれない。

≪注≫　Difficult as it may be＝Though it may be difficult（困難であろうが）the facts remain, that 〜 and that …「〜という事実と…という事実は変らない；〜ということと…ということは依然として事実である」exercise of 〜「〜を行使すること」of は目的関係を表わす。proceed「進む；進行する」upon a 〜 basis「〜を基礎として」No man can safely 〜「いかなる人も〜しては無事ではない」physical consideration「肉体的考慮；からだのことを考えること」

726. 彼こそまさに私がさがし求めていた人です。

727. 彼は健康を絵にかいたような人だ。

≪注≫　「彼は健康そのものだ」でもよい。

728. 彼女はどんどん走ったが，少年に追いつくことはできなかった。

729. 彼女はなんて美しいんだ。彼女の美しさにはほんとうにほれぼれする。

≪注≫　**Isn't she beautiful !**　文尾は下降調になる。これを上昇調で読む
と Isn't she beautiful ?（彼女は美しくないかい）という疑問文になる。

730. 彼は快活そのものであるが，奥さんのほうは内気そのものだ。

≪注≫　**while** は「いっぽう…，…だが」という対照を示す場合。**all shyness**
「とてもはにかみやで」*cf.* She is *all smiles.* （満面に笑みをたたえて
いる）

731. 彼はわれわれの会合でめったに話さなかったが，話したときには，常に要領を得て
いた。

≪注≫　**did speak: do** は強意用法で読む場合には強勢が置かれる。訳文に
はっきり表われないことも多い。

732. たぶん，人がこの世で愛するものが何であるかということはさほど重要ではなかろ
う。しかし，人は何かをぜひとも愛さなければならない。

≪注≫　**what it is** [that] **one loves:** it is ～ that …の強調構文〔→p. 222〕
で，what one loves（人が何を愛するか）の what を強調した形。

733. 手紙を上手に書く秘訣は簡単そのものである。手紙を書く相手の人がテーブルの反
対側にすわっていると想像して，言いたいことを率直に，平易に，努力したり気取った
りしないで書き記せばよいのである。

≪注≫　**simplicity itself**＝very simple（きわめて簡単）**what you have
to say:** これは have to＝must の場合ではなく，I *have* nothing *to
say.*（私には言うべきこと［言いたいこと，言い分］はない）の形式の
nothing に相当するものが関係代名詞 what で前に出た形。したがっ
て「言わねばならないこと」ではなく「言いたいこと」ぐらいになる。
〔→p. 274〕

734. 民主主義は実は愛すべき理想的な共和国ではなく，将来もそうなることはないだろ
う。しかしそれは現代の他の政治形態よりもいまわしい点が少なく，その限りにおいて
われわれの支持を得るに値する。それはそもそも，個人は大切なものであり，文明が成
り立つためにはあらゆる型の人間が必要であるという前提から出発している。それは，
能率本位の体制によくみられるように，その市民を支配者と被支配者に分けたりはしな
い。

≪注≫　**to that extent**「その範囲において」　**divide ～ into** …「～を…
に分割する」**as an efficiency regime** [rídʒím] **tends to do**「（国家
全体としての）能率だけを重んじる政治体制はそうする（＝分割する）傾
向をもっているが」

735. 私は金持ではあるかもしれないが，だからといって私が幸せであるということには
ならない。

736. 彼は女の子たちを歓待した。男の子のほうは彼は無視した。

737. 長いあいだ議論してやっと彼はわれわれの計画に賛成した。

≪注≫　**Only after ～**「～してはじめて」

738. 彼は抗議したばかりでなく，税金を払うことも拒否した。

739. われわれが二度と会えないことになろうとは夢にも思っていなかった。

≪注≫　**Little did we think:** このような場合の little は「全く～ない；
全然～ない」の意。**be never to do**「二度と～しない運命にある」be

to do が「運命」を表わす場合。〔→p.82〕

740. 近年このことはとても頻繁に起こっているので，もうそれが通常のことになっている。

≪注≫ rule「常態」はexception（例外）に対する語。

741. ある言語とそれを話す国民との関係はきわめて親密なものなので，両者を切り離して考えることはほとんどできない。

742. 報酬を念頭に置かないで，他人を幸せにするために工夫したり努力したりする場合にのみ自分も幸せになることができる。

≪注≫ Only が文頭に置かれたために may we achieve と倒置されている。
直訳：「報酬と関係なく他人に幸福を与えるために自分の創意やエネルギーを用いる場合にのみ，自らも幸福を得ることができる」

743. 知識を授けることは，事実に関する知識を増加させることになるかもしれないが，問題と積極的に取組むことほどには知性を発達させることにはならない。

≪注≫ 「教えられることをおぼえることよりも，自分で積極的に考えることによって，生徒の知性は発達する」という主旨。as does active attack の does は develop の代動詞であるが，主語が長いのでその前に置かれている。かりに代名詞のような短い主語なら as it does となって倒置されない。

744. 物忘れの最もありふれた形は，手紙を投函することに関してよく起こるように思う。これはあまりにもまま起こることなので，私は，いつも，辞去する客に大切な手紙の投函を託する気になれないかなかない。私は彼の記憶力などてんから信用していないので，手紙を渡す前に誓いを立ててもらうほどである。

745. （**a**）先生はその学生はばかだと言っている。
（**b**）先生は，その学生が言うには，ばかだ。

≪注≫ （**b**）は「先生はばかだ，とその学生は言っている」でもよい。

746. （**a**）その少年は，きっと，最善を尽すだろう。
（**b**）その少年はどうやら何かいたずらをたくらんでいるようだ。

747. 彼は失敗してすっかり消沈しているようだった。

748. すべての男の，いやそう言えば女もそうだが，第一の義務は，自分が他人に迷惑をかけないようにすることである。

749. 出版されたとたんに大へんな人気を呼ぶ小説は，ある種のダンス曲が大へんな人気を呼ぶのと似たような理由，すなわち，それらがいわばとっつきやすいために，そうなるのである。

≪注≫ enormously「ものすごく」 on publication＝as soon as they are published. much the same「だいたい同じ」 pick up「拾いあげる；おぼえる；身につける」

750. 忠告，つまり求められもしない忠告を与えるときはその前に二つのこと，すなわち，それを与える自分の動機が何であるかということと，与えてどんな役に立つであろうかということを，自問してみるのがよい。

≪注≫ what is it likely to be worth「それがたぶんどれだけの価値をもつことになるか」

751. 過去数年間のあいだに私は，大人の世界に不安を抱いている大学内外の何十人という若者の意見に耳を傾けてきた。彼らはこれから自分たちが入ろうとしている社会を，ヒッピーたちのように嫌悪と絶望をもってではなくとも，困惑と疑惑をもって眺め，そ

してますますその社会を拒否するようになる傾向にある。

> ≪注≫ **scores of** ～「幾十もの～」 **the hippies**「ヒッピー族（因襲的社会に順応することを拒み，特異な服装や行動をする若者たち）」**increasingly**＝more and more（ますます）

752. もし招かれれば行きます。招かれなければ行きません。

> ≪注≫ **If** [*I am*] **invited, I will go. If** [*I am*] **not** [*invited*], [*I will*] **not** [*go*]. が省略された形。

753. 誤ちは人の常，許すは神の業。

> ≪注≫「誤ちを犯すのは人間のすることであり，これを許すのは神のなし給うことである」**to forgive** [*is*] **divine**

754. 彼が理解のある人間であるということはごく当然です。世の中を多く見てきているからです。

> ≪注≫ **Small wonder**＝*It is* small wonder（不思議ではない）＝It is only natural（きわめて当然だ）

755. 政治屋は次の選挙のことを考え，政治家は次の世代のことを考える。

756. 度を過ごせば勇気も蛮勇となり，愛情も溺愛（できあい）となり，節倹も貪欲となる。

757. 才能は現在の世界において決して稀なものではないし，天才でさえも同様である。しかし，才能を信じることはできるだろうか。天才を信じることはできるだろうか。それらが誠実さに基づいていなければ否である。

> ≪注≫ **nor is even genius**＝and even genius is not rare, either（天才でさえも稀ではない）**Not unless based on sincerity.**＝*They can not be trusted* unless *they are* based on sincerity.（誠実さに基づいていなければ信頼できない）

758. すぐれた作品はすでにきわめて数多く，それらすべてを知ることは決してできない。われわれは過去幾百年の選択を信頼しよう。一人の人間は選択を誤ることがあるかもしれない。一つの世代も同様である。しかし人類全体は誤ちを犯すことはない。

> ≪注≫ **the choice of past centuries**「過去の世紀の人々が行った選択」of は主格関係を表わす。**so may a generation**＝and a generation may be wrong, too.（一つの世代も選択を誤ることがあるかもしれない）

759. 日本にいる外人はこの社会にとって常に外人である。私が自分がいかに自意識に悩まされたかを思い出す。電車やバスに乗っているとき，私はじろじろ見られるので嫌でたまらなかった。新聞のかげに身を隠そうとしたものだが，凝視する視線は新聞紙を突き破ってきた。そこで，笑顔をつくってみたが，効果はなかった。こわい目つきでにらみ返してみてもやはり同じであった。

> ≪注≫ **When riding**＝when *I was* riding. **right through**「～を突き通して」の right は強意用法：*right* now（今ただちに）**try to hide**「隠れようとする」**try smiling**「微笑してみる」try to ～（～しようとする）と try ～ing（～してみる）を区別する。[→p. 104] **Nor would glaring back fiercely.**＝And glaring back fiercely would not work, either.（恐ろしい目でにらみ返すことも効き目はなかった）

760. 彼はおしゃべりだが感じのいい子だった。

761. 彼女は美しくはなくても魅力的な 17 歳の少女だった。

762. 自分の生徒をけなしてばかりいて絶対にほめない先生が，もちろん多くはないが，

いくらかいる。

763. 意志の訓練は精神の訓練に先行するか，少なくとも並行して行われなければならない。

≪注≫ **at any rate**「いずれにせよ；少なくとも（＝at least）」**go hand in hand**「相伴う」

764. 最も進歩的な時代においてさえも，われわれの行動のほとんど大部分は伝統に基づいており，また基づかなければならない。

≪注≫ **much**「ほとんど；だいたい」

765. 大学はまず学生の知識欲を刺激し，次にそれを満足させる手段を与えるための最も広範な機会を提供する。

≪注≫ **for** は stimulating と providing を共通に支配し，**one's urge to know** は stimulating と satisfying の共通目的語になっている：

$$
\text{opportunity for} \left\{ \begin{array}{l} \text{first } \textit{stimulating} \\ \text{and} \\ \text{then providing the} \\ \text{means for } \textit{satisfying} \end{array} \right\} \text{one's urge to know}
$$

766. われわれは偉大な作家を時代の産物であると同時に時代の創造者であると見なさなければならない。そして，時代が彼に与えたものを正しく認識しようと努める一方，彼のほうが時代に与えたものを発見することにも同様に熱心でなければならない。

≪注≫ **of his time** は the creator と the creature の両方にかかる。

$$
\left. \begin{array}{l} \text{the } \textit{creator} \\ \text{as well as} \\ \text{the } \textit{creature} \end{array} \right\} \textit{of} \text{ his time} \left(\begin{array}{l} \text{時代が産み出したものであると同時} \\ \text{に時代を産み出すもの} \end{array} \right)
$$

while keen＝while *being* keen＝while *we are* keen（一方では熱心でありながら）**in turn**「（それに対して）今度は（彼のほうで～する）」

767. 言語は橋をかけるばかりでなくそれと同じくらい多くの障壁をも作り出している。われわれは，ちょうどサルが言葉をもたないのでサルを下等な動物であると考えるように，自分の言語と異なった言語を話す個人や集団をきらい，疑い，劣等とみなす根深い傾向がある。

≪注≫ **individuals or groups** は dislike, distrust, regard の共通目的語になっている。**regard ...** はふつうの語順では *regard* individuals or groups *as* inferior（個人または集団を劣等とみなす）であるが，ここでは individuals or groups に speaking ～ という修飾語がつくのでこれを後に置いたもの。

768. 彼に何か言って何の役に立つのか。

≪注≫ ＝It is no use saying anything to him.（彼には何を言ってもむだだ）

769. これ以上に簡単なことがあろうか。

≪注≫ ＝Nothing can be simpler than this.（こんなに簡単なことはない）

770. こんなばかげた話を聞いたことがあろうか。

771. われわれはほとんど皆自分が自由であることを当然のことと考えていないだろうか。

≪注≫ ＝Most of us take it for granted that ～（われわれはほとんど皆～を当然視している）

772. われわれのなかで若い頃に真理に対するあこがれを感じなかったものがだれかいるだろうか。

≪注≫　＝All of us felt ～（だれしもが～を感じた）

773. いったいだれが現われたかと思えばわれわれが話し合っていたその男だった。

≪注≫　**Who should ～?**「いったいだれが～」should は「意外・驚き」などを表わす場合。**but**＝except（～以外の）「[われわれが話し合っていたその人以外のいったいだれが姿を現わしたか→] 現われたのはほかならぬ話題の主だった」

774. 私はいかなるものに代えても自由を手に入れたい。

≪注≫　「[自由になるために私が与えないものがあるだろうか→] 私は自由になるためにはどんなものでも差し出そう」（＝I would give anything to be free.）

775. 国民一人一人が自ら考え行動できなければ，どうしてその国民は自由でありえようか。彼らの考えや感情が尊敬に値するものでなければ，どうして彼らは自由である必要があろうか。

≪注≫　**How can a people be free～?**＝A people cannot be free～. （国民は自由ではありえない）

776. 楽観主義は物事の成就を生む信念である。希望がなければ何事もなされえない。われわれの祖先がアメリカという国家の礎(いしずえ)を築いたとき，大業に直面する勇気を彼らに与えたのは，ほかならぬ自由な社会に対する夢であった。

≪注≫　**what gave them the courage ～ but a vision ... ?**「[ビジョン以外の何が彼らに勇気を与えたか→] 彼らに勇気を与えたのはビジョン以外の何ものでもなかった」

777. 大ていの人々にとって歴史と小説は対照的な言葉である。歴史とは実際に起こったことの記述である，と言われている。小説は架空の人物や出来事を描く文学作品である。これ以上に異なったものがありえようか。にもかかわらず歴史家と小説家は，これらの定義から考えられる以上に多くのものを共有している。

≪注≫　**What could be more different ～?** ＝ Nothing could be more different [than these two]. （この二つのもの以上に相異なるものはありえない）**suggest**「ほのめかす；考えさせる」

778. 月旅行ができる時がまもなくやってくるだろう。

779. 陰でわれわれのことをほめる人は良い友達である。

≪注≫　**He ～ that ...** は A man ～ who ... あるいは Those ～ who ... に類した言い方。He を「彼」と訳したり，that の先行詞を friend としたりしないこと。

780. 彼の親切さは，他人の役に立ちたいという，たとえ無意識的であろうとも純粋な気持からきているのです。

≪注≫　**if unconscious**「たとえ意識していなくても」が挿入されて **sincere** という形容詞がそれが修飾する名詞から離れたもの。

781. 最後に残ったビスケットを自分で食べるよりも隣人に与えようとする人は，確かに，利己的な人間ではない。

≪注≫　**prefer A to B**「BよりもAを好む」のBに相当するものが eating である関係を正しくつかむ。

782. 人間は生来自己主張的であり，一般に攻撃的であって，自分にとってなじみのない

いかなる特質に対しても，多かれ少なかれ敵対心をいだいて，常に批判的な態度をとるものである。

≪注≫ critical of ～「～に対して批判的である」この二つの語のあいだに副詞句が入り込んでいることを正しく認める。

783. 子供たちは——子供なので大目にみてやってほしいのだが——花をつんでは道ばたに投げ捨てる。おとなは子供より思慮が深くなければならず，自分たちがつんだり根こそぎ引き抜いたりする花が彼らの花びんや庭などでどのくらい生き続けられる見込みがあるのかをよく考えてみるべきである。

≪注≫ as such はこの文におけるように「そのようなものとして；そうであるので」の意を表わす以外に「それ自体は」の意も表わす：I don't object to taxation *as such*.（私は課税そのものに反対しているのではない）chances ... of survival「生き残る可能性」という分離修飾関係に注意する。

784. 環境問題の中心には，世界最初の科学技術文明を人間がいかに管理するか，すなわち，科学と技術のおかげでわれわれが利用できる知識と，われわれの人生に意味と目的を与える価値とを，人類の将来を左右することになる諸決定を行うことにいかに適用するかという基本的な問題がある。

≪注≫ At the heart of the environment issue「環境問題の中心に」という副詞要素が前にでて V(is) と S(the basic question) が倒置形式をとっている。apply A to B「AをBに応用（適用）する」この文ではAが knowledge と values であり，Bが decisions であり，「知識と価値とを決定に役立たせる」の意になることを間違えないように。make ～ available to ...「…が～を利用（入手）できるようにする」

第　3　章

785. 人々を丈夫にするのは，その食べるものではなく，消化するものである。
786. 書物がわれわれの人生に深い影響を与えるのは，子供の時代だけである。
787. 事実や理論そのものは，ほとんど役に立たない。本当に大切なことは，精神がこれらの事実や理論をいかに利用するかである。

≪注≫　the way in which ～「～する仕方」が直訳であるが，これは how
　　　で置き換えることができ，「どのように～するか」と訳せばまとまりや
　　　すい場合が多い。

788. 自分がしたいと思っていることをする時間がないといってぐちをこぼすのは，たい
てい怠け者である。実のところは，人々は自分がしたいと思うことをする時間は，たい
てい，つくることができるものである。欠けているのは，本当は時間ではなく意志なの
である。

≪注≫　**that which they fancy they wish**：これは that which *they fancy*
they wish というふうに they think (suppose, imagine)などが関係
詞節に挿入された「連鎖関係詞節」[→p. 126]の形式で，「彼らが（実際
には本当に望んでいるとは言えないのだが）自分ではしたいと望んでい
ると空想していること」の意。

789. 読書に際しては，過去の偉大な作家に最も多くの注意が払われなければならない。
もちろん，現代の作家に親しむことも当然であり，かつまた必要なことではある。なぜ
なら，現代の作家のなかにこそ，われわれは自分と同じ不安や要求を持つ友人を見いだ
すことが多分できるからである。しかし，価値のない凡書の海に溺れてしまわないよう
に心しよう。

790. 私たちが話し合っているのは金のことではないのです。

791. 待てば海路の日和(ひより)あり。〔ことわざ〕
≪注≫　「曲がり角のない道は長い道である→どんなに長い道にも曲がり角が
ある→悪い時代はいつまでも続くものではない→事態は早晩好転する」

792. それを私に話したのは誰であったか思い出せない。

793. 人生を困難にしているのは，われわれの行うあらゆる行為は一度してしまえば取り
返しがつかないという事実である。

794. 私が日本人の友人と車で英国を旅行しているときに，彼に　英国の風景が日本のそ
れと異なる特徴は何であるかたずねてみた。彼は即座に答えた。「広告のないことです」

795. 世間の人々の記憶に最も多くの名言を残したのは，最も愛読され尊敬されている人
人では必ずしもないということは，注目に値する。

796. 労働時間が減少しつつあるために，多くの人々にとって余暇の量が増えつつある。
週当たりの労働日数が減り，休暇の日数が増え，早く仕事を離れ長生きする傾向がある
ために退職後の期間が延びる――これらの条件はすべてわれわれの余暇を増やすことに
なる。しかしながら，すべての人々がこの余暇の急増にあやかっているわけではない。
ある種の職業についている人々にとって，仕事は相変らずきびしい。余暇が最も少ない
のは仕事に最も興味を感じている人々であるのに対し，多かれ少なかれきまりきった仕
事をしている人たちはますます時間をもて余すようになっている。
≪注≫　**Shorter working weeks** は逆に訳せば「週休が増えること」であ
る。**demanding**「努力や時間を要求する」**absorbing**「夢中にさせる；
興味深い」

797. 彼は自分の名前を書くことさえもできない。

798. 当時人々は電気について，今日われわれが知っているほど，知らなかった。

799. この世で大事なことは，今自分がどこにいるかということであるよりもむしろ，ど
の方向に向かって進んでいるかということであると思う。

800. 困ることは，学ぶ時間が少ししかないということであるよりもむしろ，時間の利用
の仕方を知らないことである。

801. 学校教育の大きな効用は，生徒に物事を教えることであるよりも，むしろ学び方を教えること——すなわち，その後の人生において，自分が研究しようと思った問題について自分で利用できるような，大切な学問の方法を身につけさせることである。

802. 人間を幸せで満足した状態にするか，あるいはその反対の状態にするのは，外面的なものであるよりも，むしろ当人の内部にあるものである。

　　　≪注≫　**what one sees on the outside** の one は you や we と同じく「一般的な人」を表わし「われわれが外部に見るもの→外面に見られるもの→外面的なもの」の意。 **the contrary**「その反対」とは具体的には unhappy and discontented（不幸せで不満をいだいている）である。

803. 多くの人は自己の欠点が気にいるようになる。「だって，僕はそういう人間なのさ。仕方がないんだ」といって，自己を許すことも容易にできる。<u>これは，自分が向上することに反対しているというより，自分が変化すること自体に反対していることになる。</u>成熟とはある状態になること，したがって変化すること，よりよい状態に向かって進歩することなのである。

　　　≪注≫　**that's the way I am**「（それが私のあり方です→）私はそういう人間なのです」*cf.* That's how it is.（そういうわけなんです）the way things are（現状［では］）

804. 子供は若ければ若いほど，話し言葉がよく身につく。

805. 賃金が高ければ高いほど，所得税も高くなる。

806. たくさん売れれば売れるほどいい。

807. 知識が増せば増すほど，さらに多くの知識を得ることが容易になる。

808. 苦しみが大きければ大きいほど，それは精神をいっそう前進させた。

809. 私生活において英国人は国家に何も負うていないし，国家に何も求めず，また国家の保護を望むこともほとんどしない。政治は少なければ少ないほどよい，というのが英国人の一貫して変わらぬ信念である。

810. 物を買うのに使える金が多くあればあるほど，金の価値は減少する。売っている品物にくらべて金の量が少なければ少ないほど，貨幣の価値は大きくなる。

　　　≪注≫　**purchase** [pə́ːtʃəs]「(*v.*) 買う，購入する（＝buy）；(*n.*) 購入品，買い物」前半の文の従節は There is *much* money available for ～ が普通の文にした場合の語順。後半の従節では the smaller the amount of money ... *is* の is が省略されている。

811. なじみのないことはよく知っていることよりも理解しやすい（これは逆説的に聞こえるかもしれないが，事実である）。<u>ある出来事が身近で日常的でなじみ深いものであればあるほど，それを理解し，それが一つの出来事であるということ——それが実際に起こっているということ——を認識することさえもがいっそう困難になる。</u>

　　　≪注≫　**strange** が familiar の反意語として用いられていて「今まで見聞きしたことのない」の意である場合に，「不思議な；珍しい」などと訳さないこと。**those**＝the things. 下線部の主節は the greater (C) the difficulty (S)（[which] we find ... an event) is (V) という第二文型の文の動詞が省略されている。

812. 飲めば飲むほど，水はいっそうおいしく思われ，ますます飲みたくなった。

813. 旅行が多く行われるようになればなるほど，文化と生活様式がどこでもいっそう画一化し，したがって旅行はそれだけ教育的な意義が減じることになる。

814. 人は多くのものに興味をもっていればいるほど，それだけ幸せの機会が多くなり，

またそれだけ運命に支配されなくなる，なぜなら，一つのものを失っても別のものに頼ることができるからである。

815. 少年はいろいろはた迷惑なことをしたが，母親は息子を愛した。息子の行状が悪化すればするほど母親の愛情はつのり，息子が世間につまはじきされればされるほど母親に気に入られるようにみえた。

816. 大学に入った最初の何年間かに相当な精神的遍歴を行いなさい。教授や学生達の間で代表される主な考え方に接するように努めなさい。そのような考え方が自分のそれと違っていればいるほど，真剣にそれらを迎え入れなさい。後で自分の考えに戻ることになるかもしれないが，たとえそうなっても，あなたは前よりも寛容な精神と幅広い理解を身につけているでしょう。

　　　　≪注≫　represént「代表する」　fáculty「能力；学部；(集合的)教授」　if you do=if you return to your own points of view (do は代動詞) it will be with ～「そうすることは～をもって行われる」が直訳。→「そうするときあなたは～を備えているだろう」

817. 彼の健康は転地をしても少しもよくならない。

818. 彼が独身だからといって彼のことを悪く思う者はだれもいない。

819. 彼は子供のように素朴な人間だが，私はそれゆえにいっそう彼を尊敬する。

820. 事態はそれにもかかわらず相変らず困難である。

821. われわれは若いけれど，やはり健康に注意しなければならない。

　　　　≪注≫　「われわれは若いからといって健康にそれだけわずかしか注意しないことがないようにすべきだ」というのが直訳的な意味。この文は次のような語順で表わしても同じである。

　　　　　　We are so young, but *none the less* (=*nevertheless*) we should be careful about our health.

822. だれでも，すぐれた興味深い本を一時間でも読めば，それだけ得るところがあり，幸せになるだろう。

　　　　≪注≫　No one can ... without ～「～することなしに…できない」→「…すれば必ず～する」[→p. 276]

823. ほかのすべての良いものと同じように，読書でも度を過ごすということがある。過度にふけったならば，読書も悪習となるが，これは悪習とは一般に認められていないので，かえって一層危険な悪習なのである。

　　　　≪注≫　Indulged in to excess=If *it* is indulged in to excess. 受動態の節から導かれた分詞構文であることに注意する。能動態の節にすれば If *you* indulge in *it* to excess となる。

824. 枯れるべき運命にある花々や，あまりにも早く終わってしまう春を眺めるとき，詩人にとってこの世はなお一層美しいものに映る。五月の美しさは，それを見ているあいだにさえも褪(あ)せていくことがわかっているので，一層深く詩人の心を動かすのである。それは，生者必滅の思いが詩人に喜びを与えるというのではなく，喜びは長く自分のものとしておくことができないことを知っているので，それを一層強くだきしめているのである。

　　　　≪注≫　come to an end「終わる」　even as=just as (ちょうど～しているとき[にも])　universal mortality「生きているものは皆死ぬ運命にあること」cf. Man is *mortal.* (人は死ぬが定め)〔ことわざ〕

825. 僕は君と同じく狂っちゃいない。／僕は君と同様正気だ。

826. 食物を食べなければ生きていられないように，睡眠をとらなければ生きていられない。

827. 常に幸運であることはありえないように，常に不運であることもありえない。

828. すぐれた才能を受け継ぐことは，大きな財産を相続することと同じく，何ら自慢すべきことではない。

829. 国際問題が国家間の戦争によって解決できないように，社会問題ももはや階級闘争によって解決することはできない。

830. われわれが惰性的に生きているときには，走らされている自動車が周囲の風景を意識していないのと同様に，自分が生活している周囲の世界をほとんど意識していない。

831. 訓練しなければ，読書は，他のいかなることをする場合も同様であるが，真の効果をあげることはできない。ゴルフや運転の仕方を学ぶときには必要な訓練を喜んで経験しようとする人々が，ただ活字の行に目を走らせるだけの努力しかしないで，読書から真の楽しみを得ることを期待するとは，不思議なことである。

> ≪注≫ **impossible ... any more than** は *not* ～ any more than の否定の要素に *im*possible (=*not* possible) を用いた場合。**without more trouble than** は with *no more* trouble *than* と同義で，no more than=only の関係〔→p. 146〕から，「ただ～しかしないで」の訳を導くことができる。

832. その計画は金がかかり過ぎるという以外には欠点はなかった。

> ≪注≫ **that**=the fault

833. 彼はそれをした，それも私の許可を求めないでだ。

834. 彼はかさをなくした，しかも新しいやつをだ。

835. われわれは，最も苦労して得たものを，最も長く持っている。

> ≪注≫ **That ... difficulty** は他動詞 retain の目的語になる名詞節が前に出たもの。

836. 酒もタバコも両方有害だ。しかし，タバコのほうが酒よりも害が大きい。

837. われわれは自己の欠点にはなかなか気がつかず，他人の欠点にはよく気がつくものである。

> ≪注≫ **wide awake**「すっかり目がさめて；すぐ気がついて」

838. 劇の主な目的は，他の芸術の目的と同じく，それが人々に感動を与え，興味をいだかせ，その興味を満足させようとするという点において，芸術的なものである。

839. あなたが自分の知識と理解を増やせば，それだけしっかりと正しい思考のための基礎を築くことになるると考えても，間違いではあるまい。

> ≪注≫ **that much better a base**「それだけしっかりした土台」that much（それだけ）が better を修飾するのであって，much better（ずっとよい）と結びつくのではない。

840. 外国の，最も広い意味での特異性に対する洞察を生徒に与えるような種類の読書がとりわけ好ましく，そして最もよいのは，外国人のもつ最良の点を生徒が愛するようにさせる傾向のある読書である。

> ≪注≫ **that ～ which**: that が修飾する名詞が which の先行詞であることを示しており，that は「それ」と訳出しない。**～ in the widest sense of the word**「その語（＝peculiarity）の最も広い意味における～」が直訳であるが，訳では「その語の」は表わさない。

841. われわれは生きるために食べるということを，われわれはふつう当然のことと考えて

いる。

842. 彼がわれわれにこんなにひどい仕打ちをするなんて，いったいわれわれは彼に何をしたというのか。

843. 若者がまず第一に学ばなければならない大切なことは，自分は何も知らないということである。

　　　　≪注≫　前の **that** は関係代名詞，後の **that** は補語の名詞節を導く接続詞。

844. 彼女が強く抱いている信念の一つは，人は自分の仕事を楽しんで行うべきであるということである。

　　　　≪注≫　前の **that** は関係代名詞，後の **that** は同格の名詞節を導く接続詞。

845. 生物は成長し，子を産み，死んでいくという事実から，当然の結果として，あらゆる種の生物は，それが生きている周囲の条件が変わらないかぎり，世代を経るごとにこれらの条件にますます完全に適応するようになる，ということになる。

　　　　≪注≫　1行目の **that** は fact と同格の名詞節を導き，2行目の **that** は形式主語 It の内容を表わす名詞節を導く接続詞。

846. 文明を救い改造することは，国家どうしが進んで協力し合うことによってのみ可能なので，文明を尊重する国家が，それぞれ自分の立場ばかりでなく他の国々の立場に立って世界を見るように努め，互いに理解し認識し合うようにできる限りの努力をすることほど，今日重要なことは恐らくないであろう。

　　　　≪注≫　最初の **that** は強調構文 it is ～ that ... の用法，2番目は nothing を先行詞とする関係代名詞，3番目は「～ということ」という名詞節を導く接続詞，4番目は the standpoint を表わす代名詞用法。

847. 彼以外は誰もその計画に興味を示さなかった。

848. 人間は葦(あし)にすぎないが，しかし考える葦である。

849. 私たちがおしゃべりをしているとき，入ってきたのは誰あろう，私たちが話していた当の御本人であった。

　　　　≪注≫　**who should** ～ **but** ...「(…以外の誰が～しただろう→)～したのは誰かと思ったら，ほかならぬ…だった」

850. もし私たちが実際にやってみさえすれば，多くのことがなされるだろう。誰でも，やってみるまでは自分に何ができるかわからない。しかし，止むを得ずしなければならなくなるまで，最善を尽そうとする人はほとんどいない。

　　　　≪注≫　**but**＝only. 最後の部分は「たいていの人は，余儀なくされるまで，最善を尽そうとしない」のように訳してもよい。

851. 大学の課程は，それを土台にして，技術者や科学者がその専門的な職業において必要とする知識や技術の上部構造を築きあげる基礎であるにすぎない。

852. 個人の生活は，大きな全体を離れては真の存在意義や重要性を持たない。まことに人間は，束の間であるが自分の社会に奉仕するためにのみ，この世に存在するのである。

853. もしわれわれが歴史と人間についての考えをまとめようとするならば，三種類の人間がいることに気がつく。第一の部類の人間は，感情の質に重きを置く人々から成る。第二の部類は，この世界の実務を運営する実際的な人々から成る。第三の部類は，理性以外のいかなるものも重視しない人々から成っている。

854. あなたのお役に立ちたいと思っていないものは，私たちの中には誰もいない。

855. 弱点のない人はほとんどいない。

856. 一月のうちに彼女が年老いた両親に一度も便りをしないことは決してない。

857. 練習することによって容易にならないほど困難なことはない。 / どんな困難なことでも練習すれば容易にできるようになる。

858. 彼女が無実であることを誰が否定しようか。

859. 税法が提案されて誰もそれに反対しないというためしはない。 / 税法が提案されれば，必ず誰かがそれに反対する。

860. 彼らに勇気が欠けていなかったら，抵抗したであろう。

861. 新聞を読む時間を見つけることができ ないほど自分が職業とする仕事で忙しい人はいない。 / どんなに自分が職業とする仕事に忙殺されていても新聞を読む暇は見つけることはできる。

≪注≫ but は that ～ not の意を表わす接続詞。

862. およそ偉大な真理や主義というものは，そのほとんどすべてが，反対や非難に直面し，これと戦って世間に認められるようになるものである。 / 偉大な真理や主義で，反対や非難にあいながらこれと戦って世間に認められるようになる必要のないものは，ほとんどない。

863. 彼女は大柄で，目鼻立ちは整っているという以上であった。彼女はあの非常にまれなもの――彼女にふさわしいきれいな肌を持っていた。目はやさしく，黒みがかり，落着いていた。彼女の顔のしわの一つとして，彼女のやさしい静かな声の音(ね)一つとして，彼女が自分の人生に満足しきっていることを物語っていないものはなかった。このような女性をあわれんだとすれば，それはごう慢というものであったろう。

≪注≫ to pity は不定詞が条件の意味を含む場合で，節形式にすれば if you *had pitied* such a woman と書換えられる。

864. 彼女はまだ，けだもののような夫を愛している。

≪注≫ *cf.* an oyster *of a* man（[カキみたいな人間→] 無口な人）his palace *of a* house（彼の御殿のような家）

865. 医者は患者の病気をいやすために最善を尽した。

≪注≫ **cure ～ of** …「～の…をいやす」of は「除去」を表わす。 rid ～ of …（～から…を除く），deprive ～ of …（～から…を奪う）などと同じ。

866. 彼は太陽が地球のまわりを回っているという古い考えをいだいていた。

≪注≫ **of** は「同格」を表わし，… notion *that* the sun revolved around the earth という同格節に書換えられる。

867. 巨大な現代社会では，個人がなしうる重要なことは何もないと感じている人が多い。

868. われわれは，自分が学ぶことからただちに利益を得ることを期待してはならない。今すぐ実際に役に立たない学科も，また有用なのである。

869. 民主主義を守るための第一歩は，民主主義の本質的な価値とそれに伴う**義務**を理解・認識することを確実ならしめることである。

≪注≫ **of** は両方とも「目的関係」を表わす。

870. 彼は，父が学問がなかったのに出世できたことは，知識をたくさん詰めこんだ頭よりも，正しく訓練された頭を持つことのほうがはるかに重要であるということを示すものと考えられようと述べているが，これは至言である。

≪注≫ **justly** は文修飾副詞として「～するのは正しい」の意を表わす。**observe**：「観察する；述べる；守る」の意を文脈により区別する。**want** of（〜を欠くこと）の of は目的関係を示す。

871. <u>人間が変化を嫌うのは，「平穏な生活」を愛し，自分の精神的平和を脅かすものは何</u><u>も受け入れまいとする傾向を持っているからである。</u>人間は，他から考え方を押しつけられる，習慣に縛られた生き物なのである。

≪注≫　**account for**　（〜を説明する）の訳し方は次の例を参考： Illness *accounts for* his absence.（病気が彼の欠席を説明する→彼が欠席しているのは病気のためです）　前半の二つの **of** は目的関係（〜<u>を</u>愛すること；〜<u>を</u>嫌うこと），最後の **of** は主格関係（〜<u>が</u>生みだしたもの）。

cf. { (a) Man is the *creature* of circumstances.（主格関係）
　　 { (b) Man is the *creator* of circumstances.　（目的関係）

　　　　　(a)「人間は環境<u>が</u>作るもの」 (b)「人間は環境<u>を</u>作るもの」

872. もう一歩前に進んでいたら，がけから落ちていただろう。

≪注≫　**A step further, and**＝If you had taken a step further

873. 彼は正直で信頼できる人物です。そうでなければ私は彼とつき合わないでしょう。

≪注≫　**or**＝if he were not honest and trustworthy

874. 芸術はわれわれに喜びを与えなければならない。さもなければ，それが劣った芸術であるか，わたしたちのほうが異常にめくらなのか，どちらかである。

875. 人間の行為は，よかれとのみ思って行われながら害を及ぼすことがある。

876. テレビがなければ見に出かけていたかもしれないフットボールの試合や競馬のレースが，テレビによって自分の家の茶の間に持ち込まれることもときどきある。

≪注≫　**otherwise** は後に続く内容に対して「そうでなければ」の意を表わす場合。ここでは「テレビが持ち込まなかったら」が具体的な意味。

877. なるほど，私たちの皆が皆フランクリンのような人間になれるわけではない。しかし，フランクリンの精神的習慣とたゆまぬ努力を見習うことによって，私たちは，そうしなければ決して到達しえないような高みに達することもできるかもしれない。

≪注≫　**cannot all**「すべてが皆〜できるわけではない」〔部分否定→p. 156〕
otherwise の具体的な意味は「彼をまねしなかったならば」

878. 会話が，自分がほとんどあるいは全然興味を感じない分野や領域に入り込むと，不安をおぼえる人がいる。このような人は，自分がよく知らないことが話題となることに不快を，ときには憤りを感じる。これは一種の自己本位の現われで，この自己本位は精神を狭くし，また，締め出されなければ精神を啓発し豊かにするかもしれない多くのことを締め出してしまう。

879. 大切なことは自分自身を知ることだ。

880. われわれは隣人を愛し，さらに大切なことには，自分の敵を愛さなければならない。

881. いかなる偉大な発明も，ただ単に，いわゆる運の結果であるものはない。

882. 彼は持っていただけの金をすっかり奪われてしまった。

883. 彼はほとんど全生涯とも思える期間をこの仕事に注いだ。

884. われわれは自分自身をはっきりと，あるがままに見るように努力しなければならない。われわれを今日のような人間に育てた原因に対してある程度の洞察を得るように努めなければならない。

885. 自分がしたいと思うことや自分がしようと思うことをする力を持っていることが，人間を下等動物と区別づけているが，この力の価値は，ひとえに，人間が何をしたいと思い，何をしようと思うかにかかっている。

≪注≫　**depends on what he likes** の what は関係代名詞で，直訳は「彼

が好むことにかかっている」である。

886.　私は，ただ説得や甘言によってのみ，子供たちが活発に，そしてもっと困難なことであるが，たゆまずに，面白くもない退屈な勉強に専念するようにしむけることはできないと信じている。子供は多くのことをなし，多くのことを学ばなければならないが，そのためには，厳格な訓練が絶対必要な手段なのである。

887.　(a)　彼は疲れていたが，仕事を続けた。

　　　(b)　なにしろ四方から攻められたので，彼は抵抗しきれなかった。

　　　≪注≫　(a)　**Tired as he was**＝Though he was tired

　　　　　　　(b)　**as he was** は分詞構文を強めて「なにしろ（こんなぐあいに）」

888.　世間並みからいえば，彼は有能な人間である。

　　　≪注≫　(イ) a man **of ability**＝an able man

　　　　　　　(ロ) a man **of his ability**＝a man as able as he is

　　　　　　　(イ) 有能な人，手腕家　(ロ) 彼ほど有能な人

889.　ヨーロッパ人にしては，英国人は知的ではない。

890.　ほかのすべてのことをする場合と同様に，読書においても時間はむだなく使うようにしなさい。

　　　≪注≫　**as** [you do (＝economize time)] **in everything else** と補える。

891.　その老人は，彼女の言葉を借りれば，ぐでんぐでんに酔っていた。

　　　≪注≫　**as she put it**「[彼女がそれを述べたように→彼女はこのように表現したのだが→] 彼女の言葉でいえば」

892.　カリフォルニアにはかの有名な大木，いわゆる「森の王者」がある。

　　　≪注≫　**as they are called**「[それらが呼ばれているように→] いわゆる」

893.　詩は少数のひまな読者のくだらない暇つぶしにすぎないと考えるようになっている人もいるが，実はそうではない。

　　　≪注≫　「詩は，そう考えるようになっている人もいるが，少数のひまな読者のくだらない娯楽などではない」のように挿入的に訳してもよい。「想像するようになっている<u>ように</u>～の娯楽では<u>ない</u>」という形式の訳は，文脈により，「想像する」内容が「詩は娯楽である」のか「詩は娯楽でない」のかあいまいになることもある。（この as は「詩は～の娯楽である」という前後の内容を先行詞とする関係代名詞用法であるが，解説との関係上ここに収めた）

894.　事故は人間の活動の副産物である。社会の組織がいっそう複雑になり，社会がより高度に機械化されるにつれて，事故の危険は増大する。

895.　ロスアンゼルスはロンドンによく似ている。旅行者の目には，これほど似て非なる都市はありえないように映るだ。

　　　≪注≫　**as the visiting eye sees them**「旅行者の目がこの二つの都市を見るところでは」が直訳で，as は様態を表わす。**no two cities could look less alike** [than they (＝Los Angeles and London)]「いかなる二つの都市も，この二都市よりも似ていないものはありえないようにみえる→これ程互いに似てない都市は他にありえないようにみえる」

896.　無電の起源は，もちろん，電気学一般の発達に深く根ざしている。今日われわれが知っているような電気が人類に与える計り知れない恩恵は，世界の芸術や学問の非常に多くがそうであるように，遠い東洋文明にその起源がある。

　　　≪注≫　**as we know it today**（今日われわれが知っているような）の it

は electricity を指す。この表現は関係代名詞用法の as you know （御存知のように）と区別する。〔→234〕

897. 私がもっていた友達はみな貧しくて私を援助してくれることができなかった。

898. 若い人たちによくあることだが、彼は金銭にはこだわらない。

899. その話を聞いた人はみな心を動かされて涙を流した。

900. われわれが経験によって知っていることだが、大きな事で楽にできることはない。

≪注≫　関係代名詞 **as** の先行詞は、後に続く nothing ... である。主節は「大業には常に困難が伴う」のように訳してもよい。

901. 他の動物と比べると、人間は著しく適応性に富んだ動物である。

902. 後になってあらゆることに反抗する人々は、子供のころに、親が子供にお説教することと実際に彼らがしていることとのあいだに大きな隔たりを目撃した人々である。

903. 英国人のあいだには、集団としてよりもむしろ個人として考え行動する一般的な傾向が見られる。彼らは、全体の福祉のために国民をありのように集団的に働かせようとする独裁者が要求するような、画一性や統制をきらうのである。

≪注≫　**as required by**「～によって要求されるような」

904. 「しつけ」という言葉に対して、「教育」という言葉のほうは、子供たちの個性を形成しようとする、大人によるより形式的努力を含意するが、未開社会の人々のあいだでは、両者の違いはわれわれの場合のように大きなものでは全然ない。未開人たちは、今日の教育者たちのように「生涯教育」などといったことを問題にしたことはない。未開部族においては、教育とは生活そのものである。

≪注≫　**child training** この文では「（家庭などにおける）子供の訓練；しつけ」 **the more formal efforts**「より形式的な努力」とは「学校などにおける教育」同様、*formal* education といえば「正式の学校教育」を表わす。**mold**「（型にはめて）形成する」 **the gap**「隔たり（education と training）の隔たり」 **nowhere**「全然～ない」（＝not at all） **as do our school people**＝as our school people *do*. 主語が長いので語調のために後に置いたもの。as は「様態」を表わす接続詞。

905. もし私にもっと経験があれば、そのことにもっと平気でいられるのかもしれないが、実は〔そうではないので〕こわくてびくびくしている。

906. われわれはふつう現状に満足していない。

≪注≫　**things as they are**「あるがままの物事；現状」

907. 現在の私や私の業績は、彼に負うところが非常に多い。

≪注≫　**owe A to B**（AをBに負う）で目的語Aが長い語句であるような場合、文頭に置かれることが多い。この文もその例で、直訳すれば「私が現在あるところのものと私が成しとげたことの非常に多くを、私は彼に負うている」

908. 人間の行為が人間の人柄をつくりだす。人間の行為の仕方がその人間の人柄の質を決定する。

≪注≫　「人のすることがその人を今あるようなものにする。自分がすることをいかにするかが、その人が今そうであるところのものの質を決定する」というのが直訳。

909. ふつうの情況ならば、彼は丁重に振舞おうと努力しただろう。しかし今の場合は、彼らに愛想よく歓迎の言葉を述べる気持にはとうていなれなかった。

≪注≫　**Under ordinary circumstances** という条件を表わす句を、節の形

式にすれば *If he had been* under ordinary circumstances（ふつうの情況のもとにおかれていたならば）となる。[→p. 176]

910. 芸術家は自然の姿をありのままにわれわれに示すわけではなく，故意にその非常に多くを省略し，彼の目に映るものを変えてしまう。

≪注≫　**the natural truth**「自然の真理；あるがままの自然」**that which** ＝what（～ところのもの）

911. 若い時代を振り返ってみるとき，私に大きな恩恵を与えてくれたり，私にとって大事な存在となってくれたことを感謝しなければならない人がいかにおおぜいいるかという想いに，私の心は乱される。同時にまた，若い頃，私の感謝の気持をいかにわずかしかその人々に実際に示さなかったかという意識が，私につきまとって離れない。そんなにも親切に，そんなにも大事にしてもらったことが私にとってどんなに大きな意味を持っていたかを，私がお礼もしないうちに，いかに多くの人々が亡き人となってしまったことだろう。

≪注≫　**the number of** は「～の数」であるが，文脈からその数が多いことがわかる場合は「多数」と訳してよい。**what they were to me**「その人たちが私にとってそうであったところのもの」が直訳であるが，文脈から「私にとって大切な存在であったこと」くらいの意味をとる。**having made clear to them what it meant** [ment] **to me to receive**「受け取ることが私にとって何を意味したかを彼らに明らかにする」make の目的語が *what*-Clause で長いので後に置き，目的補語 clear を前に出した形。it は形式主語で to receive ... がその内容。**care**「心づかい；配慮」

912. 読書の精神に対する関係は運動の肉体に対する関係と同じである。

913. 平和は精神に対して，休息が肉体に対するのと同じ関係にある。

≪注≫　**peace is to the mind** のほうが主節で，この両者の関係を休息と肉体の関係を引合いに出して述べたもの。

914. 教養は男性にとって，美貌が女性に対するようなものである。

915. 看護婦は患者に対して母が子に対するのと同じ関係にある。

916. 自由は集合体にとって，健康が各個人に対するのと同じ関係にある。健康がなければ人は喜びを味わうことはできない。自由がなければ社会は幸福を享受することができない。

917. 社会は建物のようなものである。建物は土台が堅固で用材が丈夫であればしっかりと立っている。信頼できない人間は社会にとって，腐った木材が建物に対するようなものである。

≪注≫　**sound**「腐っていない；無きずの」

918. ほほえみは人間にとって，太陽が花々に対するのと同じ関係にある。なるほどほほえみは取るに足りないものであるが，人生の小道にまかれたとき，その益するところは計りしれないものがある。

≪注≫　**to be sure ～ but ...**「たしかに～だが…」[→p. 278]　**scattered along ～** ＝ *when they are* scattered along～．**the good they do**「それらが与える利益」*cf.* do good「利益を与える」

919. 事実と科学者の関係は，言葉と詩人の関係と同じである。詩人が言葉を愛するように，科学者は事実を愛する――たとえ関連のない事実でさえも。しかし，辞書が詩でないのと同じように，事実の寄せ集めも科学ではない。彼の集めた事実のまわりに，科学者

は, 事実に意味と秩序と意義を与える論理的な模様すなわち理論を織りあげるのである。

> ≪注≫　A is not B any more than C is D.「AがBでないのはCがDでないのと同じだ」〔→p. 234〕

920. 彼女はこのことが理解できないほど若くて世間知らずではない。

921. 彼の喜びは非常なものだったので, この世界はただ自分のために作られているのだと思った。

> ≪注≫　Such was his joy that ... =So great was his joy that ...

922. 練習によって容易にならないほど困難なものはない。

> ≪注≫　別の訳し方は「どんなにむずかしいことでも練習を積めば容易にできるようになる」

923. 利己的な人間は, 自分が楽しみを得ることができさえすれば, だれからそれを奪おうと頓着しない。

> ≪注≫　so that ... =so long as ... (…であるかぎりは)

924. 人間は, 覚えていたいと思うことを忘れ, 忘れてしまいたいと思うことを覚えているようにできている。

925. この世は, だれにも愛されていないか愛されたことがない人間が存在するということが多分決してないようにできている。両親や, 兄弟姉妹や, 親戚や仲間の愛があるからである。

> ≪注≫　a person lives who has not, or has never had, anyone to love him「自分を愛してくれる人が今だれもいないか今までにもいなかったような人間が存在する」anyone は has not と has never had の共通目的語になっている。次を区別:
> - He has not *anyone to love.*　　(彼が愛する人)
> - He has not *anyone to love him.* (彼を愛してくれる人)

926. 日本は必ずしも, 強大な軍隊を現有するという古い意味における世界の大国にはならないだろう。日本は, さらに, それが最終的に行う選択がアジアの全域に大きな影響を必然的に与えざるをえないような地理的立場に置かれている。しかもこのアジアには, 世界の過半数の人口が住んでいるのである。

> ≪注≫　a world power「世界の強国」the ～ sense that ... の that は同格の名詞節を導く接続詞。〔→p. 204〕have command of 「～を支配する」besides 「そのうえ; さらに」(=moreover) the choice that ... that は makes の目的語になる関係代名詞。this is where ... =this is *the place* where ... (アジアは…が住んでいるところである)

927. (a) 彼は非常に利己的な人間なのでこれらの不幸な人々を助けようとはしない。
　　 (b) 彼はこれらの不幸な人々を助けようとしないほど利己的な人間ではない。
　　 (c) 彼は親切なのでこれらの不幸な人々を助けてあげないではおれない。

> ≪注≫　(c)は「これらの不幸な人々を助けないでいるにはあまりにも親切だ」というのが直訳的な意味。

928. (a) 彼は賢明にもそのことを自分の胸にしまっておいた。
　　 (b) 彼はそれを他言しないだけの分別があった。

> ≪注≫　keep ～to oneself =don't tell ～ to others (～を人に言わないでおく)であるから, (a)(b)ともに同じ意味を表わす。訳文を入れかえてもよい。

929. 職業的な政治家はあまりにも多忙なので, たとえ政治に関してさえも, まじめな読

書をする暇がない。

930. 自分に悪事を働かせようとする人に「ノー」と言うことは大切である。しかし，自分自身に対して「ノー」と言えるほど強い意志を持つことはさらにもっと大切なことである。

931. 今日われわれが持っている政治的な自由は，決して容易には維持できないだろう。それは闘いから生まれ，これからもまだ闘いを必要とするかもしれない。それは英知と忍耐から生まれたものである。

> ≪注≫ **will never be too easy to preserve**＝will never be *very* easy to preserve. too ～ to の構文ではなく，to preserve は easyを修飾する用法で「維持するのに容易ではない」の意。〔→p. 76〕

932. 自分の顔はあまりにも自分自身の一部になっており，あまりにも自分の生活の感情と密接に同一化しているので，それについて客観的な判断を下すことはできない。われわれの心の中には，鏡に映った自分の姿はもとより，自分の肖像画や写真を客観的に見ることを不可能にしている障害物があるように思われる。

> ≪注≫ **too ... for ～ to**—「～が一するにはあまりにも…だ→あまりにも…で～は一できない」 **which** の先行詞は barrier. **still less ～** は前の否定内容を受けて（ここでは impossible が否定詞）「まして～ではない」（自分の肖像画や写真を客観的に見ることはできない，まして鏡に映った自分の姿を客観的に見ることはできない）の意。〔→p. 288〕

933. （ a ）彼は彼女に追いつくために速く走った。
（ b ）彼はとても速く走って彼女に追いついた。／彼は彼女に追いつくほど速く走った。

934. 書物は今日ではほとんど誰でも手が届くほど安い。／書物は今日とても安くほとんどすべての人が買うことができる。

935. 彼の病状は心配するほどのことはない。

> ≪注≫ 「彼の病気は心配を生じさせるほど重くはない」が直訳。

936. 彼はたとえ一語でも聞き落とすまいと一心に耳を傾けた。

> ≪注≫ **so as not to miss**＝so that he might not miss

937. 彼は医者にみてもらわなければならないほど具合が悪そうにみえた。

938. わざわざ起き上がって着物を着なくてもよいほど十分に自然の衣をまとっているのはなんと楽しいことだろう。ふくろうは，ただ外出しようと決心しさえすればよいのである。

> ≪注≫ **be clad by nature**「自然によって着物を着せられている；生まれながらにして着物をまとっている」 **not to have to ～**「～する必要のない［ほど］」 **have only to ～**「～しさえすればよい；～するだけでよい」〔→p. 274〕

939. 最も悟りにくいことの一つは，最も偉大な人間の生涯でさえもささいなことから成り立っているということである。非常の出来事や大きな事件はわれわれの生涯においてめったに起こるものではない。人生の総体を構成しているのは，小さな事柄，取るに足りないこと，ささいな出来事，ほとんど後に痕(こん)跡も残さないほど小さな経験の，絶え間のない流れなのである。

> ≪注≫ **the greatest lives** 最上級が「～でさえも」の意味を表わす場合。
> **It is ～ which make up**「構成しているのは～である」強調構文。

940. すべての人は，少なくとも世の中の全般的動きについて無知にならない程度に，時

代に遅れないよう努力すべきである。<u>この世間の動向については，自分の仕事がおろそかになってしまうように自分の努力を分散させてしまわないかぎり，多くを知れば知るほどよい。</u>

> ≪注≫ **at least**「少なくとも」Of these の these は movements. **the more knowledge you have the better** [it is]「多くの知識を持てば持つほどよい」[→p.228] **so long as** 〜「〜であるかぎりは」

941. 女のおしゃべりをとめることはできない。

942. 彼はなるべくへたな絵は見ないことにしている。

> ≪注≫ **if he can help it**「そうしないですむなら；なるべく」

943. よく言われるように，覆水盆に返らずである。なぜなら，実際，いちどしてしまったことをもとどおりにすることはできないからである。

> ≪注≫ **It is no use crying over spilt milk.**「こぼれたミルクのことで泣いてもむだだ」が直訳。後半の文と同じ意味を表わす諺に What is done cannot be undone.（してしまったことはもとどおりにならない）がある。

944. 自分ではどんなにそうすることを望んでいなくとも，また自分のしていることを意識していなくとも，人間はだれでも他人に影響を与えないわけにはいかない。

> ≪注≫ **to do so**=to influence others（他人に影響を与える）

945. 少年のころ，私は，政治や文学において自分が熱中していることに無関心な人に対しては，だれにでも敵意をいだかないではほとんどおれなかった。

946. アメリカの文明を含め，西欧文明は，その科学が対処できる問題ばかりでなく，科学以上のものが必要とされるように思われる難問に直面しているという事実を隠すことはできない。

947. アメリカに植民した，世界のさまざまな地域から来た幾百万もの人々は，すべてアメリカ英語になにがしかの貢献をしている。<u>彼らは概して新しい国で行われている新しい生活様式に順応したが，自国の言語の痕跡(こんせき)をいくらか英語に残さないわけにはいかなかった。</u>アメリカ文化の構成に寄与しているこれらの多くの要素をとり入れることによって，アメリカ人はその英語を縮図化されたるつぼにしたのである。

> ≪注≫ **Though in the main conforming to 〜**=Though in the main they conformed to 〜（主として〜に合わせたが）**a melting pot in miniature**「いろいろな要素が混ざり合ったものが縮図化されたもの」アメリカは世界の人種のるつぼ（melting pot）と呼ばれるが，その言語はそれを縮図的に示していることを述べたもの。

948. 蔵書を所有することと，それを賢明に利用することはまったく別のことである。

949. 仕事と遊びはともに健康にとって必要である。遊びはわれわれに休息を与え，仕事はわれわれに活力を与える。

> ≪注≫ **this**=the latter（遊び）**that**=the former（仕事）

950. 読書は容易なことであり，思考は困難な作業であるが，前者は後者がなければまったく無益なものとなる。

> ≪注≫ **the one**=the former（読書）**the other**=the latter（思考）

951. 人の面前にいるときと，陰にまわったときとで異なった態度をとろうとすることほど，危険な試みはない。

952. 人間は皮膚や目や髪の毛の色や，身長やからだの大きさや，その他多くの特徴において違っている。われわれのなかには，目の青い人も茶色い人もおり，鼻が高い人も低い人もおり，背の高い人も低い人もいる。

953. 良かれ悪しかれわれわれの国民生活を形成する要素となっているものはすべてこの国の文学を構成する要素にもなっている。ふつうの英国の歴史はこの国の伝記であり，英国の文学はその自伝である。前者において，われわれはこの国の行為や実際面での業績の物語を読み，後者においてはその知的・道徳的発達の物語を読む。

954. いかなる人も自分ひとりで生きることはできない。
≪注≫ **by and for himself:** by himself (ひとりで) と for himself (自分で) を共通構文でまとめたもの。「人の世話にならず自分だけで」のような訳にしてもよい。

955. 僕が彼を呼び起こしたのではない。彼はひとりで目がさめたのだ。

956. これらの物質はそれ自体は毒ではありません。
≪注≫ 「そのものは有毒ではないが，使い方によっては毒にもなる」といった含みを持つ。

957. 若い人々は自分で真理を発見できるようになることが最も大切である。

958. 金がほしいのなら，私がしたように，自分でかせがなければならない。

959. 自分のためにできるだけ多くの幸せを手に入れることが，すべての人間の目的である。
≪注≫ **for himself** はこの文では「自分で」ではなく「自分のために」の意。**rational being** 「理性を備えた生物；人間」

960. われわれが幸福や不幸についてあまり気にしないで，なすべきことを厳密に労を惜しまず遂行することに専念したならば，幸福はひとりでにやってくるだろう。

961. 文字そのものは言語ではなく，言語を構成している音声を表わすために用いられる記号にすぎない。
≪注≫ **the sounds of which language is composed** < the sounds +language is composed *of the sounds* (言語がそれから成り立っているところの音声)

962. 確かに，文明にとっての唯一の健全な土台は，健全な精神状態である。建築家や工事者たちは，彼らだけでは，決して新しい世界を築くことはできない。彼らは正しい精神によって導かれなければならず，また彼らが奉仕している国民の中に正しい精神が存在しなければならない。

963. 彼の両親が出かけてしまったので，彼はひとりぼっちになった。

964. ここだけの話だけど，彼はもう長くもたないだろう。

965. 息子が死んだという知らせがとどいたとき，彼女は悲嘆にくれた。
≪注≫ 前半は独立分詞構文〔→p.92〕で，接続詞を用いて書換えれば：
When the news of her son's death *reached* her, ...

966. みな海岸におりてしまって，姿も見えず声も聞こえなかった。庭には彼女のほかはだれもいなかった。彼女はひとりぼっちであった。

967. このニュースが新聞に洩れては困るのです。このことはしばらく口外しないでおいでください。

968. 利己的な人間は自分だけを愛し，ほかの誰も愛さない。だから，なにかもらったら，ほかの人とそれを分かち合おうとしないで，全部一人占めにしようとする。

969. 私が郷愁の思いにとりつかれていた時代や，アメリカに帰ってきたあとでさえも，ずっと，自分の生まれ故郷はこの地球上で最も美しい場所の一つであるということを，誰にも言ったことはなかった。私はその信念を自分の胸に秘めておいたのだが，それにはいくぶんの気はずかしさも手伝っていたが，また一つには，子供のころに知り愛して

いた景色をのちになって再び訪れてみると，その景色になにか不思議なことが起こっていることがよくあるということを知っていたので，私自身ときどき疑念を抱くことがあったからである。

970. 彼は床屋で髪を刈ってもらった。

971. 私は忙しいときに人が来るのは好まない。

972. 自分が人にしてもらいたいと思うように，人に対してもしなさい。

973. 彼女は買物を夫にしてもらっている。

974. 私はほかの人に，ああしろこうしろと言われるのを好まない。

975. 私はわずかだが持っていた本をすべて火事で焼かれてしまった。

976. 彼は残っているすべての力をその仕事に傾注した。

　　≪注≫　he had left の部分は過去完了の形ではなく，He *had* some strength *left*. （彼にはまだいくらか力が残っていた）という文における some strength に相当する要素が関係代名詞として前に出たもの。

977. 好奇心を失わないようにし，またそれが周囲の愚かな人々によって鈍らされないようにしなさい。物事を親や先生に教えてもらうのではなく，自分で発見しなさい。

　　≪注≫　**Keep your curiosity alive**「好奇心を生かしておきなさい」が直訳。**allow it to be dulled**「それが鈍らされるのを許す→それが鈍らされてしまう」 **have a parent tell you**「親があなたに告げるようにさせる→親に教えてもらう」

978. 子供はなんでも人にしてもらわないで，物事を自分でしようとすることが許されなければならない。すべて物事を人に決めてもらわないで，自分で決める機会を与えられ，自分で考えるように励まされなければならない。

　　≪注≫　**have everything done for him**「自分のために（自分にかわって）すべてのことを［人に］してもらう」

979. 親は子供が自分の忠告に従わなくても驚いてはならない。私は，自分の息子が，ただ私が忠告したからといって自分の判断に逆らってそれに従うよりもむしろ，私の忠告を拒否し，そうすることが正しかったことを自分で悟ってくれるほうがはるかに望ましいと思う。息子は自分で考えることを学ばなければならないのである。

　　≪注≫　**should far rather ～ than ...**「…よりもむしろずっと～したい」

980. 喫煙はがんといくらか関係がある。

981. 君は彼の助言に従いさえすればいいんだ。

　　≪注≫　この文は All you have to do is to act on his advice. と書換えることができる。

982. 科学が物を扱うとすれば，文学は思想とかかわりを持つ。

983. 彼女を一目見ただけで彼女が病気であることがわかる。

984. 人生の他のすべての良いものと同じように，偉大な書物が差し出してくれるものは自分のものとするのがむずかしい。

　　≪注≫　**what the great books have to offer**「偉大な書物が提供しなければならないもの」と訳さないこと。「提供すべく持っているもの→提供してくれるもの」

985. われわれは，ほかの書物は，その内容をすべて理解するために何度も読み直す必要はない。しかし偉大な書物は常にもっと深く読まなければならない。

　　≪注≫　**more than once**「一度ならず；二度以上；再三」 **all that they have to say**「それらの書物が言うべく持っているすべて→それらの書

物に述べられているすべてのこと→それらの書物の内容をすべて」 **we can go deeper**「より深く読む（味わう）ことができる［だけの内容を持っている］」can は次のような文では have to, must の意：If you don't be quiet, you *can* leave the room. （静かにしないなら部屋から出ていきなさい）

986. 私はつねづね，人々が有名人に会うことを熱烈に望むことを不思議に思ってきた。自分が有名人を知っているということを友人に話すことができることによって得られる得意な気持は，自分自身はつまらない人間だということを証明しているにすぎない。

≪注≫ **the passion people have to meet** ～ の部分は have to を結びつけて「会わなければならない」としないこと。to meet は passion を修飾する不定詞で「人々が抱いている～に会いたいという熱心な気持」

987. 愛情は子供にとって必要な糧(かて)である。愛情に飢えた子供たちが何とかして注意されようと努力するさまを見ただけで，彼らの必要がいかに切実なものであるかがわかるだろう。飢えた愛情は飢えた肉体に劣らず大きな悲劇なのである。単純な真理は，この基本的な滋養物がなければいかなる人間も人として十分に成長することはできないということである。

≪注≫ **one has only to watch the efforts ～ to gain ..., to realize:** to gain は efforts を修飾する形容詞用法の不定詞（…を得ようとする努力）であり，have only to watch ... to realize（悟るためには見守るだけでよい；見守りさえすれば悟ることができる）の続き方に注意。

988. お礼の申し述べようもありません。

≪注≫ 「どんなにお礼しても足りないくらいです」でもよい。

989. 世の中でどんなに多く受けても与えても，多過ぎることのない唯一の物は愛である。

990. この世ではなにびとも他人の世話にならないで生きることはできない。

991. 幸せは人にふりかければ必ず自分にも幾滴かふりかかる香水である。

992. 住居の選択は，その重要性をどんなに過大視してもしすぎることのないほど重要な問題である。

993. 集中力とはある事柄に，それを十分に知るまで，自分の思考と注意を向けておく能力である。それはどんなに早く身につけても早過ぎるということはない。私はこのことの重要さをどんなに力説しても過ぎることはない。

994. 人に絵の具や言語を扱わせれば，たちまちその人の中にその絵の具や言語そのものに対する喜び，すなわち自分の活動分野を探究しつつあるという意識を目ざめさせないではおかない。この意識はあらゆる創造的活動の核心をなすものである。

≪注≫ **the very paints or language** の very は，絵の具や言語は実用的な目的で用いられることがあるが，そのような目的のためではなく「絵の具や言語そのもの」に対する興味をおぼえざるをえない，という意味で用いられたもの。

995. 伝記と歴史の関係は明らかである。ある人が生きていた世界とその時代の大きな出来事を知らなければ，その人の生涯を理解することはできない。そのような知識を得るために，伝記作家は伝記的研究のための詳しい背景の提供を歴史家に頼るのである。

≪注≫ **cannot ～ without** この文では without は条件を表わしており，without having knowledge＝unless we have knowledge（知識がなければ；知らなければ）

996. 議論にも哀願にも彼は心を動かされなかった。

997. 教育は頭脳だけでなく身体全体の育成を意味する。

≪注≫　of は「頭脳を発達させること」という目的語関係を表わす場合。〔→p. 244〕

998. なるほど君は貧乏で空腹であるかもしれないが，だからといってそんな恥知らずなうそをつく権利は君にない。

999. 富は満足をもたらさない。もし世の中に金持でもあり満足もしているという人がいるならば，彼らが満足しているのはそうする仕方を知っているためであって，金があるからなのではない。

≪注≫　**how to be so**=how to be content（満足する方法）

1000. 科学者が主張し続けているように，いかなる科学の発見も，それ自体には善も悪もない。発見を有益なものにするか危険なものにするかは，それがいかに利用されるかにかかっている。

≪注≫　**keep ～ing**「～し続ける」**it is ～ which makes it** ...「それを…にするのは～だ；それが…になるのは～にかかっている」it is ～ that (which, who) の強調構文。**the use to which it**（=discovery）**is put**「[それが利用されるそのされ方→] それがいかに利用されるか」（=how it is put to use）

1001. 科学が可能になったのは，これらの規則的に生じることが，人間がそれについて抱く感情とはほとんどまたは全く関係のない法則によって支配されているということを知ったときである。もし人間が自然をなんとか少しでも支配しようと思うならば，自然の出来事とその中に見いだされる法則を客観的な立場から眺めなければならない。たしかに，科学は自然を利用もするが，自然は，利用されるためには，理解されなければならず，そしてこの理解は，人間がこうあってほしいと思う自然ではなく，あるがままの自然についてのものでなければならない。

≪注≫　**man's feelings about them**（それらについての人間の感情）の them は occurrences. **view ～ with detachment**「離れて（主観に左右されないで）～を眺める」**the principles** [that] **he finds in them**（人間がそれらの中に見いだす原理）の them は events（出来事）。**nature as it is**「あるがままの自然（客観的な自然）」**nature as human beings desire would like nature to be**「人間の願望が自然にこうあってほしいと思うような自然（人間が自分の都合に合うように思いえがく主観的な自然）」

1002. 彼は一日中読書ばかりしている。

1003. 彼はその悪い知らせを聞いても，少しも残念そうな顔をしなかった。

1004. その醜聞のため彼の政治的生命はほぼ断たれてしまった。

≪注≫　「その醜聞は彼の政治的経歴をほとんど終らせてしまった」が直訳。

1005. だれもその目の見えない子供がそばにいるときは，やさしい親切な言葉しか口にできなかった。

≪注≫　「だれもやさしい言葉以外のいかなることも話せなかった」から「やさしい言葉だけしか話せなかった」になる。否定詞が前にあるので，**anything but** を「決して～ない」としないこと。*cf. No one spoke anything but* soft words. =*Nothing but* soft words were spoken by *anyone*.

1006. 人間は常に自分の持っていない物の価値を過大視する。貧しい人々は金さえあれば

全く幸せなよい生活を送れると考えている。

> ≪注≫　第2文の従節は「幸福で善良であるためには富以外の何ものも必要としないと考えている」と直訳してもよい。

1007. 彼らは好奇心は悪ではないと言ったりは決してしない。

> ≪注≫　直訳的な意味関係は「好奇心は悪以外の何かであるというふりを決してしない」であり，要約的な意味は「彼らは好奇心は悪だとはっきり言う」である。

1008. 自然が綿密に研究されればされるほど，秩序が広く行きわたっていることが発見され，一方，無秩序のようにみえたこともただ複雑であるに過ぎないことがわかった。

1009. 徒歩旅行を正しく楽しむためには，一人で行かなければならない。何人かで連れ立って出かけたり，あるいは二人連れで出かけてさえも，それはもはや徒歩旅行とは名ばかりのものになってしまう。

> ≪注≫　下線部は「それはもはや，名前以外のいかなるものにおいても徒歩旅行ではない」という意味で，言い換えれば「それはただ名前においてのみ徒歩旅行である」となる。すなわち英語では It is *not* a walking tour in *anything* but name. ＝It is a walking tour in *nothing* but name. という関係が成り立つ。

1010. 物質主義的な物の見方が西欧社会を支配し続けているが，その一つの不幸な結果は生活のペースが絶えず加速しつつあるということである。実業界の内外を問わず，自分が極度に働き過ぎてはいないと言いきれる人を見いだすのはほとんど不可能に近い。

> ≪注≫　**anyone who will admit ～** の部分は「極度の過労以外の状態にある [→極度に働き過ぎていない] ことを認めようとする人」の意。

1011. 彼には浮き世の苦労もないが，決して満足もしていない。

1012. 箱をあけてみると，驚いたことに，中に割れた鏡が入っていた。

1013. この問題はすべての人々にとって満足のいくように解決することはできない。

1014. 彼は働き過ぎて健康をだめにしてしまった。

1015. 4月は英国では決して理想的な月ではないが，首都ロンドンはこの月には全く霧がかからない。

1016. かんしゃくを起こす人はよく，自分がなにかいかにも偉そうな威厳に満ちたことをしているのだと考える。それとは反対に，そんなことは事実であるどころか，彼は人に笑われるようなばかな真似をしているに過ぎないのである。

> ≪注≫　**so far is this from being the fact**：so far が強調的に前に出たので，主語 (this) と動詞 (is) が倒置されたもの。

1017. 多くの読者にとっては非常に迷惑なことに，どの新聞でも紙面の相当な部分が広告によって占められている。新聞を原価のごく一部にしか当らない値段で売ることができるのは，もちろんこの広告から得られる収入のおかげである。

> ≪注≫　**It is ～ which enables papers to be sold**：It is ～ that (which, who) の強調構文で，直訳的には「新聞が売られることを可能ならしめているのは～だ」となる。

1018. 文明国の法律は非常に数多くまた複雑をきわめているので，いかなる人であれ一人の人間がそのすべてを熟知することはとうていできない。しかしながら，すべての人は当然法律をわきまえているものとされ，もし法律を犯したならば，自分は法律を知らなかったのだと言って罰を免れることはできない。

> ≪注≫　**no one man can ～**「だれであれ一人の人間が～することはできない」

cf. no man can ～（だれも～できない）**no ～ ever**＝never. **be sup-posed to** ～「当然～するものと考えられている」**he was ignorant**＝he was ignorant *of the law*（法律を知らなかった）

1019. 私が持っている本はこれだけではない。まだこれと同じくらい 2 階にある。

1020. 私は少しも驚かなかった，というのはその程度のことは十分に予想していたからである。

1021. 私は客間で 20 分待たされたが，私にはまるで20時間も待たされたように思われた。
> ≪注≫ **they**＝twenty minutes（20 分［が 20 時間に思えた］）

1022. 彼はこれらの不幸を姿を変えた幸福とみなした。
> ≪注≫ **blessings in disguise**「変装した祝福（＝一見不幸にみえるが実はその人にとって幸せになること）」

1023. 非常に多くの政治家がそうであるように，彼は票を集めることしか頭になかった。

1024. 私が驚いたことに，彼らは誰ひとりからだを動かさず，みんなまるで羊のように座ったままじっと私を見つめていた。

1025. 自由は国民にとって決して祝福すべきものとはならなかった。彼らはまるで世の中にほうり出された子供のように，なすすべを知らなかった。彼らは長いあいだ国を治めることも守ることも支配者に頼りきっていたので，そのいずれについてもどのように着手してよいのかわからなかった。
> ≪注≫ **rely on ～ for** ...「…を～に頼る」A **as well as** B「BばかりでなくAも」（＝not only B but also A）**either**「どちらも」govern-ment（政治）と defence（国防）をさす。

1026. 私はこの孤児院で働く機会を得られたことに対する感謝の気持をいつまでも忘れないでしょう。この子供たちが自分に寄せる愛情や信頼を感じ，自分が必要とされているのだということを知ることは，想像しうるいかなるものにもましてすばらしいことなのです。子供たちは，はっきりと口に出して「ありがとう」と言わないかもしれないが，彼らがこちらを，まるで生みの親のように，受け入れて信頼するようになるさまは，感謝の言葉よりもずっと大きな意味を持っているのです。
> ≪注≫ **It is more wonderful** ...：形式主語 It が表わすのは to feel 以下。the knowledge は「知識」ではなく「（あることを）知ること」であり，構文上は the love and confidence と並ぶことになるが，*feel* the knowledge とはふつう言わないので厳密に考えれば不自然な表現である。

1027. 君はそう言ってもよい。/ 君はそう言うかもしれない。

1028. 君がそう言うのはもっともだ。

1029. まあそう言ってもいいだろう。/ そう言ったほうがいいだろう。

1030. ここでは別にすることもないから，家に帰ったほうがいいだろう。

1031. 彼に助けを求めるくらいなら，木にのぼって魚をとろうとしたほうがましだ。
> ≪注≫ 「彼に助けを求めるのは，魚をとりに木にのぼるようなものだ」のように訳してもよい。

1032. 恐らく経済学者は罪を政治家に着せようとするであろうし，またそうするのも当然である。
> ≪注≫ **well he may**＝he may well do so

1033. 君は女がおしゃべりをするのをやめさせたいと思っているが，それはダニューブ川の流れを変えさせようとするようなものだ。

≪注≫ 後半は「[そんなことをするくらいなら]ダニューブ川の流れを変えようとしたほうがましなくらいだ」でもよい。

1034. どうせ店をあけておいても客はあまり来ないだろうから，店を閉めてしまってもいいだろう。

≪注≫ 後半のほうは直訳すると「たぶん来るであろう少数の客のために店を開けておくくらいなら」となる。

1035. 単なる史実だけを実際に起こった年代順に羅列したものから歴史を学ぶことは不可能であるということを考えてみたことがあるだろうか。それはちょうど，電話帳のページからロンドンについての知識を得ようとするようなものである。

≪注≫ この第2文も，「そんなことをするなら…知識を得ようとしたほうがましだ」と訳してよい。

1036. もし彼らが日本における実状を知ったならば，不快適な生活条件や社会の退廃や世界的な悪感情といった大きな犠牲を払って得られた繁栄は，全く享受するに値しない繁栄であるという私の考えに，当然同意されることと思う。

≪注≫ **cost** の後の前置詞の違いによる意味の相違に注意する:

at the cost *of* human comfort （人間の快適さを犠牲にして）
at a cost *in* human discomfort （人間の不快さという形での犠牲を払って）

1037. 自分の国の歴史をある程度知らなければ，自分の国を理解することはできないし，他の国はなおさらのことである。

1038. 教養は言葉を飾る装飾品ではなく，ましてや自分の知識をひけらかすための装飾品ではない。

1039. 文明は日常生活を快適にする数多くのものは言うまでもなく，多数の高尚な思想やすばらしい利器を人類に与えた。

≪注≫ **comforts**「生活を安楽にするもの」は necessaries（必需品）と luxuries（ぜいたく品）との中間のもの。

1040. 実のところは，その名に値する偉大な発見者はすべて，ときには，狂人とは言わないまでも，夢想家とみなされたことがある。

≪注≫ **worthy of the name**「その名に値する；偉大な発見者と呼ばれるにふさわしい」

1041. ばかは経験によってのみ学ぶとはよく知られた諺である。もし経験の教訓が愚かな生徒にとって有益であるならば，それは賢い人々にとってはなおさらそうであるにちがいない。

≪注≫ 諺の部分の直訳は「ばかが学ぶ唯一の学校は経験という学校である」たとえば，ばかは実際に経験して痛い目をみなければ悟らない，といった含みで用いられる諺。**much more must they be**=much more *profitable* must they be

1042. 旅の心髄は自由である。自分の好きなように考え，感じ，行動する完全な自由である。われわれは，主として，あらゆる束縛やあらゆる不便から逃れるために，また他人から解放されることはもとより，自分自身をも置きざりにして自由になるために，旅に出かけるのである。どうでもよいようなことがらについて思いをめぐらすための息抜きの時間をいくらかほしいからでもある。

≪注≫ **leave oneself behind**「自分自身を後に残して出かける」 **indifferent matters**「日常生活や現実の利害を離れたことがら」

1043. その知らせを聞いたとたん，彼女は蒼白(ᜱᜲ)になった。
  ≪注≫　**On hearing**＝As soon as she heard
1044. 友人の選択はどんなに慎重にしてもしすぎることはない。
  ≪注≫　**in choosing**＝when you choose（[友達を]選ぶときに）
1045. 彼は奥さんが亡くなるか亡くならないうちに再婚した。
  ≪注≫　**hardly** が文頭に出て，*Hardly had* his wife died before ～ の語順
   をとることも多い。
1046. 自分の仕事を愛し始めるようになるやいなや，進歩し始めるようになる。
1047. 彼女が部屋から出ていくとすぐに彼はまたその物語を続けたが，彼が話し始めるか
 始めないうちに彼女が戻ってきた。
1048. 愛について考察する際には，憎しみも合わせて考えなければならない。なぜならば，
 ある意味において愛と憎しみは同一物の表と裏であって，もう一人の人間に対する基本
 的な情緒反応であるからである。
  ≪注≫　**reaction** は the same thing の同格語であるから，厳密に訳せば
   「愛と憎しみは，同一物——他人に対して感じる基本的な情緒——の表
   裏をなすものだからである」となる。
1049. 科学の発明品がいかに早く世間の人々に届けられるかをわれわれはよく知ってい
 る。ある気のきいた新製品の代金を支払ったか支払わないうちに，また別の，一見２倍
 も気のきいた新製品を買うように説得されるのである。
  ≪注≫　**The speed with which ～ are delivered**（～が届けられる速さ）
   はhow speedily ～ are delivered（いかに早く～が届けられるか）の
   つもりで訳してよい。[→p. 122]　**pay the bill for ～**「～の勘定を支
   払う」
1050. 幾年ものあいだある楽しみを断って過ごすと，<u>またそれに戻ったとき，それが想像</u>
 <u>していたほどには楽しいものではないこと</u>を知ることがよくある。それを断っている何
 年かのあいだに，心の中であまりにもそれを美化してしまっているが，現実のほうはは
 るかにずっとつまらないものであることがわかる。たしかに楽しいものではある。が，
 結局は平凡以外の何ものでもないのである。
  ≪注≫　**a number of**＝many（多数の）　**on returning to it**＝when one
   returns to it.　**turn out to be**「結局～であることがわかる」　**out of**
   the ordinary「異常な；非凡な」
1051. 命あるかぎり希望あり。
1052. 目の届くかぎり，見えるのは砂だけである。
  ≪注≫　**is to be seen**＝can be seen [→p. 82]
1053. 食物に関するかぎりは，私には何の不満もない。
  ≪注≫　**So far as ～ goes**＝So far as ～ *is concerned*「～に関するかぎ
   りは」
1054. 私の目の黒いうちはお前に不自由はさせない。
  ≪注≫　**You shall ～**「２人称・３人称＋shall」は話し手の意志を表わす：
   He *shall* not complain.（彼に文句は言わせない）
1055. 食べすぎないかぎり，何を食べても別に問題はない。
  ≪注≫　**It** は形式主語で what 以下の内容を表わす。
1056. 生半可な学問もそれが生半可なものであることを自覚しているかぎりは危険ではな
 い。自分が実際以上にずっと多くの知識をもっていると考えることから危険が始まるの

である。

> ≪注≫ 最初の文は A little learning is a dangerous thing.（少しばかり
> の学問は危険なものである→生兵法(なまびょうほう)は大怪我のもと）という諺
> をふまえて解する。

1057. 過去の文学はそれが今日意義を持っているかぎりにおいて価値があるが，それはち
ょうど，歴史が現代の状況を理解する手がかりを与えるときにのみ有用であるのと同じ
である。

> ≪注≫ only はそれぞれ *only* in so far as ～, *only* if ～ と節を修飾して
> いる（～である場合にのみ）のであって，隣接する of value, of use
> という句を修飾するのではない。

1058. 社会は，新しい――そして時として不愉快な――思想を受け入れるように組織され
ている場合にのみ，その活力を保ち続けることができるように思われる。

> ≪注≫ **remain vigorous**「元気でいる；活力を保つ」

1059. 科学は，それが知識から成るかぎりにおいては，価値を持つとみなされなければな
らないが，それが技術から成るかぎりにおいては，それが賞賛されるべきか非難される
べきかは，技術がいかに利用されるかによって決まることになる。技術それ自体は中立
であり，善でも悪でもない。

> ≪注≫ **whether it is to be**＝whether it *should be* 〔→p.82〕 **the use**
> **that is made of the technique**: make use of（～を利用する）を
> もととした関係代名詞構文であり直訳的には「技術が利用されるその利
> 用のされ方」であるが，*how* the technique is made use of（技術が
> いかに利用されるか）と言い換えても同意である。**In itself it ...** は
> 「技術は本来…／技術そのものは…」などとも訳せる。

1060. まもなく彼女の宿願が実現した。

1061. 学校に着いてはじめてその本を家に置いてきたことを思い出した。

1062. 本は有名な著者によって書かれたからといって必ずしも良い本であるとはかぎらな
い。

1063. この二人はお互いに非常に仲が悪かったので，仲直りをするまでにずいぶん時間が
かかった。

1064. あなたがりっぱな蔵書を所有しているからといって，そのことはあなたが書物によ
って豊かになった精神を所有しているということを必ずしも証明しない。それはただ，
あなたがそれを買うだけの金を持っていたということを証明するにすぎない。

1065. 世論は振り子と同じ法則に従う。それが重心を過ぎて片側にゆれれば，今度は必ず
同じだけ反対側にゆれ戻ることになる。しばらくしてやっとそれは静止点を見いだし，
落ち着くのである。

> ≪注≫ **the centre of gravity**「重心」 **as far**「それと同じ距離だけ」
> **after a time**「しばらくして」

1066. 若い頃，私はずいぶん本を読んだが，それは読書が私にとってためになるだろうと
考えたからではなく，好奇心と物を知りたいという気持からであった。私は旅をした
が，それは旅が楽しかったからであり，また役に立つかもしれない材料を手に入れるた
めであった。私の新しい経験が私に影響を及ぼしつつあるなどということはおよそ念頭
に浮かばなかったし，それがいかに私の性格を形成したかということもずっと後になっ
てはじめて悟ったのである。

1067. それは僕に責任があるが，君も同じだ。

≪注≫　別訳：「それは僕が悪いんだが，君だって悪い」
1068. 外はひどい雨だ。――ほんとだ。
1069. 僕は援助を求めたわけでもないし，またそれを望んでもいない。
1070. あなたドレスにコーヒーこぼしちゃったじゃない。――あら，ほんとだ。
1071. 趣味は，愛好すべき対象と，自由を見いだす場とを人に与える。

≫ 注≪　別訳：「趣味によって人は打ち込むことができるものと自由になれる場とを得ることができる」 **something in which to find freedom**＝something in which he can find freedom＝something to find freedom in （その中で自由を見いだすもの；自分が自由になれる場）

1072. 自分でものを考える人は，正しい進路を見いだすための羅針盤を所有していることになる。

≪注≫　**with which to find**＝with which he can find （それによって［正しい道を］見つける）

1073. 英国人の家が城であるならば，その精神もまたほとんど非社交的なまでに他人の侵入を許さない城である。

≪注≫　**so [to an almost unsociable extent] is his mind**＝his mind is also his castle [to an almost unsociable extent] （彼の精神もまた［ほとんど非社交的なほど］城である）。An Englishman's home is his castle. （英国人の家は城――他人の侵入を許さない；何人も犯すことはできない）はよく引用される諺で，ここでは，英国人の精神も家と同様に不可侵性を備えていることを述べたもの。

1074. 人生においては，いかなる新しい事態が生じるかは誰にも予言できないし，またそれがいつ訪れるかを予言することも誰にもできない。

≪注≫　**nor can one predict ～** ＝and one cannot predict ～, *either*

1075. 子供が学校で出あう書物は，おそらく彼らの生涯に最も大きな影響を与える書物であろう。したがって，それらの書物がその時々によって異なる気分や好みばかりでなく，異なった学力段階の必要をすべて満たせるものであることが肝要である。もし範囲が狭ければ，たぶん子供はすべてが好きになるか，すべてが嫌いになってしまう。もし子供が，他のすべてのものごとと同様に，読書においても識別力を身につけようとするならば，選択できる，なるべくさまざまな書物を自分の回りに持たなければならない。

≪注≫　**will probably be** の will は「推量」を表わす。**it is essential that they provide for ～** （それらが～に必要なものを供給することが肝要である）の provide は仮定法現在で *should* provide とすることもできる。**as in everything else** 「他のあらゆることにおいても同じだが」**from which to choose**＝from which they can choose. 下線部分の後半は，「できるだけ多種にわたる書物を周囲に置いて，それから選べるようにしなければならない」のように訳してもよい。

1076. いったい君は彼の言うことを信じるのか。
1077. 問題は彼がいつ来るかということではなく，そもそも来るのかどうかということだ。
1078. あなたは私が今のんびり暮らしていると思うかもしれないが，それどころか，かえって今までより忙しいのです。
1079. いやしくも所有する価値のあるものは，その価値に相当する代償を払わなければ得

られないということを，ぜひ覚えておいてもらいたい。
　　　　≪注≫　come「手に入る」at the cost「代価（犠牲）を払って」
1080. いやしくも世に出て名をなそうと思うならば，行く手をはばむいかなる障害をも克服する覚悟ができていなければならない。
1081. 金で幸せを手に入れることほど容易なことは世の中にないように思われるが，世界で最も金のある人々でさえもそうではないことを証言するだろう。
1082. アメリカ人やイギリス人はドイツ人よりも秩序を好まないと一般に言われているが，私はそうは思わない。ただしかし，彼らが好むのはドイツ人とは異なった秩序なのである。
　　　　≪注≫　直訳：「そうではないという彼らの評判にもかかわらず，米国人と英国人はドイツ人よりも秩序を好まないとは私は思わない」their reputation *to the contrary* の具体的な内容は their reputation *that they are less fond of order than the Germans*（彼らはドイツ人より秩序を好まないという評判）である。
1083. 話す能力と組織立った言語を所有していることは，今までに知られているすべての人間の集団の特徴である。言語を持たない部族というものは今までに発見されたことがなく，これを否定する説は，すべて俗説としてしりぞけることができよう。
　　　　≪注≫　all statements to the contrary「それとは反対のすべての陳述（＝言語を持たない部族が存在するという説はすべて）」
1084. 彼は夜ふかしすることはまずめったにない。
　　　　≪注≫　keep *early* hours と言えば「早寝早起きする」こと。
1085. これはあれと比べて，まずほとんど遜色はない。
　　　　≪注≫　直訳：「これはあれよりも，かりに劣るとしても，ほとんど劣らない」
1086. 大部分の人々ではなくても，かなり多くの人々がそれとは違った考えを持っている。
1087. その仕事を成し遂げることは，不可能ではないにしても困難だ。
1088. 真の偉大さは地位や権力とはほとんど全く関係がない。
　　　　≪注≫　直訳：「真の偉大さは地位や権力と関係がかりにあるとしてもほとんどない」
1089. 彼女は見たところ以前と変わりなく，どちらかといえばかえって丈夫で元気そうにみえた。
　　　　≪注≫　seemed ... even stronger「前よりも丈夫になっているようにさえみえた」if anything「どちらかといえば」
1090. われわれはたいてい，どうせ悪口を言われるならば面と向かって言われることを望む。
1091. 人間は年をとると他人を判断する目が寛大になる。他人の罪や過失を許せないまでも，理解できるからである。
　　　　≪注≫　「老人は他人を判断することにおいてより親切になる。彼らは他人の誤ちや欠点を，たとえ許すことはできなくとも，理解することができるのである」という直訳でもよい。
1092. 多くの人々は今日戦前にくらべて収入が2倍になっているが，物価水準が上がっているために，暮し向きは全くといっていいほどよくなっていない。
　　　　≪注≫　they are very little, if any, better off「彼らの暮し向きは，かりによくなっているとしても，きわめてわずかしかよくなっていない」
1093. われわれは，熟慮しないでいきなり知識を行動に移そうとする傾向がある。科学で

はないにせよ，科学技術は，しないでおいたほうがよいことをする方法をわれわれ人間に教えたとき，その報いとして人間に罰を加えることがときどきある。このことはごく最近まで，少数の人によってさえめったに注目されなかったことである。

　　　　　　≪注≫　**pause for reflection**「よく考えるために立ち止まること；十分に時間をかけて考える」**Technology, if not science**「たとえ科学ではなくとも，科学技術は」science（科学）は真理を探究する行為として，technology（科学技術）は知識を応用する技術として考えられることが多いので，こういったもの。**things**[which are]**better left undone**「なされないでおかれたほうがよいこと」leave ～ undone（～をしないでおく）が受動形で用いられている。*cf.* You had better leave this undone. ↔This had better be left undone.（これはしないでおいたほうがよい）本問の「しないでおいたほうがよいこと」とは「原子の秘密を解明すること」などがその一例であることが，次に続く文で述べられている。原子の秘密を解き明かしたために原爆の惨禍が生じるという「罰を伴った（involved penalties）」のである。

英文解釈重要語句集・索引

英文解釈において活用度の高い語句・構文を選び，学習グレードを標示し，語句によって，意味・発音・派生語・同意語，反意語など必修事項を示してある。

■見出し語の記号■

＊＝基礎必修語句……初期段階で修得されるべき基本語句。

◎＝入試重要語句……入試レベルにおいて頻出度の高い，習熟を要する語句。

†＝要注意語句………意味・発音・用法・語義区別・訳し方などの面において誤りやすい注意すべき語句。

■説明事項の記号・略字■

＝……同意語[句]	n. ……名詞形
↔……反意語[句]	v. ……動詞形
cf. ……関連参照語	a. ……形容詞形
→……そちらを見よ	pl.……複数形

■索引の数字■

数字は「ページ数」を示す。ただし，（　）内は「問題（例文）番号」を示す。太字は主要参照ページを示す。

本書は，聖文新社より 1997 年に発行された『〈新訂増補〉マスター英文解釈』（初版『マスター英文解釈』1978 年，吾妻書房発行）の復刊であり，同書第 8 刷（2016 年 1 月発行）を底本としています。

〈新訂増補〉
マスター英文解釈

2021 年 1 月 30 日　初版第 1 刷発行	［検印省略］
2021 年 3 月 10 日　初版第 2 刷発行	

著　者　　　　　中原道喜

発行者　　　　　金子紀子

発行所　株式会社　金子書房

〒112-0012　東京都文京区大塚 3-3-7
電話 03-3941-0111（代表）　FAX 03-3941-0163
振替 00180-9-103376
URL　https://www.kanekoshobo.co.jp
印刷・製本　株式会社渋谷文泉閣

中原道喜 著　英語参考書・関連図書

新 マスター英文法

定価　本体 2,000 円＋税

　文法は「正しく読み・書き・話す」ための土台。「必要かつ十分な知識」を易しく多様な例文で、縦・横・斜めから解りやすく説く。

〈以下近刊〉

新 英 文 読 解 法

　多岐にわたるテーマの現代英語の名文を材料に、基本文法や構文をベースとして、小手先でない本物の読解法を解く。

誤 訳 の 構 造

　明解な文法的・語法的解明を通して、誤訳のなぞ解きを楽しみながら、英文の正しい読み方・訳し方をマスターする。

誤 訳 の 典 型

　文学や各種の著作から、映画の字幕・広告・歌詞・大統領のスピーチまで、多種多様な典型例から「真の読解力」を身につける。

誤 訳 の 常 識

　全二作で扱っていない重要事項を新しい切り口で解説。翻訳で重要な役割を果たすオノマトペも考察する。